NIE WAR ES HERRLICHER ZU LEBEN

250 JAHRE
C.H.Beck
JUBILÄUMS EDITION

Alexander Demandt
ALEXANDER DER GROSSE
Leben und Legende

Johannes Fried
DAS MITTELALTER
Geschichte und Kultur

Saul Friedländer · Orna Kenan
DAS DRITTE REICH UND DIE JUDEN
1933–1945

Hansjörg Küster
GESCHICHTE DER LANDSCHAFT IN MITTELEUROPA
Von der Eiszeit bis zur Gegenwart

Helmuth James und Freya von Moltke
ABSCHIEDSBRIEFE GEFÄNGNIS TEGEL
September 1944–Januar 1945

Jürgen Osterhammel
DIE VERWANDLUNG DER WELT
Eine Geschichte des 19. Jahrhunderts

Hans Pleschinski
NIE WAR ES HERRLICHER ZU LEBEN
Das geheime Tagebuch des Herzogs von Croÿ
1718–1784

Heinrich August Winkler
GESCHICHTE DES WESTENS
Von den Anfängen in der Antike bis zum 20. Jahrhundert

NIE WAR ES HERRLICHER ZU LEBEN

Das geheime Tagebuch
des Herzogs von Croÿ
1718–1784

Übersetzt und herausgegeben
von Hans Pleschinski

C.H.BECK

Dieses Buch erschien zuerst 2011 in gebundener Form

Mit 23 Abbildungen

Jubiläumsedition 2013

Umschlagentwurf:
Kunst oder Reklame, München
Umschlagabbildung:
Herrenschnallenschuh, um 1770 © bpk/Kunstbibliothek, SMB
Satz: a.visus, Michael Hempel, München
Druck und Bindung: CPI, Ulm
Gedruckt auf säurefreiem, alterungsbeständigem Papier
(hergestellt aus chlorfrei gebleichtem Zellstoff)
Printed in Germany
ISBN 978 3 406 64436 8

www.beck.de

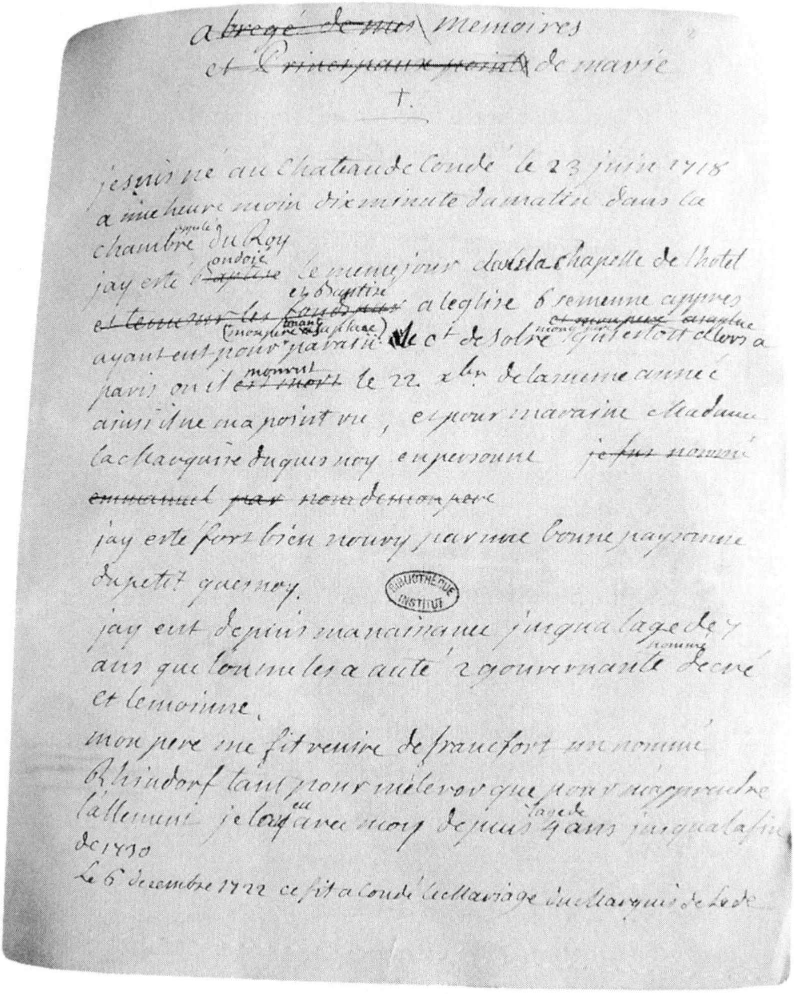

a~~bregé de mes~~ Memoires
et ~~Principaux points~~ de ma vie

+.

je suis né au Chateau de Condé le 23 juin 1718
a une heure moin dix minute du matin dans la
chambre appelée du Roy
jay esté ondoié ~~baptisé~~ le meme jour dans la chapelle de l'hotel
~~et tenu sur les fonds~~ et baptisé a leglise 6 semaines apres
ayant eut pour parain Mr le Ct de Solre mon grand pere qui estoit alors a
paris ou il mourut le 22. xbre de la meme année
ainsi il ne ma point vu, et pour maraine Madame
la Marquise du quesnoy en personne ~~je fus nommé~~
~~emmanuel par nom de mon pere~~
jay esté fort bien nourry par une bonne paysanne
du petit quesnoy.
jay eut depuis ma naissance jusqua lage de 7
ans que lon me les a osté 2 gouvernante nommé decré
et le moine.
mon pere me fit venire de francfort un nommé
Rhindorf tant pour mélever que pour mapprendre
lallemand je lay eu avec moy depuis lage de 4 ans jusqua la fin
de 1730
Le 6 decembre 1722 ce fit a Condé le Mariage du Marquis de ...

Erste Tagebucheintragung des Herzogs von Croÿ

O Versailles, o Wälder, Säulenränge,
beseelter Marmor, alte Laubengänge,
von Göttern, Königen zum Paradies verschönt!
Wie Morgentau ergießt sich's in mein Denken,
des Wasser ausgedörrte Halme tränken,
der stillen Frieden und Vergessen gönnt.

Fort sind die königlichen Wunder, die Karossen,
der Wächter Runden in der Nacht: verflossen
alles. Einst war Großes hier zu Haus.
Neue Götter, Schlaf und Einsamkeit,
die schönen Künste und die Achtsamkeit,
sie machen heute deinen Hofstaat aus.

André Chénier
1762–1794

Emmanuel Herzog von Croÿ

Ein Fürst stellt sich vor

Ich kam am 23. Juni 1718 um zehn vor eins in der Früh im Schloß von Condé in der sogenannten Königskammer zur Welt. Selbigen Tags wurde ich in der Schloßkapelle not- und sechs Wochen später in der Kirche ordentlich getauft. Zum Paten (mein Vater vertrat ihn) hatte ich den Comte de Solre, der damals in Paris weilte, wo er am 22. Dezember jenes Jahres starb (so daß er mich nie erblickt hat), und zur Patin Madame la Marquise du Quesnoy höchstselbst.

Eine wackere Bäuerin aus Petit-Quesnoy hat mich gut umsorgt.

Von Geburt an bis zu meinem siebten Jahr, als man sie mir fortnahm, hatte ich zwei Gouvernanten, die Decré und Lemoine hießen.

Mein Vater ließ aus Frankfurt einen gewissen Rhindorf* kommen, der mich erziehen und mir Deutsch beibringen sollte; von meinem vierten Lebensjahr bis Ende 1730 war er um mich.

Am 6. Dezember 1722 fand in Condé die Hochzeit des Marquis de Leyde statt.

In meinem Geburtsjahr erfreute sich mein Vater** noch bester Gesundheit, und er reiste wegen unserer Besitzansprüche mit M. Dinchy nach Holland. Sehr angeschlagen kehrte er zurück und kränkelte fortan. Er reiste dennoch mehrmals nach Paris und regelmäßig auf

* Rhindorf oder vielleicht Rheindorf, nicht nachweisbar. Bemerkenswert jedoch, daß ein Untertan des Königs von Frankreich Deutschunterricht erhielt. Dies war den vielfachen verwandtschaftlichen Beziehungen der Familie de Croÿ nach Deutschland geschuldet. Auch die Mutter Emmanuel de Croÿs, Marie Marguerite Louise, geb. von Myllendonk, 1691–1768, stammte vom Niederrhein.

** Philippe Alexandre Emmanuel de Croÿ-Solre, 1676–1723.

seine Ländereien, wo er alljährlich die Abrechnungen prüfte. Zunehmend schwach, starb er am 1. November 1723 um ein Uhr morgens. Ich war damals fünf Jahre, vier Monate und eine Woche alt. Ich erinnere mich, ihn nur zweimal gesehen zu haben: einmal in seinem Sessel neben dem großen Kamin in seinen Gemächern; dann (eher ungenau), als man ihn in seinem Sessel in den Hof oder Garten trug.

Als es ans Sterben ging, brachte man mich eine Woche vor seinem Tod ins Schloß Eremitage.

Da mein Vater oft abwesend und sehr gebrechlich war, kümmerte sich meine Mutter sorgfältig und mit nie nachlassender Zärtlichkeit um meine Erziehung.

Zwei Jahre vor dem Tod meines Vaters wurde das Regiment de La Fère in Condé stationiert, und er lernte M. Bottée* kennen, einen seinerzeit berühmten Hauptmann, der stellvertretender Standortkommandant war. Als mein Vater sich dessen Verdienste gewahr wurde, überantwortete er ihm meine Ausbildung, und er ließ ihn versprechen, den Dienst zu quittieren, wenn ich alt genug wäre, damit er mir gänzlich zur Verfügung stünde.

Noch zu Lebzeiten meines Vaters wurde mein Onkel Beaufort, der 1723 in spanische Dienste getreten war, mein Vormund. Meine Mutter, die im Heiratsvertrag darauf verzichtet hatte, erfüllte diese Pflicht stellvertretend und so hingebungsvoll, wie sie sich auch meiner Erziehung widmete. Sie ließ etliche Rechtshändel schlichten und kümmerte sich vorzüglich um meine Angelegenheiten.

1726 brachte meine Mutter M. Bottée dazu, seinen Dienst zu quittieren. Seither blieb er als Freund in unserem Hause, strebte jedoch nie das Amt eines Erziehers an, sondern suchte mich von Zeit zu Zeit auf, während Rhindorf nie von meiner Seite wich. Erst nachdem ich das Kolleg verlassen hatte, wurde Bottée mein ständiger Begleiter.

* Claude Bottée de Bouffée, 1675–1745, wissenschaftlich versierter Offizier und Sankt-Ludwigs-Ritter, der auch mit Gedanken zu Heeresreformen von sich reden machte.

In meinen frühesten Jahren verließ ich Condé nur, um sommers die eine Meile bis Schloß Eremitage zurückzulegen. Sechs Wochen nach dem Ableben meines Vaters brachte man mich erstmals nach Lille zur Marquise du Quesnoy. Nach ungefähr drei Wochen ging es zurück nach Condé.

Im folgenden Sommer 1724 wurde ich nach Petit-Quesnoy bei Lille mitgenommen. Die Marquise du Quesnoy vermittelte mir dort manch gute Lebenseinsicht; sie konnte damals noch gehen, verstarb aber während dieses Aufenthalts.

1725, 26, 27 verbrachte ich mit meiner Mutter stets ungefähr zwei Monate in Petit-Quesnoy, das ich wegen seiner Menschen, seiner Lage und der Ungezwungenheit, die dort herrschte, sehr mochte. Es war die schönste Zeit meiner Jugend.

Ende 1725 kehrte der Comte de Beaufort aus Spanien zurück. Er wollte eine Operation hinter sich bringen und sowohl meine Angelegenheiten als auch jene der Marquise de Leyde* regeln, die ihren Gemahl verloren hatte und gleichfalls mit ihrem Sohn in Condé eintraf.

Im Sommer 1726 sah ich in Valenciennes beim Provinzgouverneur M. de Vatan eine große Festoper und ein Feuerwerk.

Im Frühling 1727 nahm mich meine Mutter für ungefähr drei Wochen mit ins Schloß von Enghien: Dort lernte ich Rousseau** kennen. Ich erkrankte durch verdorbenes Brot. Zu ebendieser Zeit wurde auch der Comte de Beaufort in Paris im Hôtel de Noailles operiert.

Im übrigen wurde ich, wie schon erwähnt, von meiner Mutter und Rhindorf in Condé erzogen.

Was die Belange unseres Hauses betrifft, so hatte Mahy, der starb, als ich ein Jahr alt war, sie gemeinsam mit dem Comte de Solre bestens

* Aus einer niederländisch-stämmigen Familie, die alsbald in chur-baierische Dienste wechselte.

** Auf den Landsitzen des Adels war geistige Prominenz gern gesehen; es handelte sich wahrscheinlich um Jean-Baptiste Rousseau, 1671–1741, Dichter in allen literarischen Genres von der Lyrik bis zu Opernlibretti.

geregelt. Hernach hatten wir für fünf oder sechs Jahre keinen Hauptverwalter, denn mein Vater kümmerte sich um alles selbst. Nach seinem Tod bereiste manchmal meine Mutter mit den Messieurs Douviers die Liegenschaften und prüfte anstelle des Comte de Beaufort die Abrechnungen; erst nach seiner Rückkunft aus Spanien stellte er Vallerand als Hauptverwalter an, dem 1731 M. Cordier folgte.

Den Sommer 1727 verbrachten wir wie üblich in Petit-Quesnoy. Kaum nach Condé heimgekehrt, brach ich mit meiner Mutter in ihrer Berline am 22. September zu meiner ersten Reise nach Paris auf. Wir fuhren über Mouchy, wo wir zwei Tage blieben. Ich logierte mit meiner Mutter im Kloster. Ich sah das Schloß, und am 29. September 1727 erreichten wir an Sankt Michael um vier Uhr nachmittags Paris. M. de Stetin eilte uns entgegen und begleitete uns in die Rue Guénégaud, ins Hôtel d'Espagne, wo der Comte de Beaufort uns erwartete. Ich wohnte dort zwei Wochen lang, während deren ich ins Theater mitgenommen wurde, ein wenig von Paris sah und Besuche absolvierte.

Am 14. Oktober 1727 wurde ich als achter Neuzugang im Jesuitenkolleg in der Rue Saint-Jacques bei Pater Seguin aufgenommen. Als Präfekte hatte ich dort die Patres Desjasnet, Dudoié und Corette.

Ich war während meiner Kindheit und Jugend äußerst empfindlich und kränklich, hatte in Condé oft Fieber und litt stets unter Kopfweh. Auch im Kolleg war ich häufig krank, was mich oft am Lernen hinderte. Meine Mutter blieb nur wenige Monate in der Rue Guénégaud; dann mietete sie in der Rue Pot-de-Fer, gegenüber den Kleinen Jesuiten, das Haus Fer-à-cheval, schließlich das Haus in der Rue Cassette, Ecke Rue Vaugirard.

Im Sommer 1728 reiste meine Mutter mit dem Comte de Beaufort in meinen Angelegenheiten nach Flandern und blieb bis zur Fastenzeit 1729, um sich alsdann ganz in der Rue Cassette einzurichten.

Im Frühjahr 1729 kurte ich mit Ziegenmilch in dem hübschen Haus von Issy, das die Marschallin de la Mothe meiner Mutter, die es von früher kannte, zur Verfügung gestellt hatte.

Im September 1730 erkrankte ich im kleinen Palais in der Rue Cassette heftig an den Pocken. Nach dieser Heimsuchung verließ mich am 8. Dezember Rhindorf und kehrte nach Deutschland zurück. Daraufhin wurde Bertot mein Kammerdiener. Im Kolleg hatte ich meine Lehrer, und M. Bottée wohnte unter unserem Dach, suchte mich jedoch nur selten auf.

Gut vorbereitet empfing ich zu Ostern am 25. März 1731 im Kolleg meine Erstkommunion. Am 27. verkühlte ich mich auf dem Heimweg von einem geistlichen Konzert, und ich lag bereits am 29. März 1731 krank im Kolleg; da eine Rippenfellentzündung drohte, wurde ich sieben Mal zur Ader gelassen. Nach dieser schweren Erkrankung und wegen meiner schwachen Konstitution wurde ich am 29. April 1731 aus dem Kolleg genommen: So habe ich dort nur drei Jahre, sechs Monate und sechzehn Tage verbracht.

Im Sommer 1731 reiste meine Mutter mit dem Comte de Beaufort nach Flandern. Es war seine letzte Reise. Sie kehrten selbigen Jahrs Ende Dezember zurück. Während dieser Abwesenheit blieb ich zu Hause mit M. Bottée, der sich mir vollends widmete, eher als Freund denn als Bediensteter. Um mich der Theaterbesuche überdrüssig zu machen, führte man mich in jenem Sommer mit der Kutsche oder zu Fuß dreimal pro Woche hin. Täglich nahm ich bei der Marquise de Leyde und ihrem Sohn am Quai Malaquais das Mittagessen ein. Ich bekam alle möglichen Lehrer: M. de Menillory für Mathematik, die M. Bottée ihm beigebracht hatte; den berühmten Physiker Abbé Molières für Latein; Blondy für den Tanz; und so vergingen die Jahre.

Ein paar Tage nach Ostern 1732, das auf den 13. April fiel, reiste der Comte de Beaufort nach Spanien, und wir sahen ihn nie wieder. Die Marquise de Leyde hauchte auch alsbald ihre Seele aus.

In den Sommern 1732 und 1733 war ich mit meiner Mutter in Doue bei M. de Trainel, wo es sehr lustig zuging. Den Rest des Jahres und die Winter verbrachte ich im Haus in der Rue Cassette mit meinen Lehrern, meiner Mutter und M. Bottée, spazierte umher, oft im Garten des Palais Luxembourg, wo ich mich im Gespräch mit M. Bottée trefflich bildete oder las.

1733 bereiste meine Mutter Flandern. Im September war ich Gast bei der Verlobung von Mademoiselle d'Havré, die nach Turin heiratete.

Im August 1734 kehrte ich das erste Mal mit meiner Mutter nach Condé zurück, sie in ihrem Zweisitzer, ich hinterdrein in meinem eigenen mit M. Bottée auf einem Klappsitz. Im Verlauf dieser Reise, die uns zuerst nach Petit-Quesnoy führte, wurde ich für vier Tage mit M. Bottée auf eine Rundfahrt über Ypern nach Dünkirchen geschickt, wo ich mit großem Vergnügen zum ersten Mal das Meer erblickte. Von dort ging es zurück nach Quesnoy, von da nach Condé, wo ich für mündig erklärt wurde. Am 4. Dezember trafen wir in Lille ein, von wo es Ende Dezember, ich allein im Wagen, nach Paris ging.

Am 12. März 1735 trat ich in die Akademie de la Guérinière* in der Rue de Tournon ein und begann dort meinen Reitunterricht.

Im Sommer 1735 nahm meine Mutter mich mit zur Comtesse de la Mothe nach Fayel, wo ich auf die Jagd ging und mich prächtig amüsierte. Hernach machten wir einen Abstecher nach Wailly zur Duchesse d'Havré, wo ich ungefähr einen Monat mit den beiden jungen Messieurs d'Havré zubrachte, die kräftiger waren als ich. Ein Unfall machte mir zu schaffen. Von Wailly ging es auf selbem Wege nach Fayel zurück und Ende September nach Paris, wo alsbald Lancre und Lusignan in meinen Dienst traten, nachdem Dablin, den der Comte de Beaufort 1730 für mich angestellt hatte, entlassen worden war.

* Eine der Sport- und Ertüchtigungsschulen der Hauptstadt.

Junges Treiben

Am 6. April 1736 kam ich zu den Grauen Musketieren und wurde arg gedrillt, denn neben der Akademie wurde ich nun an Waffen ausgebildet, mußte voltigieren, exerzieren und ziemlich oft Wache stehen.

Als der König* sich in jenem Sommer nach Compiègne begab, lief ich von Saint-Denis bis Ecouen als einer der vier Musketiere seiner Karosse voraus. In Compiègne ermöglichte es mir der Kardinal de Fleury,** wenngleich ich nur Musketier war, beim großen öffentlichen Mittagsmahl des König mitzuspeisen, was eine außergewöhnliche Ehre bedeutete. Von dort machte ich mich auf nach Fayel.

Während all dieser Zeit blieb ich sehr kränklich und litt fast ständig vor allem unter schlimmen Kopfschmerzen, Übelkeit, schlechter Verdauung, so daß ich eine sehr schwere Kindheit und Jugend verbrachte und immer anfällig war. Deshalb vergnügte ich mich wenig und wurde recht ernst und liebte das Ernsthafte. Diese Kopfleiden und Übelkeit begleiteten mich bis 1742.

Vom Sprachunterricht profitierte ich nur mäßig, doch ich mochte und genoß Mathematik, vor allem die Geometrie, die mich durch M. Bottée ein bißchen prägte. Er ging nur hin und wieder mit mir aus und war nicht sonderlich eifrig, doch vornehmlich abends führten wir lange und vorzügliche Gespräche, wobei er mir kundig die vor-

* Ludwig XV., 1710–1774, der damals noch *vielgeliebte* Monarch seiner Nation.

** Hercule de Fleury, 1653–1743, Erster Minister des Königs, Sanierer der Staatsfinanzen, durch dessen Politik Frankreich ohne Blutvergießen Lothringen gewann.

trefflichsten Lebensgrundsätze nahebrachte, woraus sich das Beste in mir formte.

Wir lebten damals in der Rue Grenelle zwischen dem Hôtel de Villars und den Karmeliten, die ein Gebäude bezogen hatten, in dem ich Sankt Johannes 1733 an den Exerzitien teilnahm. Hinter dem Kloster befand sich ein sehr schöner Garten mit einer Orangerie; hier konnte ich mich austoben; ich spielte mit meinen jungen Kumpanen, mit Besenval, Monaco* und anderen. Wir feuerten mit Platzpatronen. Leidenschaftlich liebte ich die Jagd, und auf dem Lande war sie mein größtes Vergnügen. Ich marschierte dort auch ausgiebig querfeldein, wenngleich es mich angriff.

Als ich 1735 auf der Akademie war, kaufte ich für 1.800 Livres von einem Engländer eine leichte graue Kutsche und zwei Pferde; dies war meine erste Equipage, und damals begann ich, mich allein zu tummeln. 1736 erstand ich vom Duc du Boufflers ein hübsches Berberpferdchen. Auf ihm erkundete ich, bisweilen begleitet von einem alten M. Dumausel, die Umgebung von Paris. Doch ich ging auch allein aus und wollte mich mit meinen jungen Freunden und im Theater vergnügen. Nie war ich heiterer als bis zu meiner Heirat, besuchte Bälle, wobei meine schlechte Gesundheit und tief in mir verwurzelte hehre Prinzipien mich allerdings zurückhielten.

Wohl ungefähr Anfang Juni 1736 nahm ich auf dem Schloßhof von Versailles an der Parade teil und exerzierte das erste Mal mit meiner Kompanie vor dem König. M. d'Avejan kommandierte uns. Manchmal (und ich liebte das sehr) ritten wir auch Kavallerieattacken in der Heide von Grenelle.

* Pierre Victor de Besenval de Brünstatt, 1721–1791, aus schweizerischer Familie, in französischen Diensten, später hoher Offizier, schriftstellerisch auch als Memoirenautor tätig. Ihm wurde später vorgeworfen, durch einen eilfertigen Truppenrückzug 1789 den Sturm auf die Bastille ermöglicht zu haben. – Honoré Camille Léonor Goyon de Grimaldi, 1720–1795, später als Honoré III. fünfter regierender Fürst von Monaco.

Seit dem 1. Februar 1737 notierte ich meine Erinnerungen, wobei ich anfangs die wichtigsten Daten und Geschehnisse nur knapp auflistete.

Am 31. Mai 1738 brach ich erstmals zu meinem Regiment auf und begann detaillierter zu schreiben, und 1741, als der Krieg ausbrach, fing ich mit ausführlichen Memoiren an.

Dies ist der Anfang meiner Erinnerungen. So, wie ich sie damals flink aufschrieb, belasse ich sie, auch mit ihrem mangelhaften Stil, denn ich verfolgte kein anderes Ziel, als aufzuschreiben, was mir zustieß und auffiel, um mich an alles und wie es mich mehr oder minder betraf, zu erinnern, sowie meine Entwicklung zu beobachten.

23. Februar 1737. Ich besichtigte Gersins Naturalienkabinett auf der Notre-Dame-Brücke.

1. März. Ich ging ins Observatorium, um eine acht Zoll breite (dreißig Minuten währende) Sonnenfinsternis und einen Kometen zu beobachten.

3., 4. und 5., Fastnacht, Ball.

22. Kavalleriemanöver in der Ebene. Meine Mutter kam zum Zuschauen.

19. Juli. Wir haben das Haus in der Rue Grenelle aufgegeben und haben das in der Rue des Petits-Augustins bezogen.

Den 26. und 27. November in Versailles. Das war noch zu Zeiten des Kardinals Fleury, der mich sehr wohlwollend behandelte; er nannte mich seinen Sohn. Ich dinierte oft bei ihm und versäumte selten seine Abendaudienz, bei der er so köstlich plauderte. Er spornte mich an, für hunderttausend Francs um ein eigenes Kavallerieregiment zu ersuchen.*

23. Februar 1738. Ich sah mir einen Automaten an, der Flöte spielt.

16. April. Während ich mich bei meiner Nichte in Paris aufhielt, wurde ich benachrichtigt, daß mir der König an diesem Tag das

* Im vorrevolutionären Europa kauften die stets adligen Offiziere ihre Truppeneinheiten.

Kavallerieregiment Royal Roussillon zuerkannt hatte. Am 26. April erhielt ich die auf den 16. April datierte Bestätigung meiner Beförderung. Ich nahm am 1. Mai Abschied von den Musketieren.

8. Besuchte den Garten eines berühmten Tulpennarren am Ende des Faubourg Saint-Marceau.

31. Aufbruch nach Guise, wo das Regiment stationiert ist.

Den 10. November kehrte ich nach Paris zurück.

Den 26. Januar 1739 ging ich zum Festball, den der König im Großen Salon von Versailles gab, dann nachts auf den Maskenball, der in allen Räumen des Großen Appartements* stattfand. Die Festivität war hinreißend; seit 36 Jahren soll es nichts Vergleichbares gegeben haben.

Am 22. Februar verkündete der König die Vermählung seiner ältesten Tochter mit dem spanischen Infanten und empfing, ebenso wie der Dauphin, selbigen Tags den Orden vom Goldenen Vlies.**

Im März dieses Winters beschäftigten uns meine Heiratspläne mit Mademoiselle de la Mothe: Bei unseren Ausflügen nach Fayel war die Angelegenheit ins Rollen gekommen und binnen kurzem soweit gediehen, daß M. le Comte de la Mothe durch Vermittlung des Kardinals de Fleury und Mme. de Ventadours beim König schon meine Anwartschaft auf einen spanischen Grandentitel*** zugestanden

* Die sieben Prunkgemächer des Königs, von denen der Apollonsalon meistens Theater und Konzert, der Marssalon dem Tanz und der Venussalon der Beköstigung vorbehalten waren. Daneben existierte das intimere Kleine Appartement (Petit Appartement).

** Ein bedeutsamer Tag: Ludwig XV. verehelichte die ihm liebste seiner acht (ehelichen) Töchter, Louise Elisabeth, mit dem spanischen Königssohn Philipp, Herzog von Parma. Französischer Dauphin war Louis Ferdinand. Dem Dauphin und Ludwig XV. wurde in Anerkennung dieses Heiratsprojekts der vornehmste Orden der Christenheit, das Goldene Vlies, verliehen, der seit dem Jahr 1700 nicht nur von den Habsburgern, sondern auch von den in Madrid regierenden Bourbonen verliehen wurde.

*** Immer wieder wird Emmanuel de Croÿ versuchen, den Titel eines spanischen Granden aus seinem Stammbaum abzuleiten, um dadurch einen privilegierteren Rang einzunehmen.

bekam. Schlagartig und kaum daß wir wußten, wie uns geschah, schien alles unter Dach und Fach, und der Abbé de Ghistelle wurde ersucht, am anvisierten Tag die Zeremonie durchzuführen. Alles ging rascher, als wir wollten. Eilends ließen wir aus Condé M. Cordier anreisen, um das Finanzielle zu besprechen, das meiner Familie allerdings keineswegs zum Vorteil gereichte. Wir entschieden uns, den Plan aufzugeben (trotz des in Aussicht gestellten spanischen Titels und seiner Bedeutung für mich) und zwar aus zwei Gründen: Erstens mochte die Ehe meine finanziellen Möglichkeiten übersteigen; zweitens bedeutete Mlle. de La Mothe ein Risiko, da sie kränkelte und sterben konnte. Und falls M. le Comte de la Mothe sich wiederverheiratete und einen Sohn bekäme, ginge ich des Grandentitels verlustig, auf dessen Vorteile meine Familie sehr baute (obwohl er mir womöglich persönlich geblieben, jedoch nicht auf meine etwaigen Kinder vererbbar gewesen wäre). Aus beiderlei Gründen wurde M. Cordier angewiesen, alles rückgängig zu machen, was ziemlichen Lärm verursachte.

Ich ließ mir die Stimmung nicht verderben und zerstreute mich diesen Winter recht gut.

Am 21. November fuhr der König in seinem Sechssitzer zur Jagd und war so gnädig, mich bei der Hin- und Rückfahrt zusteigen und auf seinen Knien sitzen zu lassen.* Solche Bevorzugung widerfuhr mir erstmalig, wie ich auch erstmals mit dem König auf Wildschweinjagd ging. Vier wurden erlegt. Abends war er überdies so gnädig, mich als Gast für das Souper in seinen Kabinetten zu benennen. Dies geschah zum ersten Mal, mit Ausnahme von 1736, als mir noch als Musketier in Compiègne diese für jedermann sichtbare Ehre zuteil geworden war. Wir speisten im Kreise von fünfzehn Personen.

* … *sur ses genoux*: ein erstaunlicher Vorgang, daß der König einen einundzwanzigjährigen Offizier auf seinem Schoß mitfahren läßt. Aber die hochzeremoniöse Monarchie offenbarte immer wieder rüstige und spontan warmherzige Züge.

Am 10. Dezember fand die Jagd auf den Ländereien des Guts Hôtel-Dieu statt. Nur gleich zu Anfang erlegten wir einen Hirsch im Wasser. Eines meiner Pferde, das *Hirsch* heißt, warf mich ab. Abends überreichte mir der König beim *Coucher** erstmals den Leuchter.

Den 5. Januar, am Vorabend von Heilige Drei Könige, fror es empfindlich; nach einigen frostigen Tagen mit viel Nebel verschlimmerte sich die Kälte bis in die Nacht vom 10. auf den 11. so sehr, daß die Thermometer nach M. de Réaumur auf 9 ½ Grad unter den Gefrierpunkt sanken, also nur 4 ½ Grad weniger als im Schreckenswinter von 1709.

Am 12. und 13. trieb viel Eis auf dem Fluß, und die Leute, die in den Häusern auf den Stadtbrücken wohnten, wurden zum zweiten Mal bis zur Brücke von Saint-Cloud gebracht.

24. April. Ich bestieg die Türme von Notre-Dame.

* Allabendliche Zeremonie des Zubettgehens des Königs. Es galt als Auszeichnung, bei diesem Ritual den Leuchter zu halten.

Tod in Wien

Am 20. Oktober 1740 verstarb in Wien Karl VI., Kaiser des Heiligen Römischen Reichs Deutscher Nation. Schon seit Jahren war Karl VI. bemüht gewesen, durch die sogenannte Pragmatische Sanktion die Unteilbarkeit seiner Erblande und die weibliche Erbfolge im Hause Habsburg staatsrechtlich durchzusetzen. Für die Anerkennung dieses Hausgesetzes hatte Wien anderen deutschen und ausländischen Mächten erhebliche Zugeständnisse gemacht; so wurde Preußens Anwartschaft auf die Herzogtümer Jülich-Kleve-Berg bestätigt, und Wien löste zugunsten der Seemächte in den Österreichischen Niederlanden seine florierende Ostindische Handelskompanie auf. Tatsächlich trat nach dem Tod des Kaisers seine Tochter Maria Theresia das gewaltige Ländererbe mit Böhmen und Ungarn an. Die Rechtmäßigkeit von Maria Theresias Thronfolge wurde vor allem durch Preußen und Frankreich, die sich verbündeten, neuerlich in Frage gestellt.

Der junge Friedrich II. von Preußen bemächtigte sich des Habsburgischen Schlesiens, um das bis 1763 gekämpft wurde. In den drei Schlesischen Kriegen, von denen der letzte zum Siebenjährigen Krieg wurde, wechselten die Bündniskonstellationen, wobei allerdings Frankreich und England stets gegnerischen Parteiungen zugehörten und im Verlauf dieser Kämpfe, die schließlich zum Weltbrand gerieten, auch um ihre Vormacht in Übersee, Amerika, Indien, in der Karibik blutig stritten.

In Deutschland witterten habsburgfeindliche Kräfte anläßlich der anstehenden neuen Kaiserwahl die Gelegenheit für Gebietsgewinne und eine weitere Schwächung der kaiserlichen Oberhoheit.

Unter solchen Vorzeichen willigte Kurfürst Karl Albrecht von Bayern ein, sich mit massiver finanzieller und militärischer Unterstützung Frankreichs als zweiter Wittelsbacher seit Ludwig IV. im frühen 14. Jahrhundert zum Römischen König und deutschen Kaiser wählen zu lassen.

Am 31. Oktober verkündete der König vor der Jagd, auf die ihn zu begleiten ich die Ehre hatte, den Tod des Kaisers Karl Franz von Österreich, mit dem dieses Herrscherhaus erlosch. Er starb am 20. Oktober 1740 in Wien im Alter von 55 Jahren und 20 Tagen an einer Unterleibsentzündung. Diese Nachricht – die wichtigste, die Europa vernehmen konnte – bedeutete den Beginn großer Geschehnisse.

Den 15. November ernannte der König M. de Belle-Isle zu seinem Gesandten und Sonderbevollmächtigten bei der Frankfurter Kaiserwahl.

Im Dezember verursachten Dauerregen und mildes Wetter, das den Schnee schmelzen ließ, allerorten furchtbare Überschwemmungen. Fast sämtliche Flüsse Frankreichs richteten erhebliche Verwüstungen an, was das Elend in den Provinzen merklich verschärfte. Marne und Seine überschwemmten weithin ihre Ufer. In Paris stieg das Wasser auf 24 Fuß, 3 Zoll, somit 12 Zoll höher als 1711 und 3 oder 4 weniger als 1631 bei der schlimmsten Überschwemmung des vorigen Jahrhunderts. Es überflutete die oberste Stufe der Rathaustreppe, den gesamten Grand Cours,* Teile des Faubourg Saint-Honoré, und auf einem Drittel der Pariser Straßen kam man nur im Boot voran.

Am 8. Januar 1741 starb M. d'Orsay, mein bester Freund. Den 10. nahmen M. de Besenval und ich an seiner Beisetzung teil. Während seines viermonatigen Dahinsiechens hatten wir ihm unausgesetzt beigestanden; sein Tod gibt mir zu denken: Er war neunzehn und sehr gesund gewesen.

* *Grand Cours*, die Straße, die Paris mit Versailles verband und später zu den Champs-Elysées wurde.

Am 30. Januar traf meine Tante Mme. de Solre zusammen mit M. Cordier ein, der zwecks meiner Heirat mit Mlle. d'Harcourt* einbestellt worden war, welche seit genau zwei Monaten zur Debatte stand. Ich hatte das Fräulein bereits zweimal bei Mme. des Ursins getroffen, die alles eingefädelt hatte.

Samstag, den 4. Februar, begaben meine Mutter und ich uns in das Hôtel d'Harcourt, wo die gesamte Verwandtschaft versammelt war, um Mlle. d'Harcourt um ihre Hand zu bitten. Eine Stunde später wurden die am Vorabend vereinbarten Eheklauseln verlesen und unterzeichnet. Tags darauf, am 5ten, nahm mich der Duc d'Harcourt mit nach Versailles, um die Zustimmung des Königs sowie der Prinzen und Prinzessinnen zu erbitten. Fortan suchte ich täglich das Hôtel d'Harcourt auf, wo man mich wie einen Sohn behandelte. Am 12. Februar, Karnevalssonntag, brachen wir schließlich nach Versailles auf, um den Kontrakt von König, Königin, Dauphin und von den Prinzessinnen von Geblüt unterzeichnen zu lassen. An den folgenden Tagen ließen wir ihn in Paris von weiteren Fürstlichkeiten gegenzeichnen.

Am 14., Fastnachtsdienstag, soupierte und tanzte Mlle. d'Harcourt bei meiner Mutter auf einem kleinen Ball. Freitag, den 17., richteten wir uns für die Hochzeit her. Um sieben Uhr abends begaben wir uns in das schöne Palais des Marschalls de Belle-Isle, wo der Duc d'Harcourt für fünfunddreißig Gäste ein prächtiges Hochzeitsmahl gab, und nach Mitternacht, am 18. Februar, verlobte und verehelichte uns anschließend der Abbé d'Harcourt, Dekan von Notre-Dame und Onkel Mlle. d'Harcourts, wobei ihm in der Kapelle des Palais Belle-Isle der Pfarrer von Saint-Sulpice assistierte und die Messe las.

In aller Form begaben wir uns gleich nebenan im Hôtel d'Harcourt vor den Anwesenden zur Nachtruhe. Am nächsten Abend um sieben

* Angélique Adélaïde d'Harcourt, 1719–1744, entstammte einer weitverzweigten Familie des Hochadels, deren jeweiliges Oberhaupt vom König mit der Ehrenbezeichnung «Cousin» angeredet werden konnte.

suchten wir meine Mutter auf und feierten dort mit denselben Gästen bei hübscher Musik vor und nach dem Souper.

Der Kauf meines Regiments, meine Heirat und alsbald meine Equipage und Ausstattung für den Krieg bedeuteten so hohe gleichzeitige Ausgaben, daß ich plötzlich, ohne mein Verschulden, zusätzliche dreihunderttausend Francs aufzubringen hatte.

Am 22. Februar gingen wir frisch vermählt in die Comédie Française und am 24. in die Oper zu *Proserpina*, in welcher Rolle Mademoiselle Pontarly debütierte.

Nachdem ich mich durch die Ehe gebunden hatte, blieb ich bis auf einzelne Fahrten nach Versailles bereitwillig bei meiner Frau, die ich sehr liebgewann. Allabendlich versammelten wir uns in der Rue de Bourbon im Hôtel d'Harcourt bei der alten und achtbaren Marschallin d'Harcourt im Kreise der ganzen Familie, also ungefähr zu fünfzehnt: All ihre Kinder und Enkel waren bezaubernd und sind bis heute gerne beisammen. Das Haus meiner Schwägerin Mme. de Hautefort war mit dem der Marschallin baulich verbunden, wodurch alles noch angenehmer wurde.

Am 12. März legte ich bei meinem Beichtvater, der auch königlicher Prediger war, in Versailles eine Generalbeichte ab und richtete mein Leben nunmehr völlig anders ein als in den Jahren davor.

Am 11. Juli gab man in Versailles die Regimenter bekannt, die bereits zwei Tage zuvor Befehl erhalten hatten, sich marschbereit zu halten. Auch meines war dabei, und man vermutete, daß es zur ersten Kolonne gehören würde. Nachdem ich schon vor drei Tagen davon gehört hatte, ließ ich meine Equipage vorbereiten. Am 20. des Monats wurden die Marschziele bekanntgegeben und die Generalstabsoffiziere ernannt. Ich wußte, daß mein Regiment nicht, wie ich erbeten hatte, in Bayern, sondern unter Marschall de Maillebois, der mich wünschte, an der Maas operieren und am 28. August bei Sedan eintreffen würde. Das verschaffte mir für meine Ausrüstung ein wenig mehr Zeit als anderen.

Am 25. nahm ich in Versailles vom König Abschied. Meine Equipage brach am 16. August aus Paris auf, ich selbst folgte am 23. August 1741 in Richtung Sedan, zu meinem ersten Feldzug. Es tat mir wohl, meinen Beruf als Soldat zu erfüllen, doch verließ ich meine liebenswerte Frau nicht ohne innere Bewegung.

Deutsche Eindrücke

Mit einer Unterbrechung vom März bis zum Oktober 1742 durchstreifte Emmanuel de Croÿ als französischer Offizier während und außerhalb seines Dienstes bis 1744 vor allem das westliche Deutschland. Viele Ereignisse und Impressionen notierte der eifrige und wißbegierige Chronist eilig auf gerade greifbarem Papier und fügte sie später in seine Erinnerungen ein.

Am folgenden Tag erreichten wir Aachen. Ich traf den Baron d'Aubé, der die Armee von Lüttich herangeführt hatte und von dem ich abends ein Pferd kaufte: Dabei lernte ich Herrn Oseur kennen, den Großmajor des Kurfürsten.* Der Kurfürst war Schutzherr dieser Stadt und übte das Inspektionsrecht aus; aus der Gerichtsbarkeit flossen ihm die Geldbußen zu. Aachen ist eine der vornehmsten Reichsstädte. Herr Oseur stellte mir seine Karosse zur Verfügung und brachte uns zum Rathaus. M. de Montal gesellte sich zu uns. Ich überließ ihm meinen Wagen. Wir besichtigten die Kirche (sie ist schön, klein, rund gebaut und birgt das Grab Karls des Großen); die Schatzkammer ist herrlich, man verwahrt hier das Armreliquiar, die Schädeldecke Karls des Großen, sein Schwert und seine Bibel, die für die Kaiserwahlen ebenso notwendig sind wie die vom Blut des heiligen Stephan getränkte Erde in einem prächtigen Kästchen. Dann suchten wir die

* Der mächtige *Herr der fünf Kirchen*, Clemens August I., 1700–1761, Kurfürst und Erzbischof von Köln, Fürstbischof von Münster, Paderborn, Osnabrück und Hildesheim, Hochmeister des Deutschen Ordens und jüngerer Bruder des Kaiserkandidaten Karl Albrecht von Bayern.

heißen Quellen auf. Das Wasser sprudelt kochendheiß aus dem Brunnen. Ich sah auch das Kapitel der Kanonissen von Burtscheid.

Nächsten Tags lagerten wir in Laurensberg. Am 27. bat ich den Marschall um Erlaubnis, den Baron von Myllendonk aufzusuchen, einen Verwandten meiner Mutter, der mich seit einer Woche zu einem Besuch drängte. Bei Einbruch der Nacht erreichten wir Schloß Fronenbruch, wo ich von Herrn und Frau von Myllendonk mit unsäglicher Freude und aller erdenklichen Zärtlichkeit empfangen wurde. Der Baron von Myllendonk ist um die siebzig, wobei man ihm noch ansieht, daß er ein sehr schöner Mann gewesen sein muß, den die Gicht bisher verschont hat. Unglücklicherweise sprach er nur Deutsch, das ich nicht verstand. Er hatte sein Lebtag lang als hervorragender Oberst in der preußischen Kavallerie gedient. Da er jedoch ein eigenwilliger Mann war, aufbrausend, tapfer und brüsk (und der sich sehr oft duellierte und häufig mit den Generälen verquer war), hatte er vor ungefähr fünfzehn Jahren seinen Dienst quittiert und sich auf diesen Flecken Erde zurückgezogen, den einzigen, den er besaß und den seine erste Frau, auch eine von Myllendonk, mit in die Ehe eingebracht hatte. Dieser Besitz, Baronie Heurick genannt, doch geschrieben *Hœrstgen*, ist mit einem vorzüglichen Grundrecht ausgestattet: Es handelt sich um eine Freiherrlichkeit oder Freie Reichsbaronie, die nur dem Kaiser untersteht, so daß der Baron alle Rechte eines Souveräns bis auf jenes zur Münzprägung genießt, allerdings bei einer Einquartierung in dieser Gegend zwanzig Mann unterbringen und versorgen muß. Er entscheidet über Tod oder Leben seiner Untertanen, nach seinem Dafürhalten werden die Urteile gefällt, doch müssen sie anschließend in Wetzlar überprüft werden.* Seine Leibeigenen sind

* Das Reichskammergericht in Wetzlar, bisweilen wegen seiner umständlichen Langsamkeit gescholten, stellte ein auf der Welt wohl einzigartiges Verfassungsorgan dar. Es trug nicht nur Sorge für den Landfrieden zwischen deutschen Fürsten und Territorien, sondern war, bis auf einige juristische Ausnahmen, auch höchste Gerichtsinstanz für jedweden Untertanen, der sich von seiner Obrigkeit ins Unrecht gesetzt sah.

wie Sklaven. Er kann sie nach Gutdünken besteuern und gleichwo auf seinen Ländereien arbeiten lassen. Er und seine Baronie bekennen sich zur Reformierten Kirche, wiewohl das Umland katholisch ist. Er bestimmt über Eheschließungen und sonstiges. Diese Baronie hat einen Umfang von zwei oder drei Meilen. Sie umfaßt das Dorf selbigen Namens sowie Schloß Fronenbruch, das in Kriegen teilweise verwüstet wurde und in dem er fünf oder sechs Zimmer bewohnbar machte. Es ist von einem ordentlichen Graben umgeben, in den sich der kleine Kendelbach ergießt; dahinter verläuft der Neue Rhein beziehungsweise der zerstörte Kanal dieses Namens. In Frankreich würde das Besitztum acht-, zehn- oder zwölftausend Livres Rente einbringen, hier erzielt es jedoch mehr. Seine Gemahlin, die vorzüglich Französisch spricht, ist eine Tochter des Barons von Wylich-Diersfordt und hat ein einnehmendes Äußeres und einen ebensolchen Geist. Sie ist sehr lebhaft, mag ungefähr 35 Jahre alt sein und ist seit acht oder neun Jahren mit ihm verheiratet.

Am 8. Oktober wurde ich abkommandiert, um die Quartiermeister des rechten Armeeflügels zu befehligen. Es handelte sich um mein erstes Kommando als Oberst. Wir furagierten in der Nähe von Ratingen.

Sonntag, den 15. Oktober, reiste ich mit dem Grafen von Wedel in meiner Kutsche ab. In Dormagen wechselten wir unsere Postpferde aus Düsseldorf und erreichten Köln um fünf Uhr. Von Düsseldorf sind es fünf Meilen. Wir logierten im Hof von Holland am Rheinufer und brachen am nächsten Morgen zeitig nach Brühl auf, von da nach Bonn, wo wir um elf Uhr eintrafen. Sobald wir uns umgekleidet hatten, begab ich mich zu M. de Sade, dem französischen Gesandten, der mich zum Kurfürsten führte. Er wollte gerade aufbrechen, um eine Viertelmeile entfernt in einem hübschen Pavillon am Rhein zu speisen, der sich Weingarten des Herrn nennt, da er inmitten von Weingärten liegt. Er erwies mir die Gnade, ihn begleiten zu dürfen. Graf von Wedel blieb bei den Herren des Hofs, da Marschall de Maillebois aufgrund eines Ministerbefehls angeordnet hatte, daß die Hauptmänner beim Kurfürsten von Köln ebensowenig an der Tafel speisen dürften wie beim Kurfürsten von Bayern. Man dinierte an einem dieser kunstvollen Tische, die zum Wechsel der Gänge versenkt werden und in deren Mitte sich ein kleines Loch befindet, *Postillon* genannt, wo ein Papier parat liegt, worauf man schreibt, was man sich wünscht: Man muß der Vorrichtung nur einen leichten Stoß versetzen, sie senkt sich, und das Begehrte steigt alsbald herauf. Auf diese Weise speist man ohne Servierpersonal.

Die Stadt Bonn ist klein, von einer alten Mauer umgeben, und besitzt ein einfaches, mittelmäßiges Bollwerk. Sie wirkt recht volkreich und geschäftig. Es gibt nur zwei oder drei Damenstifte, deren Bewohnerinnen sich selten ins Schloß begeben, wo sie auch nicht übernachten können, da der Kurfürst geistlichen Standes ist. Sein Schloß ist vollendet schön, besitzt große herrliche Wohngemächer, und die Gärten sollen sich bis zum Pavillon in den Weingärten erstrecken, sind aber noch nicht fertig. Am folgenden Morgen, dem 18., begaben wir uns zeitig nach Brühl, wo auch der Prinz von Zweibrücken zum Diner erschien. Er sagte, sein einziges Reiseziel sei Falkenvert in Brabant, wo die Falkner Europas drei Viertel des Jahres zubrächten. Er liebe die Falkenjagd leidenschaftlich. Sein Erster Minister Herr von Seckendorff begleitete ihn. Wir speisten mit dem Kurfürsten, diesmal auch der Graf von Wedel (denn der Ministerbefehl galt nicht für einen Aufenthalt auf dem Lande). Anschließlich besichtigten wir das Schloß Brühl, dessen Inneres vollendet schön ist und mit dem Äußeren vollkommen korrespondiert. Ein Teil des Gartens ist fertig, am Rest wird noch gearbeitet. Sodann zeigte man uns am Ende des Parks das kleine Palais Falkenlust.* Es ist das hübscheste kleine Palais, das ich je sah. Es ist so reich verziert wie eine Tabaksdose und seinem deutschen Namen gemäß für die Falkenjagd bestimmt.

* In Croÿs Schreibweise *Falckenloust*. Noch im Alter plante der Herzog ein gleichartiges Gebäude für seinen Landbesitz in Nordfrankreich.

Am bemerkenswertesten erschien mir das allgemeine Verhalten bei Hofe. Alle Personen in der Umgebung des Kurfürsten hatten sich dem Haus Österreich verkauft. Nach seiner Ankunft vor zwei Jahren hatte M. de Sade den Kurfürsten dazu bewegt, die österreichischen Parteigänger zu verjagen und durch ihm getreue Minister zu ersetzen. Das gelang ihm schließlich, weil der Kurfürst leicht zu lenken ist und weiß, daß er Frankreich braucht. Er ist sanftmütig, friedliebend, schweigsam und gutherzig. Man kann alles von ihm verlangen, wenn man ihn glauben macht, es geschehe zum Wohl seines Volkes, das ihm am Herzen liegt. Ist er allerdings mißgelaunt, dann liebt er die Zerstreuung, haßt das Arbeiten, läßt sich zu nichts bewegen und ist kaum ansprechbar. So müssen seine Minister fortwährend mit ihm auf die Jagd gehen, die seine Hauptleidenschaft ist und bei der er geradezu schreckliche Strecken erlegt. Obwohl dieser Hof geistlich ist, wirkt er weltlich, denn man erscheint meistens im Jagdgewand, bei Zeremonien mit Beffchen, da fast alle Höflinge wie der Kurfürst Priester oder Kanoniker sind.

Am nächsten Tag nahm uns M. de Niario, ein liebenswürdiger Italiener, mit zum Kölner Arsenal, wo schwere Kanonen, ungefähr zweitausend Luntengewehre und eine Menge alter Waffen lagern. Hernach besichtigten wir die Kathedrale und die Reliquien der Heiligen Drei Könige, von denen nur die Schädel zu sehen sind. Sie werden in einem sehr schönen Schrein verwahrt, der von Florenz* hierhergebracht wurde. Man zeigte uns den Kirchenschatz mit einer Unzahl von Reliquien und schönstem kirchlichen Prunkwerk, darunter vor allem ein Ziborium und die Schmuckgarnitur für eine Madonnenstatue. Das sind die Sehenswürdigkeiten von Köln. Die Stadt ist außerordentlich groß, fast wie Gent. Der vorherrschende dritte Stand bewohnt sie nicht, wie es sein sollte: Die Straßenpflasterung ist entsetzlich, und man muß sagen, es ist ein tristes großes Kaff. Wären

* Der Dreikönigsschrein wurde 1164 aus dem besiegten Mailand nach Köln verbracht.

seine Bewohner sorgfältiger und wäre es besser gepflastert, könnte es mit seinen hübschen Gassen recht vortrefflich wirken. Nach Bonn hin ist Köln dicht bebaut, auf der entgegengesetzten Seite liegen, soweit es sich durch die oberen und meist festverriegelten Fenster erkennen läßt, viele Gärten. Den größten Teil der Stadt nehmen Stifte und Klöster mit ihren ummauerten Gärten ein.

Am 8. November fand ich mich wieder in meinem Quartier in der Vogtei Rheinberg ein, wo mein Regiment verteilt war. Nachdem wir festgestellt hatten, daß die Kompanien in Alpen und der Generalstab zu gedrängt untergebracht waren, inspizierte ich am 12. November die Weiler Millingen und Drüpt am Weg von Alpen nach Wesel und wendete mich in Richtung Rheinberg, wo ich geeignete Unterkünfte fand. Ich organisierte die Einquartierung einer Kompanie in den ringsum verstreuten Gehöften.

Am 7. Dezember brachen wir nach Münster auf, es sind acht Meilen. Im allgemeinen kann man sagen, daß alles Land, das wir in dieser Zeit sahen, in jeder Hinsicht sehr schlecht ist und es höchst schwierig wäre, hier Krieg zu führen, denn es gibt nichts, wovon sich eine Armee von 30.000 Mann drei Wochen lang ernähren könnte. Nach langem Regen ist das winterliche Land vollkommen überschwemmt, sommers ist der Sandboden äußerst trocken, und was nicht Heide ist, ist karger Ackerboden, von mächtigen Bäumen und dichten Hecken umwachsen und durch Gräben getrennt. Vorstöße gegen Verteidiger wären hier höchst schwierig, und fast unmöglich wäre es, die Truppen zu versorgen, da aller Nachschub aus dem Hinterland oder übers Meer und die größeren Flüsse, die kaum schiffbar sind, herbeigeschafft werden müßte. Die Stadt Münster ist groß und schön. Die meisten Häuser haben nur ein Stockwerk. Sie ist nicht so volkreich, wie es im ersten Moment scheint, und zählt nur zehntausend Seelen. Sie hat sieben Stadttore. Das Saint-Gilles-Tor linker Hand der Zitadelle führt nach Dülmen. Sie nennen Gilles hier Ägidius.

Am übernächsten Tag begab ich mich nach Wesel, wo ich zum zweiten Mal der Parade beiwohnte. Die Schönheit der preußischen

Truppen, wie geschlossen und diszipliniert sie antreten, kann man gar nicht genug bewundern. Ich besichtigte auch das Arsenal entlang der Esplanade. Dort lagern zweiundsiebzig Vierundzwanzigpfünder aus einem Guß, achtzig kleine Kanonen, Zwei- bis Zwölfpfünder und sechsundsechzig Mörser. Danach unternahm ich einen Gang um die mächtige Zitadelle mit ihren fünf Bastionen zwischen dem Rhein, der Stadt und der Lippe. Ihre Glacis liegen so nah an den beiden Flüssen, daß es höchst schwierig bis unmöglich wäre, dort einen Laufgraben voranzutreiben. Die Landseite wird von einer Unmenge Bastionen beherrscht, die sich bis zu den Befestigungen der Stadt am Berliner Tor erstrecken. Die Zitadelle wurde lange vor der Stadt erbaut. Ihre Mängel sind die zu engen Bastionen, die zu schmalen quadratischen Vorbollwerke nur aus Ziegelstein und ohne Erdwälle.

Am 17. Januar reiste M. d'Epinay nach Koblenz. Ich folgte ihm in meiner Kutsche mit eigenen Pferden und traf bei stetem Schneefall ein. Hinter Andernach, das nur von einer Mauer umgeben ist, spart das Gebirge, das den Rhein säumt, eine kleine Ebene aus. Am gegenüberliegenden Ufer ist die Ebene zwischen Andernach und Koblenz, bevor die Berge wieder an den Rhein rücken, weitläufiger. Sie wirkt ausnehmend fruchtbar, der Weg ist sehr schön und mag knapp vier französische Meilen messen. Bei der Einfahrt in Koblenz überquert man die Mosel auf einer schönen Steinbrücke, neben deren Kopf sich ungefähr 100 Schritt links ein Festungsbau erhebt. Die Mosel mündet hier in den Rhein, ist mindestens so breit wie die Seine in Paris und fließt sehr schnell. Koblenz erfreut sich einer wunderbaren Lage zwischen nahen Anhöhen mit herrlichen Ausblicken. Die Stadt liegt in einem fast stumpfen Winkel zwischen Mosel und Rhein. Sie ist ordentlich gebaut und wirkt heiter. Die Straßen sind gut gepflastert. Koblenz ist eine der schönsten Städte Deutschlands. Auf der gegenüberliegenden Rheinseite ragt aus dem Gebirgszug ein schroffer Felsen, auf dem die berühmte Festung mit Namen Ehrenbreitenstein thront. Darunter, wo der Fels aus dem Rhein ragt, liegt gegenüber dem Zusammenstrom von Rhein und Mosel das Palais des

Kurfürsten.* Es ist eng an den Felsen gebaut, langgestreckt, besitzt zwei Flügel und wirkt wie ein vortrefflicher Landsitz. Zum Oberrhein hin und gegenüber der Stadt am Ende der Festung befindet sich eine passabel gebaute Vorstadt, die Dal oder Thal heißt. Von dort kann man den Rhein in Barken oder auf Pontons überqueren. Nach meiner Ankunft wollte ich M. de Bassée, den französischen Gesandten, aufsuchen, doch er war nach Frankfurt abgereist.

Einzug des Kurfürsten von Mainz in Frankfurt 1742

* Franz Georg von Schönborn, 1682–1756, Kurfürst und Erzbischof von Trier.

Kaiserwahl und Kaiserkrönung oder der Pomp des Alten Reiches

Am 21. Januar 1742 besichtigte ich den Dom, wo die Feierlichkeiten stattfinden werden. Die Kirche ist klein und häßlich. Seitlich befindet sich eine schmale gewölbte Sakristei. Vor einem Altar sind nur zwei Bänke für die Kurfürsten oder deren Gesandte aufgestellt, wo sie ihr Konklave für die Kaiserwahl abhalten. Der Kurfürst von Mainz sammelt die Stimmen ein und gibt als letzte seine eigene ab. Ein Sekretär protokolliert die Stimmabgabe. Schließlich verkünden die Kurfürsten das Resultat auf einer Tribüne vor dem Chor. Im Dom befindet sich auch eine dieser großen Uhren wie in Lyon.

Am 22. hielt der Kurfürst von Köln seinen Einzug, den ich mittags von M. de Belle-Isle* aus beobachten konnte. Es war außerordentlich schön, und nichts kommt der Pracht der kölnischen Livreen und der vier, fünf Karossen gleich, in deren größter und schönster der Kurfürst allein saß. Schon bei ihrem Eintreffen in Bonn hatte ich die Wagen in Augenschein genommen; auch seine Garde machte einen vorzüglichen Eindruck. Danach begab ich mich zu ihm, um ihm meine Aufwartung zu machen, wobei ich größte Mühe hatte, durch das Gedränge auf der Sachsenhausener Brücke zu kommen. Ich dinierte anschließend beim Grafen de Montijo, dem spanischen Gesandten, der die beste Tafel hielt. Dort lernte ich Frau von Loos kennen, die dritte Gemahlin des Dritten Gesandten Sachsens. Sie

* Marschall Louis Charles Auguste de Belle-Isle fungierte gleichzeitig als Bevollmächtigter der Kaiserwahl in Frankfurt, die unter französischem militärischen *Schutz* stattfand.

ist äußerst liebenswürdig; Herr und Frau von Siersdorff, Zweiter Gesandter Kölns, waren gleichfalls zugegen. Um neun Uhr abends begab ich mich zu den Vergnügungen beim Kurfürsten von Köln.

Gemäß den Statuten der Goldenen Bulle, bekräftigt von der Bürgerschaft, darf zwischen Sonnenuntergang am Vorabend der Wahl und der Proklamation kein Adliger, Jude und Fremder, sofern er nicht zum Gefolge eines Kurfürsten oder deren Gesandten, beziehungsweise zum Reichserbmarschall oder zum Magistrat gehört oder aber Bürger Frankfurts ist, in der Stadt verbleiben.* Der Nuntius und die ausländischen Botschafter verließen die Stadt. Die übrigen Standespersonen begaben sich unter ein Patronat. Ich schloß mich dem Gefolge des Kurfürsten von Köln an.

Am 24. Januar begab ich mich um acht Uhr früh zu ihm in das Palais des Deutschen Ordens in Sachsenhausen, wo der Kurfürst von Köln sich soeben ohne sonderliche Förmlichkeit zur Messe begab. Ich nahm teil und folgte ihm dann bis zu seinem Kabinett. Ich bat seinen Ersten Minister und Ersten Wahlgesandten Herrn von Hohenzollern um ein Schreiben, durch das ich zu den sechzehn Personen zählte, die den Kurfürsten in den Dom begleiten durften, was mir auch gestattet wurde. Doch sämtliches Gefolge schlüpfte ebenfalls hinein, und es gelang mir nicht, einer der fünf Zeugen des Konklaves zu sein, was allerdings nur den höchsten Würdenträgern vorbehalten ist.

Gegen zehn Uhr brach der Kurfürst von Köln in seinem violetten Habit und allein in seiner sechsspännigen Karosse von seiner Unterkunft auf. Sein Hofstaat und wer in der Stadt verbleiben durfte, marschierte ihm, den Hut unter dem Arm, ohne Rangfolge, zwischen einem Spalier von Heiducken voraus. Dieser Troß war vielköpfig und glanzvoll. Er erreichte den Römer beziehungsweise das Rathaus,

* Regelungen gemäß der deutschen Urverfassung, der Goldenen Bulle, zum ungestörten Wahlablauf; jüdische Bürger mußten die Stadt jedoch nicht verlassen, sondern hatten während besagter Frist in ihren Häusern zu bleiben.

wo bereits auf ähnliche Weise der Kurfürst von Mainz* eingetroffen war. Diese beiden Kurfürsten legten in den ihnen reservierten Kammern ihre kurfürstlichen Gewänder an, und nachdem sich alle wieder im Ratssaal eingefunden hatten, brachen sie gegen elf Uhr auf. Der Kurfürst von Mainz, der voranging, nahm am Fuß der Treppe in einer schönen von sechs Heiducken getragenen Sänfte Platz, da er in seinem hohen Alter von siebenundsiebzig Jahren kein Pferd mehr besteigen konnte. Der Kurfürst von Köln folgte ihm auf einem herrlichen Pferd. Vor beiden ritten ihre Erbgroßmarschälle mit den alten Schwertern über der rechten Schulter. Gleichfalls hoch zu Roß folgten die Gesandten von Trier, Bayern, Sachsen, Brandenburg, der Pfalz und Hannover (die böhmische Wahlstimme ruhte dieses Mal).** Sie trugen eine Art spanisches Gewand mit Spitzenbesatz auch an den Mänteln, lange Perücken, federgeschmückte spanische Hüte mit hoher Seitenkrempe. Die diversen Gefolge marschierten buntgemischt und immer mit dem Hut unter dem Arm (bei klirrendem Frost) voraus. Der ganze Zug erreichte den Dom, die Hauptkirche. Zuerst gelangten nur die sechzehn mit Billet des jeweiligen Kurfürsten versehenen Personen in den Chor, doch dann drängten auch die Gefolge hinein. Die Kurfürsten und Gesandten nahmen zu beiden Seiten des Chors auf ihren Sesseln Platz, Trier in der Mitte, daneben auf gleicher Höhe Mainz und Köln, wie auf der Zeichnung zu erkennen.

* Philipp Karl von Eltz-Kepenich, 1665–1743, Erzbischof von Mainz und als Kurfürst zugleich Reichserzkanzler.

** Der Wahlkandidat Karl Albrecht war dank französischer Waffen in Prag zum König von Böhmen mit Kurstimme proklamiert worden. Da aber österreichische Truppen sich auf dem Vormarsch befanden, wurde dieser Titel nicht mehr anerkannt. In neunundzwanzig Vorkonferenzen wurde Karl Albrechts Wahl in Frankfurt ausgehandelt. In der üblichen Wahlkapitulation mußte der schwache Kandidat, der sich selbst als unseliger «Hiob» bezeichnete, den deutschen Fürsten beispiellose Machtzugeständnisse machen. Unter dem Druck Frankreichs verzichtete er auch auf die bisher angestrebte Rückgewinnung Elsaß-Lothringens.

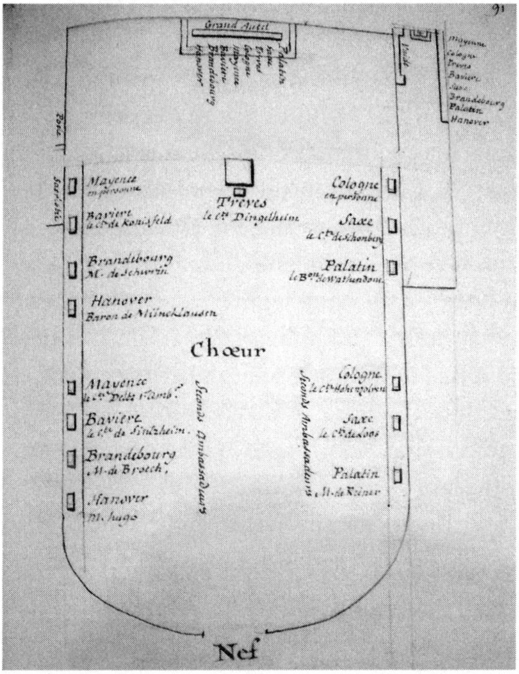

In derselben Reihe weiter unten saßen die Zweitgesandten in nämlicher Anordnung, nur daß ihre schwarzsamtenen Gewänder mit Goldspitzen denen der übrigen Botschafter glichen, während die der Hauptgesandten farblich variierten. Die Geistlichen unter ihnen trugen ihr Zeremonialhabit aus purpurnem Samt. Der Suffraganbischof von Mainz, der offizierte, stimmte das Veni Creator an, das mit Musik ausklang. Dann las er die Messe, Weihrauch verströmte, und er reichte den Kurfürsten von Mainz und Köln das Evangelium zum Kuß. Nach der Messe zogen sich die Offizianten links neben den Hochaltar zurück. Die beiden Kurfürsten und sechs Gesandten schritten ranggemäß zum Altar und wandten sich, wie aufgezeichnet, der Versammlung im Chor zu. Herr von Betzel, der Mainzer Kanzler, überreichte im Zeremonialhabit seinem Kurfürsten ein Dokument, das dieser laut verlas und das die Aufforderung an das Kurkollegium enthielt, nicht von den Regeln abzuweichen und den traditionellen Eid zu schwören. Dann übergab Herr von Betzel ihm die Eidesformel, und der Kurfürst von Mainz nahm sie in die linke Hand und schwor mit zwei Fingern der rechten auf dem Evangelium. Der Kurfürst von Köln und die sechs Gesandten taten es ihm nach. Herr von Betzel reichte das Papier beziehungsweise die Eidesformel jedesmal wieder dem Kurfürsten von Mainz, der sie dem Rang gemäß weitergab. Der Eid besagt im Kern, es sei ohne jeglichen persönlichen Vorteil allein der Würdigste zu wählen. Es bleibt anzumerken, daß der Kurfürst von Köln, wiewohl ranggemäß hinter dem Kurfürsten von Trier, bei dessen Abwesenheit immer vor dessen Gesandten rangiert.

Nach dem geleisteten Eid protokollierten zwei Notare, die der Kurfürst von Mainz ausgewählt hatte, für die Wahlakte, wer sich als Zeuge im Chor aufhielt. Sodann nahm jeder wieder seinen Platz ein, und nachdem alle zur Musik das Veni Sancte Spiritus gesungen hatten, zog sich der Offiziant mit den zwei Kurfürsten und den sechs Gesandten zum Konklave in die Sakristei zurück, wo Graf von Pappenheim als Reichserbmarschall in ebenso prächtigem Gewand wie die Gesandten diese feierlich empfing und vorstellte und fünf vorgeschlagene Zeugen benannte. Danach verschloß er die Tür für das Konklave.*

Ungefähr gegen Mittag traten alle wieder ein.

Was das Konklave hinauszögerte, war, daß Graf von Königsfeld, der Gesandte Bayerns, seine schriftliche Vollmacht vergessen hatte, die man kurz vor Ende des Konklaves noch suchen lassen mußte. Man bat die Zeugen neuerlich herein, und um zwei Uhr erschienen alle wieder. Die zwei Kurfürsten stiegen auf ein mit Purpursamt bezogenes Podest, das an der Chorpforte zum Kirchenschiff hin errichtet war. Alle nahmen mit dem Rücken zum Chor in acht gleichen Sesseln

* Die Kurfürsten von Sachsen, Brandenburg, der Pfalz, von Bayern und Hannover ließen sich durch Erst-, Zweit- und Drittgesandte vertreten.

in einer Reihe und angeordnet wie beim Schwur vor dem Hochaltar Platz. Links stand Graf von Pappenheim mit seinem Zeremonienstab, zur Rechten der Domprobst von Mainz, der auf deutsch den Wahlentscheid verlas. Die Proklamation besagte insbesondere, daß das Reich durch den Tod Karls VI. verwaist gewesen sei, daß das Wahlkollegium dem Gesetze gemäß und einstimmig den Kurfürsten von Bayern zum Römischen König gewählt habe (vom Titel eines Königs von Böhmen war begreiflicherweise keine Rede) und daß ein jeder ihn als solchen anzuerkennen habe. Dann brachte der Domprobst ein «Vivat Rex!» aus, und alle im Chor (zumeist Franzosen) antworteten mit demselben Ruf. Von den Wällen waren die Salutschüsse zu hören.

Ich muß anmerken, daß in der Stadt nicht der leiseste Freudenruf zu vernehmen war. Vielmehr spürte man Bedrückung; fast ganz Deutschland war über diese Wahl sehr erbost. Das hatte Gründe. Die Deutschen spürten, daß sie allein das Werk Frankreichs war, und erachteten sie sogar teils als erzwungen durch unsere beiden Armeen, die in Böhmen und Westfalen standen. Sie sprachen von einem Kaiser nach französischem Schnittmuster, von einer Marionette des Kardinals Fleury und des Marschalls de Belle-Isle. Sie wußten auch, daß dieser Kaiser, selbst wenn er im Besitze Böhmens und Oberösterreichs wäre, keine 18.000 Mann aufbieten und sich folglich nie gegen Frankreich behaupten könnte, dem er sein Kaisertum verdankte. Daß somit eigentlich Frankreich über das Geschick des Reichs bestimmte, vor allem nachdem es dessen Fürsten in gleich starke Parteien aufgespalten hatte. Darüber hinaus waren der Kurfürst von Bayern und die Fürsten seines Hauses nunmehr zu größten Ausgaben gezwungen, die sie nur aufbringen konnten, indem sie ihre Länder aussaugten, wobei sich Bayern längst in einem erbarmungswürdigen Zustand befand. So war dieser Tag wunderbar für Frankreich, den Kardinal und den Marschall de Belle-Isle, denn das Reich erkannte einen Kaiser an, den sie ihm gegeben hatten. Für diesen Erfolg hatte Frankreich jedem willigen Fürsten ein ihm vorteilhaftes Gebiet zugesagt, auf Kosten des Hauses Österreich, das vernichtet werden würde. Das mochte dem Reich noch zu schaffen machen, war man doch schon so lange an die Herrschaft dieses Hauses gewöhnt, vor allem das einfache Volk, dieser Sklave der Gewohnheit.

Man brauchte unendlich lange, um die Brücke nach Sachsenhausen zu überqueren, die von einer Unzahl von Karossen verstopft war. Das Palais des Kurfürsten und besonders die Fassaden waren herrlich illuminiert. Das Fest war prächtig. Die Tafeln waren für vierhundert Personen gedeckt, etwa dreihundertfünfzig nahmen Platz, mehr als ein Drittel der Gäste blieb auf den Beinen.

Am 25. Januar dinierte ich bei Mme. de Belle-Isle in großer Gesellschaft, denn an diesem Tag waren sehr viele angereist. Ich wurde vorgestellt und unterhielt mich lange mit Prinz Wilhelm IV. von Oranien und Nassau-Diez. Er ist klein, bucklig, jung, ziemlich dick und geistreich: Er war als Statthalter von dreien der Vereinigten Sieben Provinzen der Niederlande anerkannt, die sich bemühten, ihn von allen anerkennen zu lassen.

Bemerkung

Während man sich in Frankfurt Festen und Zeremonien widmete, ereigneten sich in Oberösterreich und Böhmen ganz andere Dinge. In diesem Königreich hielten die Österreicher weiterhin Budweis und Freistadt und zwangen uns zum Rückzug nach Pisek am anderen Ufer der Moldau, wo wir noch die Feste Stravenberg besetzt hielten. In Pisek an der mährischen Grenze hatte M. de Broglie sein Hauptquartier aufgeschlagen. Von Dresden kommend, hatte der König von Preußen Prag passiert und begab sich persönlich in das eroberte Olmütz, die Hauptstadt Mährens, um auf Wien vorzurücken. In Oberösterreich stand unsere Sache sehr schlecht. General Khevenhüller hatte mit seinen 25.000 Mann nicht nur ganz Oberösterreich eingenommen, sondern sich auch der Stadt Passau bemächtigt, deren Festung und die Stadt Schärding sich noch eine Weile hielten. Festung und Stadt beherrschen den Fluß Inn im Bayerischen und sind das Einfallstor ins Herzogtum, das nun verwüstet wurde. Der bayerische General Törring, der zum Schutz seines Landes mit starkem Kontingent vorgerückt war und Schärding am 17. Januar zurückerobern wollte, wurde unter großen Verlusten zurückgeschlagen. Der Rest der französischen Truppen von ungefähr 8.000 Mann fand sich zwischen Inn und Donau eingeschlossen, wo der Erzherzog persönlich den Ring um sie enger schloß, so daß sie am 26. Januar am Ende ihrer Kräfte kapitulierten. Das geschah am selben Tag (höchst bemerkenswert), an dem Karl VII. in Frankfurt gewählt wurde, wobei die Kapitulation bedingte, daß sich unser geschlagenes Kontingent komplett nach Frankreich zurückziehen mußte und ein Jahr lang nicht gegen die Königin von Ungarn* ins Feld ziehen durfte. Das waren höchst unterschiedliche Begebenheiten; doch kehren wir nach Frankfurt zurück.

Am 21. Januar hielt der Kurfürst und Herzog von Bayern, König von Böhmen und nunmehr unter dem Namen Karl VII. König der Römer, seinen Einzug. Er begann um halb zwei und währte anderthalb Stunden. Die Stadt, der Magistrat und ihre Truppen machten den Anfang, es folgten die Wagen des Grafen von Pappenheim als Reichserbmarschall, dann die schönen Equipagen der Wahlgesandten mit ihrem Gefolge zu Fuß oder zu Pferde, allen voran der Troß Hannovers, alsdann die Gesandten der Pfalz, Brandenburgs, Sachsens, Bayerns, Triers und von Mainz. Der König der Römer stieg bei der großen Kirche, genannt Dom, aus, wo er sich nach einem Gebet auf einem Gebetsstuhl im Chor ins Konklave begab, um seinen Eid zu schwören und im Beisein des Wahlkollegiums die Wahlkapitulation zu unterzeichnen. Danach betete er abermals, das Te Deum erklang, und er begab sich mit gleichem Gefolge in das Bayerische Palais an der großen Straße. Abends war bei den Gesandten alles herrlich illuminiert.

* Von den Gegnern Österreich-Habsburgs gerne als zutreffender, wenn auch gewissermaßen diminuierender Titel für Maria Theresia verwandt.

Februar

Am 1. Februar wurde beschlossen, die Krönung am 8. des Monats, dem Tag nach Aschermittwoch, stattfinden zu lassen.*

Am 2. Februar um ein Uhr begaben wir uns zum Diner des Kaisers. Er speiste allein mit der Kaiserin unter einem Baldachin an einem quadratischen Tisch auf einem Podium mit einer Stufe. Er wurde wie der König von Frankreich bedient, nur daß die Pagen, die servierten, penibel in alter Tracht gekleidet waren. Der Kaiser ist nicht schön. Er wirkt gutmütig und schüchtern. Die Kaiserin ist häßlich, sehr beleibt, rot, hat große Augen, wirkt auch gutherzig und sehr scheu. Der Kaiser und die Kaiserin waren im Bayerischen Palais an der großen Straße unwürdig untergebracht, die Kaiserin in einem scheußlichen Nebengebäude, wo ihr nur ein Raum ohne Vorzimmer zur Verfügung stand, über eine halsbrecherische Stiege zu erreichen.

Ich dinierte beim Marschall de Belle-Isle, wo ich Herzog Theodor antraf. Er berichtete mir, daß sich die Festung Passau ergeben habe und somit nun ganz Bayern offen liege. Die Feinde stünden bereits vor den Toren Münchens, der Hauptstadt des neuen Königs der Römer, und mochten die Stadt im Moment seiner Krönung einnehmen. Damit war es unmöglich, die Österreicher im Verlaufe des Winters aus Bayern zu vertreiben.

Am 5. nahm ich Medizin, denn schon lange verdaute mein Magen schlecht.

* Zur Opulenz dieser Festlichkeiten zählten neben Zeremonien, Diners, Bällen vor allem auch die diversen Illuminationen, mit denen der Rat der Stadt, die Bürger, die Gesandtschaften die Gebäude erstrahlen ließen. Für bis zu zwanzigtausend Gäste aus ganz Europa, die zur Krönung nach Frankfurt strömten, wurden entlang des Mains sogar spezielle Schiffe vertäut, sozusagen schwimmende Herbergen. Zudem mußten bis weit ins Umland Tausende von Pferden untergebracht und versorgt werden, mit denen allein der Festtroß des Kaiserkandidaten von Mannheim nach Frankfurt angereist war.

Am 9. besah ich mir das Original der Goldenen Bulle Karls IV. von 1356. Es handelt sich um eine alte kleine Handschrift, kleinfingerdick, auf Pergament. Der Umschlag ist aus schlechtem, sehr brüchigem Leder. Es existiert eine lateinische und eine deutsche Fassung; bei der lateinischen hängt an einer schwarz-gelben Seidenschnur, den Farben des Kaiserreichs, ein vergoldetes Wachssiegel, das auf einer Seite das Kapitol zeigt; das Latein ist noch gut lesbar. Die Krönung war für den 8. Februar anberaumt, wurde jedoch auf den 12. verschoben. Bis dahin trug sich nichts Bemerkenswertes zu. Man versammelte sich gegen 8 Uhr bei der Marschallin de Belle-Isle oder bei Frau von Thurn und Taxis. Ich verbrachte einen Großteil des Tages in meiner Unterkunft mit dem Studium der Geschichte, der Gesetze und der adligen Familien Deutschlands.

Einige Tage vor der Zeremonie sah ich den Ochsen, den die Stadt dem Kaiser schenken wird. Er war mit Girlanden geschmückt, und vierzig Kinder führten ihn durch die Straßen. Morgens am 11. suchte mich der Reichsquartiermeister auf und lud mich als Reichsfürsten* ein, der Krönung beizuwohnen.

Am 12. Februar zwischen neun und zehn Uhr begaben sich die kurfürstlichen Gesandten ohne Zeremonie zum Römer. Dort bestiegen die Ersten Gesandten ihre Pferde, um den Kaiser zu begleiten, der gegen ein Uhr aufbrach und unter einem Baldachin zum Dom ritt. Die Ersten Gesandten geleiteten ihn ihrem Range gemäß. Ihre Eskorten befanden sich vor der des Kaisers. Kaiserin, Prinzen und Prinzessinnen folgten in Karossen. So näherte sich der Kaiser dem Dom. Zwei Stunden vor der Krönung hatte sich der Kurfürst von Köln, der Bruder des Kaisers, in die Kirche verfügt. Er hatte sie unübertrefflich schmücken lassen. Eine Stunde vor der Ankunft hatte der Kurfürst seine Pontifikalgewänder angelegt und unter einem Baldachin auf der Evangelienseite Platz genommen. Um elf war der Kurfürst von

* Charles de Chimay, einem Ahnen Emmanuel de Croÿs, hatte Kaiser Maximilian I. 1486 den erblichen Titel eines Reichsfürsten verliehen.

Mainz eingetroffen. Er legte seinen kurfürstlichen Habit in der Sakristei an und ging zu seinem Betstuhl rechts vom Kaiser. Gegen halb zwei traf die Kavalkade des Kaisers ein, und nachdem er abgesessen hatte, segnete ihn sein kurfürstlicher Bruder an der Spitze aller Geistlichen zur Amtseinsetzung mit Kreuz und Weihwasser und führte ihn zu seinem Betstuhl, wozu unter Fanfaren das Adjutorium Nostrum erklang. Dann las der Kurfürst von Köln die Messe bis zum Evangelium. Zu den Fürbitten warf sich der König der Römer vor dem Altar auf den Boden.

Zuvor war er seines Kurfürstenhabits entkleidet worden. Der Kurfürst von Köln salbte ihn dreifach, und hernach begab sich der Kaiser in die Sakristei, wo er mit den Gewändern und Schuhen bekleidet wurde, in denen Karl der Große im Jahre 800 in Rom zum Kaiser gekrönt worden war. Als er vor den Altar zurückgekehrt war, sprach der Kurfürst von Köln das Gebet. Der Kurfürst von Mainz und er reichten ihm das Schwert Karls des Großen, mit dem ihn der vornehmste der weltlichen Wahlgesandten gürtete. Dann reichte ihm der Kurfürst von Köln unter Gebeten Ring, Szepter und Reichsapfel. Zwei Gesandte Nürnbergs (wo die Reichskleinodien verwahrt werden) legten ihm den großen Mantel über die Schultern. Dann setzten die Kurfürsten von Köln und von Mainz und der Erstgesandte Triers ihm gemeinsam die Krone Karls des Großen aufs Haupt. Der Kaiser leistete sodann den althergebrachten Eid. Er ging zu seinem Betstuhl, wo auserwählte Große des Reichs ihm die Insignien abnahmen. Zu seiner Rechten hielt Reichserbmarschall von Pappenheim das blanke Schwert Karls des Großen. Das Evangelium wurde verlesen. Der Kurfürst von Köln erhob sich von seinem Platz unter dem Baldachin und spendete seinem Bruder das Abendmahl. Nach der Messe geleiteten die beiden Kurfürsten und die Gesandten den Kaiser zu seinem Thron, wo ihm ein dreifaches laut erschallendes Vivat von den Wählenden und sämtlichen Anwesenden ausgebracht wurde. Alsdann schlug er mit dem Schwert Karls des Großen einige zu Reichsrittern, indem er sie zweimal an der linken Schulter berührte. Der erste kniete in vollem Harnisch nieder; er entstammt von alters her der Familie Dalberg. Deshalb läßt jeder neue Kaiser den Herold drei Mal den berühmten Satz rufen: «Ist kein Dalberg hier?» Schließlich begab der Kaiser sich im Ornat und mit der Krone Karls des Großen unter einem Baldachin zum Römer, ihm zur Seite die beiden Kurfürsten und vorneweg die Gesandten. Kaum war der Kaiser über die für ihn ausgelegten Tücher geschritten, riß man sie schon fast unter seinen Füßen weg.* Im Römer eingetroffen, ruhte er sich in einer Kammer aus, denn er litt heftig an Gicht in der rechten Hand und an Harngrieß. Doch er ließ sich nichts anmerken und ertrug den Jubel majestätisch und huldvoll.

(Nota: Außer den Franzosen, die ihn zum Kaiser gemacht hatten, hielt jedermann zum Hause Österreich, so daß man den neuen Kaiser haßte. Als er die Kirche betrat, begegnete er jedem so gütig, daß er durch zwei Verbeugungen die Herzen für sich gewann und beim Verlassen sogar bejubelt wurde.)

Im großen Saal stellte sich der Kaiser ans Fenster, und eine zahllose Volksmenge auf dem Platz brachte ohne Unterlaß ihr Vivat aus. Graf von Pappenheim bestieg in Stellvertretung des Kurfürsten von Sachsen ein Pferd und setzte nach altem Brauch über einen Haufen Haferkorn. In Stellvertretung des Kurfürsten von Brandenburg holte Graf von Schwerin zu Pferd eine silberne Schüssel und eine Wasserkanne von einem Tisch mitten auf dem Platz und brachte beides dem Kaiser.** Graf von Wachtendonk, Erster Gesandter der Pfalz, ritt zu einem Holzhaus, wo ein Ochse gebraten worden war. Er mußte vom Pferd aus ein Stück abschneiden, das zwei Männer auf einem Teller mit Deckel hinter ihm zum Römer trugen. Dann wurden der Hafer, der Ochse, das Holzhaus und ein Brunnen, aus dem Wein floß,

* Fetzen dieser Tücher galten als Souvenirs und Glücksbringer.

** Alte Rituale unter Glockengeläut und dem Salutdonner von hundert Kanonen auf den Stadtwällen: Ein Scheffel des Hafers wurde dem Kaiser gebracht, damit symbolisch der kaiserliche Marstall versorgt war. Danach wurde dem Kaiser das *Handwasser* gereicht.

für jedermann freigegeben. Der Anblick war einzigartig und gemahnte an eine Jagdmeute, die sich aufs Wild stürzt. Zum Schluß ritt Graf von Stolberg, gleichfalls noch im Zeremonialgewand, in Stellvertretung des Kurfürsten von Hannover als Reichserbbannerträger in das immense Menschengewühl und warf Gold- und Silbermünzen unter die Leute. Er lief Gefahr, von der gewaltigen und erregten Menge erdrückt zu werden. Der Tag endete mit derlei Gebräuchen, und der Kaiser begab sich in dem großen, eigens hergerichteten Römersaal mit den beiden Kurfürsten zu Tisch, während die übrigen Tische für die anderen und nicht anwesenden Kurfürsten formal freigehalten wurden. Die zwei Kredenzen des Kaisers und die weiteren erstrahlten im Lichterglanz und sahen wundervoll aus: Es läßt sich nichts Prächtigeres denken. Die Reichsgrafen servierten dem Kaiser, und der zweite Prinz von Darmstadt amtierte als Kammerherr oder Truchseß, dem das Tranchieren oblag. Die Kurfürsten begleiteten den schwer leidenden Kaiser schließlich in sein Palais. Etliche Tage blieb er bettlägerig.

(Am Tag seiner Wahl fiel Linz, und sein Erbland lag offen vor dem Feind. Am Tag seiner Krönung litt er heftig unter Harngrieß, und seine Feinde rückten gegen seine Hauptstadt vor. Er mußte fürchten, all seine Einkünfte zu verlieren. Nicht alles war golden, was ihm glänzte.)

Krönungsmahl Kaiser Karls VII.

Abenteuerliche Reise nach Paris

Tatsächlich wurde München kurz nach der Krönung Karl Albrechts von österreichischen Truppen besetzt. Der Wittelsbacher selbst hielt fest:

Meine Krönung ist gestern vor sich gegangen mit einer Pracht und einem Jubel ohnegleichen, aber ich sah mich zur gleichen Zeit von Stein- und Gichtschmerzen angefallen – krank, ohne Land, ohne Geld, kann ich mich wahrlich mit Hiob, dem Mann der Schmerzen, vergleichen.

Dem bereits schwerkranken Karl VII. blieb bis zu seiner Rückkehr nach München wenige Monate vor seinem Tod im Januar 1745 das Barckhausensche Palais in Frankfurt als Residenz im Exil.

Derweil machte sich der französische Beobachter de Croÿ allmählich wieder auf den Weg in die Heimat, allerdings nicht ohne zuvor eine Stippvisite bei den international verbundenen Freimaurern gemacht zu haben, deren geheimnisträchtige Sprachkürzel nach über zweihundert Jahren noch mysteriöser geworden sind. C$^{\text{dats.}}$ *wird gewiß* Candidats/Kandidaten *meinen. Ferner könnte* M. maître/Meister, ap. apprenti/Lehrling *und* g. L. grande loge/Große Loge *bedeuten.*

Frankfurt, Februar

Am 24. brach der Marschall de Belle-Isle zu einer kurzen Reise nach Versailles auf. Am Vortag war bereits der Kurfürst von Mainz wegen seines hohen Alters und seiner Gebrechlichkeit geradezu heimlich abgereist; er nahm an der Krönung der Kaiserin nicht teil.

Um sechs Uhr abends am 24. wohnte ich als ap. und C. meiner ersten g. L. bei. Sie vollzog sich nach allen Regeln. M. de Tavanne fungierte als C. V.. Es waren mehr als 30 f. zugegen. Die L. traf sich beim Prinz von Zweibrücken, der im Goldenen Engel logierte. Der Ort war passend. Anwesend waren zudem Prinz Friedrich von Sachsen-Meiningen, ein kräftiger Mann, und ein Herr von Bajen, gleichfalls sehr beleibt. Lié. Lev. quest. Herr von Steinheitte, der mich am Vorabend empfangen hatte und als s. S. fungierte, ein Kleiner als zweiter und noch viele andere, der Comte de Beauveau, M. de Joyeuse und eine Menge weitere ap. wie auch G. Der T. V. sprach höchst eindrucksvoll. Es wurde beschlossen, in Frankfurt für ap. und G. zehn und fünf Dukaten für M. zu zahlen. Als besondere Würdigung seiner großen Tapferkeit vor den Türken wurde der Fürst von Waldeck a. d. aufgenommen. Der Fürst von Thurn und Taxis, vor kurzem noch Ap., vollzog die Zeremonie erstmalig, doch mustergültig. B. Prinz Christian, sein Bruder, Herr von Schulenburg und ein weiterer. Nachdem die Loge beendet war, wurde gemeinsam gespeist: wir waren 29 am Tisch. Dort r. die L. ein y. p. und neue C$^{\text{dats.}}$ sowie b. die S. mit allen b. der M. und zog sich gegen 2 Uhr zurück.

Am 25. schaute ich mir die herrlichen Kronen des Kaisers und der Kaiserin an. Erstere wird auf acht Millionen geschätzt. Am 23. waren gute Neuigkeiten aus Mähren eingetroffen. Die Feinde begannen, sich zurückzuziehen. Ich wurde General Minucci, einem der besten Generäle Bayerns, vorgestellt, der in Linz in Gefangenschaft geraten war. Am 26. abends erfuhr ich, daß die Krönung der Kaiserin abermals verschoben worden war, auf den 8. März. Ich konnte bis dahin nicht warten und beschloß, Frankfurt am 2. März zu verlassen. Am 28. Februar plante ich meine Tagesstrecken, denn am 20. März mußte ich in Paris sein. Ich legte letzte Hand an meine Deutschlandkarte und machte einige Abschiedsbesuche. Der Marschall hatte mich gefragt, ob ich mein Regiment schon vor dem 1. Mai verlegen wollte. Am 1. März verabschiedete ich mich vom Kaiser, der stark verändert wirkte und gerade erst wieder aufstehen durfte, außerdem vom Kurfürsten von Köln, bei dem ich dinierte, und von seinem liebenswürdigen Gefolge.

Ich erreichte Darmstadt um halb zwei. Die Prinzessin und ihre beiden Brüder Georg und Friedrich saßen zu Tisch, ließen mir auftragen und waren äußerst zuvorkommend. Abends nahmen mich die Prinzen eine halbe Meile weit mit zum kleinen Schloß nach Bessungen, wo gerade eine wundervolle Orangerie gebaut wurde. Sie beherbergt sechzig sehr schöne Orangenbäume, von denen einer einen halben Finger größer ist als ich. Zudem gibt es vorzügliche Gewächshäuser, und obwohl es erst der 2. März war, sah ich alle Arten europäischer und exotischer Pflanzen, die blühten oder schon Früchte trugen. Von dort aus unternahmen wir einen Spaziergang durch einen Wald mit perfekt angelegten Schneisen und Lichtungen, wo das Großwild gleichsam wie auf einem weiten Gehöft gehalten wird; so konnten bei einer großen Treibjagd an die 500 Stück erlegt werden. Danach schauten wir uns die herrlichen Wagenpferde des Landgrafen* an, besonders einen süperben Falben und einen Goldbraunen. Das Residenzschloß ist nicht vollendet. Der Vater des derzeitigen Landgrafen hat ein neues zu bauen begonnen, wovon zwei Flügel auf einem immensen Areal im Rohbau fertig sind, allzu hoch und klotzig. Sehr edel ist die Fassade, die einem Platz der Stadt zugekehrt ist. Wo in der Mitte die Höfe geplant sind, steht das alte Schloß, in dem man noch wohnt. An der Zufahrt stehen kasernenartige Bauten, vor denen die Hauptstraße verläuft. Alles befindet sich als neuer Vorort außerhalb

* Ludwig VIII. von Hessen-Darmstadt, 1691–1768.

der Stadt. Eine Allee führt zu einem Wald und gewährt einen schönen Ausblick. Die Stadt macht einen recht vornehmen Eindruck. Sie ist von Mauern und Gräben umgeben und liegt in einer sandigen Ebene. Eine halbe Meile östlich beginnt Hügelland. Abends speiste ich im Gasthaus Zur Traube, wo ich auch nächtigte. Am 3. um sieben Uhr verließ ich Darmstadt in Richtung Heidelberg, es sind dreizehn Meilen. Die Strecke heißt *Bergstraße*.

Der Neckar ist nicht so breit wie der Main, aber tiefer. Unterhalb eines steilen Bergs liegt Heidelberg am Fluß und kann sich kaum ausdehnen. Durch diese Einzwängung und wegen ihrer ärmlichen Häuser wirkt die Stadt traurig. Mönche haben indes etliche schöne Gebäude errichtet. Ich traf um vier ein und stieg im Ritter ab, von wo aus ich ans Stadtende zum Schloß ritt, das am Berghang thront: Es beherrscht die Stadt, doch ein Erdrutsch könnte es unter sich begraben. Es ist von einer eindrucksvollen, zehn Fuß breiten Mauer und einem tiefen Graben umfaßt und hat mehrere Türme. Als die Franzosen hier 1698 die Oberhand hatten, wollten sie es in die Luft jagen, doch die dicken Mauern hielten dem Pulver stand, das nur einige Breschen sprengte.* Allerdings spaltete sich der vordere rechte Turm, dessen eine Hälfte absackte. Das Schloß war ehedem riesig, doch liegt der Großteil in Trümmern. Unbeschädigt blieb nur ein Gebäude mit einer hinreißend schönen Fassade, das sogar bewohnbar wäre, wenn man es nicht verfallen lassen und vollständig ausgeräumt hätte. Gebaut wurde das Schloß ehedem als Residenz der Kurfürsten und Pfalzgrafen bei Rhein, deren Hauptstadt Heidelberg war.

Unter den Ruinen schaute ich mir die berühmten Keller an. Sie sind voller unvorstellbar riesiger Fässer, die nach *Fudern* gefüllt werden; ein Faß allein nimmt ein ganzes großes Kellergewölbe ein. Der letzte reformierte und 1682 verstorbene Kurfürst Karl Ludwig ließ es aus Prahlerei bauen, um den herrlichsten Weinkeller der Welt vorzu-

* Während des Pfälzischen Erbfolgekriegs ließen die französischen Heerführer Turenne und Mélac erstmals in der Neuzeit eine ganze Region systematisch verwüsten.

weisen. Das Faß ist mit vergoldeten Holzfiguren geschmückt. Es mißt 26 Fuß im Durchmesser und 40 Fuß in der Länge. Über Stiegen kann man es erklimmen, denn oben befindet sich eine kleine Kammer. 204 übliche Fässer dieses Kellers passen hinein, wobei jedes 6 Fuß im Durchmesser und 9 in der Länge mißt, 1.000 Krüge enthält, beziehungsweise 2.000 Flaschen! So faßt das große 408.000 Flaschen. Alljährlich wird es mit Wein vom Grundbesitz des Kurfürsten gefüllt, welcher dann in die anderen Fässer umgefüllt und an den Hof in Mannheim transportiert wird. Später speiste und schlief ich im Ritter.

Am 5. um neun Uhr verließ ich Philippsburg mit den Pferden, die ich zwei Meilen von der Stadt entfernt am Tor von Rheinhausen hatte abholen lassen. Wir folgten der Anhöhe, passierten die Schanzen, wo das Zusammentreffen stattfand, und erreichten das von Linientruppen gesicherte Hauptquartier im Dorf Oberhausen. Von dort gelangten wir auf einer Chaussee nach Rheinhausen, wo wir mit einer Fähre über den Fluß setzten. Es handelte sich um die Fährverbindung nach Speyer, über die auch der Postverkehr in die linksrheinische Gegend Deutschlands abgewickelt wird. Nach Speyer ist es nur eine halbe Meile. Speyer ist eine Freie Reichsstadt. Sie ist von einigen Wasserläufen und einer schlechten Mauer mit Graben umgeben. Ein Teil der Stadt liegt noch verwüstet vom Pfälzischen Krieg. Die Stadtmitte ist wieder aufgebaut und recht hübsch. Es gibt ein adliges Domkapitel (mit nur sechzehn am Ort ansässigen Geistlichen), das den Bischof wählt, dem das Land gehört, mit Ausnahme der unabhängigen reichsfreien Stadt, deren Magistrat lutheranisch zu sein hat. Seit sechzehn Jahren ist ein Schönborn Bischof. Speyer ist eine der ältesten Städte Deutschlands: Hier herrschte reger Handel, doch liegt alles noch sehr darnieder. Ich bestieg den Domturm, den eine ansehnliche Treppe sehr hoch hinaufführt. Die Kirche ist majestätisch und uralt. Als vor gut sechzig Jahren die Franzosen die gesamte Pfalz an einem Tag niederbrannten, zündeten sie auch ganz Speyer und das schöne Kirchenschiff an, der Rest widerstand dem

Feuer. Ich speiste in Speyer und verließ die Stadt um zwei Uhr Richtung Mannheim; es sind vier Meilen. Morgens am 7. bestieg ich die Plattform auf dem Mitteltrakt des Schlosses, von wo aus man einen der großartigsten Ausblicke der Welt in eine weite Ebene genießt, die auf einer Seite in fünf Meilen Entfernung von den Höhen der Bergstraße, auf der anderen von den Hügeln bei Neustadt flankiert wird, in der Mitte der Rhein mit Speyer, Frankenthal, Worms, Ladenburg, dahinter Heidelberg am Neckar, der in den Rhein mündet. An seinem Ufer liegt Mannheim, wie mit dem Lineal in einem Oval entworfen und gebaut (was sich am Bauplan von Hœman erkennen läßt), unten das herrliche Schloß mit seinem Garten auf einer Rheinbastion, alles symmetrisch. Dann besichtigte ich das Schloß, das äußerst imposant ist. Es besitzt eine prachtvolle Treppe, über die man in einen großen und prächtigen Marmorsalon gelangt, der mir allerdings zu schmal vorkam, und die Türen sind zu klein. Die Wohngemächer reihen sich zu beeindruckenden Zimmerfluchten; man kann wahrlich sagen, das Schloß bestehe nur aus Galerien und Fluchten, wobei die Gemächer nicht zum Äußeren des Gebäudes passen, denn sie sind unbequem, nicht symmetrisch, und Garderobenräume entdeckte ich keine. Sowohl die Fassade zur Bastion wie auch die zum Ehrenhof, der immens ist, wirken vornehm und eindrucksvoll. Eine Galerie, die sich in Bau befindet, soll die Gemälde aus Düsseldorf aufnehmen. Die Kapelle ist schön, der Saal für Ball und Oper prachtvoll.

Mannheim wurde 1689 im Pfälzischen Krieg ebenso niedergebrannt wie Speyer, Frankenthal, Worms und Heidelberg. Zu Mittag wurde ich vom Kammerherrn von Sickingen und seiner Nichte, der Schwester des bayerischen Zweitgesandten Herrn von Seinsheim, zur Tafel geladen. Herr von Sickingen fungiert zudem als Erster Minister der Kurpfalz und erledigt mit dem Kanzler alle Amtsgeschäfte. Anschließend besuchte ich M. de Tilly, den französischen Gesandten, einen liebenswürdigen, untersetzten und lebhaften Herrn mit angenehmem Gesicht. Ich erfuhr, daß der König von Sardinien sich gegen Frankreich erklärt habe.* Abends vertiefte ich mich in die Geschichte des Pfälzischen Hauses.

Am 9. Mai erreichte ich Mainz, wo ich in den Drei Kronen abstieg. Tags darauf machte ich dem Kurfürsten meine Aufwartung, der sich wegen seiner Betagtheit kaum mehr öffentlich zeigt. Ich speiste bei Hofe, der sich am Ende der nicht sonderlich reizvollen Stadt befindet, mit dem Großkämmerer Graf von Eltz, dem Oberstallmeister von Frankenstein, General von Wambold und etlichen anderen. Danach bestieg ich den Domturm, von wo aus man einen herrlichen Blick über die Stadt am Rhein genießt, der hier mit neunhundert Klaftern äußerst breit ist und gerade gegenüber der Stadt den Main aufnimmt. Rundum liegen die vorzüglichsten Anbaugebiete des Rheinweins wie Hochheim, Bodenheim in Richtung Oppenheim und Rüdesheim gegenüber Bingen. Abends wurde mir zu Ehren eine Gesellschaft veranstaltet. Für solche Anlässe hat man hier ein eigenes Gebäude errichtet, Redoute, Kasino oder Lusthaus genannt, wo es auch vortreffliche Räumlichkeiten für Billard und Ballspiele gibt. Die vornehmsten Familien treffen sich hier drei- bis viermal die Woche und zahlen zwei Pistolen jährlich. Solches Abonnement mindert nicht das Exquisite.

Am 11. morgens besah ich den Domschatz: An Umfang und Pracht der perlenbestickten Paramente, Reliquien und kostbaren Steine ist er einer der herrlichsten, die man bestaunen kann. Unter anderem enthält er zwei wundervolle Onyxe und einen violett schimmernden Rubin. Wie es zu Mainz Brauch ist, berührte ich den Fuß eines sehr alten Heiligen. Ich hörte die Messe. (Es war Passionssonntag.) Sodann besuchte ich den Großdechanten und Domprobst Herrn von Breitbach-Bürresheim, bei dem ich das Geweih einer Hirschkuh sah, die er vor ungefähr zehn Jahren erlegt hatte. Durch fachkundige Unter-

* Die Regierung Karl Emanuel I. von Piemont-Sardinien, 1730 – 1773, schloß sich der Koalition aus Österreich, Großbritannien, den Niederlanden und Rußland an, während Frankreich mit Bayern, Preußen, Sachsen, Kurköln, Spanien, Schweden und Neapel verbündet war.

suchung war herausgefunden worden, daß es sich tatsächlich um eine Hirschkuh handelte: Die Entdeckung wurde sogar dem Kaiser übermittelt. Sodann speiste ich in der Zitadelle, von der aus man einen schönen Blick genießt, beim Stadtkommandanten General von Wambold. Seit dem letzten Krieg von 1700* fürchteten die Kurfürsten von Mainz, daß ihre Stadt bombardiert und verwüstet werden könnte, und begannen mit dem Bau von zwei Forts in der Ebene. Der jetzige Kurfürst hat drei weitere Forts bauen und durch einen Wall zu einem exzellenten Verteidigungsgürtel verbinden lassen. Jedes Fort ist gut bewehrt und wohl auch vermint: Geschickte Verteidigung würde Angriffe sehr erschweren. Allerdings könnte man sich nach einer nächtlichen Erstürmung der Wallmitte der rückwärtig ungeschützten Befestigungen bemächtigen und besäße dann eine vortreffliche Parallelposition zu Stadt und Hauptbatterien, was man auf dem Stich von Hœman erkennen kann. Ich habe das Areal bei Schloß Favorite erkundet. Nachteil dieser gewaltigen Befestigung ist, daß man zur Stadtverteidigung eine Armee von 15.000 bis 20.000 Mann bräuchte, wofür das Kurfürstentum nicht genug Truppen hat. Die Favorite des Kurfürsten am Wormser Tor besichtigten wir auch. Unendlich reizvoll liegt das Schloß am Rhein, nahe dem Mainkanal. In der Art Marlys bilden sechs Pavillons eine Art Amphitheater mit einem prächtigen Glashaus in der Mitte. Im Garten befindet sich ein herrlicher Porzellansaal. Der Park ist klein, durch seine Wasserspiele und Kaskaden aber sehr bezaubernd. Wir besichtigten auch die Kartause mit feinsten Intarsienarbeiten.

Das Kurfürstentum Mainz ist das vornehmste der neun und genießt die meisten Privilegien. Es ist groß und reich, besitzt alles im Überfluß und ist von den drei geistlichen das wohlhabendste. Es unterhält einsatzbereit: drei Regimenter zu 1.000 Mann, eines zu 1.500, insgesamt 4.500 Mann Infanterie.

* Wahrscheinlich ab 1701, dem Beginn des Spanischen Erbfolgekriegs, in dem die Bourbonen die Habsburger vom Thron in Madrid verdrängten.

Mainz ist einer der Schlüssel zu Deutschland, sehr alt und groß, volkreich; die Gassen sind eng und krumm, die Häuser hoch. Es heißt, hier spreche man das beste Deutsch und trinke den besten Rheinwein, und man trinkt beängstigend viel davon. Die berühmtesten Reblagen bei Mainz sind Hochheim, Bodenheim und Rüdesheim im Rheingau. Ich verließ Mainz um zwölf Uhr mittags.

In Kreuznach gab es keine Postpferde, so daß wir auf den Postillon von Mainz warten mußten, was uns drei Stunden kostete. Um vier ging es endlich die sechs Meilen weiter bis zur Poststation von Eckweiler. Die Nacht überraschte uns auf einem eisbedeckten Berg, die Kutsche kam nicht voran, und ich ritt zur Station, wo ich mich mit ein bißchen Latein dem lutherischen Pfarrer verständlich machte, der uns zum Ziehen der Kutsche Ochsen schickte. Ich übernachtete in diesem armseligen Dorf, von wo ich am 13. um neun Uhr aufbrach, nachdem ich drei Stunden auf Pferde gewartet hatte. Nur mühsam bewältigten wir die ziemlich mächtigen, ein Fuß hoch verschneiten Berge und erreichten nach acht Meilen die nächste Poststation Laubersweiler, wo umgespannt wurde. Um sieben Uhr und sechs Meilen weiter trafen wir bei schrecklichem Schneetreiben an der Station Haag ein. Wir schliefen in diesem elenden Dorf, wo nur ein erbärmliches Zimmer für alle vorhanden war. Um sieben brachen wir mit denselben Pferden gen Trier auf: Die acht Meilen waren lebensbedrohlich, denn dieser ganze Hunsrück ist sehr gebirgig und waldreich; ansonsten wird alles gut bewirtschaftet. Das Land hat schwer unter Kriegen gelitten, doch all die Auseinandersetzungen lassen sich kaum durchschauen. Eine Meile hinter Haag, auf vereistem Berge, kamen wir nicht weiter, obwohl seit Eckweiler vier Pferde vorgespannt waren. Wir stießen auf einen katholischen Leichenzug mit zwei Pferden, die wir übernahmen, wonach wir trotz nunmehr sechs Pferden nur mit Mühe Trier erreichten, denn Schnee und abschüssige Hänge machten die Wege schrecklich. Drei Meilen vor Trier ging es hinunter zur Mosel, die ein recht hohes und sehr schroffes Gebirge durchschneidet. Wir trafen um halb fünf ein, hatten für acht Meilen fast zehn Stunden gebraucht. Nach der Einfahrt durch die Porta Nigra stieg ich in den Drei Königen ab.

Trier ist die älteste Stadt Deutschlands. Die Chronik berichtet, daß sie im Weltjahr 1966, also 1.300 Jahre vor Rom, erbaut worden sei. Ihr Domkapitel besteht aus dreizehn Trierer Kanonikern, die den Kurfürsten wählen. Er rangiert an zweiter Stelle unter den geistlichen Kurfürsten. Die Stadt war ehedem viel größer, doch wurde sie in den Kriegen mehrfach verwüstet. Zuletzt haben die Franzosen 1734 neue Befestigungen geschleift, so daß sie heute nur eine einfache Mauer besitzt. In Trier wohnt viel Bürgertum, jedoch keinerlei Adel, seitdem der Kurfürst in Koblenz residiert, um den Kriegsgeschehnissen ferner zu sein. Es ist das ärmste der Kurfürstentümer und verfügt nur über zwei Bataillone von zusammen 1.600 Mann. Von Mainz aus war ich dem Oberst von Hohenfeld empfohlen worden, der mir die Kirche des heiligen Simeon zeigte, die sehr alt ist: Es sind drei Kirchen übereinander. Es handelte sich übrigens um den nämlichen Oberst, der 1733 gegen unsere Truppen die Burg Trarbach verteidigt hat, die nach ihrer Einnahme geschleift wurde. Außer Koblenz war sie die einzige Feste des Kurfürsten. In der Stadt meint man, daß die Kirche Sankt Simeon auf Petrus selbst zurückgehe, der Eucharius als ersten Bischof sandte, um den Glauben zu predigen. Am 15. führte mich der Oberst und Stadtkommandant zum Dom, wie die großen Kirchen hier heißen. Der alte und der neue Dom stehen Seite an Seite. Der alte besitzt ein schönes antikes Kirchenschiff, in dem sich mehrere ungewöhnliche Altäre und Grabmale in einem seitlichen Kellerraum befinden. Man zeigte mir den Schatz, der nicht so überreich ist wie der Mainzer, doch gibt es schöne Silberfiguren, etliche kostbare Reliquien, wie einen der Nägel, mit denen unser Herr* ans Kreuz geschlagen wurde, etliche Heiligenschädel und das obere Stück vom Hirtenstab des heiligen Petrus. Auch sah ich eine wunderschöne Monstranz

* Im Gegensatz zu Autoren bis ins Barock schreibt Monsieur de Croÿ *notre Seigneur (unser Herr)* in diesem weltlicher gewordenen Jahrhundert nicht mehr in Großbuchstaben.

mit dem Stammbaum Josephs und der Jungfrau Maria, beide außerordentlich fein in Miniatur gemalt und diamantgeschmückt; oberhalb von Petrus und der Jungfrau wird die Hostie verwahrt. Es heißt, das Kapitel hüte auch die Tunika des Herrn, aber sie wurde mir nicht gezeigt.

Um neun Uhr brach ich mit den Trierischen Postpferden die neun Meilen bis Sierck auf. Auf dem jenseitigen Ufer führt der Postweg nach Luxemburg, gleichfalls neun Meilen entfernt. Eine Meile vor Trier befindet sich eine Brücke, halb aus Stein, halb aus Holz, zum Überqueren der Saar, die bei Konz in die Mosel mündet. Von dort an sind auch die Höhenzüge bewirtschaftet. Wir erfrischten uns in Merzkirchen, das nur aus drei Häusern und einer Kirche besteht und die Grenze zu Luxemburg markiert, das jenseits der Mosel in den Bergen liegt, die wir erspähten. Hier gehörte noch alles – bis auf den zwei Büchsenschuß entfernten Weiler Apach, den wir passierten – zu Trier. Dann beginnen Lothringen und die Staaten des Königs. Das ist ganz leicht zu bemerken, denn man läßt all die miserablen Straßen Deutschlands hinter sich und gelangt eine halbe Meile hinter Apach, wo wir wieder auf die Mosel trafen, auf eine herrliche Chaussee.

Ludwig XV. von Frankreich

Der betrübte König

Im Jahr 1743 war Ludwig XV. dreiunddreißig Jahre alt. Der Urenkel des Sonnenkönigs war als gutbehütetes Waisenkind aufgewachsen, da seine Eltern, das eigentliche Thronfolgerpaar, früh verstorben waren, möglicherweise sogar durch Gift. Bereits als Knabe, goldgelockt, scheu und von natürlicher Grazie, war Ludwig das Entzücken seiner Umgebung und der hoffnungsfrohen Nation gewesen. Für die rechtzeitige Einleitung der weiteren Erbfolge war der Fünfzehnjährige 1725 mit der acht Jahre älteren polnischen Prinzessin Maria Leszczynska vermählt worden. In zügiger Abfolge gebar ihm die fromme Gemahlin von 1727 bis 1737 zehn Kinder – zwei Söhne und acht Töchter –, welche der Einfachheit halber als Madame Première, Madame Seconde, Madame Troisième etc. durchnumeriert wurden. Durch ihre Schwangerschaften und ihr stilles bis farbloses Wesen trat die Königin schnell in den Hintergrund, nahm an Jagden und öffentlichen Auftritten kaum teil.

Als Regiment der Königin galten vielmehr die Bettler und Hausierer von Versailles, die hinter der Karosse der mildtätigen Polin herzogen. Der junge Monarch hingegen fand zunehmend Gefallen an schönen und geistreichen Frauen, die sich – oftmals sekundiert von ihren Familien und sogar Ehemännern – in die verführerische und einträgliche Position einer offiziellen Mätresse drängten. Manche dieser Damen bildeten dann – wie in ganz Europa – den weiblichen Glanz an der Spitze einer Monarchie. Ludwigs Augenmerk, häufig gelenkt von seinem Kammerdiener Lebel, fiel zuerst und nacheinander auf die Töchter des Marschalls de Nesle: die Comtesse de Mailly, zwischenzeitlich die Marquise de Vintimille, dann die Duchesse de Lauraguais und schließlich die Duchesse de Châteauroux. Die bisweilen auch miteinander verbündeten Schwestern verstanden es, den Monarchen zu unterhalten, zu beraten und sich elegant zu präsentieren. Nach einer schweren Geburt und trotz größter Fürsorge verstarb die neunundzwanzigjährige Pauline-Félicité de Vintimille 1741.

Der ohnehin zu Melancholie und Schweigsamkeit neigende Ludwig – der entgegen späterer revolutionärer Pauschalverurteilungen keineswegs ein sorgloser Décadent war, sondern um sechs Uhr früh am Arbeitstisch saß und auch durch sein phänomenales Gedächtnis über die Geschehnisse in seinem Reich und in Europa vorzüglich informiert blieb – benötigte geraume Zeit, bis er inmitten der Wirren der Epoche den Tod der Geliebten in den Armen einer ihrer Schwestern verwinden konnte.

Ostern, den 25. März, begab ich mich nach Versailles und machte dem König und der königlichen Familie meine Aufwartung. Der Hof wirkte trübselig, fast verwaist. Der nach dem Tode Mme. de Vintimilles untröstliche König ließ die Herren seines Jagdgefolges nicht mehr bei sich speisen. Er hatte bestimmt, daß höchstens zwei oder drei persönliche Favoriten und Freunde von Mme. de Mailly, die tonangebend blieb, abendlichen Zutritt zu seinen Kabinetten erhielten. Im übrigen waren sämtliche Minister mit staatspolitischen und privaten Affären befaßt und eifersüchtig auf die Machtbefugnisse und den großen Einfluß von M. de Belle-Isle. Der Kardinal de Fleury verzichtete seit Monaten auf Fleischgerichte und nahm nur noch Fleischbrühe zu sich. Gleichwohl hielt er sich bei den sechsundachtzig oder achtundachtzig Jahren, die man ihm zuschrieb, wacker.

In den ersten Apriltagen machte ich Saïd Effendi, dem Gesandten der Hohen Pforte, im Palais der Botschafter meine Aufwartung; der Türke wirkte zuvorkommend. Er sprach gut Französisch und schien sehr klug zu sein. Bereits in seiner Jugend hatte er mit seinem Vater

Mehmet Effendi während dessen Gesandtschaft einige Monate in Paris verbracht. Er empfing mich zuvorkommend.

Den 4. Mai, am Vorabend meiner Abreise, wohnte ich bei den Karmeliten dem Ordensgelübde von Mademoiselle d'Havré bei, die sich im Innersten berufen fühlte; die Zeremonie leitete der Bischof von Amiens, der als wahrlich vortrefflicher und heiliger Hirte predigte. Die ganze Familie war zugegen.

Im Verlauf des Jahres 1743 bricht der Prince de Croÿ, oder auch Fürst von Croÿ, der noch nicht Herzog war, abermals in den Krieg nach Deutschland auf und schildert vornehmlich das militärische Geschehen, ehe er immer tiefer in den Sog von Macht, Hofleben, privaten Fährnissen und der Zeitentwicklung gerät.

Nachdem ich am 9. Februar nach mancherlei Mühen und Kriegsgefahren freudig bei meiner Familie eingetroffen war, blieb ich zehn oder zwölf Tage in Paris, da der König in Choisy weilte. Dann begab ich mich an den Hof, wo ich dem König vorgestellt wurde, der für mich allerdings nicht mehr Aufmerksamkeit oder Worte aufbrachte als für andere. Seit dem Ableben des Kardinals de Fleury erschien mir alles sehr verändert.

Dieser Kardinal hatte lange Jahre geradezu als Alleinherrscher das Amt des allgewaltigen Premierministers ausgeübt. Als Erzieher des Königs hatte er ihn seit dessen Jugend bis zum Schluß leicht beeinflußen können, was durch die Gunstbeweise für seine Familie sogar noch seinen Tod überdauerte, da der König sich seiner Person und Ratschläge noch lange gerne und ehrerbietig erinnerte. Der Kardinal entstammte recht bescheidenen Verhältnissen, doch war er durch seine Liebenswürdigkeit, seinen Geist und sein Wissen, vor allem aber aufgrund seiner enormen Umsicht nach und nach aufgestiegen. Er regierte sehr menschlich, und niemals hatte Frankreich bis zum Tode des Kaisers größere Ruhe genossen. Vielleicht war er sogar allzusehr auf Ausgleich erpicht, besonders dem Ausland gegenüber, wo sein Wort viel galt. Man wirft ihm vor, daß er unsere Armee vernachlässigt habe, doch sie gehörte nicht in sein Ressort. Und da weder der König noch sonst jemand dieser Entwicklung entgegenwirkte, war sie nicht weiter überraschend.

Der Kardinal de Fleury war denkbar geistreich und amüsant, und niemand plauderte charmanter als er, der länger als jeder andere seine Schlagfertigkeit und sein ungeheures Erinnerungsvermögen bewahrte. Er war herzensgut und zurückhaltend. Zweifelsohne leitete ihn stets und uneigennützig das Wohl Frankreichs. So nahm er nichts für sich, und nach seinem Tod entdeckte man kein Vermögen. Lange schien er auch seine Familie nicht zu begünstigen, weswegen – sei es nun besonders geschickt eingefädelt gewesen oder nur glückhaft verlaufen – die enormen Gunstbeweise für seinen Neffen, den Duc de Fleury, und für die übrigen Mitglieder seiner Familie sich ausschließlich dem König zu verdanken schienen.

Bis zum Tode des Kaisers verhielt sich dieser Minister also ruhig und durfte sich freuen, Lothringen für uns gewonnen zu haben und im Ausland als vertrauenswürdig zu gelten. Doch seit jenem Todesfall wurde der Kardinal durch die ihm vielleicht aufgezwungenen Pläne zum Urheber von Zwist und Krieg in Europa. Es erschien als unabweisliche Notwendigkeit, das Hinscheiden des letzten Fürsten aus dem Hause Österreich zu nutzen, um dieses Herrscherhaus, das als einziges dem der Bourbonen ebenbürtig war, sie womöglich sogar zweitrangig machte, zu erniedrigen. Unter den denkbaren Mitteln, die sich Frankreich anboten, drängten sich zwei gegensätzliche auf: Eines brauchte langen Atem, war einfach und sinnvoll. Das andere erforderte Mut, Kühnheit und erschien ruhmreich. Einfach und sinnvoll war es, sofort Truppen in Marsch zu setzen und sie gefechtsbereit an den Grenzen zu stationieren, als Drohung, um durch diese einzige gefürchtete Macht alsdann soviel Gebietsgewinn wie nur möglich durchzusetzen. Oder sogar unter diesem oder jenem Vorwand die Grenzen zu überschreiten und sich des damals ungeschützten österreichischen Flanderns zu bemächtigen.

Die Königin von Ungarn befürchtete solches Vorgehen und bot uns Luxemburg an.

Der zweite Plan, kühn und glanzvoll, wurde von M. de Belle-Isle, einem tüchtigen, unternehmungslustigen, ehrgeizigen und einfallsreichen Mann, ins Spiel gebracht: Er wollte den Krieg bis vor die Tore Wiens tragen und dank einer Armee in den Tiefen Deutschlands die Besitzungen des Hauses Österreich aufteilen, dann unter dem Schutz unserer Waffen den mit uns verbündeten Kurfürsten von Bayern zum Kaiser wählen lassen und diesem nach unserem Gutdünken einen Gebietsanteil zugestehen.

Der Comte de Belle-Isle überredete schließlich den vielleicht widerstrebenden Kardinal zu dem großen Vorhaben, das all die Erschütterungen heraufbeschwor, die Frankreich schließlich in eine so schreckliche Lage brachten.

Seither schien der Kardinal gegen sein Naturell handeln zu müssen, das bis dahin von Sparsamkeit, Vorsicht und keineswegs vom Hang zu Großtaten geprägt war. Ja, durch seine Knauserigkeit wurde er an den Mißerfolgen womöglich sogar mitschuldig. Er erlebte noch unseren famosen Auftakt, strauchelte dann durch die Geschehnisse und starb im Wissen um das Scheitern all unserer Absichten.

Kummer und Arbeitsfron beschleunigten sein Ende, wiewohl ihm ohnehin nicht mehr viel Zeit geblieben wäre. Nachdem er in leichte Ungnade gefallen war, zog er sich in sein Haus in Issy zurück, wo er fromm, rührig und mit gewohnter Geisteskraft lebte, bis er innerhalb weniger Tage verfiel und erlosch. Der König, dem dieser Verlust offenbar sehr nahegegangen war, erklärte, er wolle wie einst Ludwig XIV. nunmehr selbst regieren und je nach Ressort mit jedem Minister arbeiten, ohne einen von ihnen zu bevorzugen. Die Anfänge waren schön.

Dies war der Stand der Dinge, als ich bei Hof eintraf. Die Kabale hatten sich dort indes verändert. Mme. de Mailly, die erste Mätresse des Königs, war am 2. November 1742 in Ungnade gefallen, so daß ihre Parteigänger, das Haus Noailles und die Comtesse de Toulouse, empfindlich geschwächt zu sein schienen. Unverblümt und aus echter Zuneigung erwählte der König alsbald die Witwe von M. de Tournelle, eine sehr schöne Frau und Schwester Mme. de Maillys, zu seiner Mätresse, was einen schrecklichen Skandal verursachte, zumal der König auch mit Mme. de Vintimille liiert gewesen zu sein schien, der dritten und vor Jahresfrist verblichenen Schwester, so daß nur mehr die vierte blieb, die schöne Mme. de Flavacourt, die noch unbescholten, aber stets mit zugegen war.

Die Verbindung des Königs mit Mme. de Tournelle schien vom Duc de Richelieu und von M. de Meuse gefördert worden zu sein, denn sie avancierten zu besonderen Favoriten. Nach geraumer Zeit ließ der König nur noch diese beiden sowie die vierte Schwester nebst deren Anhang in seinen Kabinetten und bei seinen häufigen Ausflügen nach Choisy zu. Die Mätresse Mme. de Tournelle schien die Lage mit größter Bravour zu meistern, ohne jedoch bemerkenswerten Einfluß auf den König auszuüben, der weiterhin entschlossen zu sein schien, sich nicht von seinen Geliebten lenken zu lassen.

Drei-, vier- oder fünfmal pro Woche ging er auf die Jagd. An diesen Tagen soupierte er mit seinen Damen: mit Mme. de Tournelle, die er zwei Monate zuvor mitsamt den dazugehörigen Ländereien recht unangemessen und ohne Gewissensbisse zur Duchesse de Châteauroux erhoben hatte; dazu mit der jungen schönen und trägen Flavacourt, der lebhaften und vorlauten Duchesse de Lauraguais, der schlicht liebenswürdigen Duchesse d'Antin sowie den wichtigsten Höflingen seines Jagdgefolges.

An den Tagen der Ratssitzungen speiste er öffentlich mit der Königin, die er nur kurz sah, doch sehr zuvorkommend behandelte; sie war sanft und höflich und schien als tugendhafte Frau unter alldem zu leiden. Den beiden Schwestern, die ihr bei der Speisezeremonie als Palastdamen aufwarteten, begegnete sie huldvoll und vornehm, bis diese sie ziemlich allein zurückließen und ihre Kabinette aufsuchten.

Der König unterwarf sich ebenso energisch wie flüchtig der Arbeit, vertiefte sich selten und schien keinen der Minister zu bevorzugen, mit denen er sich einzeln und gemeinsam im Rat besprach, wo nun der Kardinal de Tencin oft der Wortführer war. Hinter ihm rangierten die Messieurs Orry, de Maurepas, d'Argenson oder Amelot, doch keiner genoß einen Vorrang.

Im verbleibenden Jahr reiste ich viermal nach Versailles, von wo aus ich zu drei schönen Jagden nach Saint-Germain und in nächster Nähe von Versailles aufbrach. Dabei behielt ich stets meine beiden großen Bestrebungen im Auge, nämlich das Gouverneursamt für Condé und den Brigadiersrang, denn man ließ mich auf eine Beförderung hoffen. Ich rangierte in der Kavallerie an zehnter oder zwölfter Stelle dafür.

Am 1. Januar 1744 wohnte ich dem festlichen Konvent der Ritter des Heiliggeistordens bei, wobei der König die sechs neu aufgenommenen Ritter empfing: Seite an Seite den Duc de Luxembourg* und den Duc de Boufflers, der am eindrucksvollsten auftrat, dann den Comte de la Mothe und schließlich den Duc de Biron und den Comte de Coigny. Der Festakt war schön und der Hof zahlreich zugegen. Abends sah ich den König mit der Königin, den Prinzessinnen und dem Dauphin zur Großen Abendtafel** vorüberschreiten und vernahm, daß er den Prince de Conti zum Oberbefehlshaber der Armee ernannt hatte, die er in Italien zusammenführen ließ. Dieser Prinz war erst sechsundzwanzigeinhalb und somit nur ein Jahr älter als ich. Seine Armee zählte ungefähr 30.000 Mann.

* Kein souveräner *Herzog von Luxemburg*, sondern der Duc de Montmorency-Luxembourg.

** *Grand Couvert:* Großes Gedeck oder Große Abendtafel; ein zeremoniöses Essen, das die königliche Familie öffentlich einnahm und zu dem die *Bouche du roy*, die königliche Küche, von ihren Köchen, Patissiers über den Früchteaufseher, den Gehilfen des Tranchierers, den Speiseankündiger bis zum Weinläufer die Köstlichkeiten lieferte. Ungefähr einhundertundfünfzig Personen waren in die oft ehrenvolle und lukrative Bewältigung der Mahlzeiten involviert. Die *Bouche du roy* wiederum war Teil der komplexen *Maison-Bouche*, deren Bedienstete sich um Beleuchtung, Vorräte, Wäsche und Geschirr kümmerten.

Für mich war nichts allzu dringlich, und ich ließ mich von meiner Frau überreden, zusammen mit ihr den Duc d'Harcourt zu begleiten, der während der zwei Wochen, die der König in Marly weilte, nach Meilleraye reisen wollte.

Am 1. März kehrten wir nach Saint-Germain zurück. Ich fand ein Schreiben von Dubois vor, worin dieser mir mitteilte, daß drei Tage zuvor der Comte de Danois zum Gouverneur von Condé ernannt worden war.

Da ich meiner ebenso mühsamen wie vergeblichen Vorstöße um Amt und Würden überdrüssig war, verdroß es mich nicht, vom fruchtlosen und zermürbenden Ehrgeiz abzulassen und mir vor Augen zu halten, daß mir – wenn ich mich zu bescheiden verstünde – mehr als genug Glück auf Erden bliebe, wozu es nicht viel braucht.

Ich kehrte also verärgert am Montag, den 10. Februar, nach Paris zurück. Aber da ein Unglück nie allein kommt, fand ich meine Frau stark verkühlt vor. Wir schrieben es dem Besuch der Comédie Italienne zwei Tage zuvor zu, ehe ich nach Versailles aufgebrochen war. Am 11. verschlimmerte sich die Erkältung, doch gegen mein Anraten wollte sie ihren Bruder besuchen, der in der Reitakademie gestürzt war. Nachdem wir Dr. Geslin gerufen hatten, eröffnete er uns, daß es sich um die Masern handelte. Ich blieb bei ihr und ging einen Monat lang nicht aus. Diese Zeit nutzte ich, um meine Landkarten zu ordnen.

Während ihr Mann im Feld war, verstarb am 7. September 1744 mit erst fünfundzwanzig Jahren Angélique Adélaïde de Croÿ auf einer Reise nach Flandern. Sie hatte zwei Kindern das Leben geschenkt: der Tochter Adélaïde und dem Sohn und Erben Anne Emmanuel.

Im August des Jahres war es zum Skandal von Metz gekommen: An der Front wollte Ludwig XV. persönlich militärische Operationen leiten. Der König hatte es seiner Mätresse Madame de Châteauroux gestattet, ihn zu begleiten, was bei Armee, Volk und Geistlich-

keit größten Unwillen erzeugte. In Metz ließ der König sein Quartier sogar durch eine Holzbrücke mit dem der Herzogin verbinden. Ebendort erkrankte Ludwig XV. derartig schwer an einem Fieber, daß sein Tod befürchtet wurde. Hohe Geistliche rangen es dem Kranken ab, Madame de Châteauroux, die ihn pflegte, zu verbannen und zu bekennen, «als unwürdiger Sünder» gelebt zu haben. Nur unter dieser Voraussetzung würde er die Sterbesakramente erhalten. Der Fiebernde fügte sich. Die Herzogin mußte sich verbergen und fliehen. Nachdem Ludwig wider Erwarten genesen war, vergaß er nie die Schmach und Erniedrigung, als Todkranker erpreßt worden zu sein.

Am 1. Dezember fand meine grausame Rückkehr nach Paris statt, und der ganze Winter blieb schrecklich bedrückend. Ohne gottergebenes Sinnieren und die Tröstungen des einzig wahren Glaubens hätte ich ihn gewiß nicht überlebt.

Während dieser bitteren Zeit und nachdem der Hof in Paris drei Tage lang die Nachricht von der Eroberung Freiburgs gefeiert hatte, war es bei Hofe so trist, daß ich ihn mied. Mme. de Châteauroux war (gerade als der König sie an den Hof zurückbeorderte) erkrankt und schwebte zwei Wochen in Lebensgefahr; der König zeigte sich höchst besorgt und schien ihr verbundener denn je zu sein; seine Vertrauten schürten seine Leidenschaft und bewiesen dieser Dame größte Anhänglichkeit. Sie wichen ihr in der Pariser Rue du Bac nicht von der Seite, insbesondere die Messieurs d'Ayen, de la Vallière, de Gontaut etc. Schließlich verschied die Dame am 8. Dezember, Tag der Heiligen Jungfrau, zu des Königs größtem Schmerz und zur Genugtuung der Pariser, die ihn nach seinen Beteuerungen während seiner schweren Erkrankung in Metz in die altgewohnten Fesseln geraten sahen.

Am Abend vor dem Verscheiden der Dame wurde der König von ihrem Todeskampf benachrichtigt, und nach Tagen größter Unruhe und innerer Kämpfe brach er mit seinem diensthabenden Ersten

Kammerherrn M. d'Harcourt und dem Oberstallmeister unvermittelt nach La Meutte auf, um allein zu sein, wo ihn allerdings seine Günstlinge, welche die Dahinsiechende nicht verlassen hatten, nach ihrem Tod aufsuchten. Mehrere Tage lang blieb er untröstlich, sah nur M. d'Ayen und jene, die bei ihr gewacht hatten und die ihm von ihren letzten Stunden berichteten.

Den Rest des Monats verbrachte der König zurückgezogen; er kam nur zum Weihnachtsfest, zu Neujahr und wegen der Vermählung des Dauphins, deren Vorbereitungen ihn ablenkten, nach Versailles. Er wirkte sehr schmerzerfüllt, umgab sich nur mit den Getreuen dieser Dame, so daß der Duc d'Ayen den größten Einfluß auf ihn gewann, und es wurde gemutmaßt, daß dieser den Duc de Richelieu verdrängen werde, der zur Ständeversammlung im Languedoc weilte. Als dieser aber Anfang 1745 zu seinem Dienst als Erster Kammerherr im neuen Jahr zurückgekehrt war, gewann er geschickt seinen Einfluß zurück, so daß nunmehr beide gemeinsam ihren Dienst versahen und das königliche Vertrauen teilten, woraus sich ergab, daß Mme. de Lauraguais, die Schwester von Mme. de Châteauroux, die in deren Haus in den Wehen gelegen und der man den Todeskampf ihrer Schwester verschwiegen hatte, rehabilitiert und an den Hof zurückbefohlen wurde, obwohl der König während seiner eigenen Erkrankung beide Schwestern verbannt hatte. Der König ernannte nun Mme. de Lauraguais zur Ehrendame der künftigen Dauphine und soupierte allabendlich mit ihr – so daß nunmehr die vierte Schwester sein Vertrauen genoß, wiewohl weniger umfassend als ihre Schwestern und des Königs drei, vier wichtigste Günstlinge.

Die Dauphine* reiste mit großem Gefolge und vielen Damen von Stand der französischen Grenze entgegen. Ganz allein und ohne die mindeste Begleitung übergab man sie den Mesdames de Brancas und de Lauraguais sowie vier ihrer neuen Palastdamen und ihrem neuen Hofstaat. Diese Übergabe fand am üblichen Ort und in der

* Die neue Thronfolgerin Maria Teresa von Spanien, 1726 – 1746.

gewohnten Weise statt. Dann reiste sie in bequemen Etappen über Bayonne und Bordeaux weiter. Allerorten gab man ihr schöne Feste. In Orléans ließ ihr der König seine Komplimente übermitteln und reiste ihr mit dem Dauphin bis Etampes entgegen. Eine Meile von dort fand das erste Zusammentreffen statt: Der König begleitete die neue Dauphine bis nach Sceaux, wo er sie der Königin übergab, und kehrte mit dem Dauphin nach Versailles zurück, wo sie mit der Königin am Morgen des 23. Februar eintraf. Mittags fand die Hochzeit statt, und eine Woche lang bis Aschermittwoch wurden täglich Festlichkeiten in den Appartements und prachtvolle Bälle veranstaltet. Eigens dafür hatte der König unter großen Unkosten die Reithalle von Versailles in einen wundervollen Saal verwandeln lassen, wo man nun tanzte und etliche schöne Ballette gegeben wurden.

Überall in Paris wurde die Vermählung gefeiert. Auf fünf Plätzen wurden in eigens errichteten geschmackvollen Sälen Tanzvergnügen mit mancherlei Erfrischungen und Imbissen für das Volk veranstaltet; vor allem der mit zwei Laubengängen auf der Place Vendôme wirkte einladend und war nachts illuminiert. Die Stadt tat sich überdies mit einem eigenen Saal hervor, den sie, noch geschmackvoller als die vier übrigen, im Innenhof des Rathauses aufbauen ließ, wo der Anblick eines Maskenballs zwischen dem Dekor und unter den Lüstern das Herrlichste war, was ich zu jener Zeit zu sehen bekam.

Preußen hatte im Ersten Schlesischen Krieg *den Besitz der vordem österreichischen Provinz behauptet. Zu deren Rückeroberung sammelte Wien Kräfte und Verbündete. Nach dem Tod des wittelsbachischen Kaisers beanspruchte Maria Theresia die deutsche Kaiserkrone für ihren Gemahl Franz Stephan von Lothringen. Um diese Pläne zu durchkreuzen, fiel Friedrich II. von Preußen 1744 ins habsburgische Böhmen ein. Der* Zweite Schlesische Krieg *war entbrannt. An dessen Westfront in Flandern traf am 11. Mai 1745 eine Koalitionsarmee aus Österreichern, Engländern, Hannoveranern und Niederländern auf das Heer des französischen Marschalls Moritz von Sachsen – eines unehelichen Sohns Augusts des Starken und der Aurora von Königsmarck. Die Armee des Maurice de Saxe erfocht einen bedeutenden Sieg.*

Ich erfuhr, daß der Marschall von Sachsen, der am 12. März den Hof aufgesucht hatte und überschwenglich empfangen worden war, diesen Freitag in die Oper ginge, wo ihm ein einzigartiger Empfang zuteil würde.

Obwohl ich lange nicht mehr in der Oper gewesen war, wollte ich seiner Huldigung beiwohnen, da ich sein Tun immer aufmerksam verfolgt hatte. Ich traf gleichzeitig mit ihm ein und nahm hinter ihm auf dem Balkon Platz. Applaus begleitete ihn seit seinem Eintreffen, und stürmischer Beifall erfüllte das Haus. Sobald Ruhe hergestellt war, begann die Oper *Armide*, deren Prolog vom *Ruhm* und von der *Weisheit* gesungen wird. Nachdem zuerst die *Weisheit* ihm schmeichelnde Verse gesungen hatte, trat sie mit dem *Ruhm* an die Rampe vor und bot ihm den Lorbeerkranz dar. Der Marschall erhob sich und streckte die Arme aus. Der Duc de Biron zu seiner Rechten überreichte ihm alsdann den Kranz. Schicklich nahm er ihn entgegen, blieb eine Weile stehen, zeigte ihn dem Publikum, das in einen endlosen Freudenjubel ausbrach. Ich gestehe, daß mich nach allen Strapazen, bei denen ich ihn erlebt hatte, diese Huldigung begeisterte. Er, der in der Schlacht von Fontenoy weder in kritischen noch in siegreichen Momenten die Ruhe verloren hatte, stand innerlich auch über dieser einzigartigen Ehrbezeugung, wirkte zufrieden, doch gefaßt. Er bewies den Parisern gegenüber dieselbe Seelenstärke wie angesichts der Feinde. Seither hat er dennoch oft zugegeben, sehr verlegen gewesen zu sein.

Madame de Pompadour

Ein neuer Stern erstrahlt

Nach dem Tod der Herzogin von Châteauroux und während eines seiner Jagdausflüge in den Jahren 1744/45 bemerkte Ludwig XV. unter den stets zahlreichen Zuschauern der königlichen Kavalkade immer wieder eine junge Frau in einer Kalesche, die ihn bewundernd fixierte. Bei der schönen Dame handelte es sich um Jeanne Antoinette d'Etiolles, geborene Poisson, die mit dem reichen Untersteuerpächter Charles Guillaume Le Normant, Seigneur d'Etiolles, verehelicht war. Die kaum Fünfundzwanzigjährige entstammte dem Pariser Bürgertum und leicht fragwürdigen Verhältnissen. Ihre Mutter Louise de la Motte stand in dem Ruf, eine gefällige Lebedame gewesen zu sein. Ihr Vater François Poisson, ein Lebensmittelgroßhändler, war wegen Steuerhinterziehung verurteilt worden und nach Deutschland geflüchtet. Dabei mochte ihr leiblicher Vater in Wirklichkeit der Bankier Charles François Le Normant de Tournehem sein, der Vater ihres Gatten. Trotz solcher Undurchsichtigkeiten war Jeanne Antoinette im Kloster der Ursulinnen von Passy vorzüglich erzogen worden und hatte schon früh in Pariser Salons mit Berühmtheiten der Zeit verkehrt, wo ihr Geist und ihre Grazie bestaunt wurden. Wenige wußten, daß bereits der Neunjährigen eine Wahrsagerin namens Lebon eine Zukunft als Geliebte des Königs von Frankreich prophezeit hatte. Auf dieses Ziel wirkte die junge Ehefrau und Mutter einer Tochter unbeirrt hin. Jeanne Antoinette d'Etiolles lud Vertraute des Königs zu Festivitäten und Theaterspiel in das Schloß ihres Mannes an den Ufern der Seine ein, und sie postierte sich in auffällig eleganter Kleidung an den breiten Jagdwegen der Hofgesellschaft.

Im Februar 1745 erlangte die ehrgeizige Frau eine Einladung zu einem Maskenball in Versailles, wo sie als Diana erschien. Als der König ihr Schnupftuch aufhob – «Das Schnupftuch ist geworfen» –, war die gegenseitige Leidenschaft und Liebe entbrannt. Madame d'Etiolles blieb sofort in Versailles und wurde wunschgemäß bald zur Marquise de Pompadour erhoben. Frankreich hatte, an der Seite ihres königlichen Liebhabers, eine neue Mitregentin, oder wie ihr Vertrauter Voltaire dichtete:

Ernste zarte Pompadour,
Im voraus kann ich Ihnen verleihen
Diesen Namen, der sich reimet auf amour,
Bald wird er Frankreichs schönster Name sein.

Am 20. März begab ich mich nach Versailles, um dem König, der Königin, dem Dauphin nebst Dauphine sowie den Prinzessinnen meine Aufwartung zu machen. Ich fand den Dauphin viel zu korpulent und fett geworden vor, die Dauphine schwanger und noch immer sehr wortkarg, spürbar abweisend und mißtrauisch, was befürchten ließ, daß sie nach ihrer Mutter, der Königin von Spanien, geraten würde, die ganz Europa in Besorgnis versetzte.*

Was Mesdames, die Töchter des Königs, anging, so benahmen sie sich ebenso wohlerzogen wie freundlich. Es hieß, daß die Älteste aus Anhänglichkeit zum König durchaus unverheiratet bei Hofe bleiben könnte, während Mme. Adélaïde weiterhin für den Prinzen von Piemont, den Sohn des Königs von Sardinien, vorgesehen war.

Der König war nach seinen Feldzügen wieder gesprächiger und ungezwungener und schien sehr in Mme. d'Etiolles, nunmehr Mme. de Pompadour und höchstoffizielle Mätresse, verliebt zu sein. Nachdem diesbezüglich alle Scham den Bach hinuntergegangen war (wie man

* Elisabetta Farnese, 1692–1766, beherrschte ihren Gemahl König Philipp V. und damit die spanische Politik, die vor allem auf die Rückgewinnung von Besitzungen in Italien zielte.

so sagt), empfing sie bei sich den ganzen Hof, der sich geradezu ehrerbietig aufführte, und da alle Welt sich bei ihr ein Stelldichein gab, gedachte auch ich mich ihr vorstellen zu lassen, fand jedoch keine Zeit.

Der König ging regelmäßig auf die Jagd, für gewöhnlich drei-, viermal die Woche; danach soupierte er oben in ihren Gemächern, verbrachte dort die meiste Zeit, wobei er im übrigen viel und eifrig mit seinen Räten und Ministern arbeitete, vornehmlich mit M. d'Argenson, der den Gipfel seiner Macht erklomm und wegen des Kriegs jeden anderen ausstach. Die Königin lebte sanft und vernünftig, höchst ehrbar und stets gottergeben.

Beim *Lever** sah ich, wie der König seine Hände um die Hände meines Schwiegervaters legte, der seinen Eid als Marschall von Frankreich schwor und dabei seinen Degen, wie es das schöne Vorrecht von Hauptleuten der Garde ist, nicht ablegte. Im Hinausgehen gratulierten wir und umarmten ihn.

Am folgenden 19. Januar wohnte er zum ersten Mal dem Ehrentribunal der Marschälle bei. Von dort führte er mich zur Marquise de Pompadour, um mich ihr vorzustellen. Ich kannte sie nicht: Von Gestalt und Wesensart erschien sie mir bezaubernd. Sie saß bei ihrer Morgentoilette, und keine Frau hätte hübscher sein können. Darüber hinaus war sie unterhaltsam, so daß der König sie mehr als jede andere liebte, und recht hatte er: Sie war die entzückendste Geliebte. Sie war es in aller Offenheit und zum größten Skandal bei Hofe. Mit der Königin verstand sie sich recht gut, da sie den König dazu bewegt hatte, die Königin zuvorkommendst zu behandeln, sie nach Choisy und auf alle sonstigen Ausflüge mitzunehmen, wie auch den Dauphin und die Prinzessinnen (seltsamer Einfall!), in deren Dienste sie ihre intimste Freundin Mme. d'Estrades eingeschleust hatte.

Graziös und zurückhaltend saß sie stets am Spieltisch der Königin, und wenn es an der Zeit war, die Königin um Erlaubnis zu bitten,

* Zeremonie des morgendlichen Aufstehens und Ankleidens des Königs.

das Spiel zu verlassen, um in die Kleinen Kabinette des Königs aufzubrechen, entgegnete die Königin gütig: «Gehen Sie!» (Angesichts der Zustände eine wundervoll philosophische und christliche Antwort!)

Von Zeit zu Zeit begab ich mich wie jedermann gegen ein Uhr zur Toilette der Mme. de Pompadour, die alles tadellos und sehr vornehm handhabte und immer einflußreicher wurde. Sie kannte sich in allem aus. Ich traf bei ihr oft den Marschall von Sachsen, mit dem sie eng befreundet zu sein schien. Sie nannte ihn ausschließlich *Mon Maréchal*. Man zeigte ihr ein Porträt der zukünftigen Dauphine, einer sächsischen Prinzessin, deren Heirat der König auf den 26. November festgelegt hatte, wobei die Marquise über alles zu entscheiden schien.* Der Duc de Gesvres kam, um seine Befehle für die Festlichkeiten einzuholen, sie lenkte alles heiter, flink und mit unendlicher Anmut. Ich bemerkte, daß man ihr viele Bittschriften vorlegte, und überhaupt wurde vielerlei durch sie erledigt. Sie bewohnte seit geraumer Zeit oben das Mätressenappartement, das neuerlich verschönert worden war. Ihr Onkel M. de Tournehem, dem sie nach dem Ausscheiden von M. Orry das Ressort der Königlichen Bauten übertragen hatte, erledigte als Mann von Geist alles Nötige zuverlässig. Auch ihr Bruder, M. de Vandières mit Namen, zwanzigjährig und hübsch, stieg in aller Gunst, war allerorten eingeladen und fehlte bei keiner Jagd. Ihr Ehemann, für den das Parlament (soweit es dies rechtlich durfte) die Gütertrennung bestimmt hatte, war in der Provinz mit einem passablen Amt abgefunden worden, war jedoch, wie es hieß, weiterhin äußerst erbost, da er sie noch immer liebte und eine drei- oder vierjährige Tochter mit ihr hatte, die bei ihr weilte.

Da sie den größten Einfluß ausübte, fürchteten und umschmeichelten sie die Minister, wobei die Brüder d'Argenson, vor allem der

* Die spanischstämmige Dauphine war nach der Geburt ihres ersten Kindes gestorben. Als ihre Nachfolgerin traf aus Dresden die Prinzessin Maria Josepha aus dem Hause Wettin ein.

Staatssekretär des Äußeren, um ihre Macht besorgt wirkten, während die Messieurs Pâris de Montmartel und Duverney* wie auch der Marschall von Sachsen am ehesten ihr Ohr und damit das des Herrschers fanden. Solcherlei fiel mir bei Hofe auf.

Ich ritt gerne aus, jagte am liebsten in kleiner Gesellschaft und erkannte, daß es vergeblich war, Madame de Pompadour dann und wann meine Aufwartung zu machen, um dadurch zu den königlichen Soupers zugelassen zu werden, was den altüblichen oder engen Vertrauten vorbehalten blieb. Da es mich ärgerte, hätte ich gerne mit ihr darüber gesprochen, denn nicht ungern wollte ich ein Höfling des engeren Zirkels werden, wobei mir solche Unterordnung zugleich zuwider war, weshalb ich keine weiteren Vorstöße unternahm.

Am 5. Januar 1747 kehrte ich nach der Jagd zurück nach Paris.

Am 18. begegnete ich erstmals M. de Voltaire und soupierte mit ihm, Mme. du Châtelet und anderen Personen von Geist. Voltaire wirkte charmant, und sein Gespräch funkelte. Die Schöngeister behaupten, er plaudere sogar noch brillanter, als er schreibe.

Am 26. Januar soupierte ich bei M. de la Popelinière. Auch der Marschall von Sachsen war zugegen und war reizend. Er gab sich ganz ungezwungen, und ich beobachtete sein entschlossenes, klares, vielleicht ein wenig hartes Wesen, wobei er sich aber insgesamt sehr zuvorkommend benahm, zumindest nach außen hin nachsichtig, gutherzig und gelassen erschien, ohne im übrigen, meine ich, irgendeiner Glaubensmoral anzuhängen. Religion erachtete er als Gebilde aus Vorurteilen und notwendige Kandare fürs Volk. Er liebte Vergnügungen, und sogar als Marschall fehlte er, ob nun inkognito oder maskiert, mit seinen Töchtern,** die stets in aller sorglosen Ungezwungenheit bei ihm geblieben waren, auf keinem Opernball. Sein logisches freies Denken und sein zutreffendes, bewunderswert klares

* Frühe Freunde und Bankiers der Marquise.

** Aus der geschiedenen Ehe mit einer Gräfin von Löben. Als Belohnung für seinen Sieg bei Fontenoy hatte der Marschall als Landsitz das Schloß Chambord geschenkt bekommen.

Urteil waren das charakterlich Eindrucksvollste an ihm. Ohne gelehrt zu sein, äußerte er sich trefflich und erzählte angenehm.

Noch in der Nacht machte ich mich nach Versailles auf und stürzte mich ins Geschehen. Dreimal ging ich mit eigenen guten Pferden bei Saint-Germain jagen, was mich sehr vergnügte und in Atem hielt.

Als ich mich am 26. Januar nach der Jagd im Appartement des Comte d'Estrées, wo ich in Versailles untergebracht war, umkleidete, breitete sich direkt unter uns in der Wachstube von M. de Charost und seiner Schweizergarde ein verheerender Brand aus. Das Appartement besaß nur eine Treppe. Ich schnappte mir mein kostbares Schreibnecessaire und rettete mich hinunter zu M. Le Bel, wo ich es zurückließ, machte dann kehrt, um beim Löschen zu helfen. Ich tat mein möglichstes. Wir bildeten zwei Eimerketten aus Französischer und Schweizergarde. Pumpen wurden herangeschafft, und mit Mühe und Not löschten wir schließlich die Flammen. Durchs Rundfenster der Wachstube loderten sie in den langen Gang, und falls die Decke eingestürzt wäre, hätte das Feuer den Dachstuhl erreicht, so daß durch den Wind mindestens dieser Schloßflügel abgebrannt wäre. Wäre es nachts ausgebrochen, wären ich und der Comte und die Comtesse de la Mothe in den Räumen über mir verbrannt. Ich beruhigte die Comtesse und söhnte mich mit ihr sogar aus, nachdem ich ihr seit meiner aufgekündigten Vermählung mit ihrer Tochter nicht mehr begegnet war.

Da das Feuer die Räume von M. de Montmorency-Luxembourg verwüstet hatte, mußte sein Appartement, dessen dicke Gemäuer das des Comte d'Estrées geschützt hatten, eingerissen werden. Weil alles herausgeschafft worden war, mußte ich in meiner Stadtwohnung schlafen, doch ich kehrte zurück, als tags darauf alles wieder an seinen Platz gestellt worden war.

30. Januar. Als ich den Hochzeitsball des Dauphins verließ, genoß ich in einem ruhigen Augenblick die herrliche Illumination des Schlosses und vor allem der beiden Marställe. Ich begab mich zum könig-

lichen Bankett, das in einem viel zu kleinen Saal stattfand, wo ich zu ersticken fürchtete. Ich betrachtete die neue Dauphine, die mir sehr liebreizend erschien: Rechterhand speisten der König, der Dauphin, die Princesse de Conti, Mademoiselle, Mme. de la Roche-sur-Yon. Gegenüber die Königin, die Dauphine, Mme. Adélaïde, Mme. de Modena und Mlle. de Sens. Die Duchesse de Chartres war schwanger und fehlte.

Nach dem Bankett begaben wir uns zur Abendtoilette der Dauphine, die öffentlich vonstatten ging, bis die Königin ihr das Nachthemd reichte. Sodann ließ der König alle Herren zum Dauphin hinübergehen, dem er selbst das Nachthemd reichte. Nachdem beide Umkleidezeremonien absolviert waren, begab man sich abermals ins Schlafgemach der Dauphine. Sie sah mit ihrem Nachthäubchen ganz entzückend aus, wirkte aber leicht verlegen, jedoch weniger als der Dauphin. Nachdem beide ins Bett geschlüpft waren, wurden die Vorhänge wieder geöffnet, und alle Anwesenden betrachteten beide eine Weile: ein arg peinsames Ritual, das alles Unbehagliche am Gepränge der Könige und Großen vor Augen führt.

Am 10. Februar dinierten die Jungvermählten öffentlich. Um fünf Uhr begannen die Vergnügungen und Spiele in den Appartements.

Man fand nur mühsam Platz. Ich war bei dergleichen noch nie zugegen gewesen und glaube, daß es zum schönsten gehört, was man erleben kann. In der herrlich geschmückten und beleuchteten Galerie laden etliche große und kleine Tische zum Spiel ein, vor den Fenstern sind kleine Zuschauertribünen errichtet, alles ist belebt von prächtig gekleideten Damen und Herren. Eine Augenweide. Mit einiger Mühe konnte ich M. und Mme. de Robecque Zutritt verschaffen. Die Dauphine ist von vollendeter Gestalt und frischem Teint, die Augen bezaubern, wenn sie lebhaft wird; Nase und Mund sind gewöhnlich. Ohne schön zu sein, vor allem im Gesicht, gefällt sie ungemein und könnte als reizendes häßliches Entlein bezeichnet werden, das einem den Kopf verdreht. Ihre Miene und all ihre Bewegungen sind unendlich anmutig; von Natur aus scheint sie heiter, ja, übermütig zu sein, und sie zeigt ein erstaunliches Vergnügen daran zu gefallen, neckt und läßt ihre Munterkeit spielen. Sie wirkt sehr geistreich und gewillt, jeden, der sich ihr nähert, zu umgarnen. Dieser ausgemachte Gegensatz zur eisigen Blasiertheit der Verstorbenen macht sie nur noch charmanter. Da Mme. la Dauphine aus Sachsen stammt, wo Prinzessinnen die vorzüglichste Erziehung genießen, war sie von Kindheit an darin geschult, sich an einem bedeutenden Hofe zu bewegen. Um Mitternacht begann in allen Räumen der große Maskenball. Ich blieb, um alles gesehen und gut beobachtet zu haben. Ich betrachtete den kostümierten König zu Füßen von Mme. de Pompadour, die bezauberte. Den König erkannte ich nur an der Unruhe, die Mme. de Pompadour keineswegs verhehlte, als sie ihn an den Sitzbänken vorübergehen sah. Ohne mich zu demaskieren und ein bißchen als Philosoph, bewegte ich mich durch den Ball, wobei ich dies und jenes erwog und bedachte. Um vier Uhr früh kehrte ich heim.

Am 17. Februar begab ich mich zum *Coucher* des Königs. Am 18. jagte ich. Abends erwies mir der König die Ehre, mich als ersten zu seinem Souper bitten zu lassen, so daß ich dieses Mal in aller Form als glücklicher Höfling erschien. Sobald man mutmaßte, ich gehörte zum intimen Kreis, vermerkte ich eine wesentlich größere Wertschätzung in Versailles. Bei einem späteren Souper sprach der König über den langen Krieg und meinte: «Dieser wird nicht mehr lange dauern, man wird seiner überdrüssig!»

Mme. de Pompadour gegenüber zeigte er sich äußerst zärtlich, scherzte mit ihr, manchmal sogar recht deftig, wobei sie liebreizend blieb. Ausgiebig sprach man über ihre Theatervorstellungen. Um den König und sich selbst zu unterhalten, ihn auch an sich zu binden, legte sie großen Wert auf private Komödienvorstellungen oder Aufführungen kleiner Opern, so daß nunmehr schon dreißig Stücke auf ihrem Spielplan standen. M. d'Ayen und Mme. de Brancas galten dabei als die wichtigsten Darsteller. Zudem einige ältere Höflinge. Da mir dies nicht zusagte, blieb ich fern, wie viele andere auch.

Den 25. begab ich mich zu Mme. de Luynes, wo die Königin speiste, was häufig der Fall war. Ich blieb als Zuschauer; sie aß reichlich und mit großem Appetit. Wie üblich speisten nur Damen an ihrem Tisch und wie für gewöhnlich jene, mit denen sie auch ihre Partie Cavagnole spielte.* M. de Luynes servierte der Königin mit aller erdenklichen Sorgfalt. Mme. de Luynes beherrschte die höfischen Usancen am vollendetsten und war versierter als ihr Gemahl. Alle, die auch sonst bei Mme. de Luynes speisten, durften eintreten. Sie verharrten während des Mahls der Königin stehend, während in einem anderen Gemach für sie und M. de Luynes nachträglich aufgetragen wurde. Nach dem Essen verfügte sich die Königin in ein Kabinett, wo sie mit Musikern und jungen Höflingen wie den Messieurs d'Antin, Turpin etc. musizierte und der Leier arge Mißtöne entlockte. Danach kehrte sie in Mme. de Luynes' Salon zurück, um bis in die vorgerückte Nacht ihr trauriges Cavagnole zu spielen.

* Ein Spiel mit Nummernkarten und Gewinnzahlen. Über die Soupers der Königin hielt Casanova fest, daß sie im Verlauf von zwei Stunden nur einmal etwas äußerte, und zwar: «Ich glaube, dies ist ein Ragout.»

Fastenzeit im Labyrinth der Macht

Während der gesamten Fastenzeit paßte ich meine Zeiteinteilung der des Hofes an: Montags ging der König auf Hirschjagd, und abends wurde ganz geheim in seinen Kabinetten und in kleinem Kreise Komödie gespielt. Da an diesen Abenden nur die Darsteller mit dem König speisten, blieb ich lieber in Paris, um nicht abgewiesen zu werden. Dienstags gab es Spiel und Unterhaltung in den Appartements, keine Jagd, und ich blieb in Paris. Mittwochs wurde im großen Theater von Versailles Oper oder Ballett gegeben; also keine Jagd. Tagsüber blieb ich in Paris, um mich nicht zu sehr zu zerstreuen, und gegen zehn, elf Uhr abends kam ich zum *Coucher* des Königs nach Versailles. Somit hatte ich in Paris die Sonntagabende und den ganzen Montag, Dienstag und Mittwoch für mich, so daß ich gut arbeiten konnte. Donnerstags ging ich auf die Jagd, machte des Abends meine Aufwartung und hoffte, zum Souper in die Kabinette geladen zu werden. Freitags gegen zwei wartete ich der Marquise auf und erledigte meine diversen Angelegenheiten in Versailles. Samstags Jagd und neuerliche Versuche, zum Souper gebeten zu werden. Im allgemeinen wertete einen diese an sich so schmeichelhafte Ehre beim König jedoch nicht im geringsten auf. Er konnte einen Höfling sehr zuvorkommend behandeln, seinen Spaß mit ihm treiben, vieles aus ihm herauslocken (was er gerne tat), ohne daß man in seiner Wertschätzung stieg oder sonstwie vorankam. Außer den wirklich Vertrauten und Altgedienten, die im Lauf der Zeit oder durch besondere Machenschaften bisweilen ihren Nutzen aus diesen Einladungen zogen, hatte niemand etwas davon, und einzig durch spezielle Intrigen mit der Mätresse oder mit den Ministern ließen sich Gunstbeweise erlangen. Alle übrigen Höflinge dienten nur dem Amüsement, indem sie sozusagen ungezwungen und recht privat mit einem so mächtigen König, wie es der König von Frankreich ist, verkehren durften, was ihnen in den Augen anderer Achtung verlieh. Doch das war der ganze Gewinn. Mich verlangte es seinerzeit nach nichts weiter, und ich nutzte die Ehre, so sie sich bot.

Am Samstag jagte ich; nach meiner Rückkehr wollte ich Pater H. aufsuchen, doch da es angesichts der Empfangsrunde, während der dieser oder jener zum Souper gebeten wurde, diesmal etwas schwierig wurde, verschoben wir unsere Begegnung auf den Sonntag. Ich eilte zum Empfang, wo der König mich sogleich auf die Souperliste setzen ließ, wenngleich noch viele andere anwesend waren und harrten. Da alle hinteren Plätze, dort, wo ich sonst gesessen hatte, bereits besetzt waren, erkühnte ich mich diesmal und nahm in der Nähe des Königs Platz, das heißt nur zwei Stühle neben ihm, denn der Sitzplatz neben dem seinen blieb frei, bis er ihn einem seiner altvertrauten Höflinge zuwies.

Als ich ihm so nahe saß, plauderte der König recht ausführlich mit mir, faßte Zutrauen und gewöhnte sich an mich, denn für gewöhnlich unterhält er sich nur mit denen, die er gut kennt. Immer blieb die Majestät in ihm spürbar, so daß man keinen Moment lang vergaß – ob aus eingefleischter Gewohnheit oder willentlich oder sonstwie –, daß man neben seinem Herrscher weilte. Der bemerkenswerte Gegensatz fiel mir auf, als ich tags darauf meinen Beichtvater verließ, was wohl bei keinem der übrigen Gäste der Fall war. Ich versuchte alles in Einklang zu bringen, das heißt meinem Herrn meine Ehrerbietung zu erweisen, weil mein Stand dies verlangte, ohne im tiefsten Grund seine Lebensweise zu billigen, wobei ich zugeben muß, daß alles so annehmbar wie möglich gehandhabt wurde. Alles in allem versuchte ich, mich als angenehm zu erweisen, ohne falsch zu werden, was höchst heikel ist.

Ein eigener Beruf: Beharrlichkeit

Emmanuel de Croÿ wird 1747 abermals auf den Kriegsschauplatz in Flandern beordert, wo sich der fürstliche Obrist mit seinem Regiment Royal Roussillon so bewährt, daß sich eine Beförderung erhoffen läßt.

Den 11. November begab ich mich zuerst zum Marschall d'Harcourt, dann zu M. d'Argenson,* den ich um eine Audienz bat, später zu M. Le Tourneur, den ich auf dem laufenden hielt und der mir sagte, daß ich mich beeilen müsse, was mich noch unruhiger machte, und wenn ich gestehe, daß mir regelrecht im Kopf schwindelte, ist das nur allzu wahr, denn so aufgeregt war ich, da ich fühlte, was es für mich bedeutete, befördert zu werden oder nicht.

Um ihm sogleich meine Aufwartung zu machen, eilte ich zum Lever des Königs, folgte ihm dann zur Messe und eilte danach zu Mme. la Marquise de Pompadour, wo ich schon vor ihr sein wollte. Nach ihrem Eintreffen ließ ich sie um eine Audienz bitten, die sie mir sofort in ihrem Kabinett gewährte. Den Kopf nur voll von meiner Beförderung, sprach ich lange und eindringlich mit ihr, drängte sie lebhaft, sich meiner anzunehmen, und verlas ihr meine rein militärischen Argumente, ohne darüber hinaus auf meine vornehme

* Bedeutende Familien dienten dem Staat oft durch mehrere Mitglieder: Marc Pierre de Voyer, Comte d'Argenson, 1696–1764, als Kriegsminister und sein älterer Bruder René Louis de Voyer de Paulmy, Marquis d'Argenson, 1694–1757, als Außenminister.

Herkunft hinzuweisen zu wagen. Sie langweilte sich vielleicht, denn sie begegnete mir recht kühl. Dennoch wollte sie meine schriftliche Stellungnahme behalten und dem König zu lesen geben. Genau das war meine Absicht. Sodann verweilte ich bei ihrer Morgentoilette, und da es bereits spät geworden war, suchte ich abermals M. d'Argenson auf, um ihn nach der Ratssitzung abzupassen. Er gewährte mir in seinem Kabinett eine längere Audienz und eröffnete mir ganz ungezwungen (und das kommt selten bei Hofe vor) und überzeugend, daß er für mich eingenommen sei, meine Beförderung wegen etlicher älterer Aspiranten aber sehr fraglich sei und es sich um bloße Gunst handele, die allein von der königlichen Huld abhing. Ich las ihm die Argumente, die für mich sprachen, vor. Er pflichtete ihnen bei, ordnete sie in seine Mappe, wobei er mir versicherte, er wolle sie dem König unterbreiten und sie bekräftigen, doch daß solcher Gunstbeweis ein großes Geschrei verursachen würde und er mir wenig Hoffnung mache. Nur dank meiner Herkunft würde ich befördert werden. Ich versprach, hinsichtlich meines Stammbaums eine weitere Denkschrift aufzusetzen, und wenngleich ich nur wenig Hoffnung hegte, ging ich doch zufrieden, mein möglichstes unternommen zu haben.

Ich dinierte beim Minister, und er war so gütig, manches Wohlwollende über mich zu äußern, und alle, die in meiner Armeeeinheit gedient hatten, lobten wiederholt meinen Diensteifer und meinen Einsatz.

Nach diesen zwei Hauptattacken sah ich mich nach weiterer Unterstützung um: Ich ging zu M. de Puisieux,* der mich für den nächsten Tag einbestellte und sich mit mir beraten wollte. Ich begab mich zu Mme. d'Estrades, enge Freundin der Marquise, sodann zum Kardinal de Tencin. Schließlich klopfte ich als echter Höfling, der ich

* Louis Philogène Brulart, Marquis de Puisieux, Feldmarschall, Botschafter, Gouverneur von Epernay und nach dem Sturz des älteren d'Argenson von 1747–1751 Außenminister.

wahrhaftig beinahe wurde, an sämtliche Türen, die bei Hofe zum Glück führen konnten, ohne die übrigen zu vergessen, die es ehrenvoller ermöglichten.

Am 1. Januar 1748 ging ich um sechs Uhr in die Frühmesse. Den Tag verbrachte ich andächtig zurückgezogen.

Den 2. blieb ich bis sechs Uhr abends zu Hause. Ich begab mich zu M. de Montmartel,* um meine Situation zu erörtern. Er machte mir keine Hoffnung. Als ich zu Hause war, erhielt ich die Liste und sah, daß sie mit M. de Beaucaire endete und man meine Beförderung übergangen hatte: Da zwischen ihm und mir nur zwei Obristen rangierten, wußte ich, daß ich es um ein Haar geschafft hätte. Auch meine Mutter war erbost. Mich demütigte es sehr, mit einem niederen Rang gestraft zu sein und daß all meine Argumente, Ausgaben, mein persönlicher Einsatz und die Korrektheit in der Armee wie bei Hofe etc., daß all das für die Katz war. Wenn man es mißgünstig sehen wollte, so bevorzugte man mir drei jüngere (Messieurs de Montmorency, d'Agenois und du Barail). Zwei Obristen wurden ernannt (d'Aubeterre und Crussol) und drei bei derselben Beförderung zu Königlichen Brigadiers. Vor allem die drei jüngeren verdrossen mich. In einem Aufwasch war auch mein Oberstleutnant zum Feldmarschall** befördert worden, was mich beim Regiment in eine sehr peinliche Lage brachte.

Ich machte mich gegen Abend nach Versailles auf und konnte eine Viertelstunde unter vier Augen mit M. d'Argenson reden. Er zeigte mir auf seiner Liste, daß noch mehr als dreißig andere vor mir rangierten und ich demnächst aufrücken würde, und er versprach, sich bei der nächsten Gelegenheit für mich einsetzen zu wollen. Der

* Jean Pâris de Montmartel, 1690–1766, einer der vier Bankiersbrüder Pâris und Vertrauter der Marquise de Pompadour

** Der Rang bedeutet ungefähr Generalmajor. Die französischen militärischen Rangbezeichnungen unterschieden sich bisweilen von denen andernorts.

Minister erklärte, daß der König ihn gebeten habe, ihn über Beschwerden zu informieren, und daß er ihm meinen Fall darlegen wolle. Ich ging verdrossen, doch auch beruhigt, nun alles ausgestanden und erkannt zu haben, daß ich mich nicht länger sinnlos zu plagen brauchte.

Zusammen mit vielen der Glücklichen soupierte ich bei M. de Livry: Beim König gratulierten mir einige, die meinten, ich gehörte zu den Beförderten, was mir eine schmerzliche Befriedigung verschaffte.

Den 3. begab ich mich morgens zu Mme. de Pompadour: Ich sprach erregt und ließ sie meinen Kummer spüren. Zuerst erschien sie mir teilnahmsvoll. Dann wirkte sie gelangweilt und wurde reservierter. Der Marschall von Sachsen, der hinzukam, beglückwünschte mich zu der Beförderung zum Feldmarschall, da er von einer Ernennung beim Königlichen Infanterieregiment Roussillon erfahren hatte. Ich antwortete geradeheraus: «Wenn Ihr Euch mehr für mich eingesetzt hättet, wäre der Glückwunsch angebracht. Statt dessen hat man sich kaum mit mir befaßt.» Er war verblüfft und fast verärgert und versprach mir, da ich ihn darum bat, die Scharte bei nächstbester Gelegenheit auszuwetzen, und betonte, ich könne auf ihn zählen.

Aachen und die verfluchten Ehren

Militärischer Rang und Titel waren alles andere als Nichtigkeiten. Neben möglichen finanziellen Gratifikationen erhöhten sie den gesellschaftlichen Stellenwert, was wiederum den weiteren Aufstieg begünstigte und zum Beispiel auch die Position von Kindern verbesserte, die in bedeutendere Familien und mit reicheren Erben verheiratet werden konnten.

Zu den begehrtesten Auszeichnungen in Frankreich galt für den Hochadel die Aufnahme in den Orden vom Heiligen Geist, dessen Ritter das Blaue Ordensband trugen, oder auch die Zuerkennung der Hofehren. Diese begehrten Honneurs de Cours *existierten in zahlreichen Abstufungen. Die Ehren beinhalteten unter anderem, daß ihr Inhaber die Prunktreppen in Versailles benutzen, in der Gegenwart des sitzenden Königs auf einem Schemel, Stuhl oder gar einem Sessel Platz nehmen oder in einer bestimmten Reiterreihe hinter dem Monarchen auf die Jagd gehen durfte. Solche zuverlässige Nähe barg weitere Gunstbeweise in sich, die selbstverständlich zugleich Vertrauensbeweise bedeuteten und die sich in vielfältiger Weise sowohl in Privilegien als auch in gewichtigen Ämtern manifestieren konnten.*

Auf den Kriegsschauplätzen in Europa kehrte 1748 durch den **Frieden von Aachen** *vorläufige Ruhe ein: Maria Theresias Gemahl war nun als Kaiser Franz I. durchgesetzt und anerkannt. Preußen behielt Schlesien, während Frankreich die Österreichischen Niederlande räumte und mit England einige eroberte Kolonialgebiete wieder austauschte. Auch mußte Frankreich auf Beharren Englands einen berühmten Exilanten ausweisen, der als*

Nachfahre Maria Stuarts den englischen Thron beanspruchte, auf den 1714 durch komplizierte Erbfolge das Haus Hannover gelangt war.

In der Nacht des 4. März schneite es so heftig wie seit Jahren nicht. Der Comte de Coigny wollte trotz des Wetters nach Versailles fahren und brach um zwei Uhr nachts von Mlle. de Bourbon-Nantes in der Rue Grenelle in Paris auf. Man fand ihn, nachdem sein Wagen im Morgengrauen in den Graben gestürzt war, erfroren in seiner Kutsche. Er war ein enger Freund des Königs, der sich tief getroffen zeigte, und wenige Menschen wurden von den meisten so betrauert wie Coigny. Er war Generalleutnant der Dragoner, Gouverneur von Choisy und kurz davor, wie sein Vater, der ihn überlebte, Marschall von Frankreich zu werden.

Den Hof fand ich genau wie im Vorjahr und sehr ruhig vor. Der König war weiterhin mit Festlichkeiten und Vergnügungen mancherlei Art befaßt, die in seinen Kleinen Kabinetten stattfanden. Die Dauphine wurde nicht schwanger, was nicht wenig besorgte. Ausgaben für Bauten, Chausseen und Feste traten an Stelle jener für den Krieg, und alle waren auf einen «langen und herrlichen Frieden» eingestimmt.

Der Friedensschluß war gut und vernünftig, wenn auch hinsichtlich unserer Eroberungen in den Niederlanden nicht unbedingt glanzvoll. Ich unterhielt mich darüber mit meinem Freund Ticquet, der sich als Sekretär von M. de Puisieux bestens auskannte und mir bedeutete, daß wir gegen Jahresende dermaßen erschöpft gewesen wären und nicht einmal mehr den Sold hätten zahlen können. Und er vertraute mir noch weiteres Bemerkenswertes an: Das Konzept von M. de Puisieux habe stets darauf beruht, daß Frankreich sich nicht zu vergrößern brauchte, sondern vielmehr seine eigenen Kräfte wecken und geltend machen sollte, um seinen Nachbarn Furcht und Respekt einzuflößen, und daß die Fürsten sich endlich abgewöhnen sollten, zu erobern und Eroberer zu spielen. Nichts ist schöner und edler als solche Ansicht, und wenn man den Frieden genau prüft, so scheint er ganz in diesem Sinne geschlossen worden zu sein. Solcher Plan, bedachtsam umgesetzt, könnte Europas Glück bewirken, es sei denn, unvorhergesehene Ereignisse stellten die Ruhe in Frage.

Am 28. November wohnte ich in Gegenwart des Königs der Parade der Dragoner des Marschalls von Sachsen bei, die sie vortrefflich absolvierten. Dann ritten seine Ulane sehr schöne Scheinattacken. Es bewegte mich, den ruhmvollen Sachsen vor dem König salutieren zu sehen. Die Menschenmenge war ungeheuerlich. Madame de La Popelinière sah aus ihrer Karosse zu. Wohl zur selben Zeit entdeckte ihr Gemahl in seinem Haus eine falsche Kaminplatte und jagte sie abends, Marschall hin, Marschall her, zum Teufel.*

Am 10. Dezember endete die glorreiche und traurige Geschichte des armen Kronprätendenten, die Paris seit einem Monat in Atem hielt:** dem Friedensvertrag gemäß durften wir ihm kein Asyl in Frankreich gewähren, doch wollte er aus heldischem Eigensinn oder heimlichen Motiven Paris nicht verlassen, obwohl der König ihn in jeder Art und Weise dazu gedrängt hatte.

Mißbilligend wurde ihm klargemacht, daß er am Ende gar verhaftet würde. Die Zeitungen verkündeten den Beschluß, und es wurde alles unternommen, ihn dazu zu bewegen, aus eigenem Antrieb das Königreich zu verlassen. Als er am 10. die Porte d'Orléans passierte, verhafteten M. de Vaudreuil, Major der Französischen Garden,

* Madame de La Popelinière pflegte eine Beziehung zu ihrem Pariser Palais-Nachbarn, dem Herzog und Marschall von Richelieu, und hatte für die Rendezvous eine geheime Drehtür installieren lassen.

** Charles Stuart, *Bonnie Prince Charlie*, 1720–1788. Der Prinz pochte auf seine Thronrechte und war im Laufe des zweiten (katholischen) Jakobitenaufstands bei der letzten Schlacht auf britischem Boden, einem der blutigsten Gemetzel, mit seinen schottischen Truppen 1746 bei Culloden vernichtend geschlagen worden. Auf den Kopf des Flüchtigen setzte London, das weiteren Bürgerkrieg befürchtete, die immense Belohnung von 30.000 Pfund aus.

und der Duc de Biron ihn im Namen des Königs. Gardesergeanten ergriffen ihn an den Armen, entwaffneten ihn, denn nach seinen Bekundungen mußte man glauben, er werde jeden töten, der sich seiner bemächtigte, und sich selbst obendrein, was die Sache noch heikler machte. Man führte ihn zu den Karossen, und Abteilungen der Französischen Garden begleiteten ihn nach Vincennes; die Engländer seines Gefolges wurden in die Bastille gebracht.

Dieses Ereignis verursachte enormen Lärm: Der schöne unglückliche Prinz wurde wie ein Held verehrt und von fast jedem bedauert, obwohl man seinen Starrsinn tadeln mußte, vor allem nach dem stichhaltigen Brief seines Vaters. Bei dieser Gelegenheit murrte das Volk über den schäbigen Frieden, den wir schließen mußten. Es schien grausam, diesen Prinzen zu verraten, der uns lange derartig nützlich gewesen war, und besonders laut wurde gefordert, alles zu unternehmen, damit er sich nicht tötete. Es hieß, daß er sofort gerufen habe: «Ah! Wenn ich doch meine Schotten bei mir hätte!» Und dann: «Was! So wird der Enkel Heinrichs IV. behandelt!» Als man ihn durchsuchte, entdeckte man eine kleine Pistole. Man befragte ihn, ob er nur die bei sich trage. Er beteuerte: «Ja», doch man fand eine zweite, so daß diese versteckten Waffen wie auch seine Bemerkung, niemals zu versprechen, sich nicht zu entleiben, genau an ebendiese Absicht glauben ließen. Es hieß, nunmehr leugne er sie und versichere, niemals erwogen zu haben, seine Häscher zu töten. Den ersten Tag in Vincennes war er sehr trübsinnig und aß nicht. Sodann fand er wieder zu sich und speiste mit den drei Gardeoffizieren, die ihn nicht aus den Augen lassen durften. Nach einigen Tagen hatte er sich vollkommen beruhigt. Es wurde gemunkelt, daß er dem König einen untertänigen Brief geschrieben habe, in welchem er zusagte, sich nicht zu töten und das Königreich zu verlassen, in das er auch ohne Erlaubnis nicht zurückkehren wolle. Das erleichterte die Entscheidung, ihn unter dezenter Beobachtung in Richtung Rom zu seinem Vater zu bringen, was er allerdings am meisten fürchtete. Am 14. oder 15. brach er nur in Begleitung von M. de Perussay, Offizier der

Musketiere, aus Vincennes auf. Perussay hatte die Order, ihn an der Brücke von Beauvoisin den Spaniern zu übergeben. Sein Hofstaat durfte ihm nachreisen. Man sah den Prinzen die Grenze von Savoyen passieren, das noch zu Spanien gehörte. Die Bewachung machte kehrt, während er ins Irgendwo entschwand.

Den 26. Dezember 1748 erfuhr ich, daß meine Ernennung beschlossen und daß ich Feldmarschall war.

Der König bestätigte es, als er aus Choisy eintraf: Die Beförderungen betrafen summa summarum 94 Generalleutnants, 84 Feldmarschälle und 126 Brigadiers. Es ärgerte mich, mich derart in eine Liste vermengt zu sehen, einfach wegen Herkunft und Rang. Andererseits fühlte ich mich höchst erleichtert, daß alles vorbei war, ich demnächst die Kaufsumme zurückbekommen und keinen Ärger mehr mit einem Regiment haben würde.

Den 30. brach ich um Viertel nach fünf mit meinen zwei Umspannpferden auf.* In vier Stunden legte ich die zwölf Meilen von Thoury nach Etrechy zurück. Um ein Uhr traf ich in Villeroy ein. Der König befand sich mit dem Dauphin seit dem Vorabend dort; er sprach huldvoll mit mir, wodurch ich mich angenehm einbezogen fühlte und wonach ich gestrebt hatte.

Um zwei Uhr traf der Comte de Noailles ein, und nur einen Augenblick später auch die Infantin. Die Begegnung konnte nicht rührender sein: Der Dauphin fiel seiner Schwester um den Hals, während sie noch aus der Karosse stieg. Sie stieß einen lauten Freudenschrei aus. Man konnte beide kaum trennen. Schließlich ließ man sie aussteigen und trug sie zum König, der sich trotz seiner großen Freude besser beherrschte. Sie rief: «Ah! Da ist er!» und halste abwechselnd ihren

* Aus Madrid wurde die älteste und Lieblingstochter Ludwigs XV., Louise Elisabeth, auch genannt Babette, die mit einem spanischen Infanten verheiratet worden war, erwartet. Die junge Frau hatte sich in Spanien dermaßen unglücklich gefühlt, daß ihrem Gemahl und ihr das italienische Herzogtum Parma zugestanden wurde.

Vater und den Dauphin, wobei alle drei so offenherzig Freudentränen vergossen, daß rundum niemand die eigenen zurückhalten konnte. Man stützte die Infantin, der vor Glück schwindelig war. Der König war entzückt. Nachdem sie wieder bei Kräften war, stellte man ihr in einem angrenzenden Raum Mme. de Pompadour und die drei Damen d'Estrades, Brancas und Livry sowie alle sonstigen vornehmen Personen vor. Sodann begab sich der König mit ihr und den Damen zu Tisch, und wir schlossen uns an. Um halb vier brach ich mit der Karosse des Marschalls d'Harcourt auf und erreichte in zweieinhalb Stunden Schloß Choisy, wo die königlichen Prinzessinnen und der gesamte Hof ungeduldig warteten. Ich wurde freundlich empfangen und kündigte an, daß sie in Kürze einträfen. Alsbald fuhr die Infantin mit dem König, dem Dauphin und Mme. de Leyde in seiner Karosse vor. Die Wiederbegegnung mit Mesdames, ihren Schwestern, verlief genauso zärtlich. Man begab sich in den Salon, dann in einen anderen Raum. Der ganze Hof wurde ihr präsentiert. Der Comte de Noailles präsentierte ihr anstelle von Mme. de Leyde, die sich nicht sämtliche Namen merken konnte, die Anwesenden, und auch ich hielt mich hilfsbereit hinter der Infantin. Das vergnügte mich.

Sodann zog sie sich mit dem Dauphin, der ebenso herzlich war wie seine Schwestern, bis neun Uhr zurück; schließlich soupierte der König mit seinem Sohn, seinen vier Töchtern, den gewohnten Damen und Hofdamen der Prinzessinnen. Wir anderen speisten vorzüglich an einer Tafel mit zweiundzwanzig Personen, darunter die wichtigsten Höflinge und die Edelknaben des Dauphins.

Ich soupierte das erste Mal in Choisy,* was eine außergewöhnliche Ehre meinte, um die ich mich abermals bemühen wollte.

Für das Dessert begaben wir uns zur Tafel des Königs, wo wir allesamt beglückt sahen, was anrührend für jeden guten Franzosen sein

* Neben La Muette, Bellevue usw. eines der Nebenschlösser, zu denen sich Ludwig XV. gerne aus dem hochzeremoniösen Versailles flüchtete.

mußte: Für den König bedeutete es das vollkommene, edle und ungezwungene Glück, so mit seiner gleichgestimmten Familie vereint zu sein. Die Infantin strahlte und verstand sich besonders munter mit der freundlichen Madame Adélaïde, zumal beide Schwestern sehr temperamentvoll und geistreich waren. Die Infantin hatte sich einen deutlichen spanischen Akzent angewöhnt, was bei ihrer Lebhaftigkeit besonders drollig wirkte. Nach dem Souper umarmte der König sie alle lange und betrachtete sie bezaubernd liebevoll. So muß man denn zugeben, daß der König der beste Vater, der beste Freund und ehrenhafteste Mann war, den es gab, von einzigartiger Sanftmut, Güte und Gelassenheit; er sprach wunderbar, fand stets den angemessenen Ton und besaß ein verblüffendes Gedächtnis, er war noch von schöner Gestalt, wirkte höchst vornehm und erschien mir auf alle Fälle in der vorzüglichsten Verfassung zu sein.

Um Mitternacht ging ich in Thiais schlafen, bei einem Freund.

Da ich Mme. de Pompadour nicht hinreichend meine Aufwartung gemacht hatte, genoß ich Ende dieses Winters nicht mehr den Vorzug, in den Kabinetten zu soupieren, was mich verstimmte, und oft war ich geneigt, mich von alldem stärker zu lösen, mehr für mich selbst zu leben, philosophischer zu werden. Ich verbrachte also das Winterende in Paris, versuchte meinen Ehrgeiz zu dämpfen und kleinen Beschäftigungen und ehrbaren Vergnügungen nachzugehen. Mein Magen war nicht in Ordnung, und es fiel mir schwer genug, mit mir selbst zurechtzukommen. Ich widmete mich auch ein wenig den geliebten Künsten und suchte auf, was es an Bemerkenswertem in Paris zu sehen gab, besonders in der Malerei. Doch was mir aus eigenem Verschulden am meisten fehlte, das waren angenehme Gesellschaft und ungezwungen anregende Kreise, um die mich der Krieg und meine weitgesteckten Pläne bisher betrogen hatten.

Friedensfährnisse

Den 2. August soupierte ich in den Kabinetten.

Als ich in den letzten Augusttagen bei M. de Gesvres weilte, meinte er – da ich das Kartenwesen und Zeichnen liebte und manchmal *Pater Friedlich* genannt wurde –, daß ich einen Grundriß für den neuen Platz entwerfen solle, als dessen Baugrund der König das Areal am Carrefour de Bussy erwählt hatte, wo auch ein ein neues Rathaus anstelle des alten am Quai de Conti errichtet werden sollte. Ich antwortete: «Warum nicht? Das mache ich gerne.» Ich machte mich ans Werk, und es schien mir, als könnte ich etwas durchaus Passables zuwege bringen. Die ersten, denen ich das Resultat zeigte, bestätigten es; der Zuspruch feuerte mich an, und weil ich Pläne liebte und sonst nichts zu tun hatte, zeichnete ich auch auf Reisen eifrig. Ich machte mehrere Entwürfe, und einer schien mir besonders gelungen: ein runder Platz mit acht unabsehbar langen Straßen und der Statue vor dem Rathaus als Mittelpunkt. Ich arbeitete den Plan aus und fügte Perspektiven hinzu. Ich erntete Beifall, doch alles weitere wurde auf den Winter vertagt. Da ich in Paris nichts weiter zu tun hatte, reiste ich am 11. September nach Champien zu meinem Schwager, der zum Gesandten in Wien ernannt worden war.

Ansonsten ließ der Frieden alles in größte Reglosigkeit versinken, es gab keine Neuigkeiten, nichts, was einen beschäftigte. Die Armee war vergessen, außer wenn die Inspekteure wegen einer Militärreform bei M. d'Argenson, der spürbar verfiel, konferierten. Zum Jahresende ging ich nur einmal auf die Jagd. Ich langweilte mich weiter ob der Leere in meinem Herzen und in meinem Geist, was mir einen traurigen Karneval bescherte; allen anderen schien ebenso trist zu sein, zumal nie weniger Bälle und Feste veranstaltet worden waren.

Die Erkrankung Mme. de Pompadours brachte das Leben vollends zum Stillstand, und sie war ein großes Ereignis. Begonnen hatte es am 29. Februar 1750 in Choisy mit einer Verkühlung, die sich am siebten Tag zu einer Lungenentzündung verschlimmerte. Schließlich schien sie aber außer Gefahr zu sein. Doch es stellte sich ein fiebriger Ausschlag ein, und am elften Tag wurde Faulfieber diagnostiziert, und es ging ihr elend. Alle wurden unruhig. Der König weilte fast täglich bei ihr. Am 10. März lag sie auf den Tod.

Es hieß, daß sie am neunten Tag ihrer Krankheit dem Pfarrer der Madeleine gebeichtet habe. Jedenfalls konnte das große Umwälzungen bedeuten, und der ganze Hof wie auch ganz Paris schickte oder reiste pausenlos nach Choisy. Jeder ging mit sich selbst zu Rate, sei es für den Fall, daß am Ende die Frömmigkeit obsiegte oder daß sie durch ihre gute Freundin oder irgendeine andere ersetzt würde. Vor allem erwog man das Äußerste, was natürlich die größte Erregung verursachte. Alle stimmten darin überein, daß sie eine gute Seele war, und die Öffentlichkeit schien an ihrem Schicksal aufrichtig Anteil zu nehmen.

Den 12. März reiste ich, ohne den König zu sehen, der sich dort aufhielt, nach Choisy, um mich nach ihrer Gesundheit und nach der Mme. de Gramonts zu erkundigen, die auch eine Art Lungenentzündung hatte. Man hielt sich im völlig überfüllten Kleinen Schloß auf. Die innere Unruhe, welche die Geschehnisse entfacht hatten, war immens, aber Neuigkeiten, die ich erfuhr, schienen mir zu besagen, daß sie das Schlimmste überstanden hatte.

Um mich zu beschäftigen, vertiefte ich mich in *Die Geschichte der Gallier* und die der Franken bis Chlodwig und exzerpierte einige Abschnitte. Ich verfaßte überdies eine Denkschrift zur Ausbildung in der Kavallerie und deren Entwicklung. Daneben verbesserte ich auch den Entwurf für den neuen Platz, den ich M. d'Argenson unterbreitete, der ihn gelungen fand und eine Kopie wünschte. Gegen Ende der Fastenzeit ging ich zunehmend in mich, und ich verbrachte die letzten drei Tage der Karwoche zurückgezogen bei den Kleinen Jesuiten, wo ich auch das Osterfest feierte. Da ich in der Welt nichts Zuverlässiges fand, besann ich mich stärker auf mein Inneres und entschloß mich, meinem guten Vorhaben vom 1. Januar 1747 zu folgen und das Glück nur im Glauben und in mir selbst zu suchen.

Dann begab ich mich an den Hof, wo ich meiner selbst nicht mehr dermaßen Herr war wie zuvor, doch betrachtete ich alles ruhiger und fast wie eine große Komödie, die mich nicht viel anging.

Am 3. April jagte ich bei Trappes, von wo aus wir bis in die Nähe Rueils gelangten. Der König führte uns zum ersten Mal im Garten von Versailles in seine Eremitage. Gemeinsam mit ihm und Mme. de Pompadour, die dort an den Jagdtagen speiste, nahmen wir einen Imbiß ein. Der König erschien mir glücklicher denn je, und er verhehlte es nicht. Wir bestaunten die Blumenpracht, die Menagerie, seltene Pflanzen, darunter eine blühende Mimose, dann den ganzen reizenden Ort, der viel Geld verschlungen hatte. Abends wurde ich nicht für das Souper aufgerufen, doch das berührte mich nicht übermäßig. Da ich ein wenig meine Aufwartungen und meine kleinen Aufmerksamkeiten gegenüber der Dame vernachlässigt hatte, wurde ich weniger begünstigt. So einfach war das. Der Einfluß der Dame wuchs immer weiter, und abgesehen davon, daß der König sich mit nichts Gewichtigem zu befassen schien, ging alles von Tag zu Tag seinen ziemlich gewohnten Gang. Am 6. April reiste ich nach Ecquevilly, wo ich bei aufrichtigen Freunden drei angenehme Tage zubrachte. Am 9. kehrte ich nach Paris zurück. Dort machte ich mich alsbald hinsichtlich der Erziehung meiner Kinder kundig, die ohne Übertreibung oder Nachlässigkeit gut geregelt und fruchtbar sein sollte. Ich konzipierte einen Stundenplan für sie, den ich dem Abbé Villemont aushändigte, der ihn genau ab dem 15. April anwendete. Mein Sohn lernte sehr leicht und willig. Er schien auch Komplexes logisch und klar erfassen zu können. Meine Tochter lernte unbeschwerter und war auffallend musisch. Durch Gottes Hilfe waren beide bislang vorzüglich gediehen, was sowohl ihr Äußeres wie ihren Charakter betraf.

Als schreckliche Nachricht, auch für das gesamte französische Militär, erfuhr ich von meiner Mutter am 4. Dezember den Tod des Marschalls von Sachsen. Dieser große Marschall oder vielmehr Held verstarb am 30. November um sieben Uhr früh an einem bösen Fieber.

Er hatte seine sittlichen Mängel und vielleicht sogar Mängel in seinem gesellschaftlichen Auftreten, was ihm neben allem Neid viele Widersacher beschert hatte. Aber falls er dadurch für seine Fehler büßte, von denen wenige Menschen frei sind, läßt sich doch festhalten, daß er als Feldherr ohne Makel war. Er beherrschte die schwierige Kriegskunst vollendet, hatte sie sein Lebtag lang und sogar während seiner ausschweifenden Zeiten studiert und bedacht, was meiner Meinung nach den wahren Helden kennzeichnet, und als solchen habe ich ihn des öfteren nicht nur angesichts von Todesgefahr, sondern auch von Niederlagen und Krankheit erlebt. In Fontenoy, halb tot, beobachtete er lange den zweifelhaften Ausgang der Schlacht, ohne sich im mindesten zu erregen. Er konnte sich auf seinem Feldbett nicht rühren, doch unerschütterlich hatte er die Festigkeit bewahrt, welche die Seelen von Helden auszeichnet.

Folard,* dessen Kommentar des Polybios zwanzig Jahre vor dem Oberkommando des Grafen von Sachsen gedruckt wurde, war von solcher Überlegenheit fasziniert und hatte geradezu prophezeit, was wir hernach erlebten. Der Graf hatte Folard bei einem Abschnitt seines Buchs beraten, war fortwährend mit taktischen Studien befaßt und erwies mir eines Tages die Ehre, mir anzuvertrauen, daß er vieles

* Jean Charles Chevalier de Folard, 1669 – 1752, französischer Offizier und Militärtheoretiker, der, basierend auf den Schriften des griechischen Historikers Polybios, u. a. das Vorrücken von Truppenlinien durch massivere Kolonnenformationen ersetzen wollte.

über Taktik geschrieben habe, jedoch nicht damit rechne, daß es jemals veröffentlicht würde.

Er wurde inniglichst von der Armee betrauert, die zu Recht in ihm ihren Vater zu verlieren glaubte, als was er keineswegs für die vielen neidischen und gewöhnlichen Seelen gegolten hatte, die allerdings irgendwann gezwungen sein werden, ihm trotz seiner Fehler und der Mißgeschicke während des ersten Krieges Gerechtigkeit widerfahren zu lassen. Denn ein Jahrhundert bringt selten zwei Helden hervor. Der Sachse ist als Lutheraner gestorben – zumindest war er in diese Religion geboren worden und hatte sie nicht gewechselt. Der Glauben war übrigens nicht seine starke Seite, und nie habe ich ihn den seinigen auch nur andeutungsweise praktizieren sehen. Doch selbst falls er gar keinen hatte, wäre es gegen sein Prinzip gewesen, den angestammten zu verleugnen. Das hätte er als Schwäche ausgelegt.

Er starb, wie er gelebt hatte, mit überragender Standhaftigkeit. Als der Arzt Senac, den der König schickte, in seinem Schloß Chambord eintraf, meinte der Marschall: «Mein Freund, Sie kommen zu spät. Dies ist das Ende eines schönen Traums!» Und er bemerkte noch einiges dieser Art.*

Weil er nicht in geweihter Erde bestattet werden durfte, ordnete der König an, daß man ihn nach der Einbalsamierung in einem der Säle Chambords aufbahre, wo sein Ulanenregiment die Totenwache hielt. Seine Majestät schrieb an den König von Polen,** um ihn zu fragen, wohin dieser ihn verbringen zu lassen wünsche. Daraufhin wurde er feierlich in eine lutherische Kirche nach Straßburg überführt. So endete dieser große Mann.

* Außer seiner Liebschaft mit der Schauspielerin Adrienne Lecouvreur war Moritz Graf von Sachsen auch mit Marie de Verrières liiert gewesen, durch deren Nachfahren der Marschall zum Urgroßvater von George Sand wurde.

** Kurfürst Friedrich August II. von Sachsen und als August III. König von Polen, 1696–1763, Halbruder des Moritz von Sachsen und Oberhaupt des Hauses Wettin.

Wintertreiben

Am 1. und 2. Januar 1751 hielt ich mich in Versailles auf, wo es recht still zuging und nur eine Neuigkeit kursierte, nämlich die der Verleihung vom Orden des Blauen Bandes an den Duc de Chaulnes und an den Marquis d'Hautefort, meinen Schwager und Botschafter in Wien. Das verstärkte meinen Wunsch nach dieser Auszeichnung, und ich ließ von meinem Bestreben nicht ab.

Um ein wenig die Vertrautheit mit dem König zu beleben, sei's auch nur, um in der allgemeinen Wertschätzung zu steigen und von mancherlei profitieren zu können, entschloß ich mich, die nötigen Schritte zu unternehmen. Das drängte sich um so mehr auf, als in diesem Winter in den Kabinetten keine Theatervorstellungen stattfanden und die Jagdbegleitung bessere Chancen hatte, zu den Soupers zugelassen zu werden. Da es jedoch viel frischen Zulauf bei Hofe gab, wollte ich an den Ausflügen des Königs teilnehmen, um mich von der Menge dieser unbedachten jungen Leute abzusetzen.

Der einzige Weg zum Ziel führte über die Marquise de Pompadour, die im Zenit ihres Einflusses mehr vermochte als vielleicht jemals eine Mätresse vor ihr. Ich ersuchte bei ihr um Audienz und bat sie, mir neuerliche königliche Gunst und das Reisen in der königlichen Begleitung zu ermöglichen. Sie sagte, ich könne mich auf die Liste setzen lassen und sie wolle meinen Namen erwähnen. Sie hielt Wort, wie sie es freundlicherweise bereits früher einmal getan hatte – als nämlich M. de Montmartel ähnliches erbeten hatte –, denn von diesem Abend an nahm der König Notiz von mir. Tags darauf wurde ich nach der Jagd erstmals in diesem Jahr, und zwar als einer der ersten, für das Souper in den Kabinetten benannt. Wir waren dort insgesamt vierundzwanzig Personen; die Zahl der Begünstigten stieg gemäß der Protektion durch die Marquise, die über den Zutritt* und bald auch über alles Sonstige bestimmte. Im übrigen verlief bei den Soupers alles wie immer. In der Meinung, bei Hofe jetzt besser gelitten zu sein, ließ ich mich noch öfter sehen und nahm mit eigenen Pferden an drei aufeinanderfolgenden angenehmen Jagden in Saint-Germain teil. Nach der zweiten war ich aber einer der wenigen, die nicht für den abendlichen Zutritt aufgerufen wurden, was mich sowohl an das Auf und Ab in diesen Gefilden gemahnte als auch an die Narretei, mich solcherlei auszuliefern.

Der König beschloß zu dieser Zeit, für fünfhundert mittellose Adlige die Ecole Militaire zu gründen, und die Marquise offenbarte uns, daß er bereits seit zwei Jahren eifrig über dieses Projekt nachgesonnen habe und daß er dieses Gebäude von ihrem Schloß Bellevue aus zu sehen wünsche, was ein schöner Anblick wäre.

Am 19. März, als es kräftig fror, machte ich mich im langen Mantel allein und ganz unerkannt zum zugefrorenen Schloßkanal auf und schaute dort zwei Stunden lang vergnügt den Schlittschuhläufern zu. Ich hörte, daß geübte Läufer den Kanal, der achthundert Klafter mißt, in sechs Minuten zweimal entlangsausen, was in einer Stunde immerhin sechseinviertel Meilen macht. Ich ließ mich in einem Schlitten, einem hübschen Gefährt, vom einen Ende zum anderen schieben, und ich versuchte, Schlittschuh zu laufen, was mir bequem

* Die offiziellen Zutrittsehren waren sechsfach gestaffelt. Die *Entrée familière* war Mitgliedern der königlichen Familie vorbehalten, die *Grand' Entrée* Großwürdenträgern und vom König ausgewählten Personen. Die *Première Entrée* genossen der königliche Vorleser und höchste Hofbeamte. Die *Entrée de la chambre* bezog sich auf Minister, Marschälle und Offiziere der Leibgarde. Die fünfte Entrée galt als Gunstbeweis des Königs oder seines Ersten Kammerherrn. Die sechste Entrée bedeutete ein noch höheres Privileg, da die damit Ausgezeichneten auch durch eine Seitentür das Schlafgemach betreten durften und überdies Zugang zu den weiteren königlichen Kabinetten hatten.

gelang, indem ich mich am Schlitten festhielt und ihn schob. Der Blick über den buntbevölkerten Kanal war herrlich. Abends fuhr ich zum Souper nach Paris zurück.

Morgens am 20. machte ich mich bei weiterhin starkem Frost zum *Lever* nach Versailles auf, und gegen drei begleitete ich den König bei einer Schlittenpartie durch die Gärten. Dabei lenkte ich erstmals einen solchen, was höchst vergnüglich sein kann, wenn man gefügige Pferde hat. Doch M. d'Ecquevilly, mit dem ich mich abwechselte, und ich hatten zwei störrische Gäule vorgespannt bekommen. Insgesamt waren es achtzehn Schlitten. Der König kutschierte seine älteste Tochter; ihm voraus stob der Duc d'Ayen und ganz vorn der Oberste Kammerherr, der den gesamten Troß mit einer Unzahl von Pagen und berittenen Schildknappen anführte. Hinter dem König lenkten Mme. Adélaïde und Mme. Victoire geschickt ihr Gefährt. Ein Kutscher fuhr die beiden anderen Prinzessinnen. Ihnen folgten der Duc de Chartres und der Graf von Friesland. Wir fuhren von der Terrasse in die unteren Gärten, durchquerten all die kleinen Alleen und lenkten immer wieder hin zum großen Rasen, wo wir uns im vollen Galopp ein Rennen lieferten, was hinreißend aussah. Zweimal wechselten dort die Kutschierenden. Solche Vergnügungen sind wunderschön. Als es dunkelte, kehrte der König zum Schloß zurück und brach sodann nach Bellevue auf. Ich hatte somit mein Ziel erreicht, bei allen Ausflügen des Königs, mit Ausnahme desjenigen nach Bellevue, wohin ihn fast niemand außer den Schauspielern und engsten Vertrauten begleiten durfte, mit von der Partie zu sein.

Am 22. zog ich mich zurück und verbrachte so die beiden letzten Karnevalstage. Am Aschermittwoch war ich in der Fastnachtsmesse zur gleichen Stunde, zu der ich vormals dem Ausklang des Opernballs beigewohnt hatte.

Weil ich vom Hof nichts mehr erwartete, dort nichts zu bestellen und kein Regiment mehr hatte und mein Ehrgeiz völlig erlahmt war, wertete ich den Hof als das, was er war, ließ mich von ihm nicht länger berauschen und beschränkte mich den gesamten Winter auf drei

Besuche alle zwei Wochen. An einer Jagd nahm ich teil; ich soupierte in den Kabinetten und kehrte tags darauf nach der Morgentoilette der Marquise und nach Besuchen bei einigen Ministern nach Hause zurück. Ende des Winters fuhr ich während dreier Wochen nur einmal hin, jagte kaum mehr wegen des schlechten Wetters und neuer Leute, die sich vordrängten, und weil ich erkannte, wie wenig all das nutzte.

Anläßlich der Geburt des Duc de Bourgogne* wurden für Paris drei Festtage mit Illumination angeordnet. Zu diesem Zweck ließ man während dieser drei Tage alle Läden schließen, und jedermann mußte illuminieren. Das erregte großes Mißfallen beim Volk, das kein Geld verdienen konnte, aber Steuern zahlen mußte. Freude war in Paris nur im ersten Moment spürbar gewesen, dann das Gegenteil: Inmitten der erzwungenen Illuminationen herrschte eine traurige Stille, und womöglich ist noch nie ein öffentliches Fest bedrückter verlaufen, was für die Franzosen, die dieses Ereignis ungeduldig erwartet hatten, recht erstaunlich ist. Alles war eine Folge des Zwanzigsten,** weiterer Besteuerungen, Affären bei der Geistlichkeit und im Parlament und sonstiger unseliger Vorgänge. Falls der König ins Bild gesetzt worden wäre, hätte er einiges zum Nachdenken gehabt.

Der König, der von allen Jagden die Treibjagd am meisten zu lieben schien, doch auch keine andere verschmähte, stattete dann und wann indes auch seinen Untertanen Visiten ab, eine seltene Huld. Nachdem er bei Saint-Denis gejagt hatte, soupierte er beim Prince de Soubise, der ihm ein herrliches Fest gab. Einmal soupierte er auch beim M. de la Vallière. Diese beiden und der Herzog von Ayen sind neben der Marquise die drei einzigen, die er besuchte.

* Louis Joseph Xavier, 1751–1761, Sohn des Thronfolgers Louis Ferdinand, 1729–1765.

** Direkte Steuer seit 1750, die im Laufe der folgenden Kriege verdreifacht wurde und zu großer Unruhe führte. Die Kirche wurde von ihr befreit, der Adel entrichtete sie als fünfprozentige Einkommensteuer.

Am 7. September morgens begab ich mich nach Choisy. Ich wurde Zeuge, wie vor dem König, der sich wenig dafür interessierte, ein Mörser erprobt wurde, mit dem innerhalb von anderthalb Minuten elf bis zwölf Granaten verschossen werden können. Von da aus machte er sich auf, die Ansicht Maastrichts als Relief zu betrachten, die ihm nach Choisy gebracht worden war. So besaß er dort nun die vorzüglich gearbeiteten Reliefs sämtlicher Orte, die er erobert hatte oder noch erobern konnte. Einigermaßen beengt wohnte der König in einem neuen Flügel, durch den mit beträchtlichen Ausgaben des Bauamts das Schloß Choisy immerhin doppelt so groß geworden war wie zuvor, ohne daß damit allerdings etwas sonderlich Schönes und Würdiges auf die Nachwelt gekommen wäre.

Frühe Verwerfungen

Tiefe Risse zeigten sich lange vor der Revolution in Staat und absolutistischem Regierungssystem. Angeführt vom erzkonservativen Pariser Erzbischof de Beaumont wollte die durch die Aufklärung und keimende Bürgerrechtsideale bedrängte Kirche ihre Macht demonstrieren und verlangte von Sterbenden eine schriftliche Beichtbescheinigung. Andernfalls wurden die Sakramente verweigert. Das Pariser Parlament, eine Versammlung hoher Juristen, das die königlichen Gesetze offiziell zu verkünden hatte, empörte sich über den klerikalen Machtanspruch. Im Laufe der jahrelangen Auseinandersetzungen, auch über die Verkündung neuer Steuern, erkannten die diversen Parlamente in Frankreich ihre wachsende Bedeutung für eine größere bürgerliche Selbstbestimmung und weigerten sich zunehmend, alle Gesetzesvorlagen der Regierung zu akzeptieren. Durch ein Lit de justice, *ein jahrhundertealtes Befehlsverfahren, konnte der König allerdings die Ratifizierung von Kabinettsbeschlüssen erzwingen. Oder er konnte die Parlamente schließen und ihre widerspenstigen Mitglieder in die Verbannung schicken.*

Die Regierung war im Grunde milde, sie regelte, was gerade anfiel, doch ohne Größe und Kraft. Sie schien sich kaum um jene beiden starken Gruppen zu bekümmern, die den Staat spalteten. Im Pariser Parlament hatte sich die Erbitterung über die Geistlichkeit während der letzten Sitzungen aufs äußerste gesteigert. Der Hof schien die Zurechtweisung der Geistlichkeit vermeiden zu wollen, ohne hingegen den Willen oder Mut zu haben, auch das Parlament zu maßregeln, welches wiederum jede Gelegenheit nutzte, dem König tagtäglich den Gehorsam zu verweigern. Der König unterstützte keineswegs die ungebührliche Verweigerung der Sterbesakramente und hätte gerne seinen Frieden gehabt und sich vergnügt: Doch das Parlament steuerte allen Bescheiden des Königlichen Rates zum Trotz seinen eigenen Kurs und schien die Auseinandersetzung auf die Spitze treiben zu wollen. Die vermeintliche Gleichgültigkeit des Hofs rührte womöglich daher, daß die beiden maßgeblichen Minister, nämlich der Justizminister und M. d'Argenson (wenn auch völlig miteinander verfeindet), über diese Unordnung im Staat mitnichten betrübt waren. Nun konnten beide nämlich die Verantwortung für die im Ministerium ersonnene Besteuerung mit dem Zwanzigsten ganz auf das Parlament abwälzen und die fadenscheinigen Bekundungen der Geistlichkeit, nur um das Seelenheil besorgt zu sein, der Kirche anlasten. Damit konnte das Parlament also gedemütigt oder sogar in die Verbannung geschickt werden. Die Zwietracht zwischen den beiden erlauchten Körperschaften wollte der Hof folglich dazu nutzen, sowohl das Parlament als auch die Geistlichkeit zu schwächen und so die alleinige Befehlsgewalt des Königs und seiner Minister zu untermauern. Dies ist vielleicht eine nur allzu flüchtige Mutmaßung; das Ende wird es lehren.

Am 11. September ging ich mit dem Parlamentspräsidenten Ogier und dem Duc d'Aumont auf eine bis auf einen Regenschauer angenehme Jagd in den Ebenen oberhalb von Villejuif. Der Präsident und seine Gattin waren mir höchst wert und lieb, sowohl was die Jagdausflüge als auch was ihre Gastfreundschaft betraf, denn sie empfingen in ihrem Hause freigebigst die beste Gesellschaft. Zu meinem großen Kummer sah ich, daß der Präsident sich für seinen Aufbruch im Winter als Gesandter am Regensburger Reichstag vorbereitete.

Am 7. Januar 1753 fuhr ich nach Versailles und stattete meine Besuche ab. Ich traf die Marquise bei ihrer Morgentoilette an. Sie genoß größeren Einfluß denn je und war noch immer sehr hübsch. In Paris wurde geraunt, der König habe sie betrogen oder habe es zumindest tun wollen, und zwar mit der jungen Mme. de Choiseul, ihrer Nichte, die sie selbst wenige Jahre zuvor recht unverfroren in die Kabinette eingeschleust hatte, wovon ich Zeuge geworden war und deren Anfänge ich damals wahrgenommen und vermerkt hatte. Doch diese unbesonnen wirkende junge Person hatte sich, wie es hieß, nicht hinreichend begehren, sondern zu rasch erobern lassen, so daß der König bald von ihr abgelassen und als Ergebnis dieser Querelen die Marquise zur Herzogin erhoben hatte, während die junge Dame, deren Gatte sich der Marquise gegenüber ungebührlich aufgeführt hatte, in Ungnade gefallen war. Man mutmaßte, daß sie zurückkehren würde, doch vorerst ihre Gelegenheit gründlich verpaßt hatte.

Der ganze Hof war im übrigen so, wie ich ihn verlassen hatte. Der König arbeitete mit jedem Minister einzeln, ohne daß einer die anderen vollends ausstach. Die Marquise war liebenswert, geschickt, und als über den Seitensprung des Königs gemunkelt wurde, fühlte man sich mit ihr zufriedener als mit jeder anderen, von der Übleres zu erwarten gewesen wäre. Was Mme. de Pompadour am meisten vorzuwerfen blieb, waren die beträchtlichen Ausgaben für Nichtigkeiten und die Zerrüttung, die dies in den Finanzen anzurichten schien. Alles Sonstige gereichte ihr zum Lob. Sie förderte die Künste und bewirkte alles in allem nur Gutes und nichts Schlimmes. Bei Hofe sprach man nicht über die erheblichen Zwistigkeiten zwischen dem Erzbischof und dem Parlament, die andernorts für so großes Aufsehen sorgten.

An dem Tag, an dem ich mich im Gefolge des Königs in La Meute befand, bestimmte er in der Nähe der Drehbrücke das Terrain für den neuen Flußübergang und den Platz in Paris und verlangte, bis Ostern die Pläne zu sehen. Ich überlegte, ob ich mich mit M. de Vandières* und mit aller Kraft ans Werk machen sollte. Ich fühlte mich für eine

* Die Marquise-Duchesse de Pompadour hatte ihren jüngeren Bruder Abel François Poisson de Vandières, 1727–1781, zum Leiter der Königlichen Bauten, der Künste, Gärten und Manufakturen ernennen lassen, als der er, auch inspiriert durch seine Schwester, besonders bei Stadtverschönerungen in Frankreich Bedeutendes leistete.

Arbeit, die ich liebte, geeigneter als für den Müßiggang, vor allem das Glücksspiel, Konzerte, die feine Kunst der Verleumdung und dreistes Vordrängen.

Während des ganzen Tages, an dem ich in La Meute weilte, würdigte mich der König keines Wortes. Er unterhielt sich nur mit denen, die ihn amüsierten, oder mit jenen, die kühn selbst das Wort an ihn zu richten wagten, doch immer nur mit diesen. Der Dauphin war anwesend, die Prinzessinnen trafen ein, und so gewahrte ich die gesamte königliche Familie. Sie nahm an sämtlichen Reisen teil, seitdem die Marquise sie dazu geladen hatte. Und abends, als sie sich wegen einer Migräne von der Tafel entfernte, bemerkte ich, wie einer nach dem anderen sich beeilte, sich nach ihrem Befinden zu erkundigen, und alle dies gutzuheißen schienen. Im übrigen veranlaßte die Marquise den König, sie alle zuvorkommendst zu behandeln, und betrug sich selbst solchermaßen, daß die königliche Familie, die Königin nicht ausgenommen, höchst zufrieden wirkte. Es war ausgesprochen angenehm, bei solchen Ausflügen, bei denen es höchst ungezwungen zuging, seine Aufwartung zu machen, da aber viel gespielt wurde, fühlte ich mich dennoch einigermaßen deplaziert.

Aller Aufmerksamkeit der Bourbonenfamilie für die Freundin und Seelengefährtin des Königs zum Trotz: Das Karussell der Mätressen und Nebenmätressen drehte sich. Ludwig XV. war die Tochter eines normannischen Schuhmachers zugeführt worden, die schon als Vierzehnjährige als bald weltberühmtes Aktmodell gemalt worden war. Da Madame de Pompadour, zunehmend tuberkulosekrank und körperlich erkaltet, sogar auf eigenen Wunsch manch flüchtige, doch offenbar unvermeidliche Liebesgespielin des Königs in einem Haus am Versailler Hirschpark unterbringen ließ, mochte auch Marie-Louise O'Murphy dort einziehen, um anschließend zügig und anständig verheiratet wieder in die Provinz geschickt zu werden. Madame de Pompadour selbst verfolgte höhere Ziele. Hatte nicht siebzig Jahre zuvor Ludwig XIV., der Sonnenkönig, seine langjährige Geliebte Madame de Maintenon sogar heimlich geehelicht, und war Françoise de Maintenon dadurch nicht zur unantastbaren Herrscherin in Frankreich aufgestiegen?

Die bedeutendste Neuigkeit, die ich bei Hofe erfuhr, war die von dem Gefallen, das der König an einer jungen Schönen fand, die im Parc-aux-Cerfs untergebracht worden war. Dieses reizende Mädchen, von dem es hieß, der Maler Boucher, der oft hübsche Modelle malte, habe es dem König verschafft, gewann – laut Hörensagen – Einfluß auf Kosten der Marquise, die sich dessen gewahr wurde und sich sorgte. Ihrem Plan, den ich seit mehreren Jahren beobachtet hatte, nämlich den Geist des Königs genau nach der Methode der Mme. de Maintenon* zu beherrschen, um im Alter schließlich fromm mit dem Monarchen zu enden, mochte es nun an der Entfaltungsmöglichkeit fehlen. Kurzum, es hieß, die Marquise sei in Gefahr. Dies alles war recht ungewiß, und der Kern solcher Kabale war schwer zu ergründen.

Eine weitere, doch diesmal höchst gewisse Neuigkeit war die des traurigen Endes des Parlaments, dem nunmehr beschieden worden war, sich über das ganze Königreich zu verstreuen. Die Große Kam-

* Françoise d'Aubigné, Madame de Maintenon, 1635–1719. Die Tochter recht unbemittelter Eltern wuchs in Martinique auf. In Paris heiratete sie den Komödienautor Paul Scarron, der an Muskellähmung dahinsiechte. Als gebildete und umsichtige Frau stieg Françoise Scarron zur Erzieherin der Kinder der königlichen Mätresse Françoise Athénaïs de Montespan auf. Aus dieser Position heraus wurde sie Vertraute des Sonnenkönigs und schließlich Nachfolgerin ihrer Brotherrin, die in Ungnade gefallen war. Das frömmelnde Wesen der nunmehrigen Marquise de Maintenon, nach dem Tod der Königin 1683 zur linken Hand mit dem König vermählt, prägte die späte Regierungszeit Ludwigs XIV. und ließ Zeitzeugen, wie Liselotte von der Pfalz oder den Herzog von Saint-Simon, bissig über Scheinheiligkeit spotten. Nach dem Tod des Sonnenkönigs zog sich Madame de Maintenon in ein von ihr gegründetes Internat für Töchter verarmter Adliger zurück. Dort hatte sie den letzten Kontakt mit den Mächtigen dieser Welt, als Zar Peter der Große während seines Frankreichbesuchs spontan die berühmte Greisin sehen wollte und die verblüffte Zweiundachtzigjährige eilig und wortlos in ihrem Bett betrachtete.

mer hatte sich wie schon einmal ins Exil nach Pontoise zu begeben. Ihre klare und starre Weigerung zu gehorchen war die Ursache dieser Bestrafung. Doch man gewann den Eindruck, als wollte das Parlament durch seine Widersetzlichkeit, deren Folge es hatte voraus-ahnen können, dem Volk nur seine Standhaftigkeit und seine Treue zu den alten Gesetzen der Nation, die der absoluten Monarchie widersprachen, nachdrücklich beweisen. Leider gründete dieses hehre und tapfere Verhalten nur auf dem Zwist mit dem Erzbischof von Paris, was all diesen Aufruhr nicht verlohnte. Hätte man sich im Jahr davor anläßlich der Verkündung des Zwanzigsten ebenso verhalten, wäre die Steuer nie in Kraft getreten.

Als nun die Musketiere die Verbannten abführten und dem Oberpräsidenten auf der Ile Saint-Louis, wo er sich bei einer Brandlöschung aufhielt, der königliche Befehl ausgehändigt wurde, entwickelte sich in Paris keinerlei Tumult, und alles blieb still. An jenem Tag jedoch, als die Große Kammer und der Rest der nunmehr Exilierten beschlossen hatten, den Gehorsam zu verweigern, hatte der ganze Justizpalast, von Anhängern schwirrend wie ein Bienenkorb, von Applaus und den Rufen: «Es lebe das Parlament!» widergehallt.

Neben der ungelösten Parlamentsaffäre ereiferten sich bei Hofe die Prinzen königlichen Geblüts über M. de Soubise. Dieser hatte sich im Heiratsvertrag seiner Tochter mit dem Prince de Condé – ein Ehebund, der den königlichen Prinzen in hohem Maße mißfiel – als *Erlauchtigst hochmögender Fürst* titulieren lassen.* Der König verfügte, daß M. de Soubise diesen Titel, den er bereits früher verwendet hatte, einstweilen beibehalten dürfe. Die Prinzen von Geblüt, vor

* Charles de Rohan Prince de Soubise, 1715–1787, der sich trotz seiner vornehmen Herkunft mit einem offenbar allzu erhabenen Titel schmückte, war ein nimmermüder, von Madame de Pompadour protegierter Feldherr, der neben seiner furchtbaren Niederlage bei Roßbach 1757 gegen die Preußen keine sonderlich entscheidenden Siege erfocht. Als Schöngeist erbaute er den ersten Musikpavillon Frankreichs und kreierte die *Sauce Soubise*, die auf Zwiebelpüree und Béchamel basiert.

allem der Duc de Chartres, der mit Soubise befreundet gewesen und nun sein Hauptgegner war, sowie der Prince de Conti, waren erzürnt. Die Kinder des Königs schlugen sich auf die Seite der Kritiker und ließen die hübsche kleine Princesse de Condé, die außerordentlich liebenswürdig war, heftigen Unwillen spüren. Bei der zweiten Jagd, an der ich teilnahm, wurde ich Zeuge davon, denn als sie eben zu Pferd gestiegen war, um den königlichen Töchtern zu folgen, ließ Mme. Adélaïde ihr seitens des Königs ausrichten, sie solle kehrtmachen, weil sie auch nicht in den königlichen Karossen eingetroffen sei; der Zwischenfall sorgte für viel Lärm bei Hofe.

Auf seiner beständigen Suche nach ranggemäßen Ämtern, Titeln und Pflichten versuchte Emmanuel de Croÿ zunehmend dringlich, zum Gouverneur seines Geburtsorts, der Festungsstadt Condé unweit der Österreichischen Niederlande, ernannt zu werden. Auch hier kam seine Neigung zum Tragen, seine diversen Anliegen durch Denkschriften zu untermauern, um so in der Maschinerie der Macht und Intrigen nicht in Vergessenheit zu geraten. Leider waren der zuständige Kriegsminister d'Argenson und die vielleicht noch einflußreichere Madame de Pompadour verfeindet. Und leider war das angestrebte Gouverneursamt besetzt. Doch auch in solchem Falle ließ sich hoffen.

Donnerstag, den 7. März 1754, begab ich mich nach der Messe zu Mme. de Pompadour. Wegen der Erkrankung ihres Vaters hatte sie sich zurückgezogen. Aber da ich nun schon einmal an ihrer Tür stand, trat ich ein und sagte dem Ersten Kammerdiener, daß ich um eine kurze dringliche Audienz ersuchte. Sie ließ mich in ihren privaten Ankleideraum führen: Dort befanden sich nur die Messieurs de Soubise und de Nivernois. Sie begab sich in ihr rückwärtiges Kabinett und hieß mich folgen. Ich war ein wenig verlegen, da ich wieder nur dieselbe Sache vorzubringen hatte, und sagte ihr in zwei Worten, daß abends Beratungen stattfänden und ich mir sicher sei, daß mein

Ersuchen dort zur Spräche käme, und ich sie darum bäte, vor der Sitzung das Gedächtnis des Königs in meiner Angelegenheit aufzufrischen und ihn mir günstig zu stimmen: denn alles hinge von ihrer Fürsprache ab. Auch M. d'Argenson schien mir mittlerweile wohlgesonnen. Die Marquise entgegnete: «Ich werde mit ihm sprechen. Alles Nötige steht gewiß in Ihrem Memorandum!» Sie lächelte mir zu, worauf ich mich in ihren Salon zurückzog.

Ihr Bruder M. de Vandières erschien, um ihr die umfangreichen Pläne zur Einrichtung einer Porzellanmanufaktur in Sèvres zu unterbreiten, die der König ihr mitsamt dem Dorf überlassen wollte. Nachdem ich mich wieder gesammelt hatte, spöttelte M. de Soubise, der sich nachdrücklich für mich einzusetzen schien, nachdem ich ihn ungerechterweise für wankelmütig gehalten hatte, über meine Verlegenheit und meinte: «Unsere Angelegenheit ist auf gutem Weg. Erst gestern sprach ich darüber mit Mme. d'Estrades bei M. d'Argenson. Der Minister findet es nicht unangemessen, Ihnen das ungeschmälerte Amtsnachfolgerecht einzuräumen. Falls der König sich bereit erklärt, Ihnen nach dem Ableben von M. de Danois dessen Gouverneursposten zu geben, wird der König dies dem Kriegsminister gegenüber erwähnen, der die Folgen und das Für und Wider erwägen dürfte. Und falls der Minister den König günstig gestimmt sieht, will er gerne zum Erfolg Ihres Ersuchens beitragen.»

Daraufhin bekannte ich ihm meine Furcht, d'Argenson könne auf mögliche Weiterungen aus meinem Gesuch hinweisen, doch beruhigend lächelnd erklärte M. de Soubise: «Oh! Er wird nicht alles erwähnen und gewiß nicht zu deutlich!»*

In diesem Moment sah ich freudig, wie alles glücklich vereint auf das Gelingen zusteuerte: Wahrhaftig hatte ich das Glück, sonst heftig miteinander verfeindete Menschen für mich wirken zu sehen, wobei es den Anschein hatte, als hätte ich mich nur wegen der Ratschläge

* Natürlich war es heikel und eine Geschmacksfrage, Posten lebenslanger Amtsinhaber bereits einem Nachfolger zu versprechen.

jener Personen, welche die anderen am erbittertsten haßten, an die anderen gewandt, so daß also sowohl Mme. de Pompadour wie auch M. d'Argenson wähnten, ich hätte mich letztlich ausschließlich ihnen anvertraut und bei ihrem Kontrahenten nur deshalb vorgesprochen, um dessen Meinung zu erkunden. Durch dieses geschickte Vorgehen hatte ich unversehens die einflußreichsten Personen allesamt auf meiner Seite und wahrscheinlich niemanden gegen mich.

Während der Toilette Mme. de Pompadours meldete ich mich noch einmal zu Wort. Sie meinte, daß M. de Soubise sie bereits mehrmals auf meinen Wunsch aufmerksam gemacht habe und daß alles gewiß gut enden werde. Nach diesem wichtigen Vorstoß eilte ich zum Duc de Gesvres, um ein kleines Memorandum zu formulieren, in dem ich mich vor allem auf den Kauf von Ländereien berief, für die noch 560.000 Livres ausstanden, falls meine Mutter mir nicht mit ihrem Vermögen aushalf, was sie aber verweigerte, solange sie sich nicht sicher sei, daß ich nach Condé käme, wo sie ihren Lebensabend fern von Niedertracht und Bosheiten verbringen wollte, und allein meine Anwartschaft auf das dortige Gouverneursamt konnte sie dazu bewegen, mir das Geld zu geben. Ich versuchte, so ergreifend wie möglich zu schreiben.

Um drei Uhr stand ich parat, um M. d'Argenson nach der Ratssitzung abzupassen. Der Minister wurde in einer Sänfte in sein Kabinett getragen. Er ließ mich zu sich rufen und sagte mir manche Artigkeit. Er überflog mein kleines Memorandum und versprach, es abends nebst anderen Papieren in seinem Portefeuille dem König vorzulesen. Alles hänge aber davon ab, in welcher Stimmung er den König vorfände, sowie von dessen Absichten, mich betreffend. Daraufhin zog ich mich zurück und nahm beim Duc de Gesvres einen Imbiß zu mir.

Abends um halb neun wurde ich abermals bei M. d'Argenson vorstellig. Er kehrte gerade von der Sitzung zurück. Offiziere der Musketiere eskortierten ihn. Er ließ mich rufen und erklärte gut gelaunt: «Ich denke, Sie werden mit mir zufrieden sein. Zumindest habe ich für den Erfolg Ihres Ersuchens mein Bestes getan. Ich habe von des Königs Hand ein schriftliches *Genehmigt* für Sie. Sie werden sehen. Nehmen Sie Platz. Der König will Ihnen sehr wohl eine von ihm unterzeichnete Zusicherung geben, doch sie muß unbedingt geheim bleiben!»

Ich versicherte ihm, daß meine Mutter und ich uns daran halten würden. Er sagte: «Ja, ein Geheimnis, von dem schon viele wissen!» Ich wiederholte ihm die Namen derjenigen, die eingeweiht waren, und sagte, daß es vertrauenswürdige Menschen seien. Obwohl ich innerlich jubelte, zeigte ich äußerliche Ruhe. Mme. de la Trémoille trat ein. Der Minister bat mich, draußen zu warten. Dort verweilte ich eine Viertelstunde und plauderte mit dem Marschall de Belle-Isle. Während der Marschall sich mit mir unterhielt, überlegte ich, was ich drinnen gleich sagen würde, und harrte pochenden Herzens. Die Dame kam heraus. M. d'Argenson hieß mich eintreten und bat den Marschall um Entschuldigung. Er ergriff sein rotes zweifächeriges Amtsportefeuille. Er zog mein Gesuch heraus, das auf einem Briefbogen notiert war, oben das Datum des 7. März 1754, dann vier Zeilen in der Handschrift M. d'Argensons, ganz unten ein *Genehmigt* von der Hand des Königs und darüber folgendes: *Im Falle einer Vakanz des Gouvernements von Condé durch das Ableben von M. le Comte de Danois oder aus sonstigen Gründen ist es des Königs Absicht, besagtes Amt M. Le Prince de Croÿ zu übertragen.*

Darunter stand jenes *Genehmigt** von der Hand des Königs.

Nachdem er mich die wichtigen Zeilen, die ich sofort auswendig kannte, hatte lesen lassen, sagte er: «Nun denn! Nun wollen wir sehen, wie wir's zu Ende bringen. Sie wissen jetzt Bescheid. Ich werde gleich unter größter Geheimhaltung Ihrer Mutter schreiben, denn das darf nie ruchbar werden und niemals Schule machen!» Daraufhin rief er seinen Kammerdiener, der Procope hieß, der ihm auch beim Aufstehen half, denn er konnte noch längst nicht wieder gehen.

* Das berühmte und begehrte *Bon* des Monarchen.

Mit schmerzverzerrtem Gesicht erreichte er den kleinen Tisch vor seinem Schreibtisch, setzte sich und öffnete die rechte Schublade, in der ich zwei oder drei Päckchen erblickte, voluminösen versiegelten Briefen gleich. Er griff eines und wollte mit der Kerze das Siegel lösen, aber da es zu lange dauerte, zerriß er es, und nachdem er mein Papier mit dem königlichen *Genehmigt* zweimal gefaltet und von außen datiert hatte, legte er es auf den Stapel. Dann nahm er das Wachs und verschloß damit das geöffnete Päckchen an den aufgebrochenen Stellen, ohne es indes neuerlich zu siegeln, weil die Stellen zu zahlreich waren.

Als ich sah, daß er es verschloß, beugte ich mich zu seinem Ohr vor (Procope war anwesend) und flüsterte: «Sie haben aber versprochen, es meiner Mutter zu zeigen!» Er antwortete: «Oh! Was das betrifft, mag sie sich mit einem Schreiben von mir bescheiden. Ich kann dies unmöglich aus der Hand geben!» Ich wagte nicht zu insistieren. Er schob das Päckchen in die Lade zurück, schloß sie ab, schleppte sich mühselig, doch tapfer zurück. Als wir beide wieder Platz genommen hatten und Procope hinausgegangen war, meinte er: «Sie haben es doch gelesen! Sie können ihr berichten. Ich werde ihr schreiben.»

Ich verharrte neben ihm, und sogleich begann er mit größter Sorgfalt, jedes Wort abwägend, folgenden Brief:

Vor kurzem habe ich, Madame, den König über das Ansinnen von M. Le Prince de Croÿ unterrichtet, von Seiner Majestät die Zusicherung des Gouvernements von Condé zu erwirken, falls dieses durch das Ableben von M. Le Comte de Danois oder durch sonstige Umstände vakant werden sollte. Seine Majestät, die üblicherweise keine Nachfolgezusicherungen hinsichtlich militärischer Würden zubilligt, ist gleichwohl gewillt gewesen, durch ein Genehmigt *von eigener Hand das Ersuchen von M. Le Prince de Croÿ zu bestätigen, welchen ich es soeben im Original habe einsehen lassen, bevor das Schriftstück in meinen Händen verbleibt. Doch Seine Majestät war so gütig, mir zuzubilligen, Ihnen schriftlich und in absoluter Vertraulichkeit von seinen*

Verfügungen Mitteilung zu machen. Sie können mithin gewiß sein, Madame, daß im Falle des Ablebens des Comte de Danois das Gouvernement von Condé Ihrem Sohn übertragen werden wird und daß sich die vom König gezeichnete Bestimmung in meinen Händen befindet.

Gestatten Sie mir nun, Ihnen meinen Glückwunsch zu der erwiesenen Gnade auszusprechen, die Ihnen so inständig am Herzen lag, und Ihnen die Freude zu bekunden, die es mir bereitet hat, zu dieser Gnade beigetragen zu haben.

Ich verbleibe, Madame, hochachtungsvoll etc.

Mir blieb nur, ihn und den König meines aufrichtigen Danks zu versichern und zu bekräftigen, nichts sehnlicher zu wünschen, als diese Erkenntlichkeit durch meinen Eifer im Felde oder wo immer ich nützlich sein mochte, zu bezeugen. Er wirkte gerührt und bemerkte freundschaftlich: «Dazu ein andermal! Seien Sie nur ganz beruhigt!» Man kam in der Tat auf mich zurück. Ihm wiederum versicherte ich, daß ich ihm dankbar und achtungsvoll verbunden bleiben würde, zumal ich ihn wirklich für einen sehr bedeutenden Minister hielt, der unter anderen Umständen ein zweiter Louvois* gewesen wäre.

Am 12. März begab ich mich morgens nach Versailles, um der Marquise meinen Dank abzustatten. Ich wartete, bis sie allein war. Gegen Ende ihrer Toilette dankte ich ihr lebhaft und aufrichtig, auch im Namen meiner Mutter. Sie sagte, sie sei am Samstag während des Soupers über meine ernste Mine verblüfft gewesen, gerade so, als ob ich nichts vom Erfolg wüßte. Ich entgegnete, daß ich ihren Blick gesucht hätte, um ihr meine Freude zu bekunden, ohne sie anderen zu offenbaren. Sie erklärte, daß ich das Geheimnis gut hüten müsse, wurde selbst sehr ernst und fuhr fort: «Vergessen Sie nicht, welch ungeheuerliche und ungewöhnliche Huld Ihnen zuteil geworden ist und

* François Michel Le Tellier, Marquis de Louvois, 1641–1691 Kriegsminister Ludwigs XIV.

daß Sie dem König, der sie Ihnen zugestand, höchst dankbar zu bleiben haben!» Ich antwortete, daß ich mich mit all meinen Fasern als würdig erweisen wolle.

Am 28. brach ich um drei Uhr nach Vanves auf. Unterwegs machte ich halt und lustwandelte zwei Stunden in den Gärten und auf den Terrassen von Bellevue, einem entzückenden Ort mit sanftem Windgesäusel, geschmackvoll und verschwenderisch.* In Vanves sah ich die drei Irokesen in ihrer natürlichen Aufmachung, die aus einem Hemd, einem Stück roten Tuchs, Federn und dem kräftig und kunterbunt bemalten Gesicht besteht. Sie sind Mulatten. Ich betrachtete sie sorgfältig und unterhielt mich eingehend mit ihren tüchtigen Missionaren. Am Ende versammelten sich mehr als dreißig in Vanves, darunter fünf sehr hübsche Frauen. Nach dem Abendessen wurde getanzt. Ich reihte mich guter Dinge ein, wiewohl ich mich bitten ließ. Um drei Uhr früh erreichte ich ohne Verzug Paris.

* Das Idealschloß der Marquise de Pompadour mit Blick über Paris. Sie selbst hatte die Innenausstattung entworfen. Zur festlichen Einweihung hatten die Gäste in farblich passender Garderobe zu erscheinen.

Gefilde der Freuden oder die Lustmolkerei

Nachdem mich der Prince de Condé zu sich nach Chantilly eingeladen hatte, brach ich am 20. Mai dorthin auf. Ich traf nachts ein und wurde herzlich empfangen. Meine Verwandtschaft mit Mme. la Princesse de Condé und Mme. de Renty, ihrer Ersten Hofdame, machte mich ungezwungen, wozu noch die Freundschaft mit M. de Soubise beitrug, der zusammen mit dem Comte de Charolais die Seele dieser Hofhaltung war.

Ich fand Gastgeber und Gäste, insgesamt ungefähr dreißig Personen, in der prächtigen Galerie des Kleinen Schlosses vor: Es ist die schönste und am elegantesten verzierte, die ich je sah. Der Herzog hatte sie bauen und mit den Gemälden Corneilles, die der Sohn des Großen Condé von all den Heldentaten seines Vaters hatte malen lassen, geschmackvoll ausgestattet. Das Bild, auf dem seine berühmt rebellischen Taten gegen den König verewigt sind, wobei der Große Condé jedoch gleichsam Reue ausstrahlt, ist höchst eindrucksvoll.*

Ich blieb vier Tage in Chantilly. Wir waren bis zu vierzig Herren. Es müßten mehr sein, um das Schloß zu füllen, mit seinen Marställen und dem Pavillon, den achtzig Wohngemächern, ohne die des Königs, der Königin und Prinzen von Geblüt mitzuzählen, in denen allerdings nie jemand wohnt. Ich logierte wie alle übrigen hinter dem

* Wohnsitz einer Nebenlinie der Bourbonen. Der Maler Michel Corneille hatte dort Ludwig II. von Bourbon-Condé verewigt, der machtbewußt gegen den Absolutismus des Kardinals Mazarin und des jungen Ludwig XIV. rebelliert hatte. Chantilly wurde während der Revolution zerstört und in anderer Form im 19. Jahrhundert neu errichtet.

Gesimskranz und war verblüfft, von außen durch eine Fenstertür in mein Zimmer zu gelangen.

Am zweiten Tag unternahm ich staunend einen Rundgang um das Dach, zwischen Balustraden und riesigen Wasserspeiern. Das war das Reizendste und Seltsamste, was ich je gesehen habe. Nichts in Chantilly ist symmetrisch, und dennoch ist alles von überbordender Schönheit in jedem Winkel. Vor allem die Wasserspiele, ununterbrochen gespeist durch ein Aquädukt von Senlis her, sind überwältigend. Das Hauptschloß, das Kleine Schloß, Wald, Kanal, Menagerie und die bezaubernde Molkerei, der aberwitzig schöne Marstall, prunkvoller als ein Schloß, die herrlichen Rasenflächen, Inselchen, Haine, Gärten, Orangerie, Hirschgalerie, der Waffensaal, die naturgeschichtlichen und Kuriositätenkabinette, die immensen Kellergewölbe und das alchemistische Labor, die Schönheit der Fontänen und Kaskaden, riesige Karpfen jedweder Färbung, die einem aus der Hand fressen, wobei ich einem sogar wie einem Hund über den Kopf streichelte, die Pumpmaschine, die von der Kanalströmung angetrieben wird und deren klares Quellwasser die wundervollen Bassins speist, all dies macht diesen Ort zu einem der paradiesischsten der Welt.

Nachdem wir am dritten Tag die Messe gefeiert hatten, promenierten wir trotz des Regens. Ich muß anmerken, daß M. le Prince de Condé erst siebzehn Jahre alt und so munter und bübisch war, wie es zu diesem Alter gehört, und dabei zuvorkommend und ohne jeden Arg. Die Prinzessin war sechzehn, hatte ein hübsches Gesicht, die frischeste und weißeste Haut, neigte jedoch ein wenig zur Fülle. Sie war sehr heiter, trieb Schabernack, zeigte sich jedoch auch vernünftig und fromm, verhielt sich äußerst höflich und versuchte ihren Gemahl zu amüsieren, auf daß er sich nicht anderweitig amüsierte. So ließ man sich denn gern auf manche Kinderei ein.

An diesem Tag führte die Promenade uns so weit, daß wir durch den Sylvie-Park spazierten, durch das Labyrinth und schließlich durchnäßt und erschöpft zurückkehrten. Das hinderte uns nicht, nachmittags (ich selbst nehme mittags nur Milchkaffee oder Schokolade oder eine bekömmliche Reissuppe zu mir) allesamt in Kaleschen auszufahren. Wir durchquerten den Innenhof des Marstalls, fuhren an den Kanälen entlang und erblickten dann vom satten Rasen aus die von einer kupfernen Ruhmesfigur beinahe allzu majestätisch gekrönte Fassade des Marstalls. Wir genossen die Wasserspiele, die große Kaskade, um deren Wasserschleier ich ein paar erfrischende Schritte ging, die kleine Kaskade, die große Fontäne und alles übrige, wie es dank seiner vielen Wasserbecken und sprühenden Fontänen einen der an schönen und vielfältigen Brunnen und Bassins reichsten Gärten bildet.

Ich vergaß zu erwähnen, was wir am Tag nach meiner Ankunft unternahmen: Morgens promenierten wir auf der Liebesinsel, wo die schattigen Laubengänge, Haine, Wasserspiele und vor allem der kleine Teich mit seinem Wasserspeier eine zauberische Atmosphäre stiften.

Wir gingen auf Wildschweinjagd und erlegten drei. Zwei meiner Pferde hatte ich mitgenommen, die ich gefährlich ermüdete, als ich dem Ersten Pikeur des Comte de Charolais nachsetzen wollte. Trotz der Kaninchenlöcher schaffte ich es ohne Sturz. Der dritte Tag war Himmelfahrt: Ich hatte mich glücklicherweise zeitig zu Bett begeben, denn abends spielte ich niemals. Die übrigen spielten mit hohem Einsatz und die ganze Nacht hindurch. In der Morgendämmerung wollte man unbedingt lustwandeln. Man machte Jagd auf eine Ratte, erreichte dann zu Fuß den Kanal, wo man beim Karpfenfang zuschaute. Das währte bis acht Uhr früh und bis zur Messe in der Schloßkapelle. Danach gab Mme. la Princesse de Condé vor, schlafen zu wollen. Aber da sie ihren Leichtsinn mit ihrer Frömmigkeit zu verbinden verstand, ließ sie mir ausrichten, daß sie in die Pfarrkirche zur Hauptmesse gehe, worauf ich mich dort mit ihr traf und sie zurückbegleitete. Alle ruhten sich aus. Sie legte sich für zwei Stunden hin und war alsbald wieder auf den Beinen, um uns zum Diner zu bitten, da sie kein Vergnügen auslassen wollte. Ihre Jugend schenkte ihr die Kraft für ein solches Leben, an das sie gewöhnt war. Allerdings litt sie unter einem unguten Husten. Seit der Fehlgeburt wurde sie füllig, und es hatte allen Anschein, daß sie sich ein Brustleiden zuzog und keine Kinder mehr bekäme. Das war sehr traurig, denn wegen ihrer Herzensgüte, Aufmerksamkeit, Begabungen und Tugenden verdiente sie alle Zuneigung.

Am Abend dieses Tages goß es in Strömen, trotzdem suchten wir die prächtige Lustmolkerei auf. Nichts hat mich je mehr beglückt: Eine glitzernde Quelle, allüberall zwischen den Füßen Wasserläufe im weißen Marmor und an den Wänden rundum Becken, deren kristallklare, sich kreuzende Wasserstrahlen Frische verströmen, sanft rauschen und das Auge entzücken. Inmitten dieser Wasser wurde ein köstlicher Imbiß serviert, Eis, Früchte, Milch, Käse, Crèmes, die wir genossen, was nicht ohne Neckereien und Wasserspritzen abging, waren doch fünf oder sechs reizende Frauen mit von der Partie, was den Ausflug um so vergnüglicher machte. Danach bestiegen wir wieder die Boote, indes es immer heftiger regnete. Wir wurden nass bis auf die Knochen, lachten und scherzten aber nur noch ausgelassener. Wir ruderten den ganzen Kanal hinab, passierten vier Zugbrücken, schöne Schleusen, bogen auf den Kleinen Kanal ein und hatten ungefähr eine Meile auf dem Wasser zurückgelegt.

Am vierten Tag wollte man abermals ausfahren. Doch da ich mich ein wenig sammeln wollte und beinahe alles gesehen hatte, bat ich, mich zurückziehen zu dürfen. Was ein Glück war, denn abends kam es der frohen Meute in ihren Kaleschen in den Sinn, unbedingt das Meer sehen zu wollen, und sofort erscholl es: «Auf, auf! Ans Meer!» Nicht einmal andere Kleidung wollte man sich holen. Unterdessen bedachte man denn doch die Folgen und kam überein, einen Boten zum Prince de Soubise zu schicken, um für solches Abenteuer von Mitgliedern der königlichen Familie die Erlaubnis Seiner Majestät einzuholen.* Man hoffte wohl, daß der Bote fliegen könne. Man durchtanzte die Nacht, um sich das Warten zu verkürzen. Der Bote konnte erst am nächsten Morgen gegen neun Uhr zurück sein. Man

* Vermutlich hatte der Prinz sich wieder an den Hof verfügt.

machte sich also einfach fidel auf die Reise, alle in einem Gefährt für zwölf Personen mit acht Postpferden, es ging frisch voran über Abkürzungen. Keine Achse ging zu Bruch. In Dieppe wollte die Heerschar unbedingt Fisch speisen. Es gab keinen. Drei Stunden lang schaute man sich Dieppe und das Meer an, dann fuhren sie nach Chantilly zurück. Unterwegs schwang sich der Prince de Condé auf einen Postgaul, um noch rechtzeitig beim König in Schloß Crécy einzutreffen, wo er nach nunmehr vier Nächten ohne Schlaf ankam. Dort schlief er bei Tisch ein, und der König ließ ihn wegtragen und in sein Bett schaffen. Die anderen schliefen fünf Nächte lang nicht. So bringt man sich um!

Schloß Chantilly

Am 2. August empfing die Marquise de Pompadour bei ihrer Morgentoilette die Botschafter. Ich sah die Marquise zum ersten Mal nach dem Tod ihrer Tochter, einem grauenhaften Schicksalsschlag, durch den ich sie zerstört glaubte.* Aber da zu deutlicher Schmerz ihrem Gesicht und vielleicht auch ihrer Stellung zu sehr geschadet

* Alexandrine, das einzige Kind der Marquise, war am 25. Juni 1755 neunjährig an einer Bauchfellentzündung verstorben.

hätte, fand ich sie weder verändert noch niedergeschlagen vor, und mir wollte es scheinen, als ginge es ihr dank eines jener Wunder, die bei Hofe häufig sind, weder schlechter, noch als wirkte sie bekümmert. Dennoch war sie grauenhaft getroffen und wahrscheinlich im Inneren so unglücklich, wie sie nach außen hin glücklich erschien.

Ich nahm beim Duc de Gevres während des Essens meinen Kaffee, denn wann es vermeidbar war, speiste ich mittags nicht, sondern las, und ich hatte immer ein Buch in der Tasche. Ich las damals zwei recht gute: *Vorzüge und Nachteile Frankreichs und Großbritanniens* und *Politik* von M. de Cormiers. Später begaben wir uns zum Ballspiel, dem in Compiègne reger gehuldigt wird als andernorts, um einen jungen Mann namens Massons spielen zu sehen, der jeden Gegner bezwang und hinreißend behend war. Auch viele schöne Damen fanden sich seinetwegen ein.

Ein Lieblingsprojekt des Königs, der Marquise de Pompadour und ihres Bruders, nun mit dem Titel eines Marquis de Marigny, Oberaufseher der Königlichen Bauten, Kunstsachen, Gärten und Manufakturen, die Place Louis XV, also die heutige Place de la Concorde, nimmt sichtlich Gestalt an.

Bei schönem Wetter kehrte ich aus Sèvres zurück. Man besserte gerade die Chaussee aus: Da ich mich stets für Straßenbau interessiert hatte, merkte ich dies und jenes an und überreichte einige Tage später M. de Trudaine eine diesbezügliche Denkschrift.

Vom Tuileriengarten stieg ich zur Baustelle hinunter, stellte mich auf den Sockel für die Statue des Königs, um die beiden Fluchtlinien von ihrer Schnittstelle aus zu begutachten. Mme. de Pompadour hatte uns den akzeptierten Bauplan des Platzes beschrieben. Ich verifizierte ihn und bemerkte manches Schöne und vor allem, daß er nicht der kostspieligste war und zudem nicht viele Gebäude aufwendig abgerissen werden mußten. Überdies schmückte er nicht Paris, das schön genug war. Es wurde zwar bemängelt, daß man den König außerhalb der Stadt aufstelle, als ob er es nicht besser verdient hätte ... und dergleichen mehr. Gewiß ist, daß mein eigener Plan die Umsiedlung zu vieler Bürger erfordert, doch die Stadt nützlich bereichert hätte.

Ich kehrte in die Tuilerien zurück, die ich als kunstsinniger Mensch und Philosoph schätzte. Als ich versonnen spazierte, stieß ich auf M. Lemonnier. Gleiche Neigungen verbanden uns. Ich setzte mich mit ihm ins Gras und ließ meine Gedanken schweifen. Ich erläuterte ihm M. le Chevalier de Causans' Quadratur des Kreises; diesem war es gelungen, ein unbeschriebenes Vieleck zu entwerfen, das mit einem unbeschriebenen Kreis übereinstimmte, beziehungsweise ihm glich. Vergeblich hatte man Causan erklärt, daß beides nicht dasselbe sei; er blieb unbelehrbar, und am Tag davor hatte er eine Stunde lang auf mich eingeredet. Lemonnier und ich kamen sodann auf Teleskope zu sprechen: Ich wollte seine Vorbehalte gegen das Instrument Pater Noëls ausräumen. Da sich eine klare Nacht ankündigte, schlug ich ihm vor, seines vorzubereiten, um den Saturn zu betrachten. Ich nahm eine Droschke, machte kurz zu Hause halt, fuhr dann zu ihm bei den Kapuzinern, wo wir bei herrlicher Nacht beglückt den Saturn und drei weitere Planeten untersuchten. Mit bloßem Auge sahen wir den Schatten des Saturns auf seinem Ring und den Schatten des Rings auf dem Saturn, wie ungefähr zwei Zoll voneinander entfernt. Pater Noël, dem ich davon berichtete, versicherte mir, ihn durch sein Teleskop um ein Drittel größer gesehen und bei einem der Schatten bergige Unebenheiten bemerkt zu haben, was eine Entdeckung ist.

Am 11. besuchte ich die Messe bei den Kleinen Augustinern. Ich speiste bei Mme. de Beuvron: Es war der Tag, an dem sie wie üblich Ärzte um sich scharte, dazu M. de Caylus, allesamt geistreiche, doch etwas eigentümliche Leute. Während dieser Tage bemerkte ich übrigens, daß man in Paris sehr angenehm den Sommer zubringen kann. Das Obst ist billiger und feiner als auf dem Land, und mit Spaziergängen und Ausflügen kann man sich die Zeit vertreiben und sich bei geselligen Runden zwanglos mit Wissenschaftlern und Künstlern austauschen. All diese Ärzte und Kranken verzehrten allerdings die unbekömmlichsten Speisen. Von dort zog ich mich zu den Theatinern zurück, wo ich mich ein paar Stunden lang erholen mußte. Ich dankte Gott, daß ich mir trotz der Wirrnisse in meinem Leben einen offenen Geist, ein empfängliches Gemüt bewahrt hatte und gottergeben bleiben wollte. Ich fühlte, welch wahre, unvermischte Freude ein frohes und ruhiges Gewissen ist.

Am 20. mußte ich nach Versailles, um wegen meiner Abreise und eines Manövers meine Abwesenheit zu melden. In Paris bestellte ich Mietpferde für meinen Wagen. Da meine Sachen noch nicht gepackt waren und ich alsbald zurück sein wollte, fuhr ich ohne weitere Begleitung nach Versailles. Es war glühend heiß: Der Kutscher trieb eines meiner besten Rösser zu energisch an, und an der Steigung bei Viroflay sank es tot um. Dabei hatte es keineswegs erschöpft gewirkt, hatte plötzlich gewankt und sackte um. M. le Chevalier de Nicolai, der hinter mir fuhr, bot mir höflichst einen Platz in seinem Wagen an. Als wir Versailles erreichten, begegneten wir einer Equipage, vor der zwei Pferde verendet waren.

Die Sommerwochen oder den Herbst verbrachte Emmanuel de Croÿ häufig auf seinen Besitzungen in Nordfrankreich, wo er sich dem Ausbau und der Ausschmückung seines Landsitzes L'Eremitage widmete. Spätestens zum Auftakt eines neuen Jahres kehrte er zu den unausweichlichen Existenzgefechten ins Zentrum zurück.

Am 1. Januar 1755 wohnte ich als Zuschauer den Neujahrsfeierlichkeiten des Heiliggeistordens bei. Ich erkundigte mich bei M. de Clérembault gründlich nach der Ordenshierarchie und erfuhr, daß Herzöge und spanische Granden den Vorrang genießen und danach alle übrigen zwar nach Titel, doch insgesamt einfach als Edelmänner rangieren, daß sogar die zuerkannten und verbrieften Hofehren einen nicht davor bewahrten, Ordensletzter zu sein. Der Duc d'Havré konnte durch seinen zusätzlichen Grandentitel fast alle anderen Herzöge übertrumpfen, was von vornherein erheblichen Unmut gestiftet hatte.

Überdies hieß es, daß sein Grandentitel nur in Frankreich anerkannt, aber in Spanien umstritten war: eine komplizierte Geschichte. Mit den Hofehren, auf die ich hoffte, hätte ich also nichts in der Hand; dennoch wünschte ich sie mir, und noch mehr als einen spanischen Grandenrang.

Über die Hofehren besprach ich mich zuerst mit M. de Séchelles:* Er erklärte, man könne sie mitnichten beantragen und ich sollte eher versuchen, aufgrund meiner militärischen Verdienste meinen Landbesitz in Beaufort im Artois vielleicht mit dem Zusatz *de Croÿ* zum Herzogtum mit Pairwürde erheben zu lassen.** Der Rat war gut, seine Umsetzung in die Tat jedoch fern und ungewiß. Tags darauf knüpfte ich an unser Gespräch an und entwickelte ihm ein anderes Vorgehen. Er pflichtete mir bei und meinte, bei einem Erfolg stünden mir alle Türen offen. Er beharrte allerdings auf seinem Plan.

Als ich sah, daß wir so kaum weiterkamen, brachte ich freundschaftlich sein neues Amt zur Sprache, die Freude und die Hoffnungen, die in ihn gesetzt würden, und welch große Tat er vollbrächte, die ihn unsterblich machen würde, wenn er die Belastungen des Volkes nicht erhöhen und die irrsinnigen Ausgaben des Hofes verringern könne. Und da er in seinem Amt vortrefflich begonnen hätte, könnte er die Gunst der Stunde nutzen und alles wagen. Er entgegnete mir: Ich würde die Höfe viel zu gut kennen, um zu glauben, daß man hier auch nur die kleinste Reform riskieren könnte.

Den 17. Januar begab ich mich nach Versailles und wurde zur Marquise in ihrem privaten Ankleidezimmer vorgelassen. Sie empfing mich mit ernster Mine. Ich fand ihren Gesichtsausdruck erschreckend

* Jean Moreau de Séchelles, 1690 – 1761, einer der kurzfristigen Finanzminister Ludwigs XV., nach dem allerdings bleibend das Archipel im Indischen Ozean benannt wurde.

** Die Pairwürde, vom lateinischen *par, gleich*, ausgehend, bedeutete ursprünglich die Ebenbürtigkeit bedeutender Kronvasallen und wurde zur vornehmsten Rangstufe innerhalb des französischen Hochadels.

anders als noch am 13. Sie erklärte mir, daß sie mir wegen der Hofehren keinerlei Hoffnung machen könne. Daß der König von solchem Gnadenbeweis ganz und gar nichts hören wolle. Ich nahm all meinen Mut zusammen. Anstatt klein beizugeben, blieb ich um so beharrlicher und brachte vor, daß es sich um keine unziemliche Gnade handeln würde, sondern nur um die vorzeitige Zusage einer Rangerhöhung in ferner Zeit, welche Gnade mir beim Ableben meines Onkels, des gegenwärtigen Duc de Croÿ, rechtmäßig zuteil werden mußte. Unterdessen traten die unvermeidlichen Höflinge ein; ich wagte nicht, meine Denkschrift* zu überreichen; ich wies die Marquise aber darauf hin. Sie entgegnete: «Das ist gleichgültig. Geben Sie es M. de Soubise oder mir ein andermal. Vielleicht kann ich etwas für Sie tun, aber ich glaube es nicht. Rechnen Sie nicht damit!» Ich muß ihr die Gerechtigkeit widerfahren lassen zu sagen, daß ich sie stets hilfsbereit und aufrichtig erlebt habe, ja sogar nobel und mitfühlend.

Am 29. Januar hatte ich während ihrer Toilette im Trianon unter vier Augen eine recht lange Besprechung mit der Marquise. Ich überreichte ihr meine Denkschrift und meine Notizen, das Schreiben meiner Mutter und verlas ihr auf Spanisch die urkundlichen Bestimmungen des Duc de Croÿ, die besagten, daß die Hofehren sämtlichen ältesten Söhnen des Hauses de Croÿ ebenso zustünden wie der Titel eines Duc de Croÿ. Sie war des Italienischen mächtig. Sie blieb überzeugt, daß dies alles nur scheitern könne. Dann erwähnte sie, daß sich auch der Duc d'Ayen, Gardehauptmann, für seinen soeben verheirateten Sohn sowie sämtliche Mitglieder der Familie de Noailles um die Hofehren bemühten. Daß sie sich für ihn verwendet habe, ohne etwas zu erreichen, daß sie über die Weigerung des Königs

* Die Denkschrift mit spanischen oder italienischen Details beinhaltete wohl die Ableitung des Rechts, die Hofehren zu genießen, aus dem Stammbaum der Familie de Croÿ. Man kann sich wahrscheinlich kaum vorstellen, wie viele solcher Denkschriften und diverse Bittgesuche der Marquise täglich überreicht wurden.

erbost sei (was bewies, daß es eine Menge Dinge gab, bei denen der König standhaft blieb) und daß er seinen Ersten Offizieren gegenüber mehr Huld walten lassen solle. Daß der König sich in einem anderen Fall dem dreisten Drängen der Dauphine nicht habe verweigern können, die ihrerseits von der hinterhältigen alten Mme. de Brancas für deren Sohn eingespannt worden war. Daß der König die Bewilligung der Hofehren für den Sohn der Brancas jedoch zu bereuen scheine. Falls nun jedoch der Duc d'Ayen für seinen Sohn Erfolg hätte, wolle sie meine Denkschrift und die Notizen dem König überreichen. Aber sie warne mich (das klang besonders bedrohlich): Sie sei sich sicher, daß es nichts fruchten werde. Sie fügte sogar scharf hinzu, selbst wenn mein Sohn in die vornehmste Familie heirate, bezweifle sie, daß mir selbst der herzogliche Erbtitel oder die Ehren zugebilligt würden, wenngleich ich beides, als meine Heirat mit Mademoiselle de La Mothe zur Debatte gestanden hatte, womöglich leicht erlangt hätte. Welch Gedächtnis sie besaß!

Rasch wollte ich auf das Blaue Band des Heiliggeistordens zu sprechen kommen. Sie machte mir diesbezüglich noch weniger Hoffnungen. Behutsam erwähnte ich einen Gesandschaftsposten für mich in Spanien. In dergleichen mische sie sich nicht ein, beschied sie mich. «Aber», sagte ich, «kann man nicht durch den Minister meine Antwartschaft formulieren lassen?» Sie sagte, wenn ich meinte, daß ich mit dem Minister besser führe, sollte ich mich ruhig an den Minister wenden. Ich machte ihr deutlich, daß ich nicht bloß ihren Rat wünschte, sondern mich einzig und allein nach ihr richten wolle. Wenn dem so sei, sagte sie, dann rate sie mir, die Angelegenheit nicht weiter zu verfolgen, da sie sich sicher sei, daß der König derlei Auszeichnung niemandem mehr zuteil werden lasse, aber daß sie mir stets wohlgesinnt bleiben werde.

Da Damen unseretwegen warten mußten und da leider alles gesagt war, zog ich mich zurück, trotz all meiner philosophischen Gleichmut sehr ergrimmt. Es bleibt nur allzu wahr, daß man sich nichts übertrieben zu Herzen nehmen sollte. Doch ebenso wahr ist, daß man sonst nichts erreicht. Ich begab mich zu M. de Soubise, berichtete ihm einiges, malte es nicht übermäßig schwarz und beklagte, daß die Marquise meiner Mutter nichts schreiben wolle.

Am 8. Februar fuhr ich nach La Meute, und nachdem ich mich in einem günstigen Moment der Marquise genähert hatte, sagte sie, daß sie meine Denkschrift dem König (über den Vorstoß des Duc d'Ayen war noch nicht endgültig entschieden) überreicht und er geäußert habe: «Das steht zur Zeit nicht zur Debatte» und daß sie überdies an meine Mutter geschrieben habe. Ich zog mich nicht unzufrieden zurück, da mein Trachten keineswegs förmlich entmutigt worden war. In Paris suchte ich meine Mutter auf, die tatsächlich gerade ein Schreiben von der Marquise erhalten hatte:

Zu Versailles, den 1. Februar 1755

Ich hatte, Madame, die Ehre, die Denkschrift, die mir Ihr Herr Sohn überreicht hatte, dem König zu unterbreiten. Seine Majestät erklärte, derzeit keinerlei Absicht zu hegen, Auszeichnungen zu verleihen. Ich hoffe indes sehr, daß die Ihnen am Herzen liegende nicht über Gebühr auf sich warten lassen wird, und es würde mir Vergnügen bereiten, zu deren Beschleunigung beizutragen.

Ich habe die Ehre, Madame, mit vollendeter Hochachtung als Ihre ergebene und ganz gehorsame Dienerin zu zeichnen.

La Marquise de Pompadour

Wir priesen uns glücklich, ein solches Schreiben ergattert zu haben, das, fern jeder völligen Ablehnung, vielmehr hoffen ließ und bei Gelegenheit höchst nützlich werden konnte.

Krieg zieht auf

Seitdem ich Anfang Januar erfahren hatte, daß wir in Brest siebenundzwanzig Kriegsschiffe ausrüsteten, vertiefte ich mich in die politische Lage Europas und traf mich mit M. Rouillé, der allerdings sehr beschäftigt war, auch mit M. Abbé de la Ville, der mich lobte, daß ich «meine Augen überall» hätte. Wir waren unterschiedlicher Meinung und stritten heftig.

Ich hielt es für unklug, eine Flotte nach Kanada zu schicken und dafür fast alles einzusetzen, was wir in See stechen lassen konnten. Die Expedition bedeutete, die Engländer zu wecken und sie ihre Dummheit erkennen zu lassen, daß sie uns wieder so aufrüsten ließen, daß wir ihnen bald Paroli bieten konnten. Wir nötigten die Engländer damit nur, ihre Flotte, die unserer stets überlegen war, auszubauen. Wenn wir uns in Kanada Vorteile verschafften, würden sie erbittert feststellen: «Da wir sie in Amerika nicht zu Lande besiegen können, nutzen wir unsere Übermacht auf See und schneiden ihnen den Nachschub ab.» Sie würden unsere Konvois angreifen. Und wenn wir dann im Gegenzug ohne legalen Grund die Niederlande überfielen, hätten wir schnell ganz Europa auf dem Hals. Aus dieser und vielen weiteren Erwägungen heraus hätte ich den Nachschub für unsere Truppen nur in aller Stille und in kleinen Portionen nach Kanada verschifft.

An unserer Strategie bemängelte ich den Angriff auf das Fort de la Nécessité und alles, was nach Machtdemonstrationen aussah.* Unterdessen solle man lieber, riet ich, vorrangig unsere Flotte auf-

* Zu Beginn des großen Kriegs um die Überseekolonien hatten die Franzosen am 3. Juli 1754 den (noch britischen) Kommandanten George Washington zur Kapitulation und Übergabe des Forts in Pennsylvania gezwungen.

rüsten. So triftig meine Pläne seien, antwortete M. de la Ville, fühle der König sich durch die Vorstöße der Engländer am Ohio beleidigt, und seine Ehre erheische, daß er sich mit offenem Visier räche. Sobald wir unsere Zähne zeigten, würde England kuschen. (So kalkulierte man unseligerweise in unserem Rat.) Vergebens wandte ich ein, daß man Zähne bräuchte, um sie zu zeigen. Und die Niederlage, in die wir uns, schlecht gerüstet, geradewegs hineinmanövrierten, wäre der wahre Ehrverlust. Wenn die Flotte auslief, würde sie gekapert, was Frankreich in die bedrohlichste Lage brächte. Mir wurde nicht mehr zugehört.

Der Winter war einer der härtesten und längsten. Dreimal fror die Seine zu. Viele Menschen erkrankten. Da der Karneval kurz war, wollte man ihn genießen: Nie zuvor waren so viele kleine private Bälle veranstaltet worden. Groß in Mode waren Tanzvergnügen für Kinder. Meine Tochter blieb ihnen fern, da sie nur mit meiner Mutter hingehen konnte, die jedoch zu alt und gebrechlich war. Ihre Erstkommunion an Ostern nahmen wir als Vorwand für einen kleinen Ball. Meinen Sohn führte ich mehrmals aus. Da er sehr lebhaft war, erhitzte er sich so sehr, daß ihm unwohl wurde und ich ihm das Ausgehen in der letzten Karnevalswoche untersagte. Außer daß er sich ein bißchen zu gern amüsierte, kann ich sein Wesen gar nicht genug loben, seinen Lerneifer und seine Gescheitheit. Er wirkte fast zu klug, und seine Frühreife beunruhigte mich. Seine Schwester war gleichermaßen wohlgeraten, von angenehmstem Wesen und Wuchs, und oft dankte ich dem Himmel für diese Kinder.

Am 19. hörte ich im Menschengetümmel am Palais Royal, daß die Engländer zwei Schiffe des Geschwaders von M. Dubois de la Motte gekapert hatten und man um die restlichen bangte. Diese Nachricht war niederschmetternd, vor allem wenn man jetzt – allerdings zu spät – die Folgen bedachte. Ich ging zur Börse und betrat sie zum ersten Mal. Man bestätigte mir die Hiobsbotschaft und rechnete mit einem Kurssturz. Die Aktien fielen schlagartig. Ich begab mich zu M. de Castagnet, um mich mit M. de Casaubon zu besprechen, der ebenfalls meinte, daß wir uns nicht zur Zielscheibe auf See hätten machen dürfen. Am 24. Juli reiste ich nach Compiègne, wo ich Einzelheiten erfuhr. Im ersten Moment waren Hof und Minister wie gelähmt. Am nächsten Tag machte sich Wut breit, und man wollte gnadenlos um sich schlagen. Jeder hielt einen allgemeinen Krieg für gewiß. Es wurde nur noch von den Vorbereitungen gesprochen. Einige machten sich bereits mit ihren Equipagen marschbereit; seit den Vorgängen 1740 in Fontainebleau, als der Kaiser verstorben war, hatte ich kein solches Lärmen und Getümmel mehr erlebt. Von allerorten trafen Offiziere ein, um Befehle einzuholen; so ging es ungefähr einen Monat lang zu.

Nachdem ich mich eingehend informiert hatte, arbeitete ich eifrig an verschiedenen Denkschriften zum Krieg und zur Politik. Ich entwarf einen Feldzugsplan mit der Maßgabe, handstreichartig in die Österreichischen Niederlande einzufallen, mit Truppen in das Brüsseler Becken einzumarschieren, sich dieser Stadt und dann der Festung Namur zu bemächtigen, gemäß den Beschreibungen, die ich ehedem über beide Orte verfaßt hatte. Ich legte dar, daß wir noch dieses Jahr, wenn wir nicht zögerten, Brüssel und Namur besetzen konnten und gleich im nächsten Jahr Maastricht, so daß wir rechtzeitig sichere Stellungen hätten, daß alles jedoch höchst schwierig werden würde, wenn wir das Jahr untätig verstreichen ließen.

M. d'Argenson lobte meinen Eifer sehr, schickte mich zum Marschall de Belle-Isle, mit dem ich mich ausführlich über Krieg und Politik unterhielt. Der Marschall pflichtete meinem Plan bei und erklärte, daß es auch der seinige sei und alles bereitstehe, daß wir jedoch nicht gut daran täten, die Königin von Ungarn anzugreifen und uns dadurch ohne Not alle Welt zum Feind zu machen.* Als ich ihn so denken sah, wies ich auf meine politischen Erwägungen hin, die sich mit den seinigen deckten. Er lobte sie. Ich begriff, daß er im Grunde

* Zum habsburgischen Reich Maria Theresias gehörten die Österreichischen Niederlande.

keinen Krieg wollte. Er verschmerzte den Tod seiner Frau nicht. Er ertaubte und kränkelte, er genoß höchstes Ansehen; diesen Ruf durfte er nicht aufs Spiel setzen.

Am 18. Februar 1756 um Viertel vor acht wurden Paris, Versailles und fast das ganze Land von einem Erdbeben erschüttert. In den Niederlanden war es recht stark spürbar, und es fand allerorten im selben Moment statt. Seit 1692 hatte es außer einem etwas umstrittenen 1703 keines gegeben. Dieses jetzt war unleugbar, aber dermaßen schwach, daß fast nur ein Sechstel aller Leute, die frühmorgens schon auf den Beinen waren, es spürte. Ich schlief und bemerkte nichts davon, was mich ärgerte. Außer dem Koch meiner Mutter, der sogleich betend auf die Knie gesunken war, hatte es in unserer Rue de Regard niemand gemerkt. Glaubwürdige Leute sagten mir, sie hätten es nicht so deutlich gespürt, daß sie in Panik geraten wären, sondern es habe drei oder vier Augenblicke gegeben, in denen ein riesiger Hund sich unter ihrem Bett zu wälzen schien. Andere hatten ein Schaukeln verspürt. Mit dem Beben setzte ein Sturm ein, der am Abend heftig über Paris fegte, während in Flandern friedliches Wetter herrschte.

Ab September 1756 stand Europa wieder in Flammen. Um der Rückeroberung Schlesiens durch Österreich zuvorzukommen, war Friedrich der Große – ohne Kriegserklärung – in das mit Habsburg verbündete Sachsen einmarschiert. Der Siebenjährige Krieg hatte begonnen, diesmal mit radikal veränderten Allianzen: Frankreich hatte sich mit Österreich verbündet und England mit Preußen. In Vorbereitung militärischer Aktionen hatte der Prince de Croÿ auch Manöver befehligt.

Am 17. Dezember 1756 traf ich in Paris in unserem neuen Palais ein. Nach achtmonatiger Abwesenheit war ich glücklich, meine Mutter recht wohl und meine Kinder bei bester Gesundheit vorzufinden. Unseren reizenden Garten konnte ich gar nicht genug bewundern, vor allem den Bouleplatz, die rückwärtigen Anpflanzungen, die in den Garten der Karmeliter überzugehen schienen. Dazu der schöne Balkon, die in leuchtendem Gold und Grün gehaltenen Brüstungsgitter, die hübschen Bäume, die ich ausgewählt hatte und die dem Garten einen steten Hauch von Frühling verliehen. All dies machte aus dem schönen Gebäude ein wohnliches und prächtiges Palais, das überdies unseren Namen trug.

Wegen meiner Angelegenheiten und Gesuche hatte ich eine diskrete Unterredung mit M. le Prince de Soubise, der mir eröffnete, daß nur noch acht Heiliggeistorden vakant seien, und mir die Namen meiner Konkurrenten nannte. Ich begab mich zu M. d'Argenson. Er empfing mich aufs schmeichelhafteste und versicherte mich seiner vollkommenen Zufriedenheit mit meiner Inspektionsreise an die Nordküste. Um den günstigen Moment zu nutzen, trug ich ihm drei Dinge vor: Boulogne meinem Befehlsbereich anzugliedern. Er wollte dies erwägen, allerdings nur unter der Bedingung, daß ich dann ausschließlich ihm und nicht M. de Chaulnes, den es nichts angehe, verantwortlich wäre und daß natürlich M. d'Aumont als Gouverneur des Boulonnais einbezogen werden müsse.

Der zweite Punkt betraf die Verlängerung meines dortigen, noch provisorischen Kommandos, ohne daß ich von glanzvolleren Taten ausgeschlossen wäre wie der Teilnahme an der mutmaßlichen Belagerung Wesels. Er begriff, daß ich Calais allein wegen des Ruhms verlassen würde. Drittens sprach ich den Heiliggeistorden an; er sagte, daß er mich bei Gelegenheit gerne ins Spiel bringen und sein Bestes tun wolle – was er dann auch tat –, er mich aber vornehmlich an die Marquise verweisen müsse, was mir seine Aufrichtigkeit bewies.

Den 22. Dezember begab ich mich zur Marquise, obwohl es erst zehn Uhr vormittags war. Sie wollte soeben inkognito zur Messe aufbrechen. Es war ein üblicher Arbeitstag. Sich so schlicht und ohne Aufsehen zur Messe zu begeben, bewies wahre Frömmigkeit. Dem Theaterspielen hatte sie abgeschworen. Den Geheimgang, durch den der König vordem in ihr kleines Rotes Kabinett gelangt war, hatte sie vermauern lassen. Der König konnte nur noch durch den großen Salon, wo sich stets vornehmste Personen aufhielten, zu ihr gelangen. Das verdroß ihn bisweilen. Prächtig gekleidet speiste sie indes in den Kabinetten an seiner Seite. Das alles war eine merkwürdige Mixtur, die einigermaßen verblüffte. Ich meinerseits hatte diese Entwicklung, daß sie nämlich mitsamt dem König nach und nach fromm und dadurch noch bestimmender werden würde, seit vier Jahren vorausgesehen und prophezeit. Nun besaß sie alle Machtfülle, denn die gewichtigsten Angelegenheiten wurden bei ihr verhandelt. Es hieß, sie hätte unseren Bündnisvertrag mit Wien allein mit dem Abbé de Bernis und direkt mit Kaunitz ausgehandelt, ohne sonst jemanden hinzuzuziehen.* In ihren Gemächern wurden die bedeutendsten Staatsgeschäfte der Zeit entschieden, der inneren Politik, alles, was das Parlament betraf, und nur durch sie waren Auszeichnungen zu erlangen.

Ich erwartete sie nach der Messe im großen Salon, plauderte mit ihrer Ersten Kammerfrau, die mich dadurch überraschte, daß sie sich in dieser beklemmenden Atmosphäre langweilte und sich darüber verwunderte, wie die großen Herren, die auf ihren riesigen Ländereien selbst Könige sein konnten, hier im Vorzimmer dienerten. Wie liebend gerne sie fern von solchem Durcheinander auf dem Land leben würde. Soviel gesunder Menschenverstand überraschte mich.

* François Joachim de Pierre, 1715–1794, Abbé, dann Kardinal de Bernis, französischer Botschafter in Venedig, dann Staatssekretär des Äußeren. Anton Wenzel Graf, dann Fürst von Kaunitz, 1711–1794, österreichischer Botschafter in Paris, später federführender Außenpolitiker des Kaiserhauses. – Als der Tod des genialen politischen Strategen vermeldet wurde, fragte sein Nachfolger Metternich: «Und was bezweckt er damit?»

Das Attentat

Am Neujahrsmorgen 1757 ging ich in die Frühmesse. Dann harrte ich im Œuil-de-Bœuf-Salon lange meines Schicksals. Schließlich wurden sieben neue Ordensritter bekanntgegeben, ich war nicht darunter. Nicht ohne Schmerz sah ich, wie M. de Broglie beglückwünscht wurde. Es handelte sich um die sieben, die ich mir notiert hatte. Sie waren zugegebenermaßen durchwegs würdig. Nur der Infant sollte erst an Lichtmeß aufgenommen werden. Alle Orden waren Botschaftern vorbehalten. Ich erblickte den Prince de Soubise, dessen Fürsprache ich zu erlangen suchte. Er riet mir, mich zu entfernen.

Ich nahm die Wahl recht ruhig auf, wiewohl sie mich weit zurückwarf, sogar hinter Jüngere. Ich kehrte nach Paris zurück, um meine Mutter zu benachrichtigen und zu trösten.

Nachdem ich am 5. Januar tagsüber gearbeitet hatte, begab ich mich um halb zehn zum Souper ins Hôtel de Condé, wo ich ein Jahr lang nicht gewesen war. Als ich den Salon betrat, waren alle rundum erstarrt. M. le Prince und Mme. la Princesse de Condé besprachen sich mit entsetzter Miene. Ich trat neben Mme. de Renty, die mir offenbarte: «Es gilt als sicher, daß jemand den König ermorden wollte und daß er verwundet wurde!» Mehr war nicht zu erfahren.

M. le Prince de Condé brach auf, und von überall ließ man Nachrichten einholen. Da bereits serviert wurde, setzte man sich zu Tisch. Nie verlief ein Essen bedrückter. Niemand wagte aufzublicken. Das Souper war schnell vorbei. Nach Mitternacht traf der Bericht von M. de Gesvres ein. Die hübsche, liebenswürdige und schwangere Princesse de Condé glaubte, ohnmächtig zu werden:

Als der König seine Karosse besteigen wollte, um nach Trianon aufzubrechen, wurde er rechts von einem Schlag getroffen, den er zuerst für einen Fausthieb hielt. Er faßte mit der Hand hin und zog sie voller Blut zurück. Er selbst befahl die Verhaftung des Mannes im grauen Mantel und daß man ihn nicht töte. Noch gut bei Kräften stieg der König seine Treppe hinauf. Kein Wundarzt war in der Nähe. Man entkleidete ihn. Schließlich kam La Martinière. Er untersuchte die Wunde und befand sie für weder tief noch gefährlich. Der König wurde zur Ader gelassen, und er ruht derzeit.

Der Mann wurde verhaftet.

Am 6. Januar, Heilige Drei Könige, fuhr ich nach Versailles. Auf Schritt und Tritt waren Wachen postiert. Alles befand sich in Alarmbereitschaft. Im Spiegelsaal erkundigte ich mich nach dem Befinden des Königs. Mir wurde versichert, daß die Wunde so geringfügig wie ein Degenstich sei und sich in Gesellschaft sogar verbergen lasse. Ich erfuhr die Umstände; hier nun im Groben, was ich zusammentrug: Gegen sechs Uhr abends bei nur leicht diesigem Wetter, Vollmond und Fackelschein, der ihn blendete, wollte der König nach Trianon, wo alle weilten, zurückfahren. Als er hinter dem Hauptmann der Hundert Schweizer die unterste Stufe aus dem kleinen Wachsaal nahm, um in seine Karosse zu steigen, auf seinen Ersten Großwappenträger gestützt und gefolgt vom Dauphin und dem Duc d'Ayen, stürzte ein Mann zwischen zwei Wachen, die er zur Seite drängte, hervor, schob einen Gardeoffizier beiseite, gelangte halbwegs hinter den König und stieß diesem mit solcher Kraft ein Taschenmesser in die rechte Seite, daß der König durch die Wucht des Hiebs oder wegen des Messerknaufs vornüberwankte und sagte: «Duc d'Ayen, mich hat eine Faust getroffen!»

Der Täter war so schnell, daß er durch die Lücke zwischen den Wachen, die sich gerade wieder faßten, zurückschlüpfte, und niemand hatte den Hieb gesehen, sei's wegen der Fackeln oder wegen der untersten Treppenstufe, auf die man gerade achtgegeben hatte.

Nach den Worten des Königs rief aus dem Gefolge der Marschall de Richelieu: «Wer ist der Mann da mit dem Hut?» Der König wandte sich um, spürte rechts die Wunde, faßte hin, zog die blutige Hand zurück und sagte: «Ich bin verletzt! Man verhafte ihn. Aber tötet ihn nicht!»

Ein Page, der den Wagenschlag offenhielt, rief: «Der König ist verletzt!» Man bekam den Mann zu fassen, und der König kehrte um. Man will ihn tragen. Er sagt: «Nein, ich schaffe es hinauf.» Geradezu leichtfüßig nahm er seine Treppe und wirkte bislang sicher und geistesgegenwärtig. Als er oben viel Blut rinnen sah, wähnte er, tödlich verwundet zu sein: «Er hat mich getroffen. Ich bin verloren!» Die Wunde und die Erregung schwächten ihn, und mehrmals verlangte er nach Beichtvater und Arzt. Da fast sein ganzes Gefolge in Trianon weilte, war niemand zur Hand. Sein Bett war ohne Wäsche, es gab kein Hemd. Man fand bloß einen Morgenrock. Dem König wurde übel, und er fürchtete zu sterben. Er wollte eilends seinen Beichtvater. Ein Geistlicher der Pfarrei traf ein. Hastig beichtete er und bat um die Absolution, versprach, umfassender und besser zu beichten, wenn ihm die Zeit dafür bliebe. Die Absolution wurde ihm erteilt.

Irgendein Wundarzt kam, reinigte die Wunde, wagte aber nicht, sie ohne den Ersten Chirurgen genauer zu untersuchen. Schließlich traf La Martinière aus Trianon ein. Er untersuchte die Wunde und erklärte sie weder für tief noch für gefährlich, aber man glaubte – auch der König selbst –, das Messer wäre vergiftet gewesen. Alle wurden immer besorgter. Die Prinzessinnen waren durch den Tumult alarmiert, eilten herbei und sanken, als sie den König in seinem Blut liegen sahen, ohnmächtig am Bett zusammen. Einige von ihnen, ich weiß nicht welche, blieben lange bewußtlos. Wenngleich in Tränen aufgelöst, verhielt sich der Dauphin gefaßt und sorgte für Ordnung.

Die Königin traf ein, meinte, es handele sich um eine Kolik, sah das Blut und wankte. Der König verlangte weiter nach seinem Beichtvater. Da dieser nicht da war, schlug man den angesehenen Priester der Königlichen Haushaltungen vor. Er kam. Ihm beichtete der König lange, bat dann um die Letzte Ölung. Es wurde nach den Heiligen Ölen und nach dem Kardinal de la Rochefoucauld geschickt. Die Salbgefäße kamen, doch glücklicherweise fand man den Kardinal nicht, und der König empfing keine Letzte Ölung.

Der königliche Beichtvater traf ein. Der König verbrachte mit ihm eine halbe Stunde, und man dachte, um Mme. de Pompadour wäre es nunmehr geschehen und es brächen nun wieder fromme Zeiten an. Die vertrautesten Höflinge erwogen dies und jenes, meistens nichts Ersprießliches. Der König leistete vor allen Anwesenden ehrenvoll Abbitte für seine Sünden, bat seine Kinder für erlittene Schmach und die Königin für begangenes Unrecht um Verzeihung. Zum Dauphin gewandt, sagte er, nun würde er bald glückvoller herrschen als er selbst und das Königreich in gute Hände kommen. Alle brachen in Tränen aus. Weil man Gift fürchtete, löste man gegen Mitternacht den Verband, fand aber kein bedrohliches Anzeichen und sah, daß man sich getäuscht hatte. So beruhigten sich allmählich die Gemüter.

Mme. de Pompadour befand sich mit den wichtigsten Höflingen in Trianon. Sie kehrte nach Versailles in ihr Appartement zurück, wo sie vermeintlich ruhig mehrere Tage zubrachte, ohne zum König vorgelassen zu werden.

Doch nun zum Attentäter: Sobald er ergriffen und verhört wurde, erklärte er: «Nun denn! Ich war's! Nicht nötig, noch zu suchen!» Bei seiner Tat trug er einen Hut. Als ihn zuvor jemand aufgefordert hatte, den Hut zu ziehen, hatte er geantwortet: «Nein, so trete ich den Königen entgegen!»

Man schaffte ihn in den Wachsaal. Er mußte sich völlig entkleiden. In seiner Tasche fand man ein Messer aus Namur, mit gewöhnlicher Klinge an der einen und einem Federmesser an der anderen Seite des Griffs, wie bei den Namurschen Messern üblich. Man verglich es mit dem Stich durch das Gewand des Königs und befand, daß der Mann mit diesem Messer zugestochen hatte. Man drang in ihn, ob es vergiftet gewesen sei. Er versicherte, daß nichts dergleichen zu befürchten sei, doch um sich wichtig zu machen, sagte er: «Vorsicht mit dem Dauphin!» Er wurde nach Komplizen befragt. Er antwortete: «Wenn es welche gibt, dann sind sie nicht hier!» Am meisten erstaunte, daß man bei ihm ungefähr fünfunddreißig Louis in Gold und Silber fand und eine Nummer *1* in seinem Hut.

Man glaubte an eine Verschwörung. Überall wurden Wachen postiert, denn alles schien denkbar. M. de Machault, Siegelbewahrer, kam hinzu, zornmütig hinter ruhigem Äußeren, und verlangte, daß man den Täter durch Feuer an den Füßen zum Reden bringen solle. Die Wachen machten die Zangen glühend und verbrannten seine Füße so heftig, daß er daran zu sterben glaubte. M. de Machault wurde dies übel angekreidet. Der Verbrecher schlug wild um sich, gab aber nichts preis. Schließlich schaffte man ihn in den Kerker von Versailles, in die Obhut des Großvogts M. de Sourches und seiner Kriminalbeamten und bewacht von der Französischen Garde.

Das alles geschah in der ersten Nacht.

Am 6. wurde der Verband abermals gelöst, und La Martinière versicherte, daß keine schlimmen Folgen zu befürchten seien, doch setzte er alsbald in Absprache mit M. Senac ein detailliertes und durchaus beunruhigendes Bulletin auf. Der Rat versammelte sich; der König befahl dem Dauphin, ihm vorzusitzen. Man beschloß, sämtliche Minister in einem Rundschreiben das Unglück und das ärztliche Bulletin verlautbaren zu lassen. Der Postverkehr wurde bis zum Absenden der Schreiben, welche die Nachricht überall verbreiteten, eingestellt.

Wer vom Parlament nicht verbannt war, fand sich ein. Der König ermächtigte den Dauphin, mit ihnen zu beraten und auf Anfragen zu antworten.

Als sich die Gefahr gelegt hatte, beruhigte man sich; von Beichtvätern war keinerlei Rede mehr. Nach und nach wurden die Gespräche der Höflinge wieder normal. Der König hütete einige Tage das Bett. Dann brachte man ihn ins übliche Schlafgemach. Er besuchte die Messe und war allmählich wieder gewillt, Mme. de Pompadour aufzusuchen. Beim ersten Mal sagte er keine Silbe, und man meinte, er wolle sie seine Mißbilligung spüren lassen.* Sie sprach zartfühlend auf ihn ein. Er antwortete nicht und zog sich stumm zurück. Er fand sich abermals bei ihr ein, spielte eine Partie und sprach. Am dritten Tag speiste er bei ihr, und binnen kurzem wurde alles wie zuvor, und sie war mächtiger denn je.

Nachdem ich am 6. morgens in Versailles eingetroffen war und mich im Œuil-de-Bœuf-Salon, wo sich die meisten aufhielten, über die Geschehnisse ins Bild gesetzt hatte, erfuhr ich, daß M. d'Argenson mich suchte. Ich begab mich zum Minister und erwähnte, daß der Täter offenbar aus Arras stamme. Er dankte für diesen Hinweis und bestimmte, daß ich sofort nach Arras aufbrechen solle, um den Hintergrund des Attentats aufzuklären. Ich sagte, daß ich zuerst den Verbrecher sehen müsse, um Anhaltspunkte zu bekommen. Er stimmte zu, lobte mich und schickte mich zu M. de Sourches, damit ich den Mann sehen konnte. M. de Sourches, der es begrüßte, daß ich nach Arras reisen sollte, führte mich zum Kerker, wo seine Beamten ihre Verhöre durchführten. Er ließ mich den Täter sehen, einen recht schönen Mann mit tiefliegenden Augen, großer Nase und von den Brandqualen fiebriger Gesichtsfarbe. Er lag auf eine Pritsche gekettet, litt und beklagte sich über M. de Machault, der ihn sinnlos mit glühenden Eisen habe quälen lassen.

Ich fragte ihn, ob er aus dem Artois stamme. Er sagte: «Ja, das stimmt! Und Leute aus dem Artois sind keine Geheimniskrämer. Wir haben keine Angst. Der König hat keine besseren Untertanen!» Alles übrige solle ich M. de Sourches fragen. Seine Stimme klang sanft, was mich zuerst in dic Irrc führtc, denn ich hielt ihn für jemanden aus guter Familie. Beim Hinausgehen dankte er uns und sagte, daß er nur noch Gott und einen guten Beichtvater brauche. Ich begriff, daß er ein Fanatiker war und sonst nichts.

* Weil sie seine Mätresse war.

Ich berichtete M. d'Argenson. Es sprach sich herum, daß ich ihn gesehen hatte und in seine Heimat aufbrechen würde. Mein Name war in aller Munde. Man gab mir einen Wagen des Königs, in dem ich allein nach Paris fuhr. Ich begab mich zu M. le Duc d'Aumont (wir hatten noch über unsere Angelegenheiten in Boulogne zu sprechen). Laut und vernehmlich sprach ich vom Täter, den ich gesehen hatte, und nannte ihn einen Fanatiker. Die ganze Nacht hindurch arbeitete ich mich wie ein Galeerensklave in den Fall ein. Morgens brach ich bei strengem Frost auf.

Am 9. traf ich um sechs Uhr bei M. de Fillancourt in Arras ein. Ich fand alle Personen vor, die ich hatte einbestellen lassen. Ich ließ die Vorgeladenen erzittern! Der Raum war gedrängt voll. Ich ging ins Nebenzimmer und sprach mit jedem Amtsträger. Ich merkte, daß ihre Nachforschungen nichts taugten. Ich fragte nach den beiden Kronanwälten. Ich erfuhr, was ich bereits vom Täter erfahren hatte. Ich ahnte, daß man hierzulande wohl keinerlei Mitschuld trug. Gemäß den Protokollangaben ließ ich jeden, der etwas wissen konnte, zu mir kommen. Darunter befand sich Réant, der mir einen Schrecken einjagte, als er «Alculoy» genauso aussprach, wie ich es vom Täter gehört hatte.* Die Verhöre und Akten bewiesen die Besessenheit des Täters. Ich hielt die Auskünfte ordnungsgemäß fest. M. de Goure, stellvertretender Intendant der Provinz, unterstützte mich nach Kräften. Nachdem die Befragungen bis zehn Uhr gedauert hatten, aß ich gut zu Abend. Ich nahm das Mal sehr gemessen ein, unterstrich dadurch den finsteren Anlaß und ließ die Amtsträger spüren, welche Schmach es war, daß ihr Land ein solches Ungeheuer hervorgebracht hatte.

* Bei dieser vielleicht ersten auch *soziologischen* Untersuchung eines Verbrechens – versuchter Königsmord, das denkbar schwerste nach Gotteslästerung – sprach der Wirtshausbesitzer Réant den Geburtsort Damiens', Thieuloye, in der Mundart des Artois aus.

Ich erfuhr, daß die drei Brüder Ferrand oder Fillancourt auf Betreiben der Marquise hier Posten bekleideten und durchaus beliebt waren.

Mittwoch, den 12., empfing ich etliche Amtspersonen und fuhr mit meinen Nachforschungen über die Gegend und Dörfer fort. Ich speiste beim Comte du Cécile.

Donnerstag, den 13., wurden die Untersuchungen fortgesetzt, überdies empfing ich einige Damen. Ich speiste bei M. de Fillancourt. Ich wies die Vertreter der Stände (nach einer zufälligen Bemerkung) darauf hin, daß sie offenbar schliefen, und drängte auf eine Sonderversammlung, um eine Sondergesandtschaft an den Hof zu beschließen. Ich unterrichtete den Comte de Guines davon und feuerte die Herren an. Ich erfuhr, daß man den Vater in Saint-Omer verhaftet hatte, und wollte alsbald dorthin. Mein Kurier traf mit den erfreulichsten und schmeichelhaftesten Briefen aus Versailles ein.

Als ich Samstag, den 15., um acht Uhr früh aufbrechen wollte, erfuhr ich, daß die Familie zu mir gebracht wurde. Ich ließ den Gendarmen und den Kommissar holen. Gespräch mit ihnen. Ich sah verstohlen nach dem Vater vor der Tür. Ich ließ die Aussagen von Vater und Bruder, die nur von einem Diebstahl wußten, protokollieren. Ich empfand Mitleid mit den beiden in Ketten, zumal sie ehrbar wirkten.

22., Verhör der Bewohner von Fiefs und sonstiger Landsleute.

Den 4. März empfing ich von zehn bis mittags die wichtigsten Personen von Arras und den Bischof. Mit Genugtuung spürte ich, wie sehr ich wegen meiner Pflichterfüllung geschätzt wurde. Und es schmeichelte mir zu erfahren, daß das Parlament mir so vollständig vertraute und mit meiner Arbeit dermaßen zufrieden war, daß es sich bei seinem Prozeß vollkommen darauf stützen wollte. Also hatte ich in sehr stürmischen Zeiten zugleich das Parlament und das Artois zufriedengestellt. Ich nahm schweren Herzens Abschied und erreichte am 5. bei Einbruch der Nacht Paris.

Beim Obersten Parlamentspräsidenten fanden sich drei Kommissare ein, M. Severt und seitens des Königs die beiden Messieurs de Fleury. Ich nahm feierlich Platz, und in aller Form begann die Sitzung. Ich war meiner Sache keineswegs unsicher, sondern ließ es eher die anderen werden. Ich berichtete von meinem Vorgehen und legte den Charakter Damiens' dar, so wie er sich mir durch eine Vielzahl von Informationen erschlossen hatte. Daß er von galligem Blut und Wesen, bösartig und gefährlich seit Kindesbeinen war, hochmütig und eingebildet, und daß er sich dazu ausersehen fühlte, gebieterisch Ordnung zu stiften. Daß er keine moralischen Grundsätze kannte, Geistliche verachtete und über den Glauben gespottet hatte, finster und verschlossen war, sich nie jemandem öffnete, daß er laute Selbstgespräche führte oder in sich hineinmurmelte und von derartig aufbrausendem Blut war, daß nur der Aderlaß half. Alle zwei Wochen hatte er sich zur Ader lassen und Opium nehmen müssen, was ihn für vier, fünf Tage besänftigte, wonach dann aber sein Wahn, den König töten zu müssen, wieder Besitz von ihm ergriffen und sich mit seinen Blutwallungen gesteigert hatte.

Ich endete mit meiner Einschätzung, daß vier Ursachen den Elenden angetrieben hatten: 1. sein ungestümes Blut und seine Geburt in Armut, 2. fehlende Moral und ein ihm eher spaßeshalber gestelltes Horoskop, 3. lästerliche Reden in seiner Gegenwart, 4. die wichtigste Ursache: der übermäßige und verzehrende Hochmut, der ihn glauben ließ, er müsse sich für das allgemeine Wohl und die Ordnung im Staate opfern. Das hatte den Verrückten, der er in diesem Punkte war, geleitet.

Am 7. März stattete ich in Versailles Besuche ab. Obwohl der König seine große Zufriedenheit mit meiner Arbeit bekundet hatte, fand er nicht ein Wort für mich. Ich war wie vor den Kopf gestoßen. Es dauerte mich eher um ihn als um mich. Der Dauphin plauderte kurz mit mir, brachte es aber nicht über sich, Genaueres über meine Untersuchungen zu erfragen, wenngleich ich es ihm geradezu aufdrängte.

Ich traf den Marschall de Belle-Isle, der mich sehr lobte.

Am 26. März traf ich abends den Generalkronanwalt. Er berichtete mir, daß Damiens in vollem Umfang für schuldig befunden und zur selben grausamen Strafe wie Ravaillac* verurteilt worden war.

Da der nächste Tag der Passionssonntag war, verzögerte sich die Exekution um einen Tag, und die beiden Pfarrer, seine Beichtväter, fuhren mit ihren christlichen Ermahnungen fort. Er war so schicksalsergeben und ruhig, wie ein so verderbter Mensch es nur sein konnte.

Der 28. März war sein Schreckenstag, an dem er die furchtbarsten vierzehn Stunden durchstand. Um vier Uhr früh wurde ihm sein Urteil verlesen. Er war von nichts überrascht, wußte längst alles, und sein Hochmut verleitete ihn dazu, seine Richter zu fragen, ob sie etwas vergessen hätten. Um sieben Uhr wurde er noch einmal verhört und überstand übel zugerichtet die peinliche und hochnotpeinliche Folter. Schon davor hatte er beharrlich beteuert, keinen Komplizen zu haben oder nennen zu können, und versuchte, sich so gut wie möglich an alles zu erinnern. Zuletzt entsann er sich, daß ein Sekretär in einem Haus, in dem er vor ungefähr vier Jahren gedient hatte, hinsichtlich eines Schreckens, der dem König widerfahren war, gemeint habe: Vielleicht müsse man dem König Angst einjagen, damit er wieder zur Besinnung komme. Und daß er, Damiens, diese Bemerkung nicht vergessen, sondern gegrübelt habe, wie er den König treffen könne, damit er in sich ging, und wie mutig und entschlossen er sich gefühlt habe, sich dafür zu opfern. Das schien wirklich sein ganzer Plan gewesen zu sein, der von hetzerischen Reden in Paris genährt und durch sein ungestümes Blut zur Tat geworden war. So war es denn.

Gegen drei Uhr nachmittags wurde er nach Notre-Dame gekarrt, um Abbitte zu leisten. Von dort vor vier zum Grève-Platz. Wo er vorbeikam, drängten sich die Menschenmassen, aber das Pariser Volk schien wie üblich nur gleichgültig zu gaffen. Weder Haß noch Mitleid waren zu spüren.

* Katholischer Religionsfanatiker, der 1610 Heinrich IV. ermordet hatte.

Als er am Grève-Platz ankam, musterte er alles. Er wurde ins Rathaus geführt, wo er sich eine halbe Stunde lang aufhielt. Dort bekannte er, daß er Gott, den König, das Gericht und den Erzbischof für all seine lästerlichen Reden um Vergebung bitte. Er versicherte abermals, daß es weder eine «Verschwörung noch einen Komplizen» gebe. Dann verstummte er und wollte seine Bestrafung nicht länger hinauszögern, sondern hinter sich bringen.

Gegen halb fünf wurde er in die Mitte des Grève-Platzes geführt, wo dicke Schranken ungefähr einen halben Morgen aussparten, in dessen Mitte eine Art niedriger Tisch aufgebaut war, der fest auf sechs großen Steinen ruhte.

Um ihn herum befanden sich nur die sechs Henker und zwei Beichtväter. Er half selbst, sich zu entkleiden, und zeigte weder Furcht noch Befremden, sondern schien begierig, zum Ende zu kommen (man wird sich daran erinnern, daß er sich oft genug selbst töten wollte). Man streckte ihn auf diesem Tisch aus, wo Eisenreifen seinen Körper in jede Richtung umklammerten, zwei quer über die Brust, einer teilte sich gabelförmig und ließ den Hals frei, einer drückte die Schenkel nieder. Alle waren längs miteinander verbunden und wurden durch große Schrauben unter dem Tisch gespannt, so daß der Rumpf vollkommen unbeweglich lag. Ein besonderes Eisen wurde um seine rechte Hand geschlossen, man verbrannte sie ihm mit Schwefelfeuer, was ihn schreckliche Schreie ausstoßen ließ, dann wurden seine Arme und Beine straff gefesselt, zuerst oben und dann bis hinunter zu Handgelenk und Fuß, und man befestigte diese Seile am Zuggeschirr der vier schweren Pferde, die an den vier Ecken des Tisches aufgestellt waren. Nachdem der Henker das Zeichen gegeben hatte, ließ man die Pferde immer wieder stoßweise anziehen, was nichts bewirkte, sondern ihn nur grauenvoll brüllen ließ. Man trieb die Pferde doppelt so kräftig an, ohne ihn zerreißen zu können. Seine grauenvollen Schreie übertönten trotz des Lärms der gewaltigen Zuschauermenge alles. So zogen die Pferde eine Stunde lang an ihm, ohne etwas auszurichten.

Um ihn zerreißen zu können, spannte man für seine Schenkel zusätzlich die zwei Karrenpferde an, zog, trieb alle sechs Pferde auf einmal. Das verdoppelte nur sein Brüllen, das – denn so stark war dieser Mann – nicht leiser werden wollte. Die Henker, die sich nicht mehr zu helfen wußten, gingen im Rathaus nachfragen. Man beschied ihnen, daß er gevierteilt werden müsse. Man begann wieder mit dem stoßweisen Zerren der Pferde. Die Schreie verstummten nicht, aber die Pferde begannen von ihrem Stampfen auf der Stelle müde zu werden. Daraufhin erlaubten die Richter, daß man ihn in Stücke haue; ein Henker hieb in den Schenkel und ließ zugleich die Pferde ziehen. Damiens hob noch den Kopf, um zu sehen, was man mit ihm mache, und er, der Gotteslästerer, stieß keine Flüche aus, sondern wendete seinen Kopf immer wieder zum Kruzifix und küßte es. Die Beichtväter redeten auf ihn ein.

Schließlich, nach anderthalb Stunden dieser durch ihre Dauer beispiellosen Qualen, riß zuerst der linke Schenkel ab. Das Volk klatschte Beifall. Bis dahin schien es nur gleichmütig neugierig gewesen zu sein. Dann riß, durch das Hineinhacken, der andere Schenkel ab. Darauf hieb man in eine Schulter, die schließlich abgetrennt wurde. Das Schreien verstummte nicht, war aber viel schwächer geworden. Der Kopf bewegte sich noch. Dann hackte man den vierten Teil ab, das heißt die andere Schulter. Der Kopf starb erst, als auch er abgeschlagen war und nur noch der Rumpf eingespannt lag. Man löste die Eisenringe, und es heißt, daß der Leib noch gezuckt habe, als man ihn auf den Scheiterhaufen warf, wo alle Teile verbrannt wurden.

So war das Ende dieses Elenden, der durch die Dauer seiner großen Qualen die gewiß furchtbarste Strafe erlitt, die je ein Mensch erdulden mußte.

Am 29. März brachte ich meinen Sohn, nunmehr dreizehn Jahre und vier Monate alt, zum M. de Jumilhac, um ihn als Grauen Musketier einschreiben zu lassen. So lautete der Eintrag: *François Anne*

Ferdinand Emmanuel de Croÿ, Prince de Solre, vorgestellt durch den Prince de Croÿ, seinen Vater, Musketier ab dem 30. März 1757.

Er ist nicht groß, doch kräftig, wenngleich von etwas zarter Gesundheit. An Verstand ist er seinem Alter voraus. Ich werde mich bemühen, ihn beizeiten Obrist werden zu lassen, was das Wichtigste ist.

Nach getaner Arbeit fuhr ich am 1. April nach Versailles. Abends soupierte ich beim König. Da Mme. de Pompadour sich unpäßlich fühlte, war außer der Marschallin de Mirepoix, die später hinzukam, keine Dame anwesend. Der König erging sich nicht mehr über die Bestrafung Damiens', was er sogar den Botschaftern gegenüber ein wenig zu detailliert getan haben soll. Alles verlief wie üblich, der König beachtete minutiös die Fastenregeln. Ich arbeitete noch mit dem Marschall de Belle-Isle, doch da nichts voranging, fuhr ich am nächsten Tag zurück. Mme. d'Estrades sang übrigens das Loblied auf die Kaiserin, wie jeder, der sie erlebt hatte. Über den König von Preußen, der weiterhin Sachsen verwüstete, war man äußerst empört.

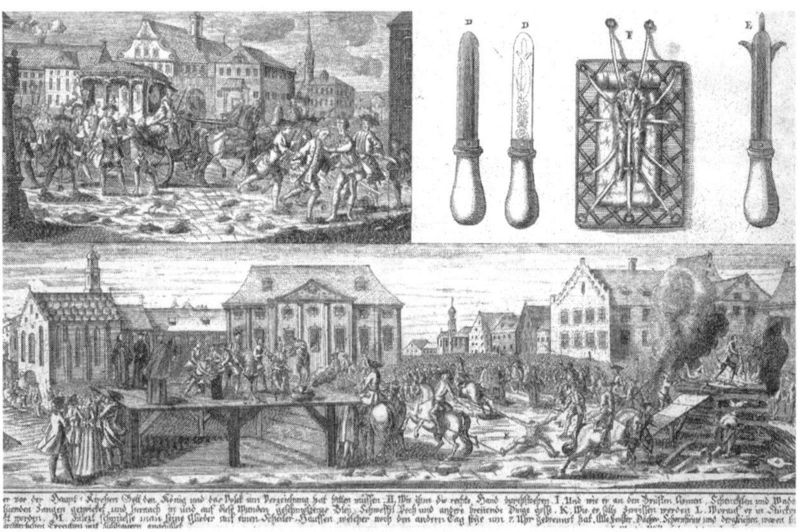

Attentat und Hinrichtung Damiens'

Neue Köpfe, alte Sorgen

Den 8. Januar 1758 fuhr ich nach Versailles: Die höchsten Offiziere befanden sich noch alle bei der Armee, so daß der Hof nicht überlaufen und angenehmer war. Ich wurde sehr ehrerbietig begrüßt. Mme. de Pompadour bat mich zu sich. Die Zahl ihrer Vertrauten wuchs, an die vierzig leisteten ihr bei den Mahlzeiten Gesellschaft. Maronen wurden gereicht. Alles in diesen Gefilden ist Manna. Sie lud mich ein, einmal jede Woche bei ihr zu speisen, einmal sogar, als sich der König hinzugesellte. Die Minister erschienen zweimal täglich zum Bericht. Manchmal konnte man sich dort mit ihnen besprechen. Mir wurde klar, daß ich bei Hofe als dem Gewöhnlichen enthoben galt, was ich aber mein Lebtag lang geblieben wäre, wenn ich weiterhin nur den König bei der Jagd begleitet hätte, wie es seit mehr als fünfzehn Jahren der Fall war. Mir war, als fasse man allmählich Zutrauen zu mir.

Bei Hofe war augenscheinlich, daß Mme. de Pompadour ausnahmslos alles bestimmte und nie jemand einflußreicher gewesen war als sie. Ihr Bevorzugen des Prince de Soubise und des Abbé de Bernis verriet auch, daß sie beider Befehls- und Amtsbereich genau im Blick behielt. Der Bündnisvertrag mit der Königin von Ungarn prägte das Denken jener Tage. Sämtliche Minister kamen, um mit ihr zu arbeiten, hier lag das Zentrum, indes der Krieg heftig und ungut wütete.

Was den Krieg betraf, hielt Marschall de Belle-Isle die Fäden in der Hand; seine Stimme zählte, und trotz seiner Schwerhörigkeit und seiner fünfundsechzig Jahre ließen weder sein Eifer noch sein Weitblick nach.

M. de Paulmy, Kriegsstaatssekretär, segnete die Beschlüsse nur ab, doch jeder Mißerfolg wurde ihm angelastet. Wiewohl M. de Paulmy klug war und sein Ressort von der Pike auf kannte, wurde er weder hinreichend respektiert, noch galt sein Wort genug, was ihm auch bewußt war, weshalb er vieles im stillen vorbereitete, was erst bei der Ausführung zutage trat.

M. de Moras, mein Freund, blieb stets ruhig und heiter und leistete für die Marine eifrig sein Bestes, doch genoß er in seinem Ressort kaum Ansehen. Seine verehrungswürdige Gattin hingegen bezauberte durch ihre Vorzüge jedermann und wäre der Lobeshymnen des Dichters Rollin würdig gewesen.

M. l'Abbé de Bernis wurde tagtäglich mächtiger und eilte mit großen Schritten seinem Zenit entgegen, wohin ich ihn bereits seit vier Jahren hatte stürmen sehen. Selbstherrlich stand er den Auswärtigen Angelegenheiten vor, war er doch der enge Vertraute Mme. de Pompadours und des Königs, und auch im Innern unternahm man nichts ohne den Abbé (wie er genannt wurde). Sein Vorgänger M. Rouillé war mehr oder minder glimpflich seines Amts enthoben worden, nahm weiter an den Ratssitzungen teil und fungierte als Minister ohne benennbare Pflichten. Einen fürstlichen Hausstand begann der Abbé de Bernis zu führen.

M. de Saint-Florentin, der mit dem Inneren betraut war, hielt sich zwar auf seinem Posten dank seiner langen Erfahrung bei Hofe. Allabendlich soupierte er, eher als Gesellschafter, bei Mme. de Pompadour. Folglich mußte er nie selbst Gäste bewirten.

M. de Boullonge, der in einem Krieg, den wir unmöglich durchhalten konnten, nun die erdrückende Last der Finanzen zu stemmen hatte, war von Arbeit überhäuft und wurde von Menschen bestürmt.

Der König führte sein gewohntes Leben, nie schlüpfte ihm ein Wort über die Lippen, mit dem er seine Zuarbeiter gelobt oder bestärkt hätte. Das stimmte recht mißmutig. Seine unveränderliche Güte konnte diesen Mangel nicht wettmachen, der eine Art von Fühllosigkeit oder Unentschlossenheit zu sein schien, denn er folgte lieber einem Vorschlag als seiner eigenen Meinung, auch wenn sie triftiger gewesen wäre. Das minderte in allen Gliedern des Staats den Gehorsam und brachte ihn in eine bedenkliche Lage, die ein Heer von Spekulanten zum Stöhnen brachte.

Im November 1757 waren die Armee des Prinzen von Soubise und die verbündete Reichsarmee unter dem Prinzen von Sachsen-Hildburghausen von den Preußen unter Friedrich dem Großen bei Roßbach vernichtend geschlagen worden. Nach einem Rückzugsgefecht bei Hoya mußten sich die Franzosen nun bis weit hinter die Weser zurückziehen.

Gleich als ich am 4. März in Versailles eintraf, hörte ich Neuigkeiten von der Armee. Bei Hofe herrschte das blanke Entsetzen. Obristen und Generäle machten sich auf den Weg, wenngleich sie gerade erst aus dem Feld eingetroffen waren und nicht wußten, wo sie ihre Einheiten fänden. M. de Paulmy versah noch sein Amt und harrte des Marschalls de Crémilles von der Front. Dann übernahm Marschall de Belle-Isle das Kriegsministerium. Er bezog die Amtsräume und straffte die Zügel. Die Demission M. de Paulmys wurde anerkennend respektiert. Schlimmer schien es nicht mehr kommen zu können. Hessen hätte sich nur mit einer neuen Armee halten lassen. Doch um die Holländer in Schach zu halten, brauchten wir die Festung Wesel. Es offenbarte sich, daß es falsch war, die Truppen von Hanau bis Emden und von Geldern bis Gifhorn zu verstreuen. Die Feinde zwangen uns nun, die einzige gute Position zu beziehen, und zwar diesseits des Rheins.

Am 5. sah ich den Kurier eintreffen, der am 27. Februar aus Hannover aufgebrochen war und Nachricht brachte, daß Braunschweig und Wolfenbüttel aufgegeben worden waren, tags darauf Hannover geräumt werden würde und die Armee sich nach Hameln zurückzog. Prinz Heinrich von Preußen erreichte Halberstadt. Mme. de Pompadour war schockiert. Jeder eilte zu den Fahnen. Ich schämte mich zu bleiben. Ich dinierte beziehungsweise nahm den Kaffee bei Marschall de Belle-Isle, wo sich viele Leute einfanden. Er erklärte, er hoffe, der König werde ihm die erbetene Unterstützung gewähren. Er habe M. de Paulmy befohlen, sich aufs Land zurückzuziehen. Für die Aufstellung frischer Regimenter benötige er einen Monat. Ich bestaunte den Mann; nie zu viele Pflichten, entschlossen über dem Gewoge, und das mit 74 Jahren.

Vater und Sohn

Den 28. März führte ich meinen Sohn in einem Zweisitzer zum ersten Mal nach Versailles, wobei wir uns so vertrauensvoll unterhielten, daß es mein Vaterherz freute. Ich dachte eingehend über ihn nach. Ich hatte mich wohl gehütet, ihm diese Reise allzu zeitig und mit zu vielen Details anzukündigen. Morgens hatte ich ihm nur gesagt, daß ich ihn dem König offiziell vorstellen wolle. Er schien hellauf begeistert zu sein, doch damit er sich nicht zu sehr aufregte, erklärte ich ihm, daß es zwar gut sei, empfindsam zu sein, man sich aber deswegen nicht überwältigen lassen solle. Ich brachte die Rede auf anderes, und wir fuhren in aller Ruhe ab.

Unterwegs merkte ich, daß er sich beherrschen konnte, klar dachte, seiner sicher und vielversprechend war. Er meinte schließlich: «Aber, Papa, Sie werden mich vorstellen? Sie haben mir noch gar nicht gesagt, was ich dann tun muß?» Ich sagte ihm, daß er wisse, wie man sich verbeugte. Mehr würde nicht verlangt. Und obwohl in Versailles alle höflich seien und gefallen wollten, sei es dort im übrigen wie überall. Ich erinnerte mich an meine eigene Aufregung, als ich vorgestellt worden war. Durch zuviel Gerede war ich damals eingeschüchtert worden.

Meine neue Methode war erfolgreich, und mein Sohn zeigte nicht die geringste Verlegenheit. So war es denn auch sinnvoll gewesen, ihm früh beizubringen, daß alle großen Dinge, nach ihrem wahren Wert betrachtet, nichts anderes als einfache Dinge sind.

Da wir bei schönem Wetter kamen, fanden wir alle Türen zur Schloßterrasse offen und unternahmen einen angenehmen Spaziergang. Ich nutzte die Zeit, zeigte ihm alles und bereitete ihn auf alle

Präsentationen vor. Klugerweise hatte ich für unser Eintreffen einen Dienstagabend gewählt, denn da waren die Botschafter bereits aufgebrochen, so daß uns kaum jemand bei den Leuten stören konnte, die uns wichtig waren.*

Ich führte ihn zuerst zum Marschall de Belle-Isle, der über die Marschallin und mütterlicherseits sein Großonkel und zudem Minister war, als mein Sohn Grauer Musketier wurde.

Der Marschall hielt sich wie üblich bei Mme. de Luynes auf: Ich wußte, daß wir ein wenig überraschend eintrafen. Bei Mme. de Luynes bat ich, vorgelassen zu werden. Ich stellte meinen Sohn zuerst ihr, dann dem Marschall vor und bat diesen um Erlaubnis, ihn dem König zu präsentieren. Der Marschall zeigte sich sehr entgegenkommend. Doch als ich sagte, daß mein Sohn Musketier sei, entgegnete er, daß er dafür doch volle fünfzehn Jahre alt sein müsse. Er erläuterte uns seine unumstößlichen Grundsätze, die für meinen Sohn allerdings gewisse Nachteile bedeuteten. Dieser begriff es und zog ein langes Gesicht, was ich ihm nicht verübeln konnte. Nachdrücklich erklärte ich dem Marschall, daß ich hoffe, er schätze seinen Neffen genug, um ihn wegen kleiner Altersfragen nicht zu benachteiligen. Recht verstimmt, aber unter reichlich Komplimenten, wohlfeile Währung in diesen Gefilden, verabschiedeten wir uns.

Wir beeilten uns, die Personen aufzusuchen, die eine Präsentation vor dem König gutheißen und ihr beiwohnen mußten. Als wir an der Tür Mme. de Pompadours vorbeikamen, wollte ich mich in ihre Audienzliste eintragen lassen. Der Schweizergardist sagte, ich solle eintreten, sie werde gleich von der Andacht zurückkehren. Bald erschien sie. Ich stellte ihr meinen Sohn vor und erklärte, daß ich ihn morgen dem König vorstellen wolle. Sie lobte meine Aufmerksamkeit, und mich deuchte, daß sie mich wertschätzte und mir ausgesprochen gewogen war.

* Dienstage waren der Empfangstag für Botschafter.

Nach einer knappen Stunde, in der wir guten Muts alles Erforderliche wie nebenbei erledigt hatten, ging ich zu M. le Duc d'Aumont, dem turnusgemäß Ersten Kammerherrn dieses Jahres. Ich unterbreitete ihm unsere Familienurkunden mit den Titeln des Fürstentums Solre sowie das Schreiben, durch das der König mir gestattete, meinen Titel auf meinen Sohn zu übertragen. Ich hatte alle nötigen Dokumente dabei, um sie gelassen vorzulegen und meinen Sohn als Prince de Solre anerkennen zu lassen. Das war eines meiner Vorhaben.

Nach der Prüfung bat ich M. d'Aumont, den König und den Hof offiziell davon in Kenntnis zu setzen. Bis jetzt war alles leicht vonstatten gegangen. Der Duc d'Aumont bewohnte die Räume des Kardinals de Fleury. Ich wies meinen Sohn auf jene Türen hin, vor denen ich ehedem so oft gewartet hatte, und zeigte ihm das Kabinett, in das der Kardinal mich hatte eintreten lassen, um für mich eines der königlichen Regimenter auszuwählen. M. d'Aumont fragte meinen Sohn, wie sich sein Titel schreibe. Da erzählte er ihm einfach die Geschichte von Mlle. de Charolais, die gefragt worden war, wo ihr Fächer abgeblieben sei, und die daraufhin geträllert habe: «La Sol re la mi la.»* Damit hatte sie, glaube ich, Mme. Robecq gemeint, die ältere Schwester meines Vaters vor deren Verheiratung. Die Buchstabiermethode amüsierte M. d'Aumont; er ließ meinen Sohn sie wiederholen und erzählte später da und dort davon, was uns sehr zugute kam.

Da alles Nötige für die Vorstellung zeitig erledigt war, nahm ich meinen Sohn mit zu mir. Glücklicherweise war ich in der Wohnung, die ich dem König abgerungen hatte, passabel untergebracht.** Ich ließ ihn die Hinweise lesen, die ich über das Benehmen bei Hofe abgefaßt

* «La Solre l'a mis là» – Madame de Solre hat ihn dort hingelegt.

** Der Palast faßte nur einen Teil des mehrtausendköpfigen Hofstaats, so daß selbst der Hochadel um jeden Quadratmeter Wohnraum, gar mit Blick in den Park, kämpfen mußte.

hatte, und war entzückt, wie gescheit er sie kommentierte. Damit er nicht nervös wurde, plauderte ich über Unwichtiges und ließ ich ihn zu gewohnter Zeit essen und zu Bett gehen.

Bevor der König am 29. März nach dem *Lever* zur Jagd aufbrach, stellte ich ihm meinen Sohn vor. Der Duc d'Harcourt gehörte an diesem Tag zufällig zur Jagdgesellschaft. M. d'Aumont hatte den König informiert, der bei Präsentationen für gewöhnlich nicht stehenblieb, diesmal aber innehielt. Er richtete das Wort an M. le Duc d'Harcourt und an mich, zeigte sich verbindlicher denn je, so daß diese Präsentation eine der schmeichelhaftesten wurde.

Danach fanden wir uns beim Dauphin ein, der sich gleichfalls sehr wohlwollend äußerte. Die Königin erklärte anscheinend höchst aufmerksam, daß mein Sohn wohlgeraten sei, aber noch ein bißchen wachsen müsse. Für sein Alter war er tatsächlich nicht groß, doch gut gebaut, und sein rotes Gewand schmückte ihn vortrefflich. Auf die Frage nach seinem Alter antwortete ich stets: «Fünfzehn», weil er mit vierzehn Jahren und vier Monaten in seinem fünfzehnten Lebensjahr stand. Sogar die Dauphine und auch die Infantin, Madame und Mesdames empfingen uns.* Ich dankte meinem Sohn, scherzte mit ihm, daß er mir so viel Huld verschafft hatte, was nicht selbstverständlich war. Umständlich war es, den vielen Damen aufzuwarten, die an unterschiedlichen Ecken und Enden des Schlosses wohnten und zur gleichen Stunde empfingen, aber da wir im Laufschritt eilten und ich den Hof kannte, bewältigten wir auch das.

Alsdann führte ich ihn zu M. le Duc de Bourgogne, wo uns Mme. la Comtesse de Marsan, wie es ihre Art war, mit Freundlichkeiten überhäufte. Wir schauten zu, wie die Kinder Frankreichs speisten, hernach machte mein Sohn ihnen seine Aufwartung.** Die Präsentatio-

* Die älteste Tochter des Königs, *Madame Première* oder *Madame Infante*, und deren Schwestern. «Sie bildeten in Versailles einen reizenden Schwarm, der eher den Grazien als den Musen zugetan war» (François Bluche).

** *Enfants de France*: Kinder und Enkel des Königs; dazu zählte auch der Sohn des Dauphins, der Duc de Bourgogne, der Herzog von Burgund.

nen hatten den ganzen Vormittag gedauert. Um drei Uhr dinierten wir beim Marschall de Belle-Isle. Mein Sohn nahm an der Tafel Platz, ich nicht, da ich wie üblich und überall nur einen Milchkaffee zu mir nahm. Ich ging ins Nebenzimmer und ließ meinen Sohn, wie schon öfters, allein zurechtkommen. Und es gelang ihm, er wirkte bescheiden, höflich und keineswegs verlegen. Ich hatte ihm keine Angst eingejagt, sondern alles leichtgemacht. Also das Gegenteil von dem, was die Jugend verwirrt.

Bis dahin war alles gut verlaufen. Doch als die Tafel aufgehoben wurde, begann der Marschall seine Pläne zu präzisieren, daß ein Anwärter zuerst fünf Jahre lang Hauptmann gewesen sein müsse, um dann mit dreiundzwanzig ein Regiment befehligen zu dürfen. Ich hatte gehofft, daß mein Sohn mit siebzehn eines bekäme, was nach dem bisherigen Modus möglich gewesen wäre. Ich warf ein, daß man doch nicht so mit uns verfahren solle, doch der Marschall war zu schwerhörig und von zu vielen Leuten umringt, als daß ich lauter auf ihn einreden konnte. Grimmig zog ich mich in eine Ecke zurück, bestürzt, uns schlagartig um sechs Jahre zurückgeworfen zu sehen.

Mein Sohn war empfindsam und spürte das ihm angetane Unrecht. Er zog den Duc d'Aumont beiseite, deutete auf den Marschall und fragte: «In welchem Alter hat der Sohn dieses Herrn ein Regiment bekommen?» – «Mit dreizehn», wurde ihm beschieden. «Dann hat er gut reden», entgegnete mein Sohn. Diese Stichelei sprach sich herum und wurde nicht mißbilligt.

Nach dem Besuch bei dem Marschall führte ich meinen Sohn zu den Ministern, die alle zugegen waren. Als ich ihn dem Abbé de Bernis vorstellte, meinte ich: «Sie wissen, daß ich Ihnen seit einigen Jahren die höchste Stellung prophezeie. Dies ist mein Sohn. Ich bemühe mich, aus ihm einen guten Untertan zu machen. Alles Weitere obliegt Ihnen.»

Nachdem sämtliche Vorstellungen absolviert und für meinen Sohn aufs schmeichelhafteste verlaufen waren, nahmen wir unseren Wagen.

Ordensglanz

Nachdem ich am 1. Januar 1759 zeitig in der Messe gewesen war, suchte ich Mme. la Première auf und harrte stoisch meines Schicksals. M. de Croismare, der vom Ersten Kammerherrn zur Bekanntgabe der neuernnannten Ritter vom Heiligen Geist geschickt worden war, kam zurück und verkündete, daß ich ernannt worden sei. Madame versicherte mich bei dieser Gelegenheit ihrer tief empfundenen Freundschaft.

Ich begab mich zum König hinunter, um mich zu den übrigen Glücklichen zu gesellen und für die Dankeszeremonie bereit zu sein. Der Duc de Duras plazierte uns dafür gleich nach der Ordensprozession, und alle Welt überhäufte uns mit Lob und Gratulationen, denn in diesen Gefilden ist man stets enger Freund der Beglückten, sogar wenn man sie verachtet.

Diese erste Auszeichnung nach langer Zeit hob meine Stimmung. Im übrigen fühlte ich mich aus mehreren Gründen keineswegs geschmeichelt und war wegen anderer beinahe verärgert. Ich wäre höchst empört gewesen, hätte man mich nach so vielen Versprechungen abermals übergangen. Zudem war ich nun für den Rest meines Lebens den unangenehmen Regeln des Heiliggeistordens unterworfen, wo ich hinter den Herzögen rangierte und einen mir sehr widrigen Rang einnahm. Doch was mich maßlos verdroß, war die allgemeine Meinung – in Unkenntnis dessen, daß ich drei Jahre lang immer wieder vertröstet worden war –, daß meine Ernennung nur aus zwei Gründen stattfand: erstens wegen meines Erfolgs in der Affäre Damiens, obwohl der Orden mir bereits zuvor zugesagt worden war. Sodann wegen meines braven Stillschweigens angesichts der unverschämten Bevorzugung von M. de Castries und anderer. Ich wußte, daß viele so dachten, was mich um so zorniger machte, so daß keine Beförderung je weniger Freude ausgelöst hatte. Ich selbst empfand fast nichts. So sehr mir das Blaue Band vor zwei Jahren geschmeichelt hätte, so wenig genoß ich es jetzt.

Wenn ich dennoch unparteiischer als andere die Tat des M. de Castries bedachte, erkannte ich darin durchaus Bravouröses.* Falls ein abgekartetes Spiel dahintersteckte, wäre es schrecklich gewesen. Doch falls die Berichte zutrafen und alles mit rechten Dingen zugegangen war, verdiente er es, ausgezeichnet zu werden. In diesem Falle mußte es mich froh stimmen, daß M. de Castries' mutige Taten endlich belohnt wurden. Dieser Gedanke an Heldentum richtete mich auf und ließ mich mit dem Marschall eher würdevoll als empört sprechen.

Für die Vorbereitungen zur Verleihung des Blauen Bandes fand ich kaum Zeit. Doch mußte ich innerhalb eines Monats meine Ahnenprobe, die Auflistung meiner Dienste, die Beschaffung des recht eigentümlichen Ordensgewands und sonstige kleine Formalitäten bewältigen. Glückwunschschreiben hagelten auf mich nieder und wollten beantwortet sein. Dazu beschäftigten mich meine Englandpläne, so daß mir fast der Kopf platzte.

Lichtmeß nahte, und ich mußte mich sputen. Ich bestellte alles Nötige in Versailles. Ich legte vor Kardinal de Tavannes, Großalmosier des Königreichs und des Ordens, öffentlich mein Glaubensbekenntnis ab. Daß ich auf das Evangelium schwören mußte, war mir, da ich dergleichen nicht leichtnahm, zuwider, und ich zog mich für einige Tage zurück, um das Statut des Heiliggeistordens gründlich zu studieren. Ich stellte sorgsam einen Auszug aus sämtlichen Artikeln her, die mich betreffen konnten. Da ich auf einige stieß, die zu unseren Sitten und Gebräuchen nicht mehr passten, zog ich alle gut gott-

* Daß französische Siege am Rhein vornehmlich Monsieur de Castries zu verdanken waren, wurde offenbar bezweifelt.

gläubigen Ordensritter und tüchtigen Deuter zu Rate. Ich machte mich über meine Pflichten kundig, und nachdem ich die Statuten daraufhin geprüft hatte, was darin alles nur mehr gestrig war, bat ich Kardinal de Tavannes, mit dem ich mich besprach, den König als den Ordensgroßmeister zu bitten, mich von derlei Statuten zu befreien, da sie weder von der Kirche noch von den Parlamenten Frankreichs gebilligt werden, noch urkundlich durch sie beglaubigt sind.*

Der Kardinal willfuhr meiner Bitte und übermittelte mir, daß mich der König in aller Form davon dispensiere. So blieben als Anforderung durch die Statuten nur noch die täglichen Stundengebete als mißlicher Zwang, die für mich ärgerliche Rang- und Unterordnung sowie die beiden Kommunionsfeiern an Neujahr und Ostern oder, falls man verhindert war, zu ungefähr dieser Zeit, Regeln, denen ich mich nach dem Rat der beflissensten Ordensritter denn auch unterwarf.

Ich blieb verstimmt, mich einfach nur altersgemäß einreihen zu müssen. Es war das einzige Mal, daß ich Herzögen den Vortritt lassen mußte. Mein Titel eines Fürsten des Heiligen Römischen Reichs sowie der altehrwürdige eines *Cousins* machten es mir sehr schwer, mich im hintersten Glied wiederzufinden, was einer der Gründe war, weshalb mir die Freude verdorben war, denn indem ich anderen den Vortritt ließ, setzte ich mich selbst herab.

Der Ordensschneider fertigte mir eine sehr schöne und ungewöhnliche Novizentracht an. Sie gleicht der Festkleidung am Hofe Ludwigs XIII. und Spaniens zu jener Zeit. Sie schmückt einen jungen und gutgebauten Mann ungemein, doch leider weniger den in fortgeschrittenem Alter. Von den sieben Neuernannten stand das Kostüm dem Marschall de Contades, Guerchy und mir vielleicht noch am besten. Zweimal war Anprobe mit dem Schneider, einmal davon bei mir, wo ich in dieser Gewandung mit meiner Tochter im Salon meiner Mutter ein kleines Menuett wagte, war ich doch ehedem ein passabler Tänzer gewesen.

* Zu den Ordenspflichten gehörte es unter anderem, Jerusalem zu erobern.

Am 2. Februar, Lichtmeß, mußte ich sehr früh aufstehen, um dieses eigentümliche und vertrackte Kostüm anzuziehen. Leider hatte sich meine Erkältung verschlimmert, und mein elender Zustand ließ mich bei jedem Schritt fürchten, daß ich der Zeremonie fernbleiben müsse, was meine Aufnahme unabsehbar verzögert hätte. Obendrein suchte mich noch eine schmerzhafte Kolik heim, so daß ich sehr, sehr unglücklich war, während jeder mich sehr glücklich wähnte. Das erinnerte mich an den grausamen Zustand des Kaisers, als ich in Frankfurt seiner Krönung beiwohnte. Als ich schier verzweifelte, fiel mir gottlob ein, daß Schokolade mir oft wohltat. Ich schickte zum Ersten Kammerherrn und bat ihn um gute Schokolade; ich trank zwei Tassen, die mich so weit stärkten, daß ich mit viel Mut und sogar einigem Behagen die fast gefürchtete Zeremonie hinter mich brachte.

Wir begaben uns zum König. In recht form- und würdelosem Zug folgten wir Novizen dem Ordenskapitel. Ziemlich geschwind schlug uns der König zu Rittern des heiligen Michael und des Heiligen Geists. Daraufhin zogen wir nunmehr an der Spitze der Prozession, M. de Guerchy in der Mitte, ich rechts und M. de Lannion links, zur Schloßkapelle. Nach einigen Gebeten umrundeten wir in derselben Formation den Ehrenhof, was nicht immer üblich ist. Doch das Wetter war sehr schön, und wir boten einen prächtigen Anblick, was mich freute.

Abermals in der Kapelle, nahmen wir auf den Novizenschemeln Platz. Beim feierlichen Gang vor das königliche Betpult, zum Glück zu mehreren – wobei jedoch alle Blicke auf uns ruhten –, fühlte ich mich viel sicherer, als ich befürchtet hatte. Mein Sohn, den ich tags zuvor nach Versailles mitgenommen hatte, saß mit dem Sohn des Duc d'Havré und mit Mme. de Leyde auf Bankplätzen, die sie rechtzeitig reserviert hatte.

Der Kardinal de Gesvres wurde vom König vor der Messe allein begrüßt. Danach nahm der König wieder auf seinem Thron Platz. Den Anfang machten nun der Duc de Chevreuse und der Marschall de

Contades. Ihnen folgten die Messieurs de Graville und de Rocheouart, schließlich wir drei, M. de Guerchy in der Mitte, ich rechts von ihm, M. de Lannion linker Hand. Wir verbeugten uns der Reihe nach ziemlich vollendet vor Seiner Majestät. Die Zeremonie verlief einwandfrei und geriet zu einer der eindrucksvollsten seit langem. Nachdem wir uns nacheinander verbeugt hatten, knieten wir in der genannten Reihenfolge vor dem König nieder, der uns die Hand aufs Evangelium auf seinen Knien legen ließ. M. de Guerchy verlas für uns drei letzte laut den Eid, den wir schworen, ich jedoch mit den geheimen Einschränkungen, über die ich mich mit dem Großalmosier verständigt hatte.

Der König überreichte uns das Ordensband und die Kette und gemahnte uns an die Statuten. Er absolvierte diese Zeremonie mit dem erdenklichen Wohlwollen, half eigenhändig beim Anlegen der Insignien und verwies uns höchstselbst auf unsere Pflichten. Als jedem der weite Mantel umgehängt war, was keine leichte Prozedur ist, darüber dann die Ordenskette, wiederholten wir unsere Ehrbezeugungen, und man formierte uns zu einem Zug, an der Spitze die Herzöge, dahinter die übrigen, so daß ich ranggemäß neben M. de Lannion nach ganz hinten kam, was mir ausgesprochen mißfiel.

Nachdem der König an sein Betpult zurückgekehrt war, eröffneten wir die Prozession, die noch einmal an Seiner Majestät vorbeischritt. Herausgeputzt mit unseren schönen weiten Mänteln, die uns, wie die Novizentracht, prächtig kleideten, wenn auch nur ein einziges Mal im Leben, dankten wir nach der Feier sofort den Großwürdenträgern und gingen uns umkleiden. Ich war sehr erleichtert, daß meine Kräfte mich nicht verlassen und ich es überstanden hatte, und zog mir meine übliche Kleidung an. Wir dinierten festlich und statteten da und dort unseren Dank ab, ich meinen bei Mme. de Pompadour in ihrem kleinen Kabinett, wobei ich noch einiges Wichtiges zur Sprache brachte. Zuvorkommend erklärte sie, das Blaue Ordensband stehe mir ganz famos.

Die schwarzen Jahre

Emmanuel de Croÿ bleibt rege. Nach Sonderaufträgen in den nördlichen Provinzen wird er schließlich Kommandant Seiner Majestät in der Picardie, dem Calaisis und dem Boulonnais. In dieser Funktion widmet sich der Fürst nachhaltig dem Ausbau von Häfen, der Verbesserung des Bergwerkwesens oder dem Bau von Kanälen. Als Patriot verfaßt er 1759 seine Studie Alle Methoden, um England zu schaden, *die auf erhebliches Interesse stößt. Derweil sammelt sich das von Niederlagen und Finanzmisere heimgesuchte Frankreich um den Herzog von Choiseul, den Löwen von Lothringen, den neuen mächtigen Mann in der Politik. In England wiederum steuert William Pitt als Premierminister in diesem modernen Macht- und Handelskrieg den Kurs.*

Die Lage hatte sich dermaßen verschlechtert, daß der König auf die beste Sicherheit keine Million Kredit bekommen hätte. M. de Montmartel, der den Respekt ganz Europas genoß, war vom Amt des Generalkontrolleurs der Finanzen zurückgetreten, denn die Marquise, der er vordem so verbunden gewesen war, hatte sich unzufrieden mit ihm gezeigt. Dem Minister wurde vorgeworfen, eine zu hohe Verzinsung der Staatsanleihen eingegangen zu sein. Seine Demission, das gewaltige Überhandnehmen der Ausgaben gegenüber den Einnahmen, die Furcht vor den rebellischen Parlamenten – wobei das von Besançon auseinandergetrieben worden war, weil es sich eisern gegen eine Städtesteuer gewehrt hatte –, all das bedeutete eine Schwächung des Königs im Inneren. Dabei wollte er jeden Aufruhr vermeiden, und sein gütiges Herz ließ ihn weiteren Steuern nicht zustimmen. Die bisherigen Anleihen reichten nicht aus, jeder Sou war zwei Jahre im voraus ausgegeben, sogar die Einkünfte aus Schuldverschreibungen auf die einzelnen Provinzialkassen, die immer die letzte Quelle für die Soldzahlungen waren. So standen die Dinge beim Amtsantrit M. de Silhouettes, der das ganze Ausmaß der Katastrophe wohl nicht erfaßte, einer Katastrophe, die ich bei meinen eigenen Finanzgeschäften zu spüren bekommen hatte. Die Börsen waren geschlossen, alles Vertrauen war dahin. Wenn man sich überdies unseren Binnenhandel ansah, gewahrte man, daß er nur noch aus den Armeelieferungen tief nach Deutschland bestand, von wo nichts zurückkam. Was den Außenhandel betraf, so war er vernichtet, was eine Einbuße von ungefähr hundert Millionen pro Jahr bedeutete, während sich die Sonderausgaben für den Krieg in Deutschland auf hundertachtzig Millionen beliefen.

Dieses erschreckende Bild jener Zeit, da wir soeben Louisbourg verloren hatten und die Engländer uns den Rest Kanadas und sämtliche Inseln abnahmen, ließ mich erkennen, wie schwierig es für den Staat war, weitere vier Millionen aufzutreiben. Und mir wurde klar, daß man den Frieden anstreben und beschließen mußte. Die Engländer wollten ihn nicht, auf keinen Fall, und wer in London dem Frieden das Wort geredet hätte, wäre übel zugerichtet worden. Das war früher nie der Fall gewesen und bewies, wie sehr man dort Mister Pitt vertraute und unser Elend kannte. Davon wollten sie profitieren.

Was das Leben bei Hofe betraf, so wurde der Duc de Choiseul täglich einflußreicher. Die Marquise schien auf ihn nicht verzichten zu können, was nun offenbar auf Kosten des Prince de Soubise ging. Die Schwester des Duc de Choiseul stieg durch ihre Heirat mit dem Duc de Gramont von einer Äbtissin und Stiftsdame zur Duchesse auf, war sehr geistreich und betörend hübsch. Die gesamte Familie Choiseul war lebhaft und einfallsreich, so daß sich die Marquise, die sich meist langweilte, in diesem Kreis, dem sie überdies völlig vertraute, äußerst wohl fühlte. Beständig wollte sie ihn um sich haben; sie speiste sogar dreimal in der Woche beim Duc de Choiseul und bewirtete ansonsten nur noch den König mit seinen engsten Freunden, allerdings niemals mehr als acht Personen, sie selbst mitgezählt. Das geschah sowohl aus Sittsamkeit (denn sie hatte sich dem soliden Lebenswandel verschrieben) als auch um größerer Behaglichkeit willen.

In Paris wurde gemunkelt, daß die nunmehrige Duchesse de Gramont den König zunehmend gut zu unterhalten verstehe und am Ende die Marquise verdrängen werde, die sich darüber jedoch nicht im geringsten zu beunruhigen schien. Es kursierten bereits Scherze, doch der innerste Zirkel, hieß es, sehe keinerlei Anzeichen für einen Wechsel. So waren denn die Choiseuls ganz groß in Mode; der Duc eilte, falls er unterwegs nicht stolperte, den höchsten Würden entgegen.

Was meinen Wunsch auf Beförderung anging, blieb ich fortwährend auf Trab, zwei Tage in Paris, dann zwei in Versailles. Ich drängte den Marschall de Belle-Isle, mich als Generalleutnant im *Almanach Royal* aufnehmen zu lassen. Deswegen benachrichtigte ich auch schon mit einiger Hoffnung den Verleger und ließ nicht locker. Und ich schien Erfolg zu haben. Der Marschall wies auf seine Rocktasche und sagte: «Da ist sie drin! Alles fertig, seien Sie beruhigt! Mit Datum.» Doch ich wollte Tatsachen sehen. Der König vertröstete den Marschall von Tag zu Tag mit seinem *Genehmigt*, und die Angelegenheit verdroß mich mehr, als sie es verdiente.

Es schien, als sollten sämtliche Beförderungen nur noch von Kriegstaten abhängen. Auch muß man gestehen, daß zwanzig Marschälle von Frankreich zu viele waren und den Rang entwerteten.

Als der Prince de Soubise am 20. Dezember beim König eintrat, kam er auf mich zu, zog mich in eine Ecke und erklärte mir freundschaftlich: «Nun denn, eine Invasion Englands steht nicht mehr zur Debatte! Was wollen Sie sich also noch weiter an der Küste herumtreiben?» Die Gerüchte, daß Soubise eine neue Deutschlandarmee befehligen solle, verdichteten sich. Ich selbst verlöre vielleicht einen schönen Posten. Doch mußte ich in irgendeiner Weise dienen, und ich verdankte dem Prince de Soubise viel. Genaueres war noch unklar, aber ich bekannte ihm sofort, daß ich nicht wisse, wie nunmehr über mich verfügt werden würde. Doch ich stünde ihm zu Diensten. Er umarmte mich: «Ich darf also auf Sie zählen!» Er ging in die Ratssitzung. Ich blieb höchst erstaunt zurück, war zu den Fahnen gerufen worden, und alles würde sich für mich ändern.

Dieses Ereignis beschäftigte mich den ganzen Abend. Ich prüfte, was wir in Deutschland ausrichten konnten. Nichts Großartiges, wie mir schien. Deswegen bedachte ich eine veränderte Strategie. Als erstes schien es mir geboten, den König von Preußen vernichtend zu schlagen, um den Krieg in Deutschland zu beenden. Ich wußte wohl, daß dies nicht hundertprozentig im Interesse Frankreichs lag, doch irgendwie mußte man zu einem Ende kommen.* Mit solchen Erwägungen blieb ich neben meiner Kerze bis drei Uhr früh wach, verfaßte zwei detaillierte Denkschriften zu Feldzugsplänen, die ich morgens dem Prince de Soubise überreichte. Ich betonte vor allem, daß wir keine Kräfte am Niederrhein verschwenden sollten, sondern daß alles von der Konzentration unserer Truppen abhinge, wofür das Gebiet vom Niederrhein bis nach Marburg zu ausgedehnt war. Der Feind konnte uns aus seinem Zentrum heraus überall angreifen. Selbstverständlich brauchten wir am Niederrhein genug Truppen, um eine Flußüberquerung abzuwehren. Aber die dort vorhandenen reichten meines Erachtens aus, wenn zugleich der Großteil der Armee konzentriert vorrückte. Deshalb schlug ich vor, unsere Truppen bei Marburg und Fulda zu sammeln, anstatt die neue Armee Soubise am Niederrhein aufmarschieren zu lassen. So schnell wie möglich mußten wir Darmstadt einnehmen, von wo aus wir schnell Würzburg und auch Meiningen in unsere Hand brächten und schließlich in Hannover einmarschierten könnten, während die Hauptarmee Prinz Ferdinand in Schach hielte. Und falls der Braunschweiger sich nicht vorwagte, konnten wir uns mit den Österreichern unter Daun

* Frankreich wünschte sich gegen Österreich weiterhin ein gewisses Gegengewicht in Deutschland: Preußen.

in Dresden vereinigen und dann den König von Preußen vernichten, sofern die Russen ihrerseits in die Offensive gingen.

Als Antwort gab mir der Prince de Soubise zu verstehen, daß es keinesfalls darum gehen könne, den König von Preußen vollständig zu vernichten, sondern wir uns auf Hannover beschränken sollten. Vergeblich unterstrich ich, daß der Besitz Hannovers den Krieg nicht beenden würde, doch ich merkte, daß man sich allein darauf versteifte und daß der König von Preußen leidlich geschont werden sollte. So rieb man sich in einem unsinnigen ziellosen Krieg auf, denn für uns ging es im Grunde um unsere Kolonien, nicht um Deutschland, wohin wir dennoch ungeheuer kostspielige Armeen schickten.

Da ich nicht wußte, was aus alldem entstehen sollte, begann ich recht bedrückt meinen Aufbruch vorzubereiten. Ich hatte gute Gründe, an meinen Küstenstandorten zu bleiben, und andere, erwartungsgemäß nach Deutschland aufzubrechen.

Versailles, d. 6. Januar 1760

Ich bin bevollmächtigt, Monsieur, Ihnen mitzuteilen, daß der König Sie am 17. des letzten Monats des Jahres 1759 zum Generalleutnant befördert hat. Sie sehen also, Monsieur, daß ich Wort gehalten habe und allzeit bemüht sein werde, Ihnen bei jeder sich bietenden und Ihnen willkommenen Gelegenheit zu Diensten und aufrichtig geneigt zu bleiben, was ich mir als Ehre zurechne, etc.,

Marschall Herzog de Belle-Isle

Zu dieser Zeit machte der Duc d'Havré endlich seinen Vorstoß und eröffnete mir umständlich, daß er seine älteste Tochter mit mir, seine jüngste mit meinem Sohn und seinen Sohn mit meiner Tochter verheiraten wolle. Ich hatte dergleichen erwartet und wünschte letzteres, seine beiden Töchter aber nicht, deren Gesichter und Gestalt mir widerstrebten. Wir wurden hitzig, und ich erklärte mich deutlich. Ich sagte ihm, daß wir gern über meine Tochter sprechen könnten. Er grollte. Ich veranschlagte ihre Mitgift auf dreißigtausend

Livres, was nicht übel war. Wir beschlossen, in acht Monaten noch einmal alles zu erörtern. Er vertraute mir an, daß M. de Rougé, von dem es hieß, er wolle partout nicht heiraten, um die älteste Tochter werbe. Ich riet ihm dringlich zu, und am 20. März heirateten sie.

Am Fastnachtsdienstag veranstalteten mein Sohn und meine Tochter zusammen mit Mademoiselle Collins meiner Mutter und mir zu Ehren eine kleine Pastorale, die mein Sohn ersonnen hatte und die sie in ihren Schäferkostümen recht bezaubernd darboten. Sie wollten uns ihre zärtliche Anhänglichkeit beweisen. Meine Augen wurden feucht, und ich fühlte, wie kostbar Freudentränen sind.

Am 1. April sprach ich mit dem Marschall über Dünkirchen. Ich zeigte ihm meine schönen Zeichnungen von M. de la Londe, die den Hafen und die Baustellen so vorzüglich wiedergeben. Er schien sehr angetan und versprach mir auf meine Bitte, mich umgehend von der Entscheidung des Königs zu unterrichten, ob ich mittels schriftlicher Anweisungen die Arbeiten in Dünkirchen, besonders am Neuen Kanal und an meiner Reede, vorantreiben solle und wieder dort eingesetzt würde, falls in Deutschland früher Ruhe einkehrte als an der Küste. Ich zeigte die Zeichnungen dem Prince de Soubise und auf seinen Rat hin auch Mme. de Pompadour, die sie begeistert betrachtete und meinen Eifer lobte. Sie wußte, daß ich nach Deutschland aufbrach, und fand, daß ich recht daran tue. Ich sagte ihr, daß ich meinen einzigen Sohn mit ins Feld nähme. Während dieser Entschluß in Versailles gebilligt wurde, stieß er in Paris auf heftigen Widerstand.

Ich sprach mit meiner Mutter über ihren Zweisitzer, den sie mir bereitwillig für M. de Schell, einen meiner früheren Musketiere und vorzüglichen Reiter, überlassen wollte. Ich wollte ihn anstelle von M. de Marescot, der Infanteriehauptmann geworden war und zu seiner Truppe mußte, als meinen Adjutanten zur Seite haben. Meine Mutter fügte an, sie hoffe, daß ich nicht so unvernünftig wäre, auch nur zu erwägen, meinen einzigen Sohn in einen solchen Krieg mitzunehmen; er sei erst sechzehn, nichts nötige ihn dazu, seine Kompanie käme auch ohne ihn zurecht.

Ich sagte nichts; ich wußte, daß sie mich bald noch inständiger bedrängen würde. Wegen meiner Sorge um ihn war ich selbst der unglücklichste Mensch. Ohne bequeme Stützpunkte und mit schweren und verlustreichen Gefechten würde der Feldzug schlimm werden. Er hatte noch keine Pocken gehabt: Das hieß viel riskieren. Andererseits hatte ich ihn zweimal mit an die Küste genommen. Ich war überzeugt, daß der Feldzug seiner Gesundheit förderlicher sein würde als ein Feldzug im Unterricht bei dem Abbé und daß seine Mattigkeit nur durch Ertüchtigung behoben werden könnte.

Falls es der letzte Feldzug wäre und ein langer Frieden folgte, würde er es genießen, berichten zu können: *Ich war dabei, und sogar als Kavalleriehauptmann*, was ihm für den 11. zugesagt worden war.

Der junge Mann dachte schon sehr vernünftig, und ich ließ mich gerne auf seine Argumente ein. Ich wies ihn auf alle Widrigkeiten und Gefahren hin. Er sollte selbst bestimmen. Doch wie erwartet, wollte er mitgehen. Das mußte jedoch meiner Mutter begreiflich gemacht werden. Unter solchen Bedrängnissen feierte ich am 6. April in Saint-Sulpice das Osterfest, stellte mich dem Willen Gottes anheim und handelte danach um so beherzter.

Am 9. April sprach ich mich mit meiner Mutter aus, die wie eine Löwin um ihren Enkel kämpfte. Wir mußten uns beide überwinden. Zuerst schien sie verzweifeln zu wollen. Dann ließ sie sich plötzlich auf meine Beweggründe ein, vor allem nachdem ich ihr dargelegt hatte, daß ich ihn mit allen mir zu Gebote stehenden Mitteln schützen würde. Schließlich willigte sie nicht nur tapfer ein, sondern ließ ihn sogar, nachdem ich gegangen war, zu sich rufen und eröffnete ihm als erste, daß er zur neuen Armee aufbräche, was ihn begeisterte. Dann hieß es, die gesamte Familie davon zu unterrichten und bei Hofe die heimlichen Vorstöße, mein Vorhaben zu behindern, zu vereiteln. Ich litt grausam unter meinem Entschluß.

Zu dieser Zeit erfuhr man von dem ruhmreichen Tod M. Thurots.*

* François Thurot war bei Vorgefechten zu einer Invasion Irlands gefallen, wo seine Leiche angeschwemmt und ehrenvoll bestattet wurde.

Ich betrauerte in ihm einen Freund und schätzenswerten Mann. Die Eifersucht der Marine auf ihn und das Bekritteln bei Hof hatten mich stets ergrimmt. Für ihn war es besser, gefallen zu sein, und die Öffentlichkeit ließ ihm größere Gerechtigkeit widerfahren als Versailles. In diesem Jahrhundert wurden Gute wie Schlechte gleichermaßen angeschwärzt.

Mitte April mußte ich mich ausschließlich um meine Equipage kümmern. Balluet erwies sich als große Hilfe. Ich kaufte Pferde. Mein Sohn, mein Adjutant Schell und ich ritten sie ein. Die Equipage war prächtig und durchdacht. Alles Zubehör war ansehnlich, praktisch, nichts überflüssig, ganz wie es sich gehörte. So war mein Troß denn auch innerhalb einer Stunde reisefertig und wurde von Kennern bestaunt. Ich brach am 23. April 1760 auf: Ich hatte achtzehn Reitpferde, vierzehn vorzügliche Maultiere, zehn schöne Wagenpferde. Wir zählten insgesamt vierzig Mann. Der Troß kostete mich, die Lebensmittel nicht eingerechnet, 30.000 bis 35.000 Livres.

Beide Offiziere de Croÿ gerieten bis auf die winterlichen Feldzugspausen in die Operationen und Gefechte des Siebenjährigen Kriegs.

«Mein Sohn ist tot oder gefangen!» rief der Vater nach einem Gemetzel um die Ruhrbrücke bei Westhofen verzweifelt aus. Tags darauf meldete eine Eilnachricht des Siebzehnjährigen: «Mein teurer Vater, ich habe die Reste der Kavallerie zusammengeführt.»

Bei schwankendem Kriegsglück erschöpften sich die Mittel der gegnerischen Parteien immer gründlicher. Der erwünschte Schwiegersohn war bereits gefallen. In Übersee wüteten die Kämpfe weiter.

Eine andere Auseinandersetzung war ebenfalls gewichtig. Zunehmend wurde in ganz Europa der Jesuitenorden beschuldigt, durch seine Beichtväter, Erzieher und Ratgeber in den höchsten gesellschaftlichen Schichten und sogar Banken ein undurchdringliches und für die Staaten gefährliches Machtgeflecht aufgebaut zu haben.

Am 30. März 1762 traf die Nachricht vom Verlust Martiniques ein, wo die Engländer am 26. Januar gelandet waren und am 6. Februar Fort Royal erobert hatten. Nur M. de la Touche konnte sich noch im Fort Saint-Pierre behaupten. Da die Engländer die Bewohner ihrer übrigen Eroberungen sehr gut behandelten, neigten viele Bewohner der Insel zur Kapitulation. Dieser Verlust war einer der letzten Gnadenstöße, und man war sehr beunruhigt wegen unserer neun Hilfsschiffe, die unter M. de Belsunce ausgelaufen waren. Auch die Spanier waren wegen dieser Eroberung höchst alarmiert, zeigte sie ihnen doch ihr gewagtes Spiel. So blieben uns nur noch die Ile-de-France und die Ile-de-Bourbon* im Indischen Ozean sowie Cayenne, Grenada und Santo Domingo, die uns allesamt verlorenzugehen drohten. So mußten wir den Friedensofferten, so bitter sie gewesen waren, nachtrauern, denn durch den gewaltigen Handelsgewinn, den die Engländer abschöpfen konnten, würden sie sich lange halten können.

Als ich am 31. bei Mme. la Duchesse d'Havré war, ließ Mme. de Leyde mich holen und berichtete mir etwas Furchtbares, das passiert war, daß nämlich ihr Sohn mit einer Schauspielerin nach Brüssel durchgebrannt war und sie in Amsterdam heiraten wolle. Sie setzte Gott und die Welt in Bewegung, um das zu verhindern. Alle Minister statteten sie mit dringlichen Empfehlungsschreiben und mit einer Order für unseren Botschafter im Haag M. d'Affry aus, die sie ihm mit Kurier schickte. Auch ich begab mich mit ihr wegen dieser Affäre spät nachts zu M. le Comte de Choiseul.**

Der 1. April wurde der Schicksalstag der Jesuiten. Ihre Kollegien und Noviziate wurden geschlossen, und alle wurden auf die Straße gesetzt. Der für sie halbwegs glimpfliche Erlaß des Hofes wurde vom Parlament verschärft. Der Hof wollte sie nicht unterstützen oder

* Heute Mauritius und Réunion.

** César Gabriel de Choiseul, später Duc de Praslin, 1717–1785, Cousin des noch einflußreicheren Etienne François de Choiseul d'Amboise, Duc de Choiseul-Stainville, 1719–1785. Beide bekleideten wechselnd Ministerämter wie das des Äußeren und der Marine.

wagte es nicht und ließ die Parlamente gewähren. So konnte man nur abwarten, ob das Parlament von Paris den Orden aufheben würde, wie es das Parlament von Rouen getan, das ihre Gelübde für null und nichtig erklärt hatte.

So erlosch denn in Frankreich beinahe diese berühmte Gesellschaft. Sie hatte durch ihr ungeschicktes Unterstützen des Paters Lavalette, der ihre Prager Konstitution von 1757 ins Spiel gebracht hatte, welche daraufhin genauer unter die Lupe genommen wurde, die Ungnade selbst heraufbeschworen. Die Eingenommenheit der Parlamente gegen sie und die Molinisten hatten ein Übriges getan, wobei die Parlamente unbeirrbar vorgegangen waren und sowohl ihre Befugnisse demonstriert als auch die Schwäche des Hofs ausgenutzt hatten.* Nur das Parlament von Flandern hielt noch zum Orden. Nicht nur die Einrichtungen der Jesuiten wurden aufgehoben. Es war sogar die Rede davon, mit anderen Orden ebenso zu verfahren. Das konnte das Ende allen Mönchtums bedeuten und bewies das rasche Schwinden der Religiosität und den Vormarsch des Tolerantismus.** Der Glaube war in großer Bedrängnis.

Kein Hauch von Grün am 1. April. Obwohl der Winter nicht hart gewesen war, zog es sich bis zum Frühling länger hin denn je. Ostern blühten die Kastanien noch immer nicht, und die Hyazinthen fingen gerade erst an. Doch drei Tage später grünte und blühte alles auf einmal.

Den 4. April, Palmsonntag, begab ich mich nach der Messe nach Versailles, wo sich mein Schicksal nach so manchen Rückschlägen und Abweisungen, der Hoffnungen auf das Gouverneursamt in Flandern, im Aunis, in der Bretagne, auf den Botschaftsposten in Spanien,

* Pater Lavalette hatte unter dem Vorwand der Missionierung in der Karibik ein Handelsunternehmen gegründet, das ebenso profitabel wie dubios agierte. Solches schien auch durch die Anhänger des Jesuiten Luis de Molina gerechtfertigt, der gelehrt hatte, alles Handeln des Menschen sei ohnehin von Gott vorherbestimmt. Das Prager *Institutum Societas Jesu* galt als eine Art Handbuch für das Ordensleben.

** Der Fürst verwendet für *Toleranz/tolérance*, das Ideal der noch jungen Aufklärung, bisweilen den Begriff *tolérantisme*.

recht sanft und glanzlos vollendete. Ich ging zur Kaffeegesellschaft bei M. de Choiseul, der kein Wort an mich richtete und einen Bogen um mich machte. Schließlich ging ich auf ihn zu: «Heute sollte ich zu Ihnen kommen!» Er sagte: «Ah ja! Sie bekommen ein Kommando in Rouen!» Ich sah, daß es beschlossene Sache war.

Nachdem er mit M. de Beauteville geplaudert hatte, sagte er, daß der wankelmütige M. de Beauvau den Posten in Spanien nunmehr akzeptiert und dem König gestern abend dafür gedankt habe. Ich merkte, daß man mich nur hingehalten hatte, bis Beauvau sich entschieden hatte. Meine großen Pläne waren wie Spreu verweht. Der Vorteil war, daß ich nunmehr, ohne mich weiter bloßzustellen, ein oder zwei Jahre auf eine Wendung zum Besseren warten konnte. Durch meine Dienstjahre wuchs mein Anrecht auf Beförderung und Auszeichnung. Den Aufstieg M. de Beauvaus konnte ich auf sich beruhen lassen, mich um meine Gesundheit kümmern und jeden Ehrgeiz durch Gelassenheit ersetzen. Der Nachteil aber war, daß man mich teilweise schon wie außer Dienst und als deaktiviert erachtete, da ich an den jüngsten Feldzügen nicht teilgenommen hatte und folglich noch um die Früchte all meiner Mühen gebracht werden konnte.

Zudem stimmte alle Welt darin überein, daß man angesichts der Katastrophen, die uns im Übermaß heimsuchten, nirgendwo gut aufgehoben war. Viele hielten es für äußerst gescheit, ein oder zwei Jahre zu verschlafen. Das fand ich auch, vorausgesetzt, es würde kein Schlummer ohne Erwachen.

Seit über einem Monat litt ich unter furchtbaren Gichtschmerzen. Für die Ostermesse bezwang ich mich. Als ich sehr erschöpft nach Hause kam, trank ich zwei Tassen Schokolade, die mir nicht bekamen, und abends ging es mir sehr schlecht. Ich bekam das heftigste Dreitagefieber. Besonders schlimm am Dienstag mit Koliken, Übelkeit. Mir ging es elend wie selten. Drei Wochen blieb ich ans Bett gefesselt. Das Fieber ließ am 3. Mai nach. Am 15. hatte ich einen Rückfall. Gegen sieben Uhr abends bekam ich neuerlich Fieber. Ich trank wieder meinen einfachen Queckensaft und nahm die üblichen drei Imbisse mit gesunden Kräutern zu mir. Es half nicht. Ich litt schlimmer denn je, war aufgewühlt und in größter Sorge, denn was auch immer die Pariser Ärzte wie der konsultierte Tronchin meinten: Ich ahnte, daß das Übel bereits von meiner schwierigen Geburt herrührte und, wie bei meiner Mutter und ihrer Mutter, mit dem kleinen Leberlappen zu tun hatte.

Den 3. Juni weckten mich die Leiden wie immer um drei Uhr früh. Ich erhob mich. Kurz vor Mittsommer genoß ich die schöne Dämmerung, den prächtigen Sonnenaufgang und wunderbaren Ausblick aus meiner Kammer. Ich sah die ersten Strahlen Paris vergolden, hörte Vogelgesang, spürte die Morgenfrische, roch den Duft von Geißblatt, alles bezauberte mich, und nie war es herrlicher zu leben. Entzückt stieg ich in den Garten hinunter. Ich fühlte neue Kräfte und war heiter, verbrachte dann aber einen schlechten Tag, gleichsam wie beinamputiert. Nach dem Essen war ich stets todmüde, und es ging mir rundum elend.

Am 4. kehrte ich über den alten Boulevard von einer Ausfahrt heim. Die Menschen amüsierten sich draußen, und eine Vielzahl von Karossen und Kutschen war unterwegs. Der Trubel wirkte ungewohnt und wie neu für mich. Am Dreifaltigkeitsonntag verzehrte ich an einem schattigen Tisch beim Gezwitscher des Dompfaffs genußvoll Erdbeeren, Sauerkirschen, es war warm und der Nordwind sehr trocken. Ein Durchfall rettete mich. Ich blieb bei meinen Kräutersäften, wagte mich aber auch an Fisch. Tronchin riet mir ausschließlich zu Spinat.

Da Fronleichnamsoktav* war, ging ich am 17. in die Vesper. Ich folgte der Prozession um die Kirche, was den Tag feierlich beschloß. Nach dem Gottesdienst brach ich mit Mutter und Tochter im Kabriolett auf, mein Sohn folgte uns mit M. Collins. Es war so wohltuend, froh vereint mit der Familie übers Land zu fahren! Wir rasteten bei schönem Abendwetter in Chevilly, einem bemerkenswerten Ort. Der

* Der achte Tag nach Fronleichnam.

Gutsverwalter zeigte uns das Hühnergehege, eine Pfirsichpflanzung wie in Montreuil, dann ritt ich durch die ausgedehnten Obst- und Sträucheranpflanzungen, schaute mir die schönen Terrassen an und machte mir Notizen für meinen eigenen Garten.

Als wir heimfuhren, überholte uns mein Sohn munter und lachend, wenngleich uns seine Gesundheit Sorgen bereitete, denn sie war nicht besser als meine und die meiner Mutter. Meine Tochter befand sich wohlauf, aber sie hatte Angst um ihren Mann.* Ihm ging es in Hessen schlecht. Wie M. de Guerchy kränkelte er fortwährend, dazu die grausame Hungersnot dort. Mir war's sehr recht, nicht dort zu sein und mich woanders zu vergnügen. Im übrigen wollte man aus dem Kriegsgebiet, wo alles wie gelähmt wirkte, gar nicht mehr viel wissen. Wir erfuhren jedoch, daß der Zar dem König von Preußen 30.000 Mann zur Verfügung stellte, der seinerseits seinen Friedensschluß mit Schweden verkündet hatte, während die Königin von Ungarn von uns bündnisgemäß, doch anmaßend, 24.000 Mann forderte. Die Lage wurde immer verfahrener.

* Angélique de Croÿ hatte 1762 Joseph d'Havré geheiratet.

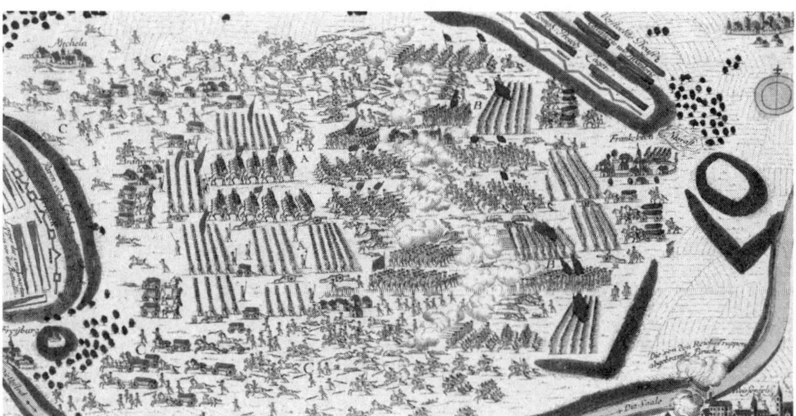

Plan der Schlacht von Roßbach am 5. November 1757

In ruhigeren Gewässern?

Für den europäischen Kriegsschauplatz wurde im Frühjahr 1763 der Frieden von Hubertusburg geschlossen. Die Vorkriegsordnung wurde wiederhergestellt. Preußen blieb im Besitz Schlesiens.

Am 23. Juni, meinem Geburtstag, kehrte ich nach Paris zurück. Der Frieden, dessen Feiern tags zuvor zu Ende gegangen waren, beschloß einen traurigen und unseligen Krieg. Ich fand meine Mutter für ihr hohes Alter wohlauf vor. Mein Sohn hatte sich von den Pokken recht gut erholt. Da ich erst einen Tag später erwartet wurde, traf ich zuerst nur ihn an und sprach sogleich mit ihm darüber, wie es jetzt mit Mlle. de Mailly und seinen Heiratsabsichten aussehe, für die sich meine Mutter so begeisterte. Er eröffnete mir, daß es nun gar nicht mehr um Mlle. de Mailly gehe, sondern um eine der Prinzessinnen des Hauses Carignan, die er begehrte, seitdem seine Feldzüge und Reisen in Deutschland in ihm den Wunsch nach großartigen Allianzen geweckt hatten, wodurch er den Ruhm unseres Hauses mehren wollte.* Ich meinerseits plädierte eher für Herzensglück und Vernunft als für alles andere, für das ich mich nicht länger begeisterte. Dennoch achtete ich seine edle Gesinnung, soweit sie keinen Schaden anrichtete, und besprach mich mit ihm vernünftig. Dennoch wollte mir scheinen, daß wir Mlle. de Mailly dezent im Auge behalten sollten, falls der neue Plan scheiterte.

* Savoyen-Carignan, Nebenlinie der Herrscherfamilie des Königreichs Sardinien-Piemont.

Wir spazierten durch den herrlichen Garten. Meine Mutter traf ein. Ich umarmte sie herzlich; für sie mußte es eine große Freude sein, uns ohne Krieg und Krankheit vereint zu sehen. Meine Tochter hielt sich allein in Paris auf, da ihr Mann beim Regiment und ihre Schwiegermutter auf dem Lande weilte. Sie kam wenig später, und wir verbrachten im Kreis der Familie einige köstliche Tage, ohne irgendwen zu empfangen.

Zuerst erwogen wir den imposanten Ehebund, der meinem Sohn so sehr am Herzen lag und sogar meine Mutter schließlich auf Mlle. de Mailly verzichten ließ. Ich mahnte beide zur Besonnenheit und willigte ein, den Abbé de Villemenet zum Sondieren nach Turin zu schicken. Der Abbé war vor einigen Monaten von dort zurückgekehrt, hatte meine Mutter besucht und war vertrauenswürdig. Er kannte sich in Turin aus und war durch Geist und Rührigkeit zu solchem Auftrag befähigt. Meine Mutter hatte durch ihn schon einmal bei der Princesse de Carignan vorgefühlt, die ehrenvoll reagiert, doch auf den Willen des Königs von Sardinien verwiesen hatte. Ich vermutete, daß solche Vermählung zwischen den beiden Königshöfen ausgehandelt werden mußte. Der Abbé meinte es allein bewerkstelligen zu können.

Ich gab zu bedenken, wie gefährlich es war, nach den Sternen zu greifen, doch meine Mutter erzählte so viel Gutes über die jungen Prinzessinnen, die sorgfältig in einem Kloster erzogen worden waren, daß sich auf Glück, Vernunft und Glauben hoffen ließ, was mir am wichtigsten war.

Schließlich wurde beschlossen, daß der Abbé in vier Tagen ganz inkognito abreisen solle. Wir mußten ihn nur noch instruieren, uns exakt wissen zu lassen, wie wir bei einem günstigen Bescheid den Antrag in die Wege leiten müßten.

Mein Sohn suchte alle Dokumente zusammen, welche die Bedeutung unseres Hauses untermauerten. Ich räumte ein, daß ich eines Tages sehr vermögend sein würde, verwies aber auch darauf, daß ich noch etliche Jahre würde vorsichtig wirtschaften müssen. Ich fürchtete, daß wir uns ein wenig zu hoch hinauswagten. Trotz seines Ehrgeizes und Verlangens schien er vernünftig zu bleiben.

Gut gerüstet mit Gebeten und allen denkbaren Hinweisen, brach der Abbé am 27. Juni abends auf. Er versprach mir, nichts zu übereilen und bei allen Schritten das Wohl von Christenseelen im Auge zu behalten. Mme. de Carignan hatte uns ehedem einen Besuch abgestattet, was hoffen ließ, und meine Kinder schien sie zu lieben. Nichtsdestotrotz bat ich, andere Kandidatinnen nicht außer acht zu lassen.

Sonntag, den 3. Juli, verlief die Rückfahrt von Versailles sehr gut, bis ich mitten auf der Chaussee in eine solche Kutschenverkeilung geriet, daß ich fürchtete, bis Mitternacht festzustecken. Doch gottlob kam Ordnung hinein. Die Uferwege waren frei. Bei Chaillot lotste man die Wagen heraus, die sich ab Passy gestaut hatten. Nachdem ich mich mit einem Wachmann abgesprochen hatte, machte dieser sich daran, die drei Gespanne, die den Weg versperrten, wieder in Bewegung zu setzen. Ich hatte freie Fahrt, und es war noch hell genug, um den Anblick der Menschen an beiden Flußufern wie in einem Amphitheater zu genießen.

Den 7. September suchten mein Sohn und ich den Comte de Noailles* auf, der noch einmal tausend Livres im voraus für die Instandsetzung des Stadthauses verlangte, in dem ich in Versailles untergebracht war, wobei er mir die Wohnung über meiner bisherigen anbot, die gesünder und ein bißchen bequemer wäre. Doch ich mochte das Erdgeschoß: Ich behielt es und nutzte die Gelegenheit, die obere Wohnung für meinen Sohn zu erbitten, wobei das Brennholz jedoch weiterhin unten gelagert werden sollte. Er notierte es und schickte mir tatsächlich zwei Tage später die Bestätigung.

* Philippe de Noailles, 1715*, *Gouverneur der Schlösser von Versailles*. Er verteilte die Wohnquartiere für Höflinge. Mit seiner Gattin, bei Hofe *Madame Etiquette* genannt, seiner Schwester, seiner Schwiegertochter und seiner Enkelin endete er 1794 unter dem Fallbeil. Ihre gemeinsame Fahrt zum Schafott wurde als *Noailles-Fuhre* bezeichnet.

Der Comte de Noailles war außer sich darüber, wie viele Unterkünfte er wegen des Opernbaus einbüßte, der seit dem Friedensschluß wieder energisch vorangetrieben wurde. Er zeigte uns die Rangliste all derer, die ein Anrecht auf eine Wohnung besaßen, ohne daß er wußte, woher nehmen. Es waren sehr viele. So schätzten wir uns denn glücklich, in Versailles untergebracht zu sein, fast in Reichweite des Schlosses und behaglicher als dort.

Klosterfrieden

Am 15. September reisten wir gegen Mittag nach La Trappe ab; M. le Duc de Penthièvre im Zweisitzer und mit vorausgeschickten eigenen Pferden an jeder Station, ich hinter ihm gleichfalls im Zweisitzer mit Postpferden bis Nonancourt, wo ich dann Pferde von ihm bekam. Wir nahmen die lange Allee von Crécy, passierten Garancières, durchquerten die trockenen und dünnbesiedelten Ebenen und gelangten dann auf der großen Straße in die Bretagne. In Saint-Maurice stießen wir auf M. de Méré, der im Ruhestand lebte und M. le Duc de Penthièvre auf all seinen Reisen nach La Trappe begleitete, wohin er sich einige Male im Jahr zurückzog.

Wegen der schlechten Wege saßen wir auf und ritten über hügelige steinige Abkürzungen, ganz ähnlich den Pfaden in Hessen. Inmitten rauher Landschaft liegt La Trappe an einem großen Weiher. Das berühmte Kloster wirkt alt und ärmlich schlicht. Wir trafen um sechs zum Abendgebet ein. Man weiß, daß man an der Pforte von zwei Patres empfangen wird, die einen wortlos zum Gebet in eine Kapelle führen, von dort in einen Saal, wo sie aus der *Imitatio Christi* des Thomas a Kempis oder einem anderen geistlichen Werk vorlesen. Sodann fragen sie einen nach dem Begehr.

Alle Durchreisenden werden zwei oder drei Tage äußerst frugal verköstigt. Wir wurden auf eine öffentliche Empore geleitet, von der aus man einen eindrucksvollen Blick in den Chor hat, wo die Mönche meditieren oder sich vor dem Altar auf den Boden geworfen haben.

Da das Nachtgebet begann, begaben wir uns direkt in den Chor. Die Stille, Versenkung und Dunkelheit ringsum luden nachdrücklich zur Andacht ein. Weil sich in anderen Kirchen die Abendandacht zu geschwind vollzieht, man aber den Tag andächtig beschließen soll, hat der Reformator diese Feier besonders hervorgehoben und ausgedehnt. Nach jedem Bibelvers verharren die Mönche lange reglos. Dann erklingt herrlich und fein ihr Gesang, und vor allem das Salve ist großartig.

Nach dem Gebet verließen sie wohlgeordnet die Kirche. Der Abt segnete einen jeden mit Weihwasser. Alles wird hier andächtig verrichtet, niemand hebt den Blick oder ist unruhig. Beim Glaubensbekenntnis strecken sie sich auf dem Boden aus, verneigen sich tief beim Gloria Patri, bei den Gebeten, Hymnen etc., was durch die vielen Wiederholungen beschwerlich ist. Danach gingen wir in den Saal, wo ich den freundlichen und geistreichen, jedoch auch demutsvoll würdigen Abt wie die übrigen Vorsteher, mit denen wir zusammentrafen, zu mancherlei befragte.

Die Patres, die sich um die Gäste kümmern, standen uns geradezu rührend aufmerksam zu Diensten. Nur wenn es unumgänglich war, ließen sie ein Wort fallen. Zum Schreiben und Beten suchte ich meine saubere Kammer auf und sah mir vor dem Abendimbiß die hübsche Wohnung an, die sie für den Duc de Penthièvre vorbereitet hatten und wo alles bis hin zur reizenden Kommode mit Einlegearbeiten von der Brüder Hand selbst hergestellt worden war. Sie haben für jeden Zweck exzellente Handwerker, und was besonders bemerkenswert ist: Bei keiner Arbeit brechen sie ihr Schweigegelübde, nicht einmal der Bruder für den Gästeempfang, der den Reisenden schweigsam und ohne Gegenlohn hilft.

Kürzlich war im Kloster ein Feuer ausgebrochen. Die hundertfünfzig Mönche löschten es schweigend. Nur fünf und sechs beschuldigten sich, das Schweigegebot gebrochen zu haben, und dafür genügt ein Wort. Sie begrüßen einander nicht und scheinen kaum zu gewahren, daß jemand um sie ist. Während des Noviziats werden ihnen Demut, Entrückung, Andacht, die Selbstlosigkeit und Geborgenheit in Gottes Liebe und Gegenwart so eingeschärft, daß nichts sie davon abbringen kann und sie glücklich sind im unverrückbaren Wissen, wer sie liebt und entlohnt.

Um neun servierten sie Monseigneur ein gutes Abendessen aus Eiern, das sie appetitlich mit Gemüse zubereitet hatten. Fleisch und Fisch kommen nicht auf den Tisch, und Frauen werden niemals eingelassen. Die Oberen, achtenswerte Männer, leisteten uns freundlich Gesellschaft, die Diensttuenden kümmerten sich zuvorkommendst um uns. Sie hätten es sich nicht verziehen, einen Wink des Gastes zu übersehen.

Am 16., kurz vor acht, begaben wir uns wieder zur Terz in den Chor, dann zum Hochamt, das wie alles ohne Pomp verläuft, danach in unsere Kammern, um zu schreiben und über das mustergültig geregelte Leben christlicher Philosophen nachzusinnen. Denn in La Trappe führt alles zum Ziel und läßt die Hindernisse überwinden, und bei aller Umsicht der antiken Weisen fehlte jenen doch der wahre Halt, der zu solch innerer Vollendung nötig ist.

Mittags gingen wir ins Refektorium, wo uns am Tisch des Abts einige zusätzliche Gänge serviert wurden. Da ich nichts zu mir nahm, konnte ich beobachten, wie jeder seine Mahlzeit hingestellt bekam. Eine sehr große Schale mit einer recht guten Suppe aus Brot und Gemüse, dann eine große Schale mit dicken Bohnen. Wird gerade nicht gefastet, gibt es einen Apfel oder Käse. Sie essen bedacht und langsam, derweil Erbauliches aus den Schriften der Wüstenväter verlesen wird. Sodann begibt man sich in die Kirche. Danach beobachteten wir sie bei der Arbeit. Sie pflückten Bohnen und flochten Reisigbesen. Tüchtig und zufrieden wirkten sie, blickten fast nie auf und sprachen keine Silbe. Wir besuchten das Spital, wo das geduldige und ergebene Hinnehmen des Leidens sehr erbaulich war. Sämtliche unterschiedliche Arbeiten schauten wir uns an und stiegen auch die Leiter hinauf, über der sich alles Nötige für die Nacht befand: der Schlafplatz mit Strohsack, gefüllt mit Häcksel, und mit leinenbezogenem großen Kopfkissen und gewiß zu knapper Decke. Das gesamte Kloster versammelte sich beim Abt, wo das Schweigen gebrochen wurde und der Duc de Penthièvre vor allem einige Greise ansprach. Einer war über 81 Jahre alt. Sie schienen den weltläufigen Ton nicht verlernt zu haben, doch blieben sie in sich gekehrt.

Wir begaben uns zur Abendandacht, dann in unsere Kammern. Ich ließ mir von den Oberen alles Mögliche erklären. Dieses Haus, wo alles sinnig seinem Ziel zustrebt, tat mir eher wohl, als daß es mich verwirrte. Ich fand heraus, daß der Vorsteher der Novizen ehedem Offizier bei den Königlichen Italienern gewesen war, wir uns vor zwanzig Jahren in Condé begegnet waren und er meine Familie bestens kannte. Er wirkte liebenswürdig und vorbildlich.

Anmerkungen, verfaßt zu La Trappe am 16. September 1763

Im Konvent lebten sieben oder acht Flamen, die Bier zugeteilt bekamen, die übrigen Apfelwein. Man sagte mir, daß es in den anderen Ordenshäusern eine Menge Flamen gebe.

Sie empfangen vier- bis fünftausend Durchreisende im Jahr. Das Kloster hat nur siebzehntausend Livres an Geldeinkünften, doch recht ausgedehnte Ländereien.

Da der Chor wichtig ist, nehmen sie selten jemanden auf, der schlecht singt. Die Psalmen lernt man auswendig. Gelesen wird nur in Gemeinschaft, nie im Chorraum, wo es nachts dunkel bleibt, jedoch zwei, drei Stunden lang täglich im Kapitelsaal. Der Pater Prokurator sagte uns, daß er dort einen Band von *Volk Gottes* in drei Tagen gelesen habe.

Von den 150, die den Konvent bilden, sterben in einem Jahr normalerweise vier oder fünf. Meistens stirbt man in den ersten sechs Jahren. Wir sahen drei Siebzigjährige. Es gibt jedes Jahre ungefähr fünfzig Novizen, doch nur wenige bleiben. Vier oder fünf halten durch. Tritt man in höherem Alter ein, bleibt man eher.

Nach dem Gelübde darf man nicht mehr hinaus. Manchmal, doch höchst selten, flüchtet einer. Sie dürfen aufgegriffen werden, doch der Abt läßt sie lieber laufen. Falls jemand verzweifelt, versucht man, ihn im Spital oder durch Zureden wieder zu stärken. Selten wird einer verrückt, es sei denn, er war bereits vor seinem Eintritt seltsam.

Witwer nehmen sie nur dann auf, wenn deren Kinder bereits versorgt sind. Wenn es medizinisch nötig ist, gilt im Spital kein Fasten, aber von sich aus um Speise bitten darf man nicht. Vormittags und abends arbeiten sie im Freien, was für ihren Körper wichtig ist. Im Geiste Gottes krempeln sie die Ärmel hoch und machen sich eifrig ans Werk. Die Alten putzen und schälen und bereiten die Portionen vor. Acht Stunden dauert der Chordienst, an hohen Feiertagen bis zu elf.

Sie glauben, der unverfälschten Regel des heiligen Benedikt zu folgen, und leiten sich von den Zisterziensern ab. Als mustergültige Konvente gelten Septfons, Orval, Beaupré. Das Kloster bei Düsseldorf gleicht ungefähr ihrem. Sie sind nur dem Papst verantwortlich, ihrem Ordensprior und dem jeweiligen Abt, dem sie uneingeschränkten und blinden Gehorsam entgegenbringen.

Neid und Eitelkeit, bekannte der Abt, sickerten dennoch ein und seien eine der Gefahren. La Trappe ist eine der ältesten Gründungen. Die Mönche ließen sich im Jahr 1140 hier nieder. Irgendwann zählte der Konvent nur noch sieben, acht Mönche, die kaum genug zum Leben hatten und sich wohl nicht mehr streng an die Ordensregeln hielten. Gleichsam im letzten Moment setzte 1664 der Kommendaturabt de Rancé (zum tatsächlichen Abt mit dessen Pflichten muß man vom König ernannt werden), der nach einer gottgefälligen Aufgabe suchte, seine Reform ins Werk, indem er die strikten Regeln des heiligen Benedikt mit größter Nachdrücklichkeit wiederbelebte und den strengsten Orden begründete. Üblicherweise, wie jetzt im September, stehen die Trappisten um zwei Uhr früh auf und feiern bis vier die Mette, dann folgen Lesungen etc. Täglich tritt das Klosterkapitel zusammen, um Verfehlungen gegen die Ordensregeln zu untersuchen, die von den Oberen strengstens bestraft werden. Jede Minute wird in Gemeinschaft verbracht. Keinen Augenblick bleibt einer allein. Alles gemahnt an Gott, man selbst besitzt nichts mehr, weshalb ich sie den Kartäusern vorziehe, denn in La Trappe, Septfons, Orval lebt man wahrhaft geschützt vor den Versuchungen der Welt und fast jeder eigenen Begierde. In ihren Unterkünften halten sie sich nur zum Schlafen auf. Sie dürfen weder Licht noch Schreibstift, noch Papier haben; das gibt es beim Klosterkapitel. Nur die ungefähr fünf Oberen dürfen sie ansprechen. Wir erfuhren, daß immer dieselbe Kutte und die Winterkälte für sie am beschwerlichsten sind. Die Mahlzeiten sind ausreichend, wenngleich sie nur aus der großen Portion Suppe und Gemüse wie Bohnen, Linsen oder Grütze etc. bestehen. Doch wenn es abends während des Fastens, das ein Gutteil des Jahres ausmacht, nichts als zwei Unzen Brot gibt, so ist das arg wenig. Als ich dort weilte, waren die Bohnen am schmackhaftesten. Wenn es indes schlechten Rettich, harte Karden, Runkelrüben oder irgendein bitteres Kraut gibt, reicht das kaum zum Sattwerden.

Inmitten der rauhen Landschaft wirkt der Ort sehr traurig. Das könnte ihnen gleichgültig sein, wenn die Gegend nicht so ungesund und feucht wäre, wodurch sie sich, auch wegen der eisigen Nächte und der kärglichen Bettdecke, oft erkälten und lungenkrank werden. Die Klostergärten sind dennoch recht ausgedehnt.

Ich hatte von La Trappe eine andere Vorstellung gehabt und hatte gedacht, es sei eine Zuflucht für verbitterte Einsiedler und zerknirschte Sünder. Die gibt es auch. Doch fast alle Novizen, die sich vorstellen, sind jung, zwischen neunzehn und sechsundzwanzig, Mönche wie andere, doch sympathischer, ernster und nachdenklicher. Radikaler als sonst irgendwer haben sie auf die Welt verzichtet und sich Gott zugewandt.

Wieder im Leben

Meine Mutter fand ich wohlauf vor, und begeistert erzählte sie mir von dem Gespräch, das sie abends zuvor mit der Princesse de Carignan geführt hatte, die ihrem Sohn über unser Anliegen hinsichtlich ihrer Tochter äußerst günstig geschrieben hatte. Falls also ihr Sohn und der König von Sardinien ihr vertrauten (was nicht sicher war), dann befanden unsere Ehepläne sich auf dem besten Wege. Der Abbé de Villemenet schlug vor, überdies die Botschafter einzubeziehen, doch eine Schwierigkeit blieb der Rangunterschied zwischen den Familien.

Den 20. September besuchte ich die Gemäldeausstellung im Louvre. Sie gereicht unseren Künsten und M. de Marigny zur Ehre, Zusammenstellung und Vielfalt sind vorzüglich.

Den 22. begab ich mich nach Sceaux, zu dem Zimmermann, der an meinem Belvedere auf dem Hügel von Châtillon arbeitete. Ich beschloß, den Pavillon zehn Fuß höher zu bauen, so daß ich über die Baumkronen hinweg ins Land schauen konnte, was dann keinen Wunsch mehr offenließe.

Den 25. suchte um sieben Uhr abends die alte Princesse de Carignan abermals meine Mutter auf. Man ließ mich rufen, und ich fand beide niedergeschlagen vor. Die Ablehnung war klipp und klar, und der Prince de Carignan hatte seine Mutter beauftragt, uns mitzuteilen, daß er sich trotz der großen Wertschätzung, die er für unser Haus hege, entschlossen habe, seine Töchter nur an regierende Häuser zu verheiraten. Der Abbé hatte sich von der ersten höflichen Antwort täuschen lassen, die als dezente Ablehnung gemeint gewesen war. Ich hatte das geahnt. Ich hatte nichts gesagt, um meiner Mutter und meinem Sohn keinen Kummer zu bereiten, wunderte mich nun aber nicht. Der König von Sardinien war auf dem Lande beim Prince de Carignan gewesen, wo die Würfel gefallen waren. So war denn alles heraus und das Luftschloß geplatzt. Meine Mutter bat mich, es meinem Sohn zu sagen, der es gottergeben und charakterfest aufnahm, was mir sehr gefiel. Leider hatten wir nun nichts mehr in petto, denn von Mlle. de Mailly war nicht mehr die Rede gewesen. Allerdings gab es eine jüngere zu Salm, geboren in Paris, jedoch arm wie eine Kirchenmaus. Es war doch alles zu verdrießlich! Ich meinte, daß es ein bißchen Mitgift brauche. Besitz schadet nie. Mein Sohn wollte jedoch etwas von ihr sehen, ein Porträt, das auch ihren Charakter andeutete. Er hatte einen Hang zum Ausland, aber dort hatten wir schon alle möglichen Partien erwogen. Wir mußten uns also neuerlich in Paris umschauen. Mein Sohn schrieb dem Abbé in Turin die bedauerliche Nachricht, daß er zurückkehren könne. So war denn diese Geschichte erledigt, und wir schätzten uns glücklich, daß sie vor unserer Abreise nach Condé vorbei war, so daß wir uns beraten konnten. Die ganze Angelegenheit blieb geheim. Tags darauf sannen wir beim Packen nochmals über alles nach. Am 27. September brachen wir in einem hübschen englischen Wagen auf, den wir zum Reisen ganz ausgezeichnet fanden.

Nachdem ich am 7. Dezember 1763 nach Paris zurückgekehrt war, galt meine wichtigste Sorge der Verheiratung meines Sohns, der das zwanzigste Jahr vollendet hatte. Sein Sieg über die Pocken hatte ihn gekräftigt, und es war an der Zeit, da meine Tochter nicht schwanger wurde: Heirat war der einzige Ausweg für den Fortbestand des Hauses Croÿ. Mein Sohn war die Umsicht und die Tugend in persona. Es war unser ganzes Bestreben, ihn glücklich zu sehen, das Leben genießen zu lassen und eine Frau für ihn zu finden, die auf Nachwuchs hoffen ließ.

Während des Sommers hatte sich meine Mutter wieder auf Mlle. de Mailly versteift; sie besuchte sie sogar im Kloster, und die Angelegenheit kam ins Rollen. Bei meiner Rückkehr gebot ich Einhalt, und meine Mutter lenkte ein.

Die gesamte Familie d'Harcourt und der Prince de Tingry, dem wir sehr verpflichtet waren, brachten Mlle. d'Anville La Rochefoucauld ins Spiel. Gegen Jahresende stellte man sie uns bei der Princesse de Robecq vor. Sie sollte achthunderttausend Francs besitzen und die Protektion des Hofs genießen, was sich gut traf. Unglücklicherweise schielte sie und war von delikater Gesundheit wie ihre Mutter, so daß meine Mutter sie partout nicht wollte, was mir allerlei Ungemach bereitete, da alle Welt behiflich gewesen war, die Sache unter Dach und Fach zu bringen.

Wir erstellten unablässig Listen aller möglichen Partien, mit für und wider, hatten unsere Fühler in alle Richtungen ausgestreckt, aber das Passende mit Besitz, Protektion etc. fand sich nicht. Es hieß, wir seien zu heikel, doch die Angelegenheit war zu wichtig, um nicht gründlichst bedacht zu werden. Wir waren in Turin gescheitert, und es war höchste Zeit, Nägel mit Köpfen zu machen.

Schließlich zogen wir abermals die zweite Mlle. zu Salm in Betracht, gegen die nur ihre Besitzlosigkeit, mangelnde Erfahrung bei Hofe und ein wenig reizendes Gesicht, was uns beide verband, sprachen, über die wir aber, was das Wichtigste war, so viel Gutes hörten, daß sie durch Klugheit und Ordnungssinn alles andere wettmachen mochte.

Nach meiner Silvesterandacht begab ich mich zum Kloster Bon-Secours, wo sie erzogen worden war. Ich zog Erkundigungen bei der Äbtissin und bei der bedauernswerten Mme. de Lauraguais ein, einer ehrbaren und unglücklichen Dame, die sich nach der Verbannung ihres Mannes in dieses Kloster zurückgezogen hatte. Sie hatte ihr Entzücken über das Mädchen meiner Mutter mitgeteilt. Sowohl die Äbtissin wie auch Mme. de Lauraguais berichteten mir so viel Angenehmes über die junge Person, die leider erst sechzehn Jahre und vier Monate alt war, daß ich mich für das Projekt erwärmte.

Der Winter begann mit viel Schnee und wurde im Januar, Februar mild und sehr regnerisch. Das Land wurde dermaßen überflutet, daß ich mit dem Boot über die Bäume der Ebene von Ivry fuhr und das Wasser am 8. Februar bis zur zweiten Stufe des Ufers von Ivry anstieg, also nur zwei Fuß niedriger als 1740. Wir unternahmen einen schönen Bootsausflug mit faszinierenden Ausblicken. Im März fror es.

Am 7. Januar fuhr ich wegen detaillierterer Auskünfte abermals nach Bon-Secours. Alles klang weiterhin günstig: Ihr Gesicht war (auch nach den Pocken) angenehm, doch vor allem Vernunft, Ordnungssinn und klares Denken ließen das Beste erhoffen. Dazu gesellten sich ein freundliches Wesen und eine Herkunft, die mit Kindern rechnen ließ, denn ihre Mutter hatte viele gehabt, und ihre Schwester, die Duchesse de la Tremoille, war gleich nach der Hochzeit schwanger geworden. Darüber hinaus war sie in diesem Kloster, dessen Äbtissin mir verdienstvoll erschien, schlicht und zugleich tadellos erzogen worden. Nach diesen Auskünften und wegen des großen Verlangens, das mein Sohn bezeugte, der es verdiente, glücklich zu werden, kamen wir überein, dieses Projekt voranzutreiben. Am 11. Januar enthüllte ich es dem Prince de Soubise, der uns schätzte. Er fand die Idee ausgezeichnet und zeigte sich so erfreut, daß er schon am Abend bei Mme. de Pompadour sondieren wollte, ob uns endlich die seit Jahr und Tag verheißenen Hofehren, die uns für das Haus Salm respektabler machen mußten, bewilligt würden.* So kam denn Bewegung in diese Angelegenheit.

Nachdem der Prince de Soubise mir geschrieben hatte, daß es zu diesem Gespräch gekommen war, machte ich mich am 13. Januar nach Versailles auf, wo ich eine lange Unterredung mit ihm hatte; man hatte ihn geneigt angehört, fürchtete aber, der König könne ablehnen, zumal er die Hofehren anderen verweigert habe. Wir wurden an M. de Saint-Florentin verwiesen, was nichts Gutes verhieß.**

* In der komplexen Adelshierarchie rangierten die auf deutschem Territorium regierenden und in Paris residierenden Reichsfürsten zu Salm-Kyrburg vor dem nicht selbst regierenden Hause Croÿ.

** Louis Phélypeaux, Comte de Saint-Florentin, dann Duc de La Vrillière, 1705–1777, Staatsmann in unterschiedlichen Ämtern. In seiner Eigenschaft als Staatssekretär des Königlichen Hauses war er ein gefürchteter Prüfer von Stammbäumen und damit des Rangs adliger Familien.

Der Prince de Soubise hegte die besten Absichten und fragte, ob wir energischer drängen sollten. Und er sagte, er habe nicht erwähnt, mit wem wir uns zu verheiraten gedächten. So bat ich ihn abzuwarten, bis ich mich mit dem Hause Salm arrangiert hätte.

Am selben Tag kehrte ich früh nach Paris zurück, und nachdem ich alles berichtet hatte, beschlossen wir, den Kontakt durch Mme. de Starhemberg herzustellen, eine gebürtige Salm, die ehedem von meiner Tante im Kloster Maubeuge erzogen worden war. Ich suchte sie abends auf. Sie schien unser Ansinnen gutzuheißen und versprach mir, nächsten Tags bei der Fürstin zu Salm vorzusprechen. Damit war von unserer Seite aus alles Erforderliche in die Wege geleitet.

Am 15. Januar schrieb mir Mme. de Starhemberg, sie habe vorgesprochen, man habe unseren Antrag erfreut zur Kenntnis genommen, ihn ausdrücklich befürwortet, doch der Fürst zu Salm verlange unbedingt die Hofehren, sogar die erblichen, sei es aufgrund eines spanischen Grandenrangs oder eines erblichen Herzogtitels. Dies brachte uns in Bedrängnis, denn der König war nicht mehr bereit, neue Erbherzöge zu ernennen. Wir bauten auf den Grandenrang, aber Salm wollte zügig Klarheit. Wir waren einigermaßen verblüfft. Ich persönlich fand, daß er zu Recht klare Verhältnisse erwartete.

Ich begab mich zu Mme. de Starhemberg. Sie wirkte sehr engagiert und schien das Projekt sogar zu genießen. Sie versicherte mir, daß die Fürstin Salm es keineswegs gutheiße, daß ihr Gemahl sich dermaßen in seine Forderung verrenne (sic), doch sie bestätigte, daß der Fürst nicht umzustimmen sei. Ich teilte Mme. de Starhemberg unsere Hoffnungen mit. Wir beschlossen, daß ihr Gemahl (da sie es selbst vorschlug), der mit dem Duc de Choiseul auf gutem Fuße stand, den Minister einspannen solle. Sie selbst, dazu Mme. de Gramont, ihr Bruder, der Abbé Salm, welcher der wendigste und einflußreichste Höfling der Familie war, sollten gemeinsam mit Mme. de Carignan und der Dauphine das Ihrige tun. Ich wollte mich um den Prince de Soubise und um Mme. de Pompadour kümmern, so daß wir nach und nach den König für uns gewinnen konnten, um den Erbherzogstitel mit den Hofehren zu erlangen. Falls dies nicht fruchtete, wollten wir mit dem Verweis auf unseren beurkundeten Grandentitel den Fürsten Salm günstig stimmen, wobei man sich am Ende vielleicht wenn nicht mit dem Erbherzog, so doch wenigstens mit den verbrieften Ehren begnügen konnte. Über die Mitgift sprachen wir nicht. Doch ließ sich die jüngere, wie es bei der älteren der Fall gewesen war, auf 150.000 Livres veranschlagen. Eigentlich hatten wir noch Zeit genug, denn die Fürstin Salm meinte, daß ihre Tochter noch zu jung sei und man ein Jahr verstreichen lassen solle. Dann mußte jedoch entschlossen gehandelt werden.

Als ich merkte, daß es mit dem Eheprojekt nicht voranging, ehe sich das Schicksal Mme. de Pompadours entschied, deren Zustand sehr bedenklich war und für erhebliche Unruhe sorgte (ganz Paris verfolgte ihr Leiden, worüber man lange nachsinnen könnte), als ich also sah, daß ich nicht zugegen bleiben mußte, jedoch nach Ostern nicht nach Schloß Eremitage reisen konnte, da ich am 1. Mai in Calais sein mußte, ich mich aber unbedingt bei meinen Bauarbeiten in der Eremitage sehen lassen mußte, wollte ich dort rasch vorbeischauen. Daneben bereitete ich mich mit den berühmtesten Astronomen darauf vor, am 1. April die große und womöglich totale Sonnenfinsternis zu beobachten, für die ich mir bei Sayde einen kostspieligen Heliometer kaufte.

Am 22. März reiste ich unbeschwert in den Norden ab.

Am 7. April war ich wieder in Paris. Hinsichtlich unserer Angelegenheit war alles beim alten. Mein Sohn hatte nichts unternehmen können. Ich hielt diesen Ehebund, der uns einigen Verdruß bereitete, für ungewiß. Der Fürst zu Salm beharrte auf den erblichen Hofehren für meine Familie, während der Abbé Salm und Mme. d'Aspremont uns versicherten, daß er sich gegebenenfalls auch mit den nichterblichen zufriedengeben würde.

Ein Gestirn erlischt

An Madame Lebon, Wahrsagerin, die mir im Alter von neun Jahren eine Zukunft als Mätresse des Königs vorhergesagt hatte: 600 Livres
An die Kapuziner zu Paris: 700 Livres
An Madame Plantier, Amme meiner Tochter Alexandrine: 200 Livres
An die kleine Nymphe von Compiègne: 400 Livres ...

La Marquise de Pompadour

Am 7. April erlitt Mme. de Pompadour, die nach Versailles zurückgekehrt war und auf dem Weg der Genesung zu sein schien, einen schweren Rückfall, der Schlimmes befürchten ließ. Da sie sich nicht geschont hatte, war ihre Lungenentzündung nie ausgeheilt. Seit längerem war sie sehr füllig geworden, wirkte aufgedunsen und galt längst als sehr krank.

Mme. de Pompadours Zustand verschlechterte sich. Man rätselte, ob die Choiseuls, Mme. de Gramont oder Mlle. de Romans den größten Einfluß gewännen, was meine Familie ins Hintertreffen brächte.

Am 12. April gab man Mme. de Pompadour auf. Sie suchte Trost allein im Glauben. Dennoch ging der König regelmäßig zu ihr hinunter. Als er erkannte, daß es mir ihr zu Ende ging, aber noch länger währen mochte, stumpfte er ein wenig ab und wirkte nicht mehr allzu bekümmert. In der Nacht vom 14. zum 15. empfing sie die Sakramente. Obwohl sie sich im Schloß von Versailles befand, schickte sie nach ihrem Ehemann, der ihr ausrichten ließ, er sei unpäßlich. Offenkundig hatte sie ihrem Pariser Pfarrer, dem der Madeleine-Kirche, eine ehrenvolle Versöhnung mit ihrem Ehemann versprochen. Sie bewies großen Mut und große Schicksalsergebenheit.

Der König hatte sie am Vorabend kurz besucht, sah sie aber nach den Sakramenten nicht wieder. Seit langem schon war sie ausschließlich seine Seelenvertraute gewesen. Er war es, der sie gebeten hatte, die Sakramente zu empfangen.

Sie konnte nicht gebettet werden. Da der Lungenschleim sie zu ersticken drohte, hatte man sie in einen Sessel gelagert, wo sie, wie in solchen Fällen üblich, keuchte und sich quälte. Man sah sie ergeben die Letzte Ölung empfangen und ersehnen, daß es zu Ende ging, so sehr litt sie. Dann bat sie ihren Beichtiger um Verzeihung für ihren Todeswunsch. Nachdem sie aus ihrem Sessel noch mit innerer Festigkeit gesprochen hatte, verstarb sie am 15. April 1764, Palmsonntag, um halb acht Uhr abends, dreiundvierzig Jahre alt.

Sie wurde allgemein betrauert, war sie doch gutherzig und hatte fast allen geholfen, die sich an sie wandten. So endete eine der längsten Herrschaften, die man je erlebt hatte. Begonnen hatte sie, als sie zwanzig Jahre alt war, Anfang 1745, und hatte somit beinahe zwanzig Jahre gewährt!

Wahrscheinlich gab es keine Ernennung und keinen Gnadenbeweis, die nicht durch sie zustande gekommen waren. Auf ihr Betreiben waren nur jene drei oder vier Minister entlassen worden, die sie hatten verdrängen wollen oder sich anmaßend nur auf eigenen Fittichen emporschwingen wollten. Nie tat sie Böses oder höchstens gezwungenermaßen, doch zu ihrer Zeit suchte alles erdenkliche Unglück Frankreich heim, und viel Geld wurde unnütz ausgegeben!

Es war dies fast das größte Ereignis, das Frankreich widerfahren konnte: Einerseits hieß es abwarten, auf wen sich nun das uneingeschränkte Vertrauen des Königs richten würde, denn es brauchte jemanden, der ihn bei den Gnadenbeweisen und Ernennungen Entschlüsse fassen half. Und das konnte das ganze Hofsystem umwälzen.

Zum anderen war es Mme. de Pompadour gewesen, die das Bündnis mit Österreich eingefädelt und treu dazu gestanden hatte. So konnte nun alles auf einen neuerlichen Zwist mit der Königin von

Ungarn zusteuern und uns trotz des nur allzu nötigen Friedens einen neuen Krieg bescheren.

Wenige Augenblicke vor ihrem Tod verabschiedete sie die Messieurs de Soubise, de Choiseul und de Gontaut, die sich in ihrem Gemach aufhielten, mit den Worten: «Es ist bald soweit. Lassen Sie mich mit meiner Seele, meinem Beichtvater und meinen Damen allein!» Sie ließ M. de Soubise zurückrufen und händigte ihm ihre Schlüssel aus. Sie regelte ihr Erbe, ließ ihren Verwalter kommen, bat ihn um eine bestimmte Karosse, mit der sie, wenn es ausgestanden wäre, in ihr Haus in Versailles überführt werden wollte. Mit ihrem bestechenden Ordnungssinn bestimmte sie fast alles minutiös. Sie zeigte keinen Kummer darob, aus dem Leben scheiden zu müssen, bewies größte Festigkeit und Seelenruhe und womöglich zu viel. Es heißt immer wieder, daß Frauen gefaßter stürben als Männer.

Sie hatte den Prince de Soubise zu ihrem Testamentsvollstrecker ernannt. Ihr Letzter Wille war eher der einer Römerin als der einer Christin, mit Ausnahme der Vorbemerkung, die ein Notar verfaßt haben mag und nicht sie. Alles in allem scheint das Testament von Freundschaft zu künden, und man erkennt darin den guten Menschen, der auf Ordnung hielt und der Freundschaft würdig war.*

Es fiel auf, daß der König am Abend nach ihrem Tod sein öffentliches Souper absagte und mit dem Duc d'Ayen, offensichtlich in dessen Rang als Gardehauptmann, mit M. de Gontaut et de la Vallière, den Freunden der Verstorbenen, speiste, der Duc de Choiseul hingegen nicht anwesend war. Wo sie eine Richtung vorgegeben hatte, hing der König noch von ihrem Einfluß ab.

M. de Soubise begab sich, vielleicht zur Testamentsvollstreckung, nach Paris, eine überraschenderweise ihm übertragene Pflicht, wel-

* Ein Posten dieses Testaments wirkt besonders anrührend: Die Marquise bedachte auch einen «Jungen ohne Arme», der am Tor von Versailles die Tage zubrachte, mit einer Schenkung.

che ihn als den vertrauenswürdigsten Mann des Hofes auswies, was ihm den größten Einfluß sichern konnte, falls er sich als geschickt genug erwies und Lust auf solche Gipfelhöhen verspürte.

Inmitten dieses Wirrwarrs blieb ich dank meiner Prinzipien gottlob ruhig und suchte den Hof nicht auf.

Theater, Erben und der Stempel des Ministers

Unterdessen drohte auch das Heiratsprojekt zwischen Anne Emmanuel de Croÿ und Auguste Friederike zu Salm-Kyrburg zu scheitern. Der Vater der Braut, der auf deutschen Territorien regierende und in Paris residierende Reichsfürst Philip Joseph, beharrte im Ehevertrag auf dem Titel Allererhabenster hochmögender und allerdurchlauchtigster Fürst, durch Gottes Gnade regierender Fürst zu Salm etc. In Frankreich wurden derlei Titel mißbilligt, da dort allein der König regierte und nicht gedachte, mit einem noch so standesbewußten deutschen Fürsten auf einer Ebene zu rangieren. So klagt Emmanuel de Croÿ: «Ich verging schier aus Angst vor einer Blamage, deren Lächerlichkeit nie wieder wettzumachen gewesen wäre!»

Letzten Endes zeigte Ludwig XV. sich großmütig und billigte die Ehe seines Untertans mit der deutschen Adligen.

Der Winter verlief ziemlich still. Der König erwählte sich keine neue Mätresse. Er löste sogar den Hirschpark auf, und allenthalben herrschte Ruhe. Eifersucht und Neid jedoch schlummerten nicht, und es wurde geraunt, die beiden Minister Choiseul würden bald stürzen. Man hielt das (sogar der Dauphin, wie es hieß) für ausgemacht. Aber am 26. Februar hatte der König seine Entscheidung gefällt und erklärte öffentlich, daß er über solches Geraune höchst verärgert und mit all seinen Ministern zufrieden sei und sie behalte. Dieser Schritt war erforderlich, um wieder ein wenig Vertrauen herzustellen. Kurz zuvor hatte M. de Laverdy als Generalkontrolleur der Finanzen geschickt ein Entlassungsgesuch ins Spiel gebracht, um in jedem Fall auf der sicheren Seite zu sein: Doch es schien alles beim alten zu bleiben.

Der Streit um die Pockenimpfung verebbte nicht, und diese Methode breitete sich aus; fast alle hübschen Frauen ließen sich impfen, und die beiden berühmten Ärzte, die impften, stellten ihre Gegner bloß, indem sie demjenigen, der ihnen in zehn Jahren auch nur einen einzigen ordentlich Geimpften, der die Pocken bekommen hatte, vorweisen konnte, zehntausend Livres versprachen.*

Am 18. März begegnete ich zufällig meiner Schwiegertochter, als sie gerade das umjubelte Stück *Die Belagerung von Calais* besuchen wollte, über das seit zwei Monaten alle redeten und zu dem alle Franzosen strömten.** Kein Theaterstück war je erfolgreicher gewesen. Auch ich dachte, ich müsse es mir anschauen, wenngleich ich seit dem Tod meiner Frau vor zwanzig Jahren kaum mehr und seit sieben oder acht Jahren überhaupt nicht mehr ins Theater gegangen war. Nun konnte ich die Gelegenheit nutzen, um unerkannt und ganz *en famille* in der Loge der Fürstin zu Salm unterzuschlüpfen.

Dieses Stück, ein Meisterwerk des Patriotismus, rührte jeden Franzosen. Darüber hinaus genoß ich es, einem Triumph meiner Landsmännin, der unvergleichlichen Schauspielerin Mlle. Clairon, geboren in Condé, beizuwohnen. Noch mehr genoß ich, daß in solch herausragendem Werk der Name meiner Verwandten d'Harcourt aufstrahlte und daß es die Stadt Calais verewigte, deren Bürger ich vor sieben Jahren fast geworden wäre.

* Die Kirche lehnte die Schutzimpfung als Eingriff in den göttlichen Heilsplan ab.

** Drama von Dormont de Belloy nach Ereignissen aus dem Hundertjährigen Krieg: Nach langer Belagerung durch den englischen König Edward III. droht Calais die Eroberung und Zerstörung. Um dies zu verhindern, stellen sich sechs Bürger dem rachsüchtigen Sieger als Geiseln zur Verfügung. Auf Flehen seiner Gemahlin Philippa verschont Edward die Opfermutigen.

Ich entbot meiner Schwiegertochter den Arm, wir kamen und gingen, ohne aufgehalten oder gesehen zu werden. Ich war entzückt von diesem Werk, dem Sieg französischer Herzen und ihrer Liebe zum König! Kein Drama veranschaulichte idealer den Beinamen eines vielgeliebten Königs. Die Nation konnte vielleicht auf solchem Wege wieder wachgerüttelt und zu wahrer Empfindung stimuliert werden. Das Theater besitzt große Macht über den Geist. Viel Applaus an all den Stellen, die brave Untertanen begeistern mußten, bewiesen es. Der König belohnte den Verfasser, und die Schauspieler baten darum, kostenlos für das einfache Volk spielen zu dürfen. Diese Vorstellung fand am 12. März um ein Uhr nachmittags vor einem Gedränge einfachster Leute statt, die durchaus alle Liebesbezeugungen begriffen und in *«Vive le Roi!»*-Rufe ausbrachen, die alles Klatschen übertönten.

Das Stück hatte sozusagen einen unserer schönsten Wesenszüge geadelt, und wenngleich es den edlen Gefühlen wahrer Engländer Gerechtigkeit widerfahren ließ, gestand es den Franzosen eine Überlegenheit zu, die unter den gegenwärtigen Gegebenheiten zu zeigen nicht wenig Geschick erforderte. Die Härte König Edwards wird nur angedeutet und gemildert durch den Schluß, wenn er von den Tugenden der Franzosen überwältigt ist und aller Haß sich in Freundschaft, ja, Edward selbst sich verwandelt und ein Volk als unbesiegbar erkennt, das allein für seinen Herrn lebt. Alles ist gleichwohl so geschichtsgetreu wie möglich.

Ich bemerkte zudem, wie trefflich es war, daß dank der Theaterreformen von M. de Lauraguais nun schon seit längerem keine Sitzbänke mit plaudernden Zuschauern mehr auf der Bühne standen und allein die Schauspieler dort herrschten.

Die Saison der Comédie begann am 15. April mit einem beispiellosen Eklat: Auf dem Spielplan stand die *Belagerung von Calais*, und der Saal war brechend voll. Um sieben Uhr verkündete ein Schauspieler, daß man nicht spielen könne. Das Publikum tobte, doch es mußte von dannen ziehen und bekam sein Geld zurück. Schuld war

Dubois, der Lord Mauny spielen sollte und aus der Truppe geworfen worden war, weil er seinen Arzt nicht bezahlt und einen Meineid geschworen hatte. Dazu kam, daß Komödianten vor Gericht gar nichts beeiden durften.* Außerdem haßte Mlle. Clairon die hübsche Tochter von Dubois und hatte erklärt beziehungsweise in Umlauf gebracht, daß sie mit ihr nicht auftreten wolle. Der von Mlle. Dubois unter Druck gesetzte Duc de Richelieu hatte alle im Namen des Königs umzustimmen versucht. Offenbar war es Mode geworden, daß komplette Truppen sich außerstande sahen zu spielen. Mit ein wenig mehr Entgegenkommen und weniger Hochmut hätte sich alles regeln lassen. Doch wie üblich wurde aus einer Mücke ein Elefant gemacht. Schließlich wurden die exquisiten Schauspieler mitsamt Mlle. Clairon in das Fort-l'Evêque-Gefängnis gesteckt, die Comédie wurde für einige Tage geschlossen, die *Belagerung von Calais* abgesetzt, und es hatte den Anschein, daß die Clairon und ihre besten Kollegen Paris verlassen würden.

Zu dieser Zeit brachte mir M. Dupin die beiden ersten Bände meiner Memoiren zurück, die er aufmerksam und vorzüglich kopiert hatte. Ich ließ sie binden und war erfreut, wie gut sich dieses Werk, das mich wegen seines Umfangs erschreckt hatte, ins reine schreiben ließ und daß es wohl recht nützlich und aufschlußreich geraten könnte.

Den 19. fuhr mich mein Sohn in seinem englischen Wagen, den er sehr geschickt lenkte, nach Conflans, wo uns der Erzbischof zuvorkommend empfing und wir allerlei mit ihm besprachen. Der Ort ist entzückend. Von Conflans aus nahmen wir die Fähre nach Jouy, das auch ganz reizend ist. Das gute Wetter bescherte uns einen herrlichen Tag. Zwei Abende soupierten wir heiter beim Abt von Sainte-Aldegonde, der wieder wohlauf ist. Ich ordnete alle Unterlagen, die bewiesen, daß ich ein Jahr vor der üblichen Frist für meinen Sohn ein Regiment zugesagt bekommen konnte.

* Schauspieler galten als *ehrlos*.

Den 21. reiste ich mit meinem Sohn nach Fontainebleau.

Wir wohnten im Hôtel de Gesvres, wo meine Tochter und ihr Gemahl uns erwarteten. Beide meinten, kein Aufenthalt des Hofs in Fontainebleau sei bisher ruhiger verlaufen, und bis auf das Befinden des Dauphins, das allerdings höchst besorgniserregend sei, gebe es nichts Neues. Wir statteten Besuche ab und soupierten beim Prince de Tingry, der aufwendig lebte und dessen Gemahlin (die dritte) in froher Erwartung war. Mme. de Leyde fand ich sehr verändert, doch weiterhin in Gesellschaft der ältesten Königstochter vor. Am 22. ging es dem Dauphin schlechter. M. de la Breuille, damals sein Arzt und unserer seit fünfzehn Jahren, schien mir sehr beunruhigt zu sein. Er sagte mir, der Dauphin habe sich nicht geschont, habe eine Erkältung nach der anderen gehabt, keine Arzneien genommen und vor allem die Brennbehandlung gegen die kranken Säfte gemieden. Man sei sehr besorgt, und es wäre ein großer Verlust für die Religion und für die Stabilität der Monarchie, deren Autorität zunehmend untergraben würde.

Ende Oktober ertrug meine Schwiegertochter tapfer das Ende ihrer Schwangerschaft. Am 2. November um neun Uhr abends setzten die Wehen ein. M. Milliard, der Arzt des Fürsten zu Salm und nun unserer, da M. de la Breuille den Dauphin behandelte, ließ sie betten und verlangte, seinen Geburtshelfer Levret, damals der renommierteste, hinzuzuziehen. Währenddessen nahmen die Schmerzen zu, was mich entsetzlich beunruhigte. Wir hatten eine recht betagte Dienstmagd, die sich mit Geburten auskannte, und M. Milliard, dessen Umsicht und Eifer nicht genug zu loben sind. Meiner Schwiegertochter war er besonders verbunden, da er sie von Kindesbeinen an im Kloster kannte. Doch was half dies in so heiklen Fällen! Schließlich meldete ein Reiter, den wir außer der Kutsche losgeschickt hatten (denn man mußte M. Levret, der ununterbrochen arbeitete, fast gewaltsam holen), daß M. Levret nach einer Entbindung gegen ein Uhr eintreffen würde. Es war höchste Zeit, denn das Unheil nahm seinen Lauf!

Um ein Uhr morgens am 3. November, Tag des heiligen Marcellus und heiligen Hubertus, wurde sie auf den Entbindungsstuhl gesetzt. Um elf wurde sie zur Ader gelassen. M. Milliard, mein Sohn, der Wundarzt, unsere Wärterin und ich hielten sie. Bis vier Uhr litt sie grausame Schmerzen in der Nierengegend und ertrug sie, wie es ihrem vortrefflichen Wesen entsprach, tapfer und ergeben. Alles ging passabel vonstatten, bis gegen halb fünf der Kopf zum Vorschein kam, wonach sich aber vier Stunden lang trotz vielversprechender Kontraktionen nichts weiter tat und sie sich ergebnislos quälte. Um acht Uhr schrie sie, sie habe keine Kraft mehr und man müsse die Instrumente benutzen. Das bekümmerte mich, denn ich kannte nicht den vorzüglichen Löffelapparat, den M. Levret perfektioniert hatte, von welchem mein Sohn und meine Schwiegertochter jedoch schon gehört hatten. Levret erklärte, daß er die Zustimmung der gesamten Familie benötige. Wenn sie seine Tochter wäre, würde er den Löffel gebrauchen. Er ging in meine Kammer, wohin die Familie mir folgte. Der Wundarzt M. Legent versicherte, daß das Kind zwar noch nicht tot sei, man aber keinen Augenblick verlieren dürfe. M. Levret versicherte, das Kind könne gerettet werden. So entschieden wir uns und drängten zur Eile, wenngleich es mich schauderte! Da ich nicht wieder ins Zimmer sollte, vernahm ich nebenan wie gefoltert zusammen mit meiner Mutter, meiner Tochter und meinem Schwiegersohn das Stöhnen und Schreien. Ich hielt ihr Kind, unsere einzige Hoffnung, für verloren, stellte mir den furchtbaren Eingriff vor und verzweifelte!

Es währte keine halbe Stunde. Um Viertel vor neun stürzte mein in Tränen aufgelöster Sohn in mein Zimmer und verkündete uns, sie sei entbunden und das Kind lebe! Wir fragten: Entbunden, wovon? Er hatte nicht gefragt. Wir umarmten einander und vergossen Freudentränen. M. Milliard bestätigte uns die glückliche Niederkunft, und da er nicht sagte, ob Junge oder Mädchen, so erschöpft war er noch, glaubte ich zu begreifen. Und als wir nachfragten, sagte er: «Ein großer kräftiger Junge!»

Wir sanken vor dem Kruzifix auf die Knie, dankten mit frohem Herzen Gott, zu dem wir die ganze Zeit still gebetet hatten, wie auch die Gebärende, die alles erstaunlich klaglos und standhaft erduldet hatte, wenngleich sechs Menschen sie kaum hatten festhalten können und sie fast vergangen wäre. Es war der 3. November 1765, Sankt Hubertus, als der einzige Retter unseres Namens das Licht der Welt erblickte. Wir wählten für ihn, wie mein Sohn es gewünscht hatte, den Titel eines Prinzen von Moers. Wir schrieben Billetts und unterrichteten eilends alle, besonders im Kloster Bon-Secours, wo die Geburt große Freude auslöste. Zwei Personen verlangten auch sofort nach M. Levret; eine von ihnen war Mme. de Tourzel, die Schwester des Duc d'Havré. Der arme Levret! Sobald er alles gesäubert und eingepackt hatte, eilte er dorthin, und ich eilte nach Saint-Sulpice (es war Sonntag), wo ich noch vor der Messe eintraf, nach der ich mich zu Chevalier Courten, zu Mme. d'Aspremont und M. de Beuvron begab und Mitteilung machte. Unsere junge Mutter fand ich danach ausgesprochen wohlauf vor.

Am 4. abends fuhr ich nach Fontainebleau. Bekümmert vernahm ich, daß der Dauphin nicht nur weiterhin krank war, sondern spürbar schwächer wurde und wohl ziemlich zweifelsfrei unrettbar schwindsüchtig sei. Verlören wir ihn, welch schreckliches Unglück in vielerlei Hinsicht! Jeder ließ sich über seine Krankheit aus, nahm persönlich oder parteiisch Anteil. Bei Hofe kann keiner unbescholten leben oder sterben. Bis auf den König, der alles klar voraussah, wollte die königliche Familie sich selbst betrügen. Ansonsten sah man schwarz und wägte vorsichtig seine Worte ab. Einzig das bestimmte die Tage.

Das enge Zusammenleben des Hofs bewirkte, daß die Minister energischer arbeiteten und mehr Dinge auf den Weg gebracht wurden. Davon profitierte ich bei meinem Ausflug, um eine Unzahl Angelegenheiten zu regeln, und mit gutem Erfolg ging ich das Ersuchen um ein Regiment für meinen Sohn an.

Am 6. Dezember dinierte ich beim Duc de Choiseul. Wir waren gottlob ziemlich wenige. Unter anderen interessanten Dingen fiel mir zweierlei auf: erstens die Geschwindigkeit, mit welcher der Minister in einer Berline aus Flandern zurückgereist war, unglaubliche fünf bis sechs Meilen in der Stunde. Von Arras bis Paris hatte er höchstens elf Stunden gebraucht. Das andere betraf die von ihm unterzeichneten Schreiben, die sich auf dreizehntausend pro Monat beliefen. Er erklärte, daß er sie mit seinem Namen stempeln ließ, was unmöglich anders zu bewältigen wäre. Und wenngleich er keines der gewöhnlichen Schreiben, die er diktierte, jemals durchlas oder prüfte, kannte er sie durch ihr Schriftbild und gelegentliches Nachhaken beim Diktat doch genau und konnte nicht getäuscht werden. Dieses Detail ist beachtlich und höchst bemerkenswert.

Zwei Wochen blieb ich in Paris. In dieser Ruhezeit genoß ich meine liebe Familie und widmete mich den Wissenschaften. Bereits in Calais hatte ich mich an eine sehr umfangreiche Arbeit gemacht, nämlich daran, die gesamte Tierepoche in Bomares *Wörterbuch der Naturgeschichte* zu studieren, um daraus ein Gesamtverzeichnis sämtlicher Lebewesen, deren Arten und Varietäten die Zahl Dreitausend, glaube ich, nicht übersteigen, zu erstellen. Ich war begierig, meine Arbeit M. de Bomare vorzulegen.

Am 13. Dezember hatte sich meine Schwiegertochter von der Entbindung erholt. Unsere Freude war nur durch den schlimmen Zustand des Dauphins getrübt, der unter schrecklichen Schmerzen dahinsiechte, was seine Gottergebenheit und Geduld um so bewegender machte. Der König und seine Familie, die unausgesetzt bei ihm weilten, rührten sogar die Höflinge. In der letzten Woche schien ständig der Tod eintreten zu können. Dauernd hieß es: Es ist geschehen, und am 19. wurde es zwei Stunden lang nicht dementiert. Schließlich verschied er in Fontainebleau am 20. Dezember 1765 gegen halb neun Uhr morgens und wurde von denen, die ihn kannten, betrauert, und er war es würdig, von jedem Ehrenmann beklagt zu werden. Der König verließ Fontainebleau gegen Mittag: Auf den hinteren Sitzen ließ er die Dauphine und Madame Platz nehmen, die sich am elendiglichsten fühlten, er nahm vorne Platz. Es wäre der Moment gewesen, ganz offen mit ihm zu sprechen, doch der unselige Respekt verhindert, daß Könige je die Wahrheit vernehmen! Da man nicht wußte, wo man die Dauphine unterbringen sollte, opferte der König ihr, vielleicht auf Bitten Madames, das Appartement Mme. de Pompadours, das er selbst nie wieder betreten wollte. Dies meinte womöglich eine entscheidende Wendung für die Dauphine, die nun bedeutungslos war, falls der König nicht Vertrauen zu ihr faßte und sie ihn zu unterhalten verstünde. Es fehlte ihr nicht an recht scharfem Geist und Menschenverstand. Wenn sie damit reüssierte, mochte dies eine erhebliche Umwälzung bei Hofe hervorrufen, was den beiden Ministern Choiseul keineswegs behagen dürfte.

Pferderennen und Parlamentsaufruhr

Am 2. Januar 1766 war ganz Paris schwarz beflaggt und in Trauer. Keinerlei Unterhaltung, und die winterkalte Zeit war trist und sehr still. Nie gab es weniger Neuigkeiten. Ich nutzte die Gelegenheit, um an meinem umfangreichen physikalischen und naturgeschichtlichen Werk weiterzuarbeiten, und betrieb ein wenig Chemie. Falls ich mein Werk vollenden kann, wird es gewichtig sein, ist es doch eine Abhandlung über alles, was unser Erdball in sich birgt, und meines Erachtens das Griffigste, was sich über Ursprung und Ursachen aller Dinge sagen läßt. Ich weise außerdem dem menschlichen Wissen, das durch Gottes Güte wunderbar umfassend ist, den angemessenen Platz zu. Nach dem dicken Heft über Steine verfaßte ich ein interessantes und wichtiges über die Salze mit all ihren Eigenschaften und gewiß trefflichen Verweisen. Ich studierte und wog ab, was die klügsten Autoren dazu geäußert hatten, und weil nach jeder Lehrstunde die Gegenstände und bedeutendsten Versuche wieder durch die Finger zu rinnen drohen, nahm mich die Arbeit sehr in Beschlag. Die Salze beanspruchten die erste Januarhälfte, dann folgte der Schwefelkies, über den ich mitsamt der Ursache seiner wichtigsten Erscheinungsformen ein aufschlußreiches Heft füllte. Die staunenswerte Wechselwirkung, die aus seiner Auflösung resultiert, erklärt die Herausbildung fast alles Existierenden. Für mich selbst war diese Arbeit sowohl hinsichtlich meiner eigenen Kohlegruben nützlich als auch für die Einleitungsschrift zu Bergbau und Metallen, der ich mich anschließend widmete.

Den 23. Februar begegnete ich erstmals wieder dem berühmten Doktor Tronchin, dem ich zu großem Dank verpflichtet war, hatte er mir doch durch Kräutersäfte und Gemüsediät seit vier Jahren die Leber und das Leben gerettet. Er versprach, mich zu besuchen.

Den 25. fand das schöne Rennen des Comte de Lauraguais statt. Nach englischem Vorbild war es das erste Pferderennen in Frankreich. Jeder war neugierig, und gewißlich mehr als zweitausend Kutschen rollten an. Das Ereignis fand in der Ebene von Sablons beim Bois de Boulogne statt. Das Schauspiel war herrlich, nur das Pferd von M. de Lauraguais war krank. Es lief trotzdem eine Runde, damit es nicht hieß, er gebe gleich auf. Danach schied es aus, und man kam überein, daß es ohne Rennen verloren habe. Der Engländer gewann mühelos, wie man zugeben muß, mit einer für uns beispiellosen Leichtigkeit. Wenige Tage später verendete das Pferd von M. de Lauraguais. Es stellte sich heraus, daß es von einem seiner englischen Reitknechte vergiftet worden war, der es aus Vaterlandsliebe nicht ertragen hätte, daß ein Franzose einen Engländer besiegen konnte. Das verursachte großen Lärm.

Ich soupierte angenehm mit M. de Soubise und Mme. de Marsan und fand den Hof wie üblich vor.

Sommer- und Herbstmonate verbrachte Emmanuel de Croÿ zumeist im Norden, als Kommandant der Regionen Picardie, Calais und Boulogne und um sich der Verschönerung seines geliebten Schlosses l'Eremitage zu widmen. Auf diesem Landsitz waren knapp einhundert Bedienstete beschäftigt.

Unterdessen brodelte es in Frankreich. Die Parlamente blieben aufsässig. Unter seinem Vorsitzenden Louis René de La Chalotais verweigerte das bretonische Parlament die Zustimmung zu neuen Steuern. Diese Unbotmäßigkeit beschwor eine fundamentale Staatskrise herauf.

Den 14. November begab ich mich nach Versailles, um einige persönliche Angelegenheiten zu regeln; insbesondere ging es um das Regiment für meinen Sohn, der am 11. November dreiundzwanzig geworden war. Es verdroß mich, nicht geltend machen zu können, daß er bereits mit zweiundzwanzig eines hätte befehligen können, da er vorzeiten gedient hatte, und daß ich den Vierzehnjährigen vergebens mit auf den Feldzug genommen hatte. Dem Duc de Choiseul, den ich in einem guten Moment beim Kaffee antraf, sagte ich unverblümt, was ich dachte. Ich war dieses Mal ganz entzückt von ihm, denn er gab mir nicht nur zu verstehen, daß mein Sohn ganz gewiß auf ein Regiment rechnen könne. Er fügte sogar hinzu: «Ich kann keinen Kommandeur beseitigen. Und Sie haben zu viel Ehre im Leib, um wegen einer Beförderung zum Mord zu raten. Forschen Sie nach einem Kommando, das bald vakant wird, und unsereiner macht so!» (Und er spreizte seine Finger vor den Augen, als wolle er nur halb etwas sehen.)

Den 24. November reiste ich für zwei Übernachtungen nach Grosbois zu M. de Moras und genoß dort in vollen Zügen die Jagd und die angenehme Gesellschaft. Der Staatsrat M. de Quincey stieß zu uns. Er hatte am Vortag der aufsehenerregenden außerordentlichen Sitzung beigewohnt, bei welcher der König beschlossen hatte, daß in der Sache von M. de la Chalotais – die in aller Munde war – von sämtlichen Ratsmitgliedern, einschließlich der ehemaligen als auch der Ehrenstaatsräte, das Urteil gefällt werden solle. Dies war ein deutlicher Autoritätsbeweis.

Setzte sich der Hof durch, dann stiege der Große Staatsrat gleichsam zu einer neuen übergeordneten Gerichtsinstanz auf, die den Parlamenten, insbesondere dem Pariser, die Macht entwinden konnte. Dadurch wandelte sich der Fall und betraf nun die Parlamente, bei denen die größte Erregung um sich griff. Beugte sich aber der Hof, so büßte er weiter an Autorität ein, nachdem er durch die Vorstöße der Parlamente bereits in die Defensive geraten war. Damit wuchs sich diese Affäre – die einzige zu dieser Zeit – zu einer der folgenschwersten aus. Das Parlament erachtete den Fall als grundlegend für die Gesetzgebung im Königreich und beharrte darauf, daß der König ein Parlamentsmitglied einzig durch seine Mitparlamentarier verurteilen lassen dürfe, die auch dessen Richter wären. Der Hof insistierte auf dem Gegenteil und vor allem darauf, daß Untertanen allein von Seiner Majestät abhingen. Da der König der *Lits de justice** überdrüssig war und die Sache beenden wollte, befahl er sein Pariser Parlament zu sich nach Versailles. Ich glaube, es versammelte sich am 16. Dezember. Der König verbot ihm, sich fürderhin in diese Geschichte einzumischen. Daraufhin verstummten die mündlichen Einsprüche. Das Parlament bat um Bedenkzeit. Der König gewährte sie, doch beharrte auf seinem Entschluß, worauf das Parlament seine Einsprüche abschwächte.

Nachdem der König sich am 22. Dezember 1766 in seine oberen Gemächer begeben hatte, versammelte sich dort der Große Staatsrat, und auch das Parlament traf neuerlich ein. Solche Zeremonie hatte ich noch nie gesehen. Ich wurde Zeuge und machte mich kundig. Das Parlament war am frühen Morgen einberufen worden und hatte Befehl erhalten, sich in Versailles einzufinden. Eine Kolonne von ungefähr fünfzig Wagen traf im Schritttempo aus Paris ein. Bei ihrer Ankunft salutierte das Militär nicht. Die Herren stiegen wie jedermann im Prinzenhof aus, warteten unten, bis der Oberzeremonienmeister sie zu den Ratsälen führte. Die Kutschen wurden in den Ministerhof gefahren, hinter der Wache (die wegen der Jagd des Königs nicht angetreten war). Die Pferde wurden nicht ausgespannt.

Nach zweistündiger Ratssitzung ließ der König gegen ein Uhr mittags das Parlament rufen. M. de Saint-Florentin, Staatssekretär für Paris und Oberzeremonienmeister, führte es hinter sechs Parlamentsdienern herein. Ich zählte insgesamt sechsunddreißig Herren in Amtsrobe. Obwohl mir kein Zugang ohne die Zutrittsehren erlaubt war, ich aber alles sehen wollte, drängte ich so sehr, daß einer der Diener mich hinter ihnen eintreten ließ. Auch blieb die Tür geöffnet, was auf eine öffentliche Audienz verwies.

* *Lit de justice* – Befehl einer Gesetzesannahme in persönlicher Anwesenheit des Königs.

Der König saß wie üblich hinten am Kamin seines Schlafgemachs in seinem Sessel. Als sie eintraten, zog er den Hut, setzte ihn dann wieder auf und erteilte ihnen seine Befehle oder sagte seine Antwort, die er so gekonnt ablas, als formulierte er sie soeben. Er sprach ebenso würdig wie bestimmt und huldvoll. Hinter und neben seinem Sessel standen seine Großoffziere und Räte, das Parlament im Kreise um ihn herum, der erste Präsident einen Schritt davor. Ich gestehe, daß dieses Schauspiel mich bewegte und erstaunte: Dergleichen Zeremonien sind immer beeindruckend.

Der König erklärte: «Durch die Untersuchung, die ich eingeleitet habe, wünschte ich die Ursache und das Fortschwelen der Unruhen zu ergründen, die in meiner Provinz Bretagne um sich gegriffen haben. Das Ergebnis, das mir zugeleitet wurde, hat mich veranlaßt, einen Schlußstrich zu ziehen. Ich will keinen Schuldigen benennen. Auf mein Geheiß jedoch werden meine Siegelschreiben in die Bretagne geschickt, um dank meiner Machtvollkommenheit jedwedes Vergehen und jegliche Anschuldigung im Keim zu ersticken. Vor allem befehle ich absolute Ruhe und entziehe des weiteren meinen beiden Generalprokuratoren meines Parlaments der Bretagne mein gnädiges Vertrauen und verbanne sie aus dieser Provinz. So lautet meine Antwort auf Ihre Einsprüche. Mein Parlament hätte es nicht an Vertrauen in meine Huld ermangeln lassen dürfen. Niemals darf es vergessen, daß der Geist der Weisheit den Gebrauch meiner Macht lenkt.»

Nach diesen Wort zog der König den Hut, die Parlamentsmitglieder verbeugten und entfernten sich. So verging dieser bemerkenswerte Tag, über den jeder sich seine eigene Meinung bildete.

Sobald dieser Fall durch die königliche Machtvollkommenheit mehr oder weniger beigelegt war, ließ der König M. de la Chalotais und die anderen aus der Bastille holen und verbannte ihn mit seinem Sohn, der ebenfalls Generalprokurator war, nach Saintes, was die Familie laut aufschreien ließ. Sie verlangte nach einem Gerichtsurteil und beklagte sich, daß es eine unauslöschliche Entehrung bedeute, wenn der König seinen Untertanen die ihnen zustehenden Rechtsmittel verweigerte. Jeder bedachte dies gemäß seiner Gesinnung. Wenn die Affäre nun aber beigelegt blieb, hätte der König seine Autorität gar nicht entschlossener beweisen können.

Am Tag nach seiner Entscheidung brach der Duc de la Trémoïlle mit seiner Gattin in die Bretagne auf, um aufgrund seiner dortigen Ländereien als Adelspräses der Ständeversammlung vorzusitzen, ein schöner, kostspieliger und brisanter Posten. Noch präsidierte der Duc d'Aiguillon als Provinzkommandant den Ständen. Der Duc de la Trémoïlle, unterstützt von seiner Mutter und seiner Gattin, meisterte seine Mission bestens, zumindest am Anfang. Dann folgten die Schwierigkeiten: Die Bretonen zeigten sich bei sämtlichen Finanzforderungen willfährig, doch unternahmen sie alles, um M. de la Chalotais und ihr vorheriges Parlament zurückzubekommen.

Vater und Sohn de la Chalotais übten sich derweil in verblüffender Gelassenheit, das Pariser Parlament gleichfalls, das nunmehr auf rechtliche Einwände verzichtete und seine Wut an der Geistlichkeit ausließ. So kehrte in dieser langwierigen und seltsamen Affäre vorerst Ruhe ein, und der Hof hatte diesmal nicht den kürzeren gezogen. Durch seine plötzliche und selbstbewußte Entschlußkraft gegenüber dem Parlament wirkte der König insgesamt entschiedener, und es waltete wieder ein wenig mehr Autorität.

Den 1. Januar 1767 verbrachte ich mit Gebeten und der Neujahrsfeier des Heiliggeistordens. Als alle an der Tafel Platz genommen hatten, stellte sich der König hinter seinen Sessel, plauderte huldvoll und charmant mit uns und empfahl uns als neuen Ritter seinen Enkel, der gerade seine Erstkommunion empfangen hatte. Dazu muß man wissen, daß die Kinder des Hauses Frankreich von Geburt an das Ordensband besitzen, doch erst zu den hundert zählen, wenn sie nach der Kommunion offiziell gewählt werden.

Am 3. ging ich zum Minister speisen. Der Duc de Choiseul traf wie üblich erst nach Beginn der Mahlzeit ein. Als er sich danach erhob, trat M. de Saint-Florentin an ihn heran und zeigte ihm ein Schreiben, das den Minister zu erzürnen schien. Dann lieh er mir sein Ohr. Ich erklärte ihm, daß sein Kriegsstaatssekretär Dubois ihm von einer Unterhaltung mit mir habe berichten sollen, und unterbreitete ihm meine nachfolgende Denkschrift:

Seien Sie so gütig, einen verzweifelten Anverwandten und Diener zu beglücken!

Seit einem Monat bin ich wie im Fegefeuer! Dies ist die einzige Möglichkeit, Sie daran zu erinnen, daß Sie mir in Fontainebleau förmlich versprochen hatten, daß mein Sohn mit dreiundzwanzig ein Regiment bekommen wird. Dieser Geburtstag ist längst verstrichen! Wir haben bereits sein zweiundzwanzigstes Jahr verloren, auf das wir hoffen konnten, denn mit vierzehn hatte ich ihn mich in den Krieg begleiten lassen.

Es ist die letzte Gnade, die ich zu erwirken trachte, und der schönste Lohn für meine Dienste. Sie würden, woran Ihnen gelegen ist, einen tüchtigen Hauptmann bekommen, und das Regiment würde gut geführt und eines der vorzüglichsten sein. Zwei Familien würden Sie damit eine Wohltat erweisen. Den König würde es erfreuen, daß eine Nachfolgeregelung zu Lebzeiten eines Kommandeurs, die für alle vertretbar ist, von Ihnen ausgeht.

Sie sind gütig, Sie haben mir in Fontainebleau Ihr Wort gegeben.

Darauf und auf Ihr edles Herz zähle ich, das von meinem elenden Zustand gerührt sein muß. Ich flehe Sie an, diese Angelegenheit zum guten Ende zu bringen und alsbald mit dem König zu sprechen!

Der Minister las mein Schreiben, und bei den Worten *förmlich versprochen* brauste er mit weitaufgerissenen Augen auf: «Nun denn, M. de Croÿ, Ihr Sohn wird keines bekommen! Niemals! Ich habe versprochen: falls eines *vakant* wird, doch mitnichten habe ich es *förmlich*! versprochen. Ich denke fortwährend an Ihren Sohn, und Sie martern mich!» Dann hellte sich seine Mine im Weiterlesen an der

Stelle auf: *Sie würden einen tüchtigen Hauptmann bekommen*. Ohne sichtliche Regung überflog er den Rest und meinte: «Was soll das mit der Nachfolge zu Lebzeiten des Vorgängers? – Etwa beim Regiment Boulonnais! – Das ist doch ziemlich anmaßend. Man wird sehen. Zu Lebzeiten, das ist mir völlig neu! Davon war nie die Rede!»

Ich entgegnete, daß M. Dubois ihm morgen Genaueres berichten könne. Er entgegnete: «Wir werden sehen!» und wirkte recht verträglich.

Wieder daheim, schrieb ich M. Dubois, daß ich das Eis gebrochen (mir schien es, als hätte der Minister geradezu darauf gewartet) und ihm angekündigt hätte, daß M. Dubois morgen mit ihm über das Regiment sprechen würde, und ich bat ihn, beharrlich zu bleiben. Per Boten schickte ich Dubois dieses Billett zu seinem *Lever*, und es zeitigte gute Wirkung.

Nach der Messe am 4. Januar erhielt ich (dank meiner Freunde) allein Zutritt ins Amtszimmer, wo M. Dubois gerade eine freie Minute hatte. Er sagte: «Nur herein, und hören Sie! Ich habe es angesprochen und darf Ihnen nichts weiter vermelden! Gehen Sie, beruhigen Sie sich, Sie werden zufrieden sein! Aber waren Sie denn betrunken?» Ich antwortete, daß allein der Begriff *förmlich* schuld gewesen sei. Darauf er: «Sagte mir der Minister. Doch alles wird gut!» Ich ahnte, daß Dubois die Wogen glätten würde. Er fügte an: «Bauen Sie auf seine Güte, er hat seine Meinung über Sie nicht geändert. Lassen Sie uns machen, Sie werden zufriedengestellt werden!»

Ich reiste um drei Uhr ab und erreichte bei starkem Frost Paris. Als ich eintraf und meiner Mutter, meinem Sohn und meiner Schwiegertochter berichtete, hatten sie Neuigkeiten für mich: Mein Sohn hatte mir am Vorabend geschrieben, daß man von Veränderungen im Stab der Kavallerie munkele und der mittellose M. de Béthune* zugunsten des jungen Montmartel auf seine Ernennung zum Generaloberst

* Dieser Kandidat konnte wahrscheinlich nicht die Summe für das Offizierspatent aufbringen.

verzichte, was einiges ändern würde. M. de Beuvron, Generalkommissar der Kavallerie, zerstreute solche Gerüchte und informierte mich:

Bei den Kavallerieposten ist gar nichts abgesprochen, mein lieber Cousin, doch falls Sie nach einem trachten, wäre es das beste, M. de Choiseul von den Gerüchten zu informieren, doch ich bitte Sie, mich dabei nicht zu erwähnen.

Summa summarum zeigte sich, daß die Angelegenheit nicht nach Wunsch verlief.

An einem frostkalten Abend fuhr ich nach Versailles, um abermals M. Dubois zu gewinnen. Als ich im Kriegsministerium eintraf, erfuhr ich zu meinem Staunen, daß er sich nach Paris begeben hatte, um seine furchtbare Geschwulst von der linken Wange bis hinter das Ohr operieren zu lassen. Es wäre ein enormes Unglück, einen unserer tüchtigsten Beamten zu verlieren; nachdem er eine grundlegende Militärreform eingeleitet hatte, würde ohne ihn alles wieder ins alte Gleis geraten. Der Duc de Choiseul hatte klug zu Dubois gestanden, würde aber allein mit Neuerungen scheitern. Für unsere Angelegenheit bedeutete es einen herben Verlust, denn nur Dubois konnte offen mit dem Minister sprechen: Ich verharrte einen Moment wie betäubt.

Am 11. Februar erfuhr ich Weiteres, das mir Sorgen machte, nämlich daß der Duc de Croÿ im Sterben lag.* Sein Tod würde mir mancherlei Unannehmlichkeiten bereiten. Vielleicht mußte ich meine Titel ändern, um auch die Wappen der älteren Linie zu retten, und deren Grandenwürde einfordern. Das alles gemahnte mich daran, daß vier Familienzweige sich letztendlich auf meinen Enkel reduzieren könnten. Ansonsten verlief dieser Winter sehr ruhig.

* Der kinderlose Ferdinand von Croÿ-Rœulx war als Herzog das ranghöchste Mitglied des Gesamthauses Croÿ.

Am 14. April unternahmen wir eine kleine Familienreise nach Boulogne zur stets unterhaltsamen Comtesse de Montmorency. Nach ihrer Englandreise hatte sie ihren Park geschickt *à l'anglaise* umgestaltet, was sehr in Mode kommen mochte, und zwar mit großem Schwung, wie in Frankreich üblich. Ein Gang durch diesen bedachtsam gestalteten Garten erweckte Gefühle von frischer Ländlichkeit. Heiter reisten wir über den Bois de Boulogne und die große Chaussee zurück, die in die kürzlich bepflanzten Champs-Elysées übergeht und zusammen mit dem neuen Platz und der Verlängerung der Tuileriengärten in wenigen Jahren ein herrliches Ensemble bilden wird. In diesem Zusammenhang erwähnte M. Soufflot, Architekt von Sainte-Geneviève, gegenüber dem Erbprinzen, der gerade in der Stadt weilte, daß sich derzeit in und um Paris elf große Gebäude aus feinem Stein im Bau befänden, von denen jedes einzelne der Hauptschmuck einer anderen großen Stadt wäre. Diese elf Bauten waren, falls ich mich recht erinnere, das riesige Palais Bourbon, die Oper, das Palais Royal, Sainte-Geneviève, die Pfarrkirche Saint-Louis, der neue Platz, Saint-Roch, die Verlängerung der Rue Sainte-Anne mit ihren Adelspalais, die Militärschule, der große Fähranleger (dessen Bau ruht), und den elften habe ich vergessen.* Obendrein wurde der neue und prächtige Boulevard noch schöner; es wurde also allerorten gewerkt. Neben der Zahl von Sattlern nahmen auch neue Wagen und der Verkehr spürbar zu.

Karfreitag, den 17. April, empfing mein Sohn um neun Uhr abends ein Billett des Marquis de Beuvron folgenden Inhalts: *Mit großer Freude haben wir, mein teurer Cousin, soeben vom Duc de Choiseul erfahren, daß Sie das Regiment Royal Normandie bekommen werden. Wir gratulieren Ihnen herzlich.*

* Jacques Germain Soufflot, 1713–1780, einer der großen Architekten des späten Königtums. Seine Kirche Sainte-Geneviève wurde 1790 zum Nationalmausoleum, dem Pantheon, umfunktioniert. Das Palais Bourbon ist heute Sitz der französischen Nationalversammlung. Unklar, mit welchem Erbprinzen Soufflot sich unterhielt.

Dieses Billett freute uns sehr, doch glaubten wir, daß er sich mit dem Namen des Regiments geirrt habe, und grübelten bis Ostern darüber nach.

Am nächsten Morgen erhielt ich den hier abgeschriebenen Brief, der alles erhellt:

Aus Versailles, d. 17. April 1767

Der König, Monsieur, hat es für gut befunden, den Marquis d'Escoulubre, Kommandeur des Regiments Royal Normandie, zum Feldmarschall zu ernennen. Gleichzeitig hat Seine Majestät dem Prince de Solre dieses Regiment zugebilligt, und freudig beglückwünsche ich Sie zu diesem Ihrem Erfolg.

Der Preis für dieses Regiment beläuft sich auf sechzigtausend Francs, die Sie freundlicherweise umgehend bei M. de Boullonge, Generalschatzmeister der Kriegssonderkassen, einzahlen werden, um mir sodann die Quittierung zu schicken, auf daß ich Ihrem Sohn die Ernennung zuleiten kann.

In vollkommener Verbundenheit habe ich die Ehre etc.

Duc de Choiseul

So hatte der Duc de Choiseul alles zur besonderen Freude meiner Familie und der meiner Schwiegertochter arrangiert. Diese Auszeichnung bescherte uns manch hochgestellten Neider, wodurch sie um so schmeichelhafter und verpflichtender wurde.

Düsteres und Entzückendes am Horizont

Ich erfuhr, daß der Duc de Croÿ am Ostersonntag in Rœulx, wo er auch beigesetzt ist, verstorben war. So erlosch unsere ältere Linie am 19. April 1767. Was meinen Namen betraf, riet mir der Duc de Choiseul, da es mir zugebilligt wurde, nun mit *Duc de Croÿ* zu unterschreiben, mich aber im täglichen Umgang weiterhin als *Prince de Croÿ* titulieren zu lassen. So fand diese gewichtige Aneignung statt:* Bei heftigem Schneefall und Frost kehrte ich nach Paris zurück, berichtete meiner Familie, die befand, daß es einigen Lärm erregen würde und wir ihn durch das Hervorkehren des neuen Titels nicht noch weiter schüren und dem Rat des Ministers folgen sollten. Ich blieb für ein paar Tage Bedenkzeit allein. Seither unterschrieb ich also abgekürzt mit *Prince et Duc*. Auf all meinen Ländereien setzte ich die Leute über die gehörigen Titel in Kenntnis: *Emmanuel, Duc de Croÿ, Fürst des Heiligen Römischen Reichs, Prince de Solre-le-Château und Fürst zu Moers, Graf von Büren etc., Baron de Condé, de Maldeghem, de Beaufort etc., Erbgroßjägermeister von Hennegau, Grande von Spanien Erster Klasse, Generalleutnant der Armeen des Königs, Ritter Seiner Orden, Gouverneur von Condé, Kommandant Seiner Majestät in der Picardie, dem Calaisis und dem Boulonnais.*

Ich hatte viel Post zu erledigen und brachte Ordnung in meine Rechnungsbücher – eine harte Arbeit, da die Bauarbeiten an meinem Schloß Eremitage und die beiden neuen Kavaliershäuser ein halbes

* Zum Erbe gehörten auch endlich ein unstrittiger Grandentitel und die *Hofehren*, durch die Monsieur de Croÿ nunmehr auch in Kutschen aus dem königlichen Fuhrpark einsteigen durfte.

Jahr lang mein Geld verschlungen und mich um mindestens vierzigtausend Livres verschuldet hatten, was mich sehr ergrimmte. Doch konnte ich einiges ausgleichen.

Mitte März lernte ich zwei berühmte Schweden kennen, M. Jennings, Kammerherr des Königs von Schweden, und den Baron von Wachtmeister, die mir beide höchst nützlich waren. Ersterer wurde der *Pitt* Schwedens genannt. Er galt als einer der begnadetsten Redner und profundesten Kenner der Naturgeschichte, war enger Freund der allbekannten Herren Linné und Wallerius, mit denen er mir eine Korrespondenz vermittelte. Er versprach mir Zeichnungen der tiefsten Bergwerke Schwedens, an denen er beteiligt war. Er überreichte mir ein recht schönes Buch über Insekten.

Der Geschmack an der Naturphilosophie und ein Geist des toleranten Materialismus breiteten sich aus; die Werke Rousseaus und Voltaires gewannen nur allzu viele Anhänger. Daraus entwickelte sich ein mächtiger Tolerantismus, der das Kernprinzip zu sein schien. Dieses Prinzip zeigte sich als eine Art von Gleichgültigkeit gegenüber allem. Daraus ließ sich ableiten, daß Kriege und Parteienhader in Europa künftig niemanden mehr in Wallung versetzen würden. Sowohl Glaube als auch Frömmelei kamen aus der Mode. Unsere untätige Nation wurde zunehmend frivol und weibisch, die Frauen gaben überall den Ton an. Nun denn, wo die Gemüter seltener aufbrausten, schienen zumindest die Sitten milder zu werden.

Bei Hofe gab es keinerlei Veränderung: Der Duc de Choiseul beherrschte weiterhin alles und wirkte, je besser man sein freundliches Wesen kannte, immer sympathischer. In unserer Armee wurde jetzt strengstens exerziert, Disziplin und Ausstattung verbesserten sich immens, doch verschlang all das Unsummen! Mangels Geldes erholte sich unsere Marine nur langsam.

Trotz der Friedensruhe verlief kein Jahr für die Menschen unserer Grenzregionen unglücklicher. Die ungehemmte Ausfuhr von Getreide hatte ihnen sogar die Nahrung genommen und den Handelsmonopolisten Gelegenheit verschafft, mit dem kostbaren Lebensmittel zu spekulieren, so daß das Volk schlimmere Not litt als im berüchtigten Hungerjahr 1709. An den Grenzen hatte sich der Kornpreis verdreifacht. Der Generalkontrolleur der Finanzen, M. de Laverdy, befand sich in größerer Bedrängnis denn je. Die Ausgaben überstiegen stets die Einnahmen, deren Hauptteil von der Schuldentilgung verschlungen wurde.

In Versailles war nur die Rede von der Erkrankung der Königin. Sie wurde für unheilbar lungenkrank erklärt und mochte noch bis Äquinoktium leben. Bei ihrem Unwohlsein Ende Februar erschrak man so heftig, daß ihr in aller Form die Sakramente gespendet wurden. Das schadete nun vollends dem Handel, der schon mit einer langen Staatstrauer rechnete, so daß die Geschäfte in Paris schlechter gingen denn je. Die Königin erholte sich indes ein wenig und schien noch lange dahinsiechen zu können. So war dieser Winter: ruhig, bitter und wie ohne Leben!

Der am 26. März 1768 verkündete Erlaß des Königs besagte, daß das Alter für Ordensgelübde bei Männern auf einundzwanzig, bei Frauen auf achtzehn Jahre festgelegt wurde. Hinsichtlich der Klöster wurde verordnet, daß sie zumindest sechzehn Geistliche aufweisen mußten und Kongregationen neun Personen, der Abt oder Prior inbegriffen. Bestimmt wurde zudem, daß es in Paris nur zwei Klöster oder Kongregationen eines Ordens oder einer Ausrichtung geben durfte, in den übrigen Städten jeweils eine Vereinigung, und wo dies bisher anders gewesen war, sollten überzählige geschlossen oder zusammengelegt werden.

Den 13. April lud ich M. de Cassini, Abbé de Chappe, M. de Saussure, ein Genfer Physikprofessor und Talent ersten Ranges, dazu M. Jennings und meinen Sohn zum Mittagessen ein. Das Wetter war gut, die Sicht klar; wir gewahrten allerlei Entzückendes am Horizont und debattierten die Beschaffenheit der Elemente.

Als unsere Blicke in die Ferne schweiften, gewahrte ich zu meinem Erstaunen in der Ebene von Longjumeau eine solche Unzahl von

Kutschen und Menschen, daß es fast aussah wie eine aufmarschierende Armee. Wir griffen zum doppellinsigen Fernrohr und erkannten, daß der König mit großem Gefolge auf Vogeljagd war. Der Anblick der Menschen- und Wagenmenge, welche die Ebene bedeckte, war verblüffend. Dieser Ausblick und die Frühlingsnatur, deren frisches zartes Grün das Land schmückte, waren zauberhaft. M. de Cassini, der wie die übrigen Herren schon alles gesehen hatte, versicherte, daß nichts mit meinem reizenden Pavillon vergleichbar wäre.

Am 28. April genossen wir dann etwas ebenso Einmaliges: Eine Abteilung beider Garderegimenter trat zur Fahnenweihe an. Die neue Offiziersuniform der Französischen Garden schimmerte reich bestickt. Der Aufmarsch zur Türkenmusik lockte Zuschauer in hellen Scharen an, und gottlob strahlte der Himmel. Meine ganze Familie schaute beim Theatinerkloster von Mme. d'Aspremont aus zu. Die prachtvolle Gewandung der Truppen, ihr makelloses Zusammenspiel, die Offiziere mit den schönsten hellgrauen Perücken, dazu das Korps der Trommler, all dieser Prunk der Regimenter entzückte das Auge.

Da ich in diesen Aufzeichnungen alsbald fünfzig Jahre der Fakten und Geschehnisse versammelt haben werde, ist es nur zu natürlich, daß manche Ereignisse und Dinge mich allmählich weniger berühren, zumal Europa ruhig ist, und ich hoffe, das Aufwühlendste in meinem Leben bereits hinter mir zu haben. So werde ich diese Erinnerungen nicht mehr allzu minutiös abfassen und auf dieses oder jenes Geschehnis nur noch mit leichtem Federstrich hinweisen.

In einem Vierteljahr wird M. Dupin alle meine Eintragungen ins reine geschrieben haben, von denen ich bereits zweiundzwanzig gebundene Quartbände habe. So können sie gelesen werden, während ich selbst bisher keine Zeit dafür fand, obwohl ich es irgendwann gerne einmal täte, um mich wieder ihres eigentlichen Sinns zu vergewissern, nämlich meinen Nachfahren Wissenswertes zu überliefern, mich selbst daran zu erfreuen und im Alter an die Ereignisse meines Lebens zurückzudenken.

Nach dem Tod der Königin am 24. Juni, die nach langem Leiden an Auszehrung und einem Brustleiden verstorben war, herrschte Hoftrauer. Diese ehrbare Fürstin hatte ausschließlich Gutes getan und verdiente es, von der Nation betrauert zu werden. Ihre Herzensgüte spiegelte sich in ihrem sehr edlen Antlitz, und würdig entsprach sie ihrem achtenswerten Vater, dem König von Polen.

Ich ersuchte um eine Verlängerung meiner Dienstbefreiung, erfuhr aber, daß der König von Dänemark vom 4. bis 6. August über Calais herreisen würde, was all meine Pläne zunichte machte.* Ich wollte einige Zeit Châtillon genießen und erstmals den ganzen Sommer in Paris verbringen. Auch hatte ich vor, meine Experimente mit Luft zu perfektionieren und die Umgebung der Hauptstadt zu erkunden, doch erhielt ich folgenden Brief:

Zu Versailles, den 23. Juli 1768

M. le Duc, da der König erfahren hat, daß der König von Dänemark nach Brüssel reist und von dort nach England und möglicherweise einige unserer Grenzorte passieren wird, hat mich Seine Majestät für den Fall, daß dieser Fürst nach Calais kommt, mit der Aufgabe beehrt, Sie zu bitten, ihm dort dieselben militärischen Ehrungen zu erweisen, als wäre er Seine Majestät höchstselbst. Falls indes Seine Dänische Majestät offiziell unerkannt bleiben möchte und auf Ehrungen verzichten wollen sollte, sei dem unbedingt Folge zu leisten und sein Wunsch zu erfüllen.

Ich zweifele nicht, daß Sie Ihr Mögliches tun werden, um Seine Dänische Majestät in Ihrem Befehlsbereich mit der gebotenen Aufmerksamkeit für Seine Person zufriedenzustellen, und ich bitte Sie, mich danach über alles Vorgefallene zu unterrichten.

Ich habe verbindlichst die Ehre etc.
Duc de Choiseul

* Christian VII., 1749 – 1808.

Ich bereitete meine Abreise für den 29. Juli vor und schrieb nach Calais, damit dort alles beizeiten vorbereitet wäre.

Ich hatte am 30. Juli 1768 meine Mutter in Paris auf dem Wege der Genesung, doch mit schlimmen Nachwirkungen einer Art Lungenentzündung zurückgelassen, die sie sich am 25. Juni durch eine Verkühlung in der Kutsche zugezogen hatte. Gottlob hatte mein Sohn eine Verlängerung seiner Abwesenheit vom Regiment erwirkt und umsorgte sie liebevoll, denn niemand besaß ein empfindsameres und teilnahmsvolleres Herz als er. Er hielt mich auf dem laufenden, und ich erfuhr, daß Leibschmerzen hinzugekommen waren. Durch die Briefe merkte ich, daß sie unter sich schrecklich verschlimmernden Schmerzen litt. Die Nachrichten ließen mich verzweifeln. Bei meiner Abreise war verabredet worden, mir im schlimmsten Falle einen Kurier zu schicken, und ich lebte in größter Unruhe. Am 20. August traf der Kurier um drei Uhr nachts in Calais ein. In zweieinhalb Stunden war gepackt, um halb sechs brach ich in einer Berline auf und traf bangen Herzens um acht Uhr abends in Paris ein. Mein Sohn wartete bereits. Er hielt den Wagen an. Meine Leute sprangen ab. Tränenüberströmt stieg er zu mir ein. Das alles verriet nur allzuviel. Ich rief aus: «Ist sie tot?» Er sagte zuerst nein, doch dann: Es gebe keine Hoffnung. Im Hof stieg schließlich der Duc d'Havré, bei dem sich Gefühl und Vernunft vereinten und der dankenswerterweise nicht aus unserem Hause gewichen war, auch in meinen Wagen, und wir weinten gemeinsam. Wir stiegen aus, umarmten einander, und ich sank sodann in die Arme meiner weinenden Tochter. Empfindsame Seelen werden solchen Empfang begreifen!

Um halb zehn trat ich bei ihr ein. Sie streckte mir die Arme entgegen und umschlang mich mit wahrer reiner heiliger und unverbrüchlicher Zärtlichkeit. Sie sagte: «Sind Sie wohlauf?» Ich versicherte es ihr. In einem Ton zum Steinerweichen fragte sie: «Gewiß auch?» Nur noch darum ging es ihr, denn in ihrem Innersten wollte sie sich längst nur noch Gott überantworten. Und wie groß auch ihr Wunsch gewesen sein mag, mich zu ihrem größten Trost noch einmal zu sehen, hätte sie selbst doch niemals verlangt, daß man mich nach Paris rufe. Ihr Leben lang hatte sie sich allein und ausschließlich ihren Pflichten gewidmet, nie an sich selbst gedacht.

Am 22. schlug ihr Puls so schwach, als wäre sie bereits verschieden. Sie vermochte nur noch matt ihre aschfahlen Arme zu regen, ihr vorgeneigter Kopf und die geschlossenen Augen bezeugten ihren Zustand. Ihr Gesicht bewies jedoch tiefe Seelenruhe. Als um halb acht Uhr abends das Sterben ihr noch einmal Kräfte ließ, fragte sie Robrechts: «Benehmen meine Kinder sich auch anständig?» Robrechts antwortete: «Aufs Beste! Sie sind nebenan und wollen Sie sehen.» «Sie mögen kommen! Mich dann wieder allein lassen!» Mein Sohn hinter dem Vorhang holte uns schnell. Wir traten alle ein. Ich kniete nieder; meine Kinder versammelten sich hinter mir und versuchten Haltung zu bewahren. Sie sagte: «Ich liebe euch, meine Kinder. Aber laßt mich in Frieden sterben. Ich möchte nur noch Gott im Herzen haben! Ich muß mich ihm ergeben!» Sie schien mir die Arme entgegenstrecken zu wollen. Ich nutzte den kostbaren Augenblick und bat sie um ihren Segen. «Oh! Ein Segen!» sagte sie in ihrer gewohnten großen Bescheidenheit, ganz so, als fühlte sie sich dessen nicht würdig genug. Ich ergriff ihre Hand und ließ sie mich segnen. Erleichtert bat sie: «Segnen Sie nun mich!» Fürwahr, ich segnete sie von ganzem Herzen und verlor fast den Verstand. Sie faßte nach mir mit beiden Händen und hauchte: «Ich habe Sie immer sehr geliebt!» Um Gott keine Sekunde mehr zu rauben, verabschiedete sie mich.

So war für uns alles zu Ende, ich sah sie nie wieder; es war neun Uhr abends.

Von Paris brach ich am 24. September wegen der Rückkehr des Königs von Dänemark wieder nach Calais auf. Der erlittene grausame Verlust hatte meiner Gesundheit sehr zugesetzt. Von Kummer, Arbeit und Krankheit belastet, traf ich am 26. in Calais ein. Die Rückreise Seiner Dänischen Majestät verzögerte sich, weil er am 10. Oktober in London einen Maskenball für dreitausend Gäste und den gesamten englischen Adel geben wollte. Dieses Fest war in London Tagesgespräch. Der Fürst gefiel in England, und in der Tat war er höchst liebenswürdig. Von seiner Durchreise hier ein Abriß, so, wie ich ihn dem Hof schickte:

Gegen Mittag hatte die Yacht des Königs von Dänemark in Dover abgelegt, und gestern machte sie hier bei mildem Wetter und günstigem Wind an der Reede fest. Da Ebbe war, ging Seine Dänische Majestät mit einem Boot an Land.

Der Duc de Croÿ, Kommandant der Provinz, erwartete mit seinen Mannschaften den König dort, wo dieser sich am 10. August eingeschifft hatte. Gemäß den Befehlen des Königs für einen königlichen Empfang meldete der Herzog Seiner Dänischen Majestät das Antreten der Truppen und daß für Ihren Empfang alles bereit sei.

Zwischen zwei Reihen Volks hinter den Wachposten führte er den König zu seinem Quartier, dann gegen sechs Uhr ins Theater, wo Die Belagerung von Calais *gegeben wurde. Man kann sich die befriedigende Freude vorstellen, am Ort des historischen Geschehens einem ausländischen Herrscher vorzuführen, wie innig die Franzosen stets ihre Könige geliebt haben.*

Gegen neun Uhr gab der Duc de Croÿ im reich geschmückten Rathaussaal Seiner Dänischen Majestät ein Festessen mit Musik. Sodann wohnte Seine Dänische Majestät vom Balkon aus dem Feuerwerk bei. Eine halbe Stunde vor Mitternacht kehrte er durch die illuminierten und mit dänischen Fahnen geschmückten Straßen in seine Unterkunft zurück.

Am 15. Oktober brach Seine Dänische Majestät, der sich vom Empfang höchst befriedigt zeigte, nach Saint-Omer auf und hatte durch seine verbindlichen Worte jedermann für sich eingenommen.

Seine Durchreise hatte mich ungefähr siebentausend Livres gekostet.

Den 2. Dezember 1768 verließ ich Schloß Eremitage und erreichte Paris am 3. vor sieben Uhr abends. Diese Rückkehr fürchtete ich.

Alle Umstände waren neu für mich, denn nunmehr war ich der alleinige Hausherr, der sich auch um unzählige Kleinigkeiten kümmern mußte.

Vor allem ein Gedanke beschäftigte mich: Für die jungen Leute, meine Kinder, die nun zwischen fünfundzwanzig und siebenundzwanzig Jahre alt waren, mußte ich das Haus angenehm führen und einladender gestalten, denn sie waren im Alter für mancherlei Vergnügungen. Ich hingegen mit meinen fünfzig Jahren kränkelte beständig und versuchte, fromm und philosophisch zu leben. Das Unterschiedliche sollte ein Zuhause haben. Die Umsicht und Vernunft meiner Kinder machten mich überglücklich. Ich durfte ihnen das Leben mit mir nicht vergällen. Andererseits paßten das Leben und Treiben von Frauen und was man den guten Ton von Paris nennt ganz und gar nicht zu meiner Denkungsart und meinen Beschäftigungen, die stets auf die größten, wichtigsten und immateriellsten Ziele gerichtet waren. Hart kam es mich an, bisher niemals – obwohl ich es hätte durchsetzen können – ganz nach meinem Geschmacke gelebt zu haben, nämlich zwischen Männern und mit Gelehrten und Militärs. Die Oberflächlichkeit des Jahrhunderts war soweit gediehen, daß man kein Wort mehr über Krieg oder Wissenschaft verlieren durfte, da nunmehr die Frauen den Ton angaben und alles, was mit dem Begriff *großer Mann* zu tun hatte, als überflüssige Zumutung abtaten, so daß nicht einmal mehr ein Marschall von Frankreich respektiert wurde. Die meisten Männer hatten sich zu Sklaven der Frauen erniedrigt: Unser Jahrhundert war sowohl milder als auch weibischer geworden.

Ich beschloß, mich, soweit erforderlich, auf diese Betriebsamkeit einzulassen, doch ich hätte es vorgezogen, mehr für mich selbst zu leben und meine umfangreichen Arbeiten voranzutreiben. Beides war allerdings keineswegs leicht miteinander zu vereinen!

Ich glaube, ich erwähnte, daß bei meiner Rückkehr am 3. Dezember 1768 ganz Paris nur vom Besuch des dänischen Königs sprach, der sich nun, nach der Ankunft am 21. Oktober (er blieb bis zum 9. Dezember), seinem Ende näherte. Daß ein regierender Monarch ohne Inkognito und Peinlichkeit anderthalb Monate in einer Pariser Herberge wohnen konnte, war bemerkenswert. Zwei Tage nach meinem Eintreffen begab sich Christian VII. nach Fontainebleau, wo sich der Hof aufhielt. Ohne Zuflucht zu einem Inkognito zu nehmen, hatte er gleichwohl erbeten, königliche Ehrbezeugungen beiseite zu lassen, damit man sich freier fühle. Der König reichte ihm die Hand, redete ihn mit *Sire* und *Eure Majestät* an, was man noch nie erlebt hatte, und nur einmal nannte er ihn *Monsieur,* entschuldigte sich aber heiter: «Verzeihen Sie bitte, meistens bin ich hier der einzige König!»

Die dreitägigen Festlichkeiten in Chantilly waren die prächtigsten und einfallsreichsten, die je veranstaltet worden waren. Es gab keinen schwachen Moment. Ein Bericht darüber läßt sich in der *Gazette de France* nachlesen. Der Prince de Condé erwies sich als so charmant, daß ihm die Herzen zuflogen. Hier hatte der König von Dänemark seinen mäßigsten Erfolg. Er wirkte sehr kühl. Die Damen befanden, er sei für ihre Reize unempfänglich, doch womöglich blieb er nur reserviert, weil sie ihn belagerten. Mag sein, daß seine starke Kurzsichtigkeit, die Unzahl pausenloser Eindrücke und eine eben überstandene Unpäßlichkeit ihn nicht wenig erschöpft hatten. Und vielleicht war er ein bißchen eifersüchtig zu gewahren, daß ein französischer Fürst von Geblüt ein Fest von solch unleugbarer Pracht und Herrlichkeit zu geben vermochte wie nur wenige Herrscher.

Der Prince de Soubise gab in seinem eleganten Palais zwei Bälle für sechstausend Masken, daß man sich die Augen rieb. Am 8. Dezember trafen wir bei M. Ogier mit Christian VII. zum angenehmsten und denkwürdigsten Souper zusammen. Ich saß an der Tafel neben seinem Minister Bernstorff, den ich über die Maßen schätze und achte. Wir sprachen über unsere alten Offizierszeiten, über den liebenswürdigen Marschall de Belle-Isle und die legendäre Kaiserkrönung in Frankfurt. Nach dem Souper plauderte der König von Dänemark im Stehen ungezwungen mit jedermann, während sein bildhübscher

Favorit Holck Mme. de Coislin umgarnte, die ihn einen frechen Cupido nannte. Am nächsten Tag gegen Mittag reiste der König über Metz und Straßburg weiter, wo man ihm allerlei Feste gab. Von all den Darbietungen war er dermaßen erschöpft, daß er uns beim Souper gestand: «Ich verspreche hoch und heilig, daß ich in vier Wochen in Kopenhagen überhaupt nichts mehr sehen und keinen Ton hören will!»

Madame du Barry

Eine Dame, ein Bankrott und junges Glück aus Wien

Marie Jeanne Bécu war 1743 in Lothringen als Tochter einer Näherin und eines Franziskanermönchs in ärmliche Verhältnisse geboren. Neben ihrer Arbeit im Pariser Modesalon Gourdan besserte die bildschöne junge Frau ihr Einkommen als Kurtisane auf. Ihre Reize und ihre Erscheinung inspirierten einen Comte du Barry dazu, die Achtzehnjährige dem König zuzuspielen, um durch sie Einfluß am Hof zu gewinnen. Um die gescheite Mönchstochter präsentabler zu machen, ließ der Comte kurzentschlossen ihre Geburtsurkunde fälschen und verheiratete Marie Jeanne mit seinem Bruder.

Besonders der mächtige Minister Choiseul zeigte sich wenig erbaut über eine leichtlebige Modistin als mögliche neue Gefährtin Seiner Allerchristlichsten Majestät Ludwigs XV., König von Frankreich und Navarra.

Was den Hof und die Stadt im Dezember beschäftigte, war die befürchtete offizielle Präsentation einer Dame du Barry, die jetzt in aller Munde war. Auffällig war, daß gerade die Freigeister sich am empörtesten aufführten. In Frankreich übertönen die Narren sogar die Sünder, was der Nation kaum zum Lob gereicht. Die Weisen, die den König liebten, weinten, beteten und schwiegen. Was sollte man tun!

Der Karneval war kurz, aber beschwingt für meine Kinder. Unsere beiden Damen, mein Sohn und mein Schwiegersohn genossen ihn. Mit der Fastenzeit kehrte ein geregelteres Leben ein, und man sprach neuerlich über die wichtigen Angelegenheiten: Die bedeutendste in Versailles blieb weiterhin die Präsentation der Mme. du Barry bei Hofe. Im Verlauf von Januar, Februar und März wurde sie täglich verschoben, schien aber weiterhin geplant zu sein. Schließlich hieß es, daß sie nach der Hochzeit des Duc de Chartres mit Mlle. de Penthièvre am 5. April stattfinden sollte. Eigentümlich war, daß die Partei der Frommen als erste Kreide fraß, und zwar aus Haß auf M. de Choiseul, der mittels dieser Dame entmachtet werden sollte. Wie schrecklich für die Menschheit, daß Mißgunst und persönlicher Haß auch die wichtigsten Gebote verdunkeln können: Man seufzte, doch gewöhnte sich an die Vorstellung dieser Einführung bei Hofe.

Was mich betrifft, hatte ich die harte Arbeit an meiner *Naturgeschichte* unterbrochen. In den drei letzten Fastenwochen nahm ich sie wieder auf und beschäftigte mich auch mit meinen wirtschaftlichen Angelegenheiten. Zu ebendieser Zeit erfuhr man von dem großen Ereignis in Versailles. Und so durfte die *Gazette de France* melden:

Versailles, den 26. April 1769

Am 22. dieses Monats wurde der Comtesse du Barry die Ehre zuteil, durch die Comtesse de Béarn dem König und der königlichen Familie vorgestellt zu werden.

Ausschließlich sie wurde an diesem Tag um halb acht Uhr abends vorgestellt. Keine weitere Dame war zugegen, aber jede Menge Gaffer. Am nächsten Tag war der Hof überlaufen, und die meisten behaupteten, zum Duc de Choiseul zu wollen. Der wirkte heiterer denn je und gab vor, nichts zu befürchten. Wogen schienen sich geglättet zu haben, aber es war kaum zu vermuten, daß es ein Jahr oder zwei so bliebe.

So endete diese Angelegenheit, über die man sich seit sieben Monaten ereifert hatte. Die Franzosen, die sich an alles gewöhnen, gaben nach lautem Geschrei fast keinen Mucks mehr von sich. Dennoch war es eines der ungewöhnlichsten Ereignisse bei Hofe, das große Veränderungen heraufbeschwören konnte, falls diese Dame, die mit einem derartigen Aufstieg kaum hatte rechnen können, sich für die Einflußnahme und eine repräsentative Stellung entschied, die nach Madame de Pompadour niemand mehr innegehabt hatte. Bis jetzt hatte vornehmlich der Duc de Choiseul das Vortragsrecht beim König genossen. Die Königin von Ungarn, die strengstens auf Sitte und Anstand in ihren Staaten achtete, mochte von diesem beispiellosen Geschehen derartig schockiert sein, daß die vereinbarte Vermählung des Dauphins mit der Erzherzogin gefährdet wäre.

Im Sommer 1769 obsiegte Mme. du Barry ausnahmslos, sowohl in Versailles als auch in Compiègne, wo die Manöver glänzend verliefen. Sie nahm an den Soupers in den Kabinetten teil und hielt selbst Hof. Fast jeder eilte zu ihr. Man versicherte, daß sie sich nicht in die Staatsgeschäfte einmischen wolle, daß sogar M. de Choiseul sie aufsuche und sich augenscheinlich mit ihr ausgesöhnt habe.

Nachdem ich am Vorabend nach bestem Gewissen meinen Gelübden nachgekommen war und mich gesammelt hatte, nahm ich am 1. Januar 1770 in Versailles an der Neujahrsfeier des Heiliggeistordens teil. Der König wirkte verliebter denn je, heiter und zufrieden und befand sich äußerst wohl. Obwohl er auf die sechzig zuging, war er noch immer der schönste Mann seines Hofs.

Wenngleich sich Frankreich in äußerster finanzieller Bedrängnis befand, so begann man doch mit den umfangreichen Vorbereitungen für die Vermählung des Dauphins mit einer Erzherzogin, die für den 1. Mai vorgesehen war. Alle Welt hatte sich für Festgewänder und Juwelen bereits ruiniert. Die Öffentlichkeit hätte gerne Einsparungen bei Hofe gesehen, aber bei genauerer Betrachtung war klar, daß eine Million weniger Ausgaben eher schaden und angesichts der fünfzig Millionen Schulden nichts ausrichten würden. Dieses eingesparte Fünfzigstel hätte die gesamte Umgebung des Königs aufjammern lassen, den Glanz der Monarchie gemindert und das Ausland glauben lassen, wir wären am Ende. So war vom Sparen denn auch kaum die Rede. M. Terray, Generalkontrolleur der Finanzen, schien energisch zu arbeiten. Schon vor sechs Uhr früh war er im Amt. Gegen zehn Uhr war alles erledigt, er war frei und empfing alle Welt. Die Hochzeit des Dauphins wurde auf den 16. Mai festgelegt.

Im April beschäftigten drei große Affären den Hof und die Stadt. Es handelte sich dabei um die Maßnahmen des Generalkontrolleurs, dann um die Affäre des Duc d'Aiguillon* und um die Auflösung unserer *Compagnie des Indes*. Wiewohl der Abbé Terray «flink tranchiert» hatte, wie Voltaire es ausdrückte, und die Eigentümer von Staatsanleihen und Aktien bluten mußten, ging es mit den Finanzen kaum aufwärts. Weitere Eingriffe wurden ad acta gelegt, und Kredit war fast nicht mehr zu bekommen. Der Staat mußte sich an die laufenden Einnahmen halten und versuchen, weitere Schulden aufzunehmen. Mir schwante nichts Gutes.

Mein Sohn kaufte sich ein paar Aktien, um am 7. April an der Versammlung der Ostindien-Gesellschaft teilnehmen zu können, die ihre letzte wurde. Er berichtete mir: Die Versammlung schlug drei Mittel zur Sanierung vor; zwei, um ihre Geschäfte weiterzuführen, das dritte bestand darin, die ganze Gesellschaft dem König zu übereignen. Der Rechenschaftsbericht wurde vorgetragen. Trotz Anleihen und bevorstehendem Verkauf betrug die Schuldenlast ungefähr zwölf Millionen. Der Generalkontrolleur der Finanzen, der als königlicher Minister der Aktionärsversammlung präsidierte, erklärte, daß der König nur ein Drittel kaufen wolle. Man war verblüfft, konnte aber nur einwilligen. Vergebens schlug ein guter Patriot und Teilhaber andere Mittel vor. Die Geschäftsführer neigten der Auflösung zu, und es ging an die Abstimmung. Die Aktionäre sahen keinen Ausweg und entschlossen sich, die Handelsgesellschaft komplett aufzulösen, sogar deren Verwaltungspalais zu verkaufen, sämtliche Effekten und

* Auf eine Affäre d'Aiguillon geht der Chronist nicht ein.

Anleihen dem König zu übertragen, die Verkaufssumme eingeschlossen, was dann insgesamt ungefähr siebenunddreißig Millionen ausmachte. Dadurch bekäme der Generalkontrolleur unversehens für den Moment wieder Geld in die Kasse. Nun mußte man abwarten, ob der Staat die Folgekosten bewältigen konnte. Für den Anfang bildeten die Aktien eine Garantie, doch alles Weitere würde schwierig werden, und das Ende eines gut positionierten Wirtschaftsunternehmens war gewiß, für das weder der König noch Privatpersonen einen Ersatz schaffen konnten. So wurde unsere Ostindien-Gesellschaft, gegründet 1718, zu Grabe getragen. Womöglich bedeutete dieses Ereignis auch den bevorstehenden Verlust unserer schönen Eilande Ile-de-France und Ile-de-Bourbon, so daß wir bald überhaupt keinen lukrativen Überseehandel mehr hätten und unsere Schiffahrt sich auf Santo Domingo und Martinique beschränken müßte. Man gab die alte Leitidee auf:

Neptuns Dreizack ist das Zepter der Welt!

Am 22. April begab ich mich nach Versailles, wo ich fast den gesamten Winter über nicht gewesen war. Es vergnügte mich, mich im Kabinett des Königs über den Stand der Intrigen ins Bild zu setzen. Der Duc de Choiseul war wieder mächtiger geworden, gab den Ton an, glänzte mehr denn je und wurde im allgemeinen sehr geliebt und geschätzt. Der König war mit sechzig Jahren verliebter denn je in die neue Dame. Sie unterhielt ihn vorzüglich: Er wirkte verjüngt und aufgeräumter als je zuvor. Er zeigte sich liebenswürdig, sprach mehr, und es schien, als habe Mme. du Barry keine Lust, sich in Intrigen und Staatsgeschäfte einzumischen, und ziehe es vor, ihre jetzige Stellung zu genießen.

Die große Frage lautete: Würde sie bei der Vermählung des Dauphins anwesend sein? Sie hatte sich herrliche Roben schneidern lassen. Sie liebte prächtige Gewänder und wäre untröstlich gewesen, dem Ereignis nicht beiwohnen zu dürfen. Der Fall war problematisch. Der Gerechtigkeit halber muß man zugeben, daß sie gutherzig war.

Abgesehen von ihrem Haß auf den Duc de Choiseul, den sie täglich beim König sah, wünschte sie niemandem Böses. Es erstaunte mich, daß der doch so charmante Duc de Choiseul sie nicht für sich gewinnen konnte. Aber er schien sie andererseits in den Schatten zu stellen, verstand sich besser mit dem wendigen Finanzkontrolleur, und der Kanzler hatte vollends das Nachsehen. Die Vorbereitungen für die Vermählung am 16. Mai hielten alle in Atem. Die Festlichkeiten sollten herrlich werden, wobei man die sonstige Misere übersehen wollte, was wiederum sowohl auf einen unerschöpflichen Reichtum Frankreichs deutete als auch auf die Findigkeit des Finanzkontrolleurs. Der Abbé Terray zeigte sich zuversichtlich und mitnichten knauserig. Er behielt stets das Große im Blick, achtete jedoch durchaus auch auf Ordnung und ein Quantum Sparsamkeit in allen Ressorts.*

Ich besichtigte den neuen Opernsaal, wo eine Heerschar von Arbeitern letzte Hand anlegte. Der Saal gereichte seinem Architekten Gabriel fürwahr zur Ehre. Es war das erste Bauwerk, das einhellig gepriesen wurde. Der Grundriß war eleganter als üblich, und der Reichtum und die feine Schönheit der Ausstattung sogar der Nebenräume, die mein Sohn mir zeigte, erschienen mir bewunderungswürdig. Höhe und Tiefe über und vor der Bühne wirkten beängstigend, desgleichen die Bühnenmaschinerie, doch alles eignete sich auch als wundervoller Festsaal für jedwede Gelegenheit. Der Bau war sicherlich ungeheuerlich kostspielig, aber darüber hörte man nichts Genaues.

Da der Wiener Hof trotz der allgemeinen Misere allerorten anläßlich der Vermählung der künftigen Dauphine große Feste veranstaltet hatte, darunter ein schönes Feuerwerk und einen grandiosen Ball mit zwölfhundert Gästen, wollte Frankreich nun alles übertrumpfen.

* Joseph Marie Terray hinterließ eine provokante finanzpolitische These: Zumindest alle hundert Jahre sollte ein Staat Bankrott machen, um seine Bilanzen zu bereinigen.

Unser Thronfolger heiratete nicht täglich eine Kaisertochter. Je tiefer Frankreich zu sinken schien, desto überschwenglicher wollte man sich geben. Wahre Wunder standen zu erwarten. Die Bürger überboten sich gegenseitig. Es hieß, nie hätte man Menschen in feinerer Kleidung erblickt.

Marie Antoinette von Österreich traf am 7. Mai 1770 in Straßburg ein. Sie blieb dort bis zum 8., fuhr am 9. nach Nancy. In Straßburg wurden prächtige Empfänge veranstaltet, auch sonst überall, inbesondere in Châlons. Am 13. reisten der König und seine Familie nach Compiègne und übernachteten dort, am 14. Mai fuhren sie der Dauphine entgegen, mit der sie in einem Wald zusammentrafen. Als der König am 15. Mai Mme. la Dauphine nun in seiner Wagenkolonne mitführte, stellte er ihr unterwegs bei den Karmelitinnen von Saint-Denis seine Tochter Madame Louise vor, die ihrer Berufung treu blieb. Der Troß fuhr alsdann durch ein doppeltes Spalier von Karossen voller Damen aus Paris – was ein bezaubernder Anblick war und die große Hauptstadt ankündigte – zum Schloß La Meute. Die anmutige Herzlichkeit, mit der die Dauphine im Wald von Compiègne dem König entgegentrat, entzückte jeden und gewann ihr sofort alle Herzen, welche sie seither zu bewahren verstand!

Das schöne Wetter am 16. Mai wollte ich nutzen, stand sehr zeitig auf, verließ um sieben im Gehrock meine Wohnung und bewunderte und genoß alles am Hof freudiger als je zuvor. Dem Orte gemäß war es das geschmackvollste und schönste Hochzeitsfest, das zu erleben mir vergönnt war. Ich lustwandelte durch die Gärten. Sodann schaute ich mir die Speicher der Wasserspiele an: Meisterwerke der Ingenieurskunst, die sonst nicht beachtet werden und deren kleinstes Rad oder Rohr bereits imposant ist.

Haine und Heckenrondelle waren gleichsam zu Galerien, Sälen und Salons umgestaltet und mit Lampions geschmückt. Doch am eindrucksvollsten waren der Große Kanal und an seinem Ende eine Art Lichterhalle. Sie bestand aus mehreren Triumphbögen, die im

Zusammenspiel mit dem von Eiben gesäumten Kanal, dem Feuerwerk und der illuminierten Gondelflotte die schönste Wirkung zeitigen mußten.

Musik und Zeitvertreib für das Volk und Lichterspiele in der Weite des Gartens waren dem Anlaß angemessen und um so bemerkenswerter, als dieser Teil der Gärten noch nie in Veranstaltungen einbezogen worden war. Doch alles verblaßte vor dem geplanten Feuerwerk! Ich studierte vor allem die Vorbereitungen für den zwölften und letzten Feuerstoß, eine Garbe, die den Atem stocken lassen mußte: Mitten aus der Senke des großen Rasens würden vierundzwanzigtausend Raketen und fünfundzwanzig große Bomben aufzischen, deren Katapulte jeweils dreihundert Livres kosteten, dazwischen eine Unzahl Knallketten, Bombetten und Feuerräder. Die Raketen und Bomben mochten größten Effekt über dem Kanalwasser machen, wodurch auch jede Brandgefahr vom Schloß abgewendet war.

Um elf fand ich mich beim König ein. Er hatte der Morgentoilette der Dauphine beigewohnt. Um ein Uhr verfügte sie sich in sein Kabinett. Der Dauphin und die Prinzen schritten ihr voraus. Der Dauphin in der golddurchwirkten Tracht des Heiliggeistordens reichte ihr die Hand. Sie grüßte und küßte unbefangen die Hand des Königs. Sie wirkte recht hübsch, klein und zierlich.

Hinter den Prinzen und dem Dauphin, der seine Hand der Dauphine reichte, begab sich der König mit großem Gefolge zur Kapelle, dahinter weitere siebzig Damen und Herren des Hofs. Der Zug passierte die Salons voller vornehmer schöner Pariserinnen. Ich fand mich zwischen den Botschaftern wieder, so daß ich oben auf der Galerie zu stehen kam, neben Mme. de Caraman geriet und alles bestens beobachten konnte. Das Brautpaar nahm zu Füßen des Altars Platz, der König recht weit weg neben seinem Betpult. Fünfunddreißig Hofdamen in kostbaren Roben bildeten einen Halbkreis, die Amtsträger des Hofs und hochrangige Damen, darunter meine Schwiegertochter, füllten glanzvoll, doch ruhig die Kapelle, wobei die

Damen recht beengt standen. Die Vermählung nahm der Erzbischof von Reims vor. Die Brautleute wirkten nicht beklommen, und die Zeremonie verlief ungezwungen. Dieser für das Wohl der Menschheit so bedeutende Eheschluß bewegte mich tief und ließ mich für seinen Erfolg und alles daraus gedeihende Glück beten.

Abends versammelte man sich im geschmückten Spiegelsaal. Bei Dämmerungseinbruch waren schnell die Lichter entzündet, und die Gewänder schimmerten noch glanzvoller. Erstaunlich, wie Kerzenschein Gold und Silber erstrahlen läßt, während Tageslicht seinen Glanz dämpft. Vornehmlich um den Spieltisch des Königs bildeten sich mehrere Zirkel von Damen. Die blitzende Flut ihrer Brillanten schmerzte beinahe in den Augen. Der Saal war voll, fast überfüllt, doch gerade so, wie es sich für ein großes Fest ziemt, wobei gleichwohl die nötige Ordnung gewahrt blieb. Ich erblickte zum ersten Mal Mme. du Barry, die mir äußerst hübsch und dezent erschien. Bis dahin war alles wunschgemäß verlaufen, doch hatte es zu lange geregnet, und da es am Kanal sehr feucht geworden war, wurden das Feuerwerk und die Illumination um drei Tage verschoben, was sich verschmerzen ließ. Der Tag war voller Ereignisse gewesen, wenn auch nicht für das zahlreiche Volk, das völlig durchnäßt unter freiem Himmel ausharrte und nun nichts zu sehen bekam! Gegen zehn Uhr begab sich der König zum Festbankett. Sein Gefolge und der ganze Zug dorthin durch die frisch geweißelten, weiten und mit Lichtergirlanden geschmückten Gänge, an der Kapelle vorbei, wirkten faszinierend, vor allem, da vor dem neuen Saal die Französischen Garden in türkischer Tracht angetreten waren und schwungvoll Musik aus dem Sultansland spielten. Doch nichts kam dem Opernhaus gleich, das zum Festsaal hergerichtet worden war. Zweiundzwanzig Personen an der Tafel des Königs, seine Familie und die Prinzen von Geblüt und um sie herum und in den Logen ein unglaubliches Menschengewühl füllten diesen zauberischen und herrlichen Saal, der von nun an gemeinhin als der schönste Europas galt. Aus Dünkel begab sich mancher Adlige aus den Logen nicht ins Parkett hinab.

Hier nun das ganze Festprogramm:

Zweiter Tag, 17. Mai. Mit *Perseus* wurde der schöne Saal als Oper eingeweiht.

Dritter Tag, Samstag, der 19., Ball im neuen und herrlichen Saal, der nun zum dritten Mal umdekoriert worden war. Alsdann das schöne Feuerwerk, große Festbeleuchtung vor allem am Kanal und Spiele für das Volk in allen illuminierten Teilen der Gärten.

Vierter Tag, 20., großer Maskenball in den Appartements, dazu Buffets.

Fünfter Tag, 26., *Athalia*, die erste Tragödie im Saal, Mademoiselle Clairon und die Sprechchöre Racines.

Sechster Tag, 28. Zweite Vorstellung von *Perseus*.

Siebter Tag, 30. Die Oper *Castor und Pollux*.

Achter Tag, 9. Juni. *Trankred*, Tragödie, sodann das Ballett *Der Zauberturm*.

Neunter und letzter Tag. Zweite Vorstellung von *Castor und Pollux*.

Am 18. Ruhetag zwischen den Festen, bis auf ein Diner bei der Dauphine, wo man im Gedränge schier erstickte. Aus der Nähe betrachtet, wirkte sie noch schöner, war unbefangen und elegant.

Am 19., während des Menuetts des Dauphins mit der Dauphine, stiegen alle auf die Bänke; ein berückenderer Anblick schöner Frauen und Roben war nicht vorstellbar. Einige Menuette wurden vorzüglich getanzt, und besonders gefiel mir der Tanz *Die Braut*, zu dem M. de Lambesc die Duchesse de Duras aufforderte. Hier nun die Tänzerfolge bei den Menuetten:

M. le Dauphin mit Mme. la Dauphine
Der Comte de Provence mit Madame
Der Comte d'Artois mit der Duchesse de Chartres
Der Duc de Chartres mit der Duchesse de Bourbon
Der Prince de Condé mit Mme. de Lamballe, ganz exquisit
Der Duc de Bourbon mit Mlle. de Lorraine
Der Comte d'Artois mit der Marquise de Duras
Der Prince de Condé und die Vicomtesse de Laval

M. de Lambesc mit Mlle. de Rohan
Der Duc de Coigny mit der Princesse de Bouillon
Versierte Tänzer und Tänzerinnen waren sodann auch:
Der Marquis de Fitz-James mit Mme. de Mailly
M. de Civrac mit Mme. de Donnissau
M. de Belsunce mit Comtesse Jules de Polignac (sie ist bezaubernd)
M. de Vaudreuil mit Mme. de Dillon (entzückend anzusehen)
M. de Starhemberg mit Mme. de …
M. de Tonnerre mit Mme. de Puget

Den Menuetten folgte ein Kontertanz zu acht, dann zwei weitere Tänze: Da Mme. la Dauphine die französischen Kontertänze nicht kannte, tanzte sie nicht, doch sie beendete den Ball mit dem Duc de Chartres und einer Allemande!

Um Viertel nach zehn begann das Feuerwerk. Die Garben waren perfekt gezielt und folgten einander rasant, keine kam gefährlich nah. Es funkelte, blitzte und krachte wundervoll. Schrecklich war allein – als ich mich zum Schloß umwandte –, daß die Fenster des Spiegelsaals geschlossen blieben. Weder der König noch seine Familie würdigten das Schauspiel eines Blicks. Nur die junge Dauphine, die vergeblich um Erlaubnis gebeten hatte, in den Park hinuntergehen zu dürfen, schaute kurz bewundernd hinaus. Die übrigen schienen es der Mühe nicht für wert zu erachten. Falls dies Größe bedeuten soll, so ist sie wohl gründlich mißverstanden und ermutigt kaum diejenigen, die ihr Bestes geben, damit alles gefällt! Unselig die Menschen, die schon durch Geburt und Rang der schönen Dinge müde sind. Solches Schauspiel war nie zuvor zu bewundern gewesen. Begreiflich wäre seine Mißachtung nur wegen einer Furcht vor Verkühlung.

Sonntag, den 22., herrschte Festruhe, und das Volk erdrückte sich fast, um die Dauphine zu sehen, die abends beim Spiel charmant mit allen Damen plauderte und entzückend wirkte. Niemand ist besser erzogen als die ihrer erhabenen Mutter würdigen Wiener Prinzessinnen.

Am 30. Mai veranstaltete Paris ein Feuerwerk. Es wurde in der Nähe des Standbilds des Königs auf der Place Louis XV. abgefeuert. Der Platz ist weit, doch die Gebäude besitzen leider nicht genügend Fenster für Zuschauer.

Was den Hof insgesamt betraf, so bemerkte ich, daß man sich immer häufiger bei der Comtesse du Barry einfand. Bei allen Festen mischte sie sich unter die übrigen, und man gewöhnte sich daran. Da ich sie bisher nur flüchtig gesehen hatte, betrachtete ich sie nun gelegentlich: Sie war sehr schön, besonders ihre untere Gesichtspartie. Sie wirkte sehr vornehm, guter Dinge, sanft, herzlich, nie anmaßend, und der Körper schien vollendet zu sein. Die anderen Damen schien sie zu achten, und sie verhielt sich zurückhaltend. Ich mutmaßte, daß man sich an sie gewöhnte und daß sie vielleicht keine ehrgeizigen Ziele verfolgte. Es hieß, sie sei sehr amüsant und unterhalte den König bestens. Und damit mochte es sein Bewenden haben.

Die einzigen Damen, die sich öffentlich mit ihr zeigten, waren die Marschallin de Mirepoix, die Duchesse de Valentinois und die Princesse de Montmorency. Ich litt mit letzterer, sich derart erniedrigen zu müssen. Sie hatte keineswegs danach gedrängt, doch der König hatte sie zur ersten gemeinsamen Reise mit der Dame eingeladen, was die Princesse de Montmorency nicht abzulehnen gewagt hatte. Und danach traute sie sich zu keinem Rückzug mehr und entschloß sich, wenigstens für ihren Gemahl das Beste dabei herauszuholen, der zum Adjutanten des Dauphins ernannt wurde und noch höher steigen mochte.

Die Dauphine ihrerseits gefiel zunehmend. Ihre Grazie verzauberte ihr Gesicht, für jeden fand sie ein aufmerksames Wort, und sie nickte und verneigte sich so anmutig, daß sie binnen weniger Tage alle in ihren Bann schlug. Beim Dauphin zeigte sich eine starke Jagdleidenschaft, nicht nur als höfisches Vergnügen, sondern aus innerstem Drang. Er schien recht kräftig zu werden, und trotz seiner Kurzsichtigkeit mochte er vielleicht auch Geschmack am Krieg finden, der einiges mit der Jagd gemein hat.

Nach der gelungenen Vorstellung der *Athalia* Racines und dem Ende der Vermählungsfeierlichkeiten ging ein jeder seiner Wege. Der König begann wieder zwischen seinen Schlössern zu reisen, und die Menschenmenge in Versailles zerstreute sich.

In meinem dreiviertelstündigen Gespräch mit Abbé Terray im Kabinett, und während der König die Dauphine bei ihrer Morgentoilette aufsuchte, erfuhr ich höchst interessante Dinge, denn der Minister sprach mit mir sehr offen und freundschaftlich. Er sagte mir, daß die gesamte Hochzeit weniger als ein Drittel der vermuteten Kosten verursacht habe, denn die einen veranschlagten zwanzig Millionen dafür, andere sechzehn oder achtzehn. Er sagte mir, daß die Hochzeit und was mit ihr zusammenhänge insgesamt zwischen vier und fünf Millionen gekostet habe und daß daran nichts Ungewöhnliches sei. Allerdings habe der Festsaal gut zwei Millionen gekostet, was aber nicht zur Hochzeitssumme zähle, denn solcher Saal mit Bühnenmaschinerie fehlte von jeher und war für Versailles längst vorgesehen gewesen. Zweieinhalb Millionen hatte der Saal gekostet; dazu kamen die Reise nach Compiègne und diverse Geschenke für zwei Millionen: Ich habe nachgerechnet, daß alles zusammen sich auf neun Millionen summierte.

Er fügte noch an, daß er am Hof nichts zum Einsparen und – wie es gerne hieß – keine Verschwendung gefunden habe und daß Kürzungen bei der Hofhaltung sich höchstens auf ein paar hunderttausend Francs und nicht, wie man glaubt, auf Millionen belaufen könnten.

Ball in der Oper von Versailles anläßlich der Vermählung
des Dauphins mit Marie Antoinette von Österreich

Mätresse und Minister

Am 5. Dezember 1770 kehrte ich nach drei glanzvollen und arbeitsreichen Monaten in Utkerque, Valenciennes und Eremitage nach Paris zurück. Ich war mit allerlei Dingen befaßt und sehr verärgert, nicht ruhig meinen Neigungen frönen zu können. In Paris hoffte ich Ruhe zu finden, aber die schwierigen Umstände vereitelten es. Zu dieser Zeit verschlimmerte sich mein Rheuma, nur mit dem Magen war es nicht mehr ganz so prekär.

Wir müssen nun auf den Sturz des Duc de Choiseul zu sprechen kommen. Seinen Ursprung hatte dies vor zwei Jahren in dem üblen Empfang, den er Mademoiselle Lange bereitete, über deren künftige Rolle er sich damals getäuscht hatte.* Sie hatte ihm seinen Hochmut nie verziehen, und seitdem sie zu Madame du Barry geworden war, versuchte sie sich zu rächen, wobei ihr von der Partei, die Choiseul beseitigen und sein Fell aufteilen wollte, tüchtig geholfen wurde. Aber dieser Minister war nicht der Mann, sich zu ducken. Er blieb kühl und makellos standhaft und verhandelte alles Staatstragende nur in den königlichen Kabinetten. Seine Schwester, die Duchesse de Gramont, verschärfte jedoch die Lage, indem sie wegen der Zwistigkeiten einmal abrupt eine Gesellschaft mit der Dame verließ und sich eingedenk des allzugroßen Einflusses, den sie auf ihren Bruder ausübte, eines giftigen und herablassenden Tons ihr gegenüber befleißigte.

Obwohl der Duc de Choiseul anfangs hoffte, über die neue Mätresse zu obsiegen, ahnte er schließlich vage seine Ungnade voraus und

* Während ihrer Zeit als Putzmacherin trug Madame du Barry den Namen Mademoiselle Lange.

zeigte sich willfähriger. Er wurde ihr gegenüber verbindlicher, zumal er von Natur aus gütig und edel war, kaum etwas verweigern mochte, wodurch er oftmals Menschen brüskierte, weil er selten Audienz gewährte, wohl wissend, daß er im Gespräch selten etwas ablehnte.

Man konnte ihm manche Unbesonnenheiten vorwerfen, auch daß er sich zu rasch auf zu verlockende Pläne einließ: Dies betraf vor allem die Sache mit Cayenne, dann die gefährliche Freigabe des Getreidehandels und das für den Staat allzu kostspielige korsische Abenteuer.* Andererseits darf man sagen, daß M. Dubois und er unsere Armee neu erschaffen und in einen erheblich besseren Zustand versetzt hatten als je zuvor oder danach. Vor Choiseuls Zeit war die Armee tapfer (die Nation war es immer), und sie war es in höchstem Maße gewesen, als auch ein ordentlicher Umtrunk beliebter gewesen war als das neumodische Höflichkeitsgehabe. Man konnte feststellen, daß seit dreißig Jahren in Europa alles sittsamer, milder, aber auch – in dem Maße, wie die bessere Gesellschaft immer kosmopolitischer dachte – kraftloser wurde.

Daneben bleibt festzuhalten, daß der Vater des Preußenkönigs und auch der regierende König von Preußen einen neuen militärischen Stil geprägt hatten, indem beide ihre Truppen der exaktesten und durchdachtesten Disziplin unterwarfen, wodurch sie unversehens eine unglaubliche Präzision, Beweglichkeit und Schnelligkeit erreichten, die sogar die größten Heere ins Hintertreffen brachten.

Der Vorzug solcher Prinzipien erwies sich in ungefähr zwanzig Schlachten, die dieser Herrscher in eigener Person gewann, was in der Geschichte einzigartig ist. Das Beispiel des großen Friedrich war zu verlockend, als daß man ihm nicht nachzueifern suchte: Bei der österreichischen und der Reichsarmee geschah dies, in Holland, in

* Bei der Zwangsbesiedlung Guyanas mit seinem Hauptort Cayenne 1766 war der Großteil der Kolonisten, Elsässer und Lothringer, unter den klimatischen Bedingungen gestorben. Eher als lohnend erwies sich 1769 der Kauf Korsikas von der Republik Genua.

England, im gesamten Norden, und M. de Choiseul war zu klug, um uns hinterherhinken zu lassen.

Mit wenigen Worten läßt sich zusammenfassen, was das effektive Ministerium Choiseul ausgezeichnet hat, das 1756 begann, somit fünfzehn Jahre währte und eines der stabilsten war. Man weiß, daß der Minister politisch die höchste Wertschätzung aller europäischen Höfe gewonnen hatte, wo er gefürchtet und respektiert wurde, und daß er eine vielversprechende Reform der Marine versucht hatte. Schwierigkeiten hatten ihn nicht entmutigt, und nur ungern überantwortete er die Marineangelegenheiten seinem stets von ihm geleiteten Cousin. Und was man auch bemängeln mag: Trotz geringer Mittel entwickelte sich die Flotte bis zu beider Entlassung besser, als ihr Ruf vermuten ließ. Der Mannschaftsstand wurde erheblich aufgestockt, und wir konnten binnen kurzem sechzig Linienschiffe gefechtbereit machen. Doch diese Einzelheiten führen zu weit, und ich komme auf die Umstände seines Sturzes zurück.

Der Aufstieg des Duc de Choiseul verlief rasant: 1753 wurde er unter dem Prince de Soubise in Aimerie zum Feldmarschall ernannt. Nach den dortigen Manövern wurde er Gesandter in Rom, und ich ersetzte ihn im Heer. Hernach war er Gesandter in Wien, und als er zwischenzeitlich zurückkehrte, gefiel er durch seinen Frohsinn, seine Aufrichtigkeit und Umsicht Mme. de Pompadour so sehr, daß er Außenminister wurde und von da an größten Einfluß ausübte. Der König, der es schätzt, wenn jemand entscheidet, äußerte des öfteren, nie mit jemandem flinker und konzentrierter gearbeitet zu haben. Wegen solcher Vorzüge vermochte der Duc de Choiseul lange, die wichtigsten Ministerien selbst zu leiten, und fand dennoch Zeit für seine Vergnügungen, als wolle er beweisen, daß die Arbeit ihn nicht erdrückte!

Es ist bekannt, daß er sich von Anfang an mit der neuen Dame verfeindete und es für würdelos hielt, vor solcher Mätresse zu Kreuze zu kriechen. Daraufhin bekannten sich der Kanzler, der Duc d'Aiguillon und der Generalkontrolleur der Finanzen gänzlich zu ihr. Sie kannte niemanden. Da die Dame nun Rückenwind spürte, beschloß sie, eine neue Partei um sich zu scharen.

Der Hochmut, den die Schwester des Ministers, die Duchesse de Gramont, bezeigte, erbitterte Mme. du Barry noch heftiger und wohl auch den König, dem man einflüsterte, durch den immensen Einfluß Choiseuls entmündigt zu sein. Mme. du Barry setzte gerne ihre Tränen und ihr Seufzen ein.

Schließlich rang sich der König durch, wenn auch nicht leichten Herzens. Am Tag vor Weihnachten um halb zwölf Uhr vormittags trat M. de Saint-Florentin, der solcherlei Aufträge seit vierzig Jahren erledigte, beim Duc de Choiseul ein und überreichte ihm den eigenhändigen, recht trockenen Brief des Königs, in welchem dieser ihm befahl, seine Ämter niederzulegen und sich innerhalb von vierundzwanzig Stunden nur mit seiner engsten Umgebung in die Verbannung nach Chanteloup zu verfügen. Dem folgte ein zweites Schreiben des Königs, das unter anderem beinhaltete, daß der Minister ohne die große Wertschätzung des Königs für die Duchesse de Choiseul (eine geist- und verdienstvolle Frau) in noch tiefere Provinz verbannt worden wäre. Der Duc de Choiseul erklärte, er sei darauf gefaßt gewesen, habe jedoch geglaubt, eine mehrtägige Frist zu bekommen, um noch Arbeit zu erledigen und Zusagen nachzukommen. Das wurde ihm verweigert. Also fuhr er sofort nach Paris, wo er heiter und aufgeräumt seine Freunde traf. Jeder ließ sich eiligst auf seine Besucherliste setzen, um ihm sein Bedauern zu bekunden. Die Duchesse de Choiseul zeigte sich sehr betroffen und war höchst beklagenswert. Doch sie bewies Seelengröße. Die Duchesse de Gramont noch mehr, wenn auch geradezu übertrieben, denn sie gab sich schier erleichtert. Vielleicht hat es nie zwei geistvollere Frauen gegeben, die allerdings konträr dachten. Daher verabscheuten sie einander abgrundtief, was für den Duc de Choiseul im Exil zur Heimsuchung werden mochte. Aber seine Schwester rang sich zu einem hehren Entschluß durch. Sie erklärte ihrer Schwägerin: «Wir harmonieren nicht. Vielleicht war es mein Fehler, bestimmen zu wollen, doch ich will es wettmachen, wenn es dem Wohle meines Bruders dient. Da wir drei zusammenleben müssen, will ich mich bessern!» Die Duchesse de Choiseul, die ihren Gemahl anbetet und nur sein Glück will, antwortete wohlwollendst. Und man hört, daß sie sich in Chanteloup tatsächlich gut vertragen.

Aus Rücksicht auf seine Gemahlin nächtigte der Duc de Choiseul unterwegs in Orléans. Am nächsten Morgen trafen beide in Chanteloup ein. Er reiste ebenso geschwind wie zu seinen Amtszeiten, denn ihm verdanken wir ein dermaßen beschleunigtes Reisen, daß man ja sagt: «Flott wie Choiseul.» Der König äußerte sich in der Folge dankbar über ihn. Alles gereichte ihm nachträglich zur Ehre, und keine Ungnade war je bravouröser bewältigt worden. Gleich nach seiner Ankunft in Chanteloup griff der Duc de Choiseul, der die Jagd liebt, zur Flinte. Da sein Landschloß eisig war, verstopften sie eigenhändig die Zugluftlöcher und Ritzen. Die vielköpfige Familie und zahlreiche Leute von Geist stellten sich ein, so daß man sich in Chanteloup nie langweilte.

Obwohl der Duc d'Aiguillon erklärte, kein Ministerium zu wollen, versicherte man, daß Mme. du Barry heftig geweint habe (das war ihre Methode), damit er bestallt würde. Doch der König ließ sich nicht erweichen und faßte den kühnen Entschluß, höchstselbst eine Weile die auswärtigen Angelegenheiten zu leiten, um in eigener Person die dringliche Aussöhnung zwischen Spanien und England zu kontrollieren und bei den Geheimverhandlungen zu erkunden, ob der Duc de Choiseul tatsächlich seine Anweisungen befolgt hatte.

Wilde Tiere, Pocken und die Dame

Der Winter begann mild, doch dann fror es heftig fünf, sechs Tage lang bis neun Grad unter null. Beim ersten Frost gefror der Fluß erstaunlicherweise nicht, da er wohl zu viel Wasser führte. Der zweite Frostschub mit viel Eis dauerte bis zum 14. Februar 1771.

Den 25. spazierte ich durch Paris. Ich ging zum Rummel in Saint-Germain, wo seltene Tiere ausgestellt waren. Aufmerksam betrachtete ich die Muschel eines Elefantenrüssels und verfaßte eine Beschreibung davon, denn dieser Körperteil ist bisher wenig erforscht: Im Rüssel befinden sich die Nüstern, er dient zur Nahrungsaufnahme, als Hand und vielerlei mehr. Die Fülle vollendeter Sinnesorgane, die hier vereint sind, ist gar nicht genug zu bewundern: Tast-, Geschmacks- und Geruchssinn, obendrein Kraft. Gezeigt wurden auch ein wilder weißer Bär, der berühmte Seebär (ich verweise auf Bomares *Wörterbuch*), ein winziges, nur faustgroßes entzückendes Äffchen, ein grüner Affe mit roter Nase, fast wie ein Waldmensch, und etliche seltene Tiere, worüber ich mir für meine *Universalgeschichte* um so akribischer Notizen machte, als M. de Buffon gerade im Sterben lag. M. de Mairan und andere berühmte Forscher hatten wir bereits verloren, und neue rückten nach.

Am 11. März speiste Abbé Mangé, der Erzieher meiner Enkel werden sollte, zum besseren Kennenlernen erstmals im Palais. (Er trat seinen Dienst am 25. April an, der auch Tag der Pockenimpfung war.)

Die Karwoche bescherte uns Ruhe. Hernach setzte ich mich über das Neueste ins Bild. Ostern fuhr ich nach Versailles, wo alles prächtig und ruhig wirkte, wiewohl es heftig gärte. Seit Mitte März war die

Comtesse einflußreicher als je irgendwer geworden. Der König unterbreitete ihr seine Siegelschreiben, behielt sich jedoch die Ernennungen vor.

Als die berühmten Brüder Sutton, Englands große Impfärzte, in Paris weilten, luden wir sie am 10. April zu uns ein. Da mein Sohn Englisch fast so gut wie Französisch spricht und einer der Suttons unsere Sprache beherrscht, konnten wir uns eingehend unterhalten. Sie versicherten, daß exakten Listen zufolge von einhunderttausend Geimpf-ten nur jene vierundzwanzig gestorben waren, welche die nachträgliche Diät nicht befolgt hatten. Jedoch keiner der anderen. Und daß seit achtzehn Jahren kein Geimpfter die Pocken bekommen hatte. Beide betonten, daß keine schlimmen Folgen zu beobachten gewesen seien. Das stimmte mit unseren Berichten aus England überein. Alles wohl erwogen habend, sahen wir, daß die Zahlen für die Impfung sprachen: Es scheint, als müßte man sich guten Mutes dazu entschließen, denn wenn ein Kind stirbt, bleibt der Vorwurf, es hätte geschützt werden können. Die Impfung gleicht einem vorsorglichen Aderlaß, dessen Unterlassen man bereuen könnte.

Meine Enkel hatten in der Folge zwei Tage hohes Fieber, während denen sie völlig matt das Bett hüten mußten. Wir ließen die Fenster geöffnet. Dann zeigten sich die roten Flecken: Doch beider Zustand besserte sich. Nur während der zwei, drei Fiebertage ist man sehr krank. Dann sinkt die Temperatur, und man soll, während die Pockenflecken auftauchen und wegtrocknen, viel an frischer Luft spazieren.

Alles im Königreich wäre ruhig gewesen, hätte es nicht die unaufhörliche Kornteuerung gegeben. Regen ließ die Saat faulen und vernichtete einen Teil der Ernte. Ein großes Unglück, zumal auch Deutschland Not litt, und die Menschen vieler Provinzen gerieten in ärgste Bedrängnis.*

* Bei Mißernten verhängten Staaten *Fruchtsperren,* um wenigstens das Lebensnotwendige im Lande zu halten.

Abbé Terray, der Generalkontrolleur der Finanzen, mußte einem unablässigen Gewitter standhalten: Keine zugesagte Etatkürzung wurde befolgt. Die Ausgaben des Hofes stiegen sogar, so daß er nichts mehr begleichen konnte. Die Ministerien darbten, die Marine war kaum mehr einsatzfähig, das Kriegsministerium sah sich gezwungen, bei Artillerie und Festungsunterhalt zu kürzen, Garnisonen und Arsenale verfielen und verfügten nicht mehr übers Nötigste, so daß wir zu einer Zeit in eine mißliche Lage gerieten, in der England seine Flotte aufrüstete und Spanien, das langsam aus seiner Barbarei erwachte, seine Pyrenäenfestungen ausbaute. Der König von Preußen und der Kaiser waren gleichfalls finanziell gerüstet. So mußten wir denn unseren Verbündeten vertrauen und darauf, daß sie gnädig über unsere Misere hinwegsahen.

Im Laufe des Sommers wuchs der ungeheure Einfluß Mme. du Barrys noch, wurde beispiellos und überstieg sogar den Mme. de Pompadours zu ihrer triumphalsten Zeit. Sie entschied über sämtliche Huldbeweise und Ernennungen; und die gab es nur für ihre Schützlinge und Bewunderer. Eine recht geistvolle Schwester M. du Barrys beriet sie und hatte bei vielem, hieß es, ihre Finger im Spiel, während Mme. du Barry sich darauf beschränkte, den König zu umgarnen, der nun einundsechzig und verliebter denn je war. Er wirkte heiter und zufrieden, aber fand, wie alle Könige, die sich niemandem öffnen und nur von Willfährigen umgeben sind, bedauerlicherweise keine Zeit, in sich zu gehen und sich zu prüfen!

Ein König, der sich langweilt, beim Konferieren nur Trübseliges hört, der eine hübsche Frau vergöttert, nur noch sie sieht und ihr verfallen ist, der ist zweifellos zu beklagen, und einmal willenlos, wird er kaum wieder die Zügel ergreifen. Denn an wen sich wenden, wenn man jedem außer dem geliebten Menschen mißtraut? Er ist ein inmitten der Menge vereinsamtes Wesen, für das diese Menge nicht existiert.

«Ich will nicht mehr denken.»

Nach einem bewegten Leben, sensationellen Schriften und manchem Exil hatte sich einer der wirkungsmächtigsten Philosophen nach Paris zurückgezogen: Jean-Jacques Rousseau. Der 1712 in Genf geborene Dichter, Komponist und vor allem Gesellschaftsrevolutionär hatte in seinen Werken die Deformation und Verknechtung des frei geborenen Menschen durch die Zivilisation und eine ungerechte Gesellschaftsordnung gegeißelt. Rousseau forderte in seinen Romanen und philosophischen Schriften, die reißenden Absatz fanden, vehement eine Rückbesinnung auf die natürlichen Instinkte des Menschen, auf gefühlswahre Tugend und die Aufrichtigkeit des Herzens. Diesem Verlangen im Namen des selbstbestimmten Individuums entsprach in Rousseaus Werk Der Gesellschaftsvertrag *die Forderung, alle Standesschranken zwischen den Menschen einzureißen und Staaten gemäß dem* Allgemeinen Willen *des Volkes zu regieren. Umstürzlerischer hatte bisher kaum jemand gedacht, und Rousseau bezahlte seine Visionen auch mit der Flucht nach London im Jahre 1766. Hilfsbereit empfing ihn dort der schottische Philosoph David Hume, der auf seine Weise für die Entfaltung wahrer Gefühle focht. Der menschenfreundliche Hume hatte indes übersehen, daß er in Jean-Jacques Rousseau einen von Verfolgungswahn und Verschwörungstheorien geplagten Gast aufgenommen hatte, der ihm abrupt mitteilte: «Sie brachten mich nach England, um mir scheinbar Zuflucht zu gewähren, in Wirklichkeit aber die Ehre zu rauben.» Die Denker trennten sich. Mit behördlicher Duldung lebte der berühmte alternde Rousseau wieder an der Seine.*

«Ich will nicht mehr denken.»

Den Jahreswechsel verbrachte ich mit innerer Sammlung und der Fahrt nach Versailles. Man munkelte, daß eine größere Zahl von Ernennungen zu Heiliggeistrittern auf Mariä Lichtmeß verschoben würde. In diesen bewegten Zeiten gab es manch hoffnungsvollen Anwärter auf die schwer zu erlangende Würde.

Dann beschäftigten mich acht oder zehn Tage lang dringliche Angelegenheiten. Und da mich zudem eine Leidenschaft für geographische Studien und große Entdeckungsreisen erfaßt hatte, suchte ich die Bekanntschaft von M. de Bougainville.* Er befand meine Denkschrift, die ich im Herbst über die Entdeckung der südlichen Hemisphäre verfaßt hatte, für gut und vertraute mir seinen Wunsch an, einmal am unteren Pol zu stehen. Solche Expedition erschien mir waghalsig, doch durchaus möglich.

Die Bälle in Versailles, die zahlreichen in Paris, auch die gutbesuchten Maskeraden im Faubourg Saint-Antoine, die bestens frequentierten Theatervorstellungen, all das machte den recht langen Karneval sehr glanzvoll. Unter den gegebenen Umständen war das recht bemerkenswert. Man begann die Schulden ein bißchen abzutragen, und Vergangenes geriet bereits in Vergessenheit. Wenig braucht's, um die Franzosen abzulenken!

Seit langem schon hegte ich den Wunsch, den berühmten Jean-Jacques Rousseau kennenzulernen, der sich mitten in Paris zurückgezogen hatte. Nach seiner Rückkehr aus England, als der unselige Streit mit dem englischen Schriftsteller Hume seine Eitelkeit angestachelt hatte, war er der Dinge müde geworden und versuchte, sich in einen ungeselligen Stoizismus zu flüchten, was das Zurückweisen jedweder Mildtätigkeit einschloß. Er lebte wie ehedem nur

* Louis Antoine de Bougainville, 1729–1811, Offizier, Seefahrer und Schriftsteller, der als erster Franzose die Welt umsegelte.

vom Kompositionskopieren. Man hatte herausgefunden, daß er ein bestimmtes Café aufsuchte: Man ging dorthin, um ihn zu sehen; daraufhin blieb er fern, und es galt als sehr schwierig, ihm zu begegnen. Der Fürst von Ligne und der Prinz zu Salm, Sohn des Fürsten, kannten ihn und hatten mir ein Treffen versprochen, doch als ich merkte, daß es bis dahin geraume Zeit dauern könnte, entschloß ich mich, ihn ganz einfach aufzusuchen. Ich war überzeugt, ihn von vornherein nachsichtig zu stimmen, indem ich das ansprach, was ihn derzeit am meisten interessierte, nämlich die Botanik. Dann wollte ich erfahren, was er von meinen großen Plänen hielt, und seine Denkungsart erkunden.

Es war nicht einfach, in der Rue Plâtrière nach ihm zu fahnden. Nachdem ich in einem Café erfahren hatte, daß er in einem Gasthaus logierte, begab ich mich dorthin. Ein alter Mann beschied mir, er wohne nicht mehr dort, sondern drei Türen weiter. Ich ergriff ihn am Arm und sagte, ich würde ihn nicht loslassen, wenn er mir nicht die Treppe zeigte. Wir tasteten uns, obwohl es hellichter Tag war, in vollkommener Finsternis voran. Als wir die Stiege gefunden hatten, erklomm ich sie bis in den sechsten Stock, wo er wohnte. Ich klopfte. Seine Frau, die auch die Pflichten einer Dienstmagd erfüllte, öffnete mir und meldete mich. Aus Furcht, es könnte plötzlich heißen, er empfange nicht, folgte ich ihr auf dem Fuße. Nachdem wir einige Dinge, die ihn interessierten und die uns auf etliche weitere brachten, gestreift hatten, waren wir einander rasch zugetan, und ich war hochzufrieden. Da ich unser Gespräch danach zu Hause niederschrieb, will ich es hier einfügen.

Gespräch mit M. Rousseau

Am 28. März 1772 machte ich die Bekanntschaft von M. Rousseau aus Genf. Er sagte mir, daß er 1712 geboren und sechzig Jahre alt sei. Mir erschien er wegen seiner lebhaften Augen, der edlen Gesichtszüge, die Herzensgüte und Aufrichtigkeit verhießen, jünger.

Seine fixe Idee war es, sowohl von den Menschen als auch vom Schreiben angewidert zu sein, und dies wahrscheinlich aufgrund einer erheblichen verborgenen Eitelkeit, die ihn zudem behaupten ließ, er könne nicht mehr denken oder sich auf jemanden einlassen. Er lebe für sich und sei, sagte er, seit jenen acht Jahren, in denen er nicht mehr schreibe, mit seiner Frau, die wie seine Dienerin wirkte, glücklich. Für seinen Lebensunterhalt kopierte er Musik, hatte neben seinem Bett ein Spinett stehen, bewohnte eine ordentliche Kammer im sechsten Stock in der Rue Plâtrière. Er zeigte sich schlicht mit Hausmantel und Mütze, war auf sich selbst gestellt und gelassen, er wirkte zufrieden oder wollte es sich gerne einreden.

Der Pariser Voltaire, verbannt aus seiner Geburtsstadt, verfaßte mit achtundsiebzig Jahren auf seinen Ländereien bei Genf seine frechen Schriften und baute Kohl an, weil sein Arzt ihm zu körperlicher Ertüchtigung und munterem Geist riet. M. Rousseau, sechzigjährig, von Genf nach Paris verschlagen, dem ich dies vorbrachte, erwiderte: «Voltaire schreibt Heiteres, weil sein Gemüt traurig ist, und rebelliert allein aus Furcht!»

Er begegnete mir sehr wohlwollend und zwanglos. Er spricht wie die kultivierteste Gesellschaft, höchst sanft und respektvoll. Nichts wirkt gekünstelt, und bis auf seine Art der unverrückbaren Menschenverachtung wirkt er rundum bezaubernd, außer wenn er gelegentlich wiederholt: «Ich denke nicht mehr und will nicht mehr denken!»

Er scheint ein höchst mitfühlender Philosoph zu sein, dessen Augen und Herzensregungen eine edle Seele enthüllen, die er durch starren Eigensinn und übertriebene Empfindsamkeit gemartert hat. Trefflichst führte er aus, daß er nicht mehr denken wolle, weil er sich vor seiner Einbildungskraft fürchte, die ihn zu heftig mitreiße, daß er sich ausgebrannt gefühlt habe, als er noch schrieb, aber jetzt denke er nicht mehr.

Um sein Interesse zu wecken, fragte ich ihn als erstes, ob ich in meinen Schriften das Pflanzenreich anders als nach den Regeln der Botanik abhandeln könne, und wir gelangten gleich in medias res.

Ich umriß den Plan meines Werks und erklärte, wie ich das Pflanzenreich darstellen wolle. Diese Themen schienen ihn zu beleben, und er bestärkte mich sogar mit Worten, die seiner würdig waren. Sein Gesicht spiegelte weiterhin sein Seelenfeuer, aber er will nicht mehr lesen oder denken.

Wenn er die Blumen auf dem Felde betrachte, gestand er mir, drängten sich ihm deren pflanzliche Eigentümlichkeiten auf, doch er wolle nur bewundern, und eine Systematisierung und Klassifizierung würde ihn nur verdrießen.

Er sagte, er habe nie verstanden, wie man Atheist sein könne. Daß es derzeit insgeheim allerdings eine Menge Ungläubiger gebe, weil man nämlich nicht mehr empfinden und in sich gehen wolle. Er meinte wie ich, daß in Moses und in den Offenbarungen mehr Wahrheit als in allem übrigen stecke, daß alles auf den Schöpfer verweise und dies allein den Menschen adeln und berühren könne. Ich entgegnete ihm daraufhin, daß man zugegebenermaßen seine Bücher nicht immer richtig verstanden und sie mißbraucht habe. Daß es seiner Gedankenwelt und seiner Wahrheitsliebe recht würdig sei, mit einer Glaubensbekundung zu schließen, die Zweifel an seinen Werken ausräumen müsse. Falls gedruckt und durch seinen Namen beglaubigt würde, was er mir anvertraut hatte, so würde das eine größere Wirkung haben als sämtliche Predigten. Daraufhin verfiel er wieder auf seine Marotte und sagte, er werde sich nicht äußern, man wolle ihn bloß kritisieren. Ein Weiser solle niemals etwas drucken lassen, bereits der alte Fontenelle* habe ihn vor dem gewarnt, was er am eigenen Leibe nur allzusehr erfahren habe: daß nämlich selbst das beste Buch für seinen Autor nur Unglück heraufbeschwört.

Er ermutigte mich eindringlich, mein Lebtag lang jene Wahrheiten, die ich so gut erfaßt hätte, aufzuschreiben, um sie der Akademie zu hinterlassen. Daß es mein Glück bedeuten würde, pflichtschuldig

* Bernard le Bovier de Fontenelle, 1657–1757, bedeutender Philosoph der Frühaufklärung.

das Gute zu entdecken und nie darin nachzulassen, anderen aufzuhelfen und Vollendung anzustreben. Niemals dürfte ich einen Widerwillen obsiegen lassen, falls man mich kritisierte oder ich von Dummköpfen mißverstanden würde. Ich spürte, daß er damit auf sich selbst zurückkam, der er wegen seiner langen Abgeschiedenheit von den Menschen angewidert war und weil man an ihn nicht wie an ein Orakel hatte glauben wollen.

Nota. – Während unserer gut zweistündigen Unterredung schienen seine Frau, die neben ihm strickte, und er nur von der Sorge um meinen Lakaien abgelenkt zu sein, der im Vorzimmer hustete. Sie ließen ihm ein Licht bringen und hofften, daß er sich nicht noch schlimmer erkältete. Gutherzig sorgten sie sich um ihn mindestens so sehr wie ich. Rousseau reichte uns eine kleine Kerze, damit wir sicher die sechs Stockwerke hinabstiegen. Aus solcher Beengtheit nährt er vielleicht sogar einen eigentümlichen Stolz.

Jean-Jacques Rousseau

Am 3. April besichtigten wir das schöne Haus und die Gemäldesammlung des Duc de Choiseul, die für den Verkauf öffentlich ausgestellt wurde. Die Anzahl der Bilder in der prächtigen Galerie war stattlich und ein Augenschmaus. Vor allem die Flämische Schule war hervorragend vertreten. Es ist erstaunlich, daß er so viele so herrliche Gemälde in so kurzer Zeit hatte sammeln können. Und es berührte mich sehr, daß jemand, der noch vor anderthalb Jahren den Gipfel des Ruhmes genossen hatte, gezwungen war, alles wie den eigenen Nachlaß zu verkaufen. Darüber ließe sich wahrlich nachsinnen!

Abends nahm ich bei Baumé neuerlich meine *Naturgeschichte* in Angriff, die ich den Winter über vernachlässigt hatte.

Vor allem zu Sumpftrockenlegungen bei Calais weilte Emmanuel de Croÿ im Sommer und Herbst 1772 im Norden. Dann kehrte er wie üblich nach Paris zurück.

In der Nacht vom 29. auf den 30. Dezember brach im Hôtel-Dieu, und zwar in den Vorratskellern für Talg, Kohle, Fette und anderes Feuergefährliches, ein Brand aus, den man nicht löschen konnte. Drei Tage lang wütete das Feuer gräßlich. Drei Säle und die Flußseite des Gebäudes wurden zerstört, auch die Umgebung heimgesucht. Tragisch war, daß die Schwestern meinten, das Feuer, wie schon einmal, mit ihrer Spritze löschen zu können. Sie hatten alle Türen verschlossen und wollten anfangs nicht öffnen. Beim mühsamen Aufbrechen der schweren Tore und Türen wurden die Schlösser so beschädigt, daß die Unglücklichen nicht aus den drei abgesperrten Sälen fliehen konnten. Qualvoll verbrannten dort so viele Kranke und sieche Greise, daß man deren Zahl geheimhielt. Die einen munkelten von knapp einhundert, andere von mehr als fünfhundert. Mit ihrem Leben bezahlten außerdem sieben oder acht Französische Gardisten und Feuerwehrmänner, die Wunder vollbracht hatten. Überhaupt verdienen die Französischen Garden und der Feuerwehrhauptmann mit seinen Leuten das allergrößte Lob. Aber selbst viele Spritzen richteten gegen die lodernden Fette wenig aus. Das Wasser regnete auf eine riesige heiße Masse und verdampfte im Qualm. Rasches Abreißen, Sägen und Ersticken erwies sich als die effektivste Brandeindämmung. Gottlob war es nicht sehr windig, doch schlimm waren die drei Grad minus, die das Wasser beim Herantragen gefrieren ließen, so daß die verbrannten Hände der Helfer auch noch erfroren.

Die überlebenden Kranken wurden nach Notre-Dame verbracht, wo der Erzbischof und gute Seelen sie nach Kräften umsorgten. Man erlebte bewundernswerte Taten, Sieche wurden in Privathäusern untergebracht. Man kann sich das Grauen einer solchen Nacht vorstellen. Bald wurde emsig beraten, das Hôtel-Dieu vor die Stadt zu verlegen, was allerdings nicht leicht zu bewerkstelligen war.

Nachdem ich meine gewohnten Vorkehrungen getroffen und meine Seele gesammelt hatte, nahm ich am Neujahrstag 1773 an der Ordensfeier teil. Seit Weihnachten beschäftigten mich ausschließlich geographische Fragen, weshalb ich in diesem Winter zu meinem Bedauern nicht an meiner *Naturgeschichte* weiterarbeiten konnte.

Am 12. Februar besuchte ich das Fest des maltesischen Gesandten, wo man von Zyklopen und dem Fährmann Charon durch eine Grotte, welche die Höllenpforte darstellte, zu den Gefilden der Seligen geleitet wurde. Alles war sehr geschmackvoll und abwechslungsreich und bedeutete zumindest eine Unterbrechung des täglichen Einerleis in Paris.

Am 14. drängte man mich, den Duc d'Harcourt zu besuchen, wo sich die ganze Familie, Alt und Jung, zusammenfand. Ich blieb lange, man überredete mich sogar zu tanzen. Ich hatte es verlernt, doch beim zweiten Kontertanz fand ich mich wieder hinein, und beim sechsten schwitzte ich, was mich sogleich kurierte, denn all meine Unpäßlichkeiten rührten von mangelnder Körperausdünstung und wenig Bewegung her.

Als ich nicht im geringsten darauf gefaßt war, erhielt ich am 14. von M. de Boynes den hier wiedergegebenen Brief:

Versailles, den 13. März 1774

Da die Königliche Marineakademie, Monsieur, Sie für eine Ehrenmitgliedschaft vorgeschlagen hat, habe ich diese Wahl mit um so größerer Freude bestätigt, als ich Ihren Eifer in allen maritimen Belangen kenne und Sie Ihre Kenntnisse und Fähigkeiten bereitwillig zu deren Erfolg und Ruhm einsetzen.

Ich habe die Ehre etc.
de Boynes

An ebendiesem Tag arbeitete ich mit den Emissären aus dem Artois, die meine umfassenden Pläne für die Schiffahrt auf den dortigen Kanälen und die Trockenlegungen im Küstengebiet guthießen. Sie wirkten überzeugt und schienen zu wünschen, daß ich das Nötige koordinierte und im einzelnen delegierte, insbesondere was die Drainagearbeiten, die Kanalvertiefungen anging, wobei alles in Übereinstimmung mit den zuständigen Amtsstellen zu geschehen hatte. Darüber hatte ich bereits mit dem Bischof von Arras konferiert, der ein Mann der Tat war und sich in alles einmischte. Alsbald wurde es jedoch still um ihn, und ich erfuhr, daß er sich mit den Provinzständen überworfen hatte.

Am 13. April um zwei Uhr früh kam meine Tochter nach kurzen Wehen mit einem Mädchen nieder. Dieses Kind war gesünder als die vorherigen, doch es war ein Mädchen, und sie brauchten so dringend Jungen! Man sagte es ihr sofort, denn sie drängte so sehr, daß es ihr unmöglich verheimlicht werden konnte. Sie war untröstlich. Der Duc d'Havré machte gute Mine zum bösen Spiel.

Ich begab mich zum *Lever* des Königs, da dort der Sieur de Vaugondi seine Karte der Arktis präsentieren wollte. Der König sprach recht ausführlich über die ehedem geleugneten Antipoden, wenn er sich auch nicht für den größeren Zusammenhang interessierte. Ich mischte mich folglich nicht ein und überließ Vaugondi die ganze

Ehre, überzeugt davon, daß die wahren Kenner mehr über die Urheberschaft wüßten. Anschließend präsentierten wir die Karte den drei Prinzen. Vor dem Aufbruch zur Jagd frühstückte der Dauphin gerade. Wir plauderten über Jagd und Jagdunfälle, dann stellte ich Vaugondi mit der Karte vor. Der Dauphin erfaßte das Wichtige außerordentlich gut, doch verlief alles sehr rasch, da er auf die Jagd gehen wollte und Wissenschaftliches nicht in Mode war. Die beiden anderen Prinzen hatten keine Zeit, die Karte zu betrachten.

Grausames Finale

Am 29. April 1774 brach ich im Vis-à-vis* von M. d'Aoust (meine eigene Kutsche sollte zwei Tage später nachkommen) gegen neun Uhr morgens auf. Unterwegs enthüllte er mir Interessantes über die päpstliche Politik und die Vernichtung des Jesuitenordens.

Als wir beim Duc d'Aiguillon vorstellig wurden, der uns hatte empfangen wollen, um mit uns über die Trockenlegungsarbeiten im Calaisis, über Langle und meinen guten Generalplan zu konferieren, erfuhr ich erstaunt, daß er sich beim König befände. Sein Kammerdiener sagte mir, der König sei erkrankt und zur Ader gelassen worden. Ich war sehr verblüfft, doch als ich hörte, daß es sich nur um eine Unpäßlichkeit handelte und der Minister gleich zurückkehren werde, warteten wir. Er kam, empfing uns kurz, erklärte dann, daß er sich noch einmal zum König begebe, doch bald zurück sein werde. So harrten wir abermals von elf bis zwei Uhr, doch als er nicht kam, ging ich für einen Mittagsimbiß zu M. de Boynes. Um halb fünf war ich wieder beim Duc d'Aiguillon, der mir erklärte, daß er die nächsten Tage wegen des Befindens des Königs, der ernsthaft erkrankt sei, nicht mit mir sprechen könne und ich nicht abreisen dürfe. So mußte ich mich mit all meinen Vorarbeiten sehr gedulden.

Ich eilte zu den königlichen Gemächern und erfuhr, daß der König gegen neun Uhr morgens, dann noch einmal gegen drei Uhr nachmittags zur Ader gelassen worden war, doch weiterhin fieberte. Ich wußte, daß sich der König vornehmlich von seinem Ersten Leibarzt Lemonnier behandeln ließ, welcher Aderlässe in der Regel vermied:

* Ein leichter offener Zweisitzer.

So war denn etwas Gravierendes geschehen. Der Œuil-de-Bœuf-Salon war abgesperrt, und die Empfangsräume waren um ein Zimmer nach hinten verlegt. Ich betrat das Paradeschlafgemach, in dem jetzt der Rat tagen konnte. Mich erstaunte, wie wenige Menschen ich vorfand. Es hieß, es sei nichts Schlimmes, dennoch deutete alles auf eine gefährliche Krankheit hin.

Bereits seit einer Woche hatte der König oft sehr ungesund ausgesehen und Unwohlsein verspürt. Als er Dienstag, den 26. April, mit der Dame und den gewohnten Höflingen im Trianon zu Abend speisen wollte, mundete ihm nichts, und er rührte keinen Bissen an. Mittwoch, den 27., ging er auf die Jagd. Doch weil ihn fröstelte und es feucht war, benutzte er ganz gegen seine Gewohnheit einen Jagdwagen, in dem er sich jedoch nicht aufwärmen konnte und leicht zu fiebern begann. Donnerstag, den 28., hatte er eindeutig Fieber und litt unter Brechreiz. Man ließ seinen Ersten Chirurgen La Martinière kommen, ein entschlossen handelnder Mann und einer der wenigen, die unumwunden zu sprechen wagten. La Martinière beschied, daß der König nur in Versailles krank sein dürfe, und drängte ihn abends, im Hausmantel und mit einem warmen Mantel darüber in den Wagen zu steigen.

Beim Einsteigen befahl der König: «In vollem Galopp!»

Tatsächlich legte er die Strecke vom Vorhof des Trianon bis nach Versailles in genau drei Minuten zurück. Er stieg im Gewölbe unter dem Appartement Mme. Adélaïdes aus, wodurch genügend Zeit blieb, sein Bett herzurichten. Er legte sich sogleich nieder. Die ganze Nacht über fieberte er stark, hatte heftiges Kopfweh, lag unruhig und fühlte sich elend. Um Ruhe zu finden, bekam er Opiumpflaster auf die Schläfen.

Lemonnier selbst ließ ihn am 29., wie ich berichtete, zur Ader und wollte Ärzte aus Paris hinzuziehen. Bordeu und Lorry trafen ein, und um drei ließ man ihn erneut zur Ader. Ich blieb in den Gemächern, wo man weiterhin rätselte und nichts Genaues wußte. Für zwei Stunden begab ich mich in meine Wohnung. Als ich mich um neun Uhr abends wieder im Empfangssalon aufhielt, wurde zur allabendlichen Erteilung der königlichen Befehle für den nächsten Tag gerufen. Die Gardeoffiziere gingen voraus, empfingen an seinem Bett ihre Anweisungen, und wir durften folgen. Wir waren nur sieben oder acht, darunter die Marschälle de Brissac und de Broglie, d'Ecquevilly, La Salle, der Prince de Marsan und noch einige. Wir befanden uns damit zum ersten Mal in seinem privaten Schlafgemach, und da ich neben dem Konsoltisch stand, spähte ich nach den drei flachen Schüsseln mit seinem Blut, das mir einwandfrei zu sein schien.

In der Mitte des Zimmers lag der König auf einem kleinen Feldbett, weil nach einem leichten Schweißausbruch, der nach dem zweiten Aderlaß jedoch als nicht reinigend genug erachtet wurde, soeben seine Wäsche und das Bettzeug gewechselt worden waren. Er wirkte schwach. Ich hörte ihn ein paarmal sprechen. Er schien mir eine rauhe Stimme zu haben, was auf weiteres Fieber hindeutete. Er rief des öfteren nach Laborde, seinem vertrautesten Kammerherrn, und schickte ihn zu Mme. du Barry. Wir wurden verabschiedet; sein Zimmer war zu warm, und allzu zahlreiche Bedienung und Ärzteschaft hielten sich darin auf. Tagsüber war mehrmals die königliche Familie gekommen, und nun trat gerade Mme. Adélaïde ein. Besorgt und ruhelos wandelte die gesamte Familie um die Gemächer herum.

Gegen zehn Uhr abends begab ich mich zu der Duchesse de Cossé, wo wir alles ausführlich erörterten, und was immer auch geredet wurde: Wir vermuteten eine ernste Erkrankung. Um halb elf ging ich zur Comtesse de Marsan, die ich überraschenderweise allein mit Madame vorfand. Ich wollte gehen; beide hielten mich zurück, und wir tauschten uns sehr lange aus. Exakt um halb zwölf wurde ein Billett der Dauphine überbracht. Madame, die meinte, es sei für sie, wenngleich es an Mme. de Marsan adressiert war, riß den Umschlag auf und stieß einen Schrei aus: «Gott im Himmel! Es sind die Pocken!»

Kurz darauf kam der Prince de Soubise, völlig bestürzt, und bestätigte uns diese Nachricht.

Eine halbe Stunde nachdem wir den König verlassen hatten, gegen halb elf, gaben die Ärzte ihm zu trinken und meinten, Rötungen zu erkennen. Sie befahlen: «Näher mit dem Licht! Der König sieht sein Glas nicht!» Sie stießen sich vorsichtig an, taten alle so, als wäre nichts weiter, und gingen dann in das Nebenzimmer, um sich zu beraten. Eine Viertelstunde darauf kamen sie zurück und untersuchten ihn unter Vorwänden wie dem, seine Zunge sehen zu müssen, wobei sie in Wahrheit den Ausbruch der Pocken diagnostizierten. Sie schickten zur königlichen Familie, um ihr zu melden, daß sie nicht mehr zum König dürfe, da keines ihrer Mitglieder die Krankheit bisher gehabt hatte. Man wollte den Grund dieser Maßnahme wissen, und da rundum so viele Bescheid wußten, konnte man es ihnen nicht verheimlichen. Die Nachricht verbreitete sich wie ein Lauffeuer.

Um Mitternacht begab ich mich zum König. Ich staunte, dort so wenige Menschen vorzufinden. Wir waren nur zu viert: der Freund des Königs Tourdonnet und Laborde, beide mit tränennassen Augen, was ich ihnen hoch anrechnete. Ecquevilly, La Salle, M. Pfiffer und ich sprachen eine Stunde lang mit den Kammerdienern, die herauskamen und uns Genaueres berichteten. Der König war nach dem Ausbruch matt, doch ruhiger. Man verabreichte ihm reinigende Brechmittel. Er ahnte nichts von seiner Krankheit. Ich blieb bis zwei Uhr. Er wurde bestens umsorgt.

Als die Nachricht vom Pockenausbruch bei Mme. de Marsan eintraf, bemerkte man geradezu Erleichterung, denn sie hatte ein böses Fieber vermutet. Sie ereiferte sich gegen das Impfen, durch das Keime in die Luft freigesetzt würden. Das Gegenteil schien mir der Fall zu sein, denn außer dem Hause Bourbon fürchtete sich keine Herrscherfamilie Europas vor der Impfung, und man kann sich vorstellen, wie groß die Furcht der Bourbonen war, die nie die Pocken gehabt hatten.

Nachdem ich dies wahrheitsgemäß berichtet habe, ein Wort zur Politik, in der alles ebenso seltsam wie unberechenbar zugeht. Falls der zweite Aderlaß keine Besserung bewirkte, erwog man für acht

Uhr abends, also innerhalb von elf Stunden, einen dritten. Aber des Königs Grundsatz war es bekanntermaßen, daß ohne christliche Sterbevorbereitung niemals ein dritter Aderlaß vorgenommen werden durfte. Es hieß, daß Doktor Bordeu, der zur Partei von Mme. du Barry zählte, gegen den dritten Aderlaß votiere, doch Doktor Lemonnier, der sich zur königlichen Familie bekannte, ihn befürworte. So konnten also wenige Stunden über das Schicksal Mme. du Barrys und das der von ihr abhängigen Minister entscheiden.* Schon war von der Rückkehr des Duc de Choiseul ins Ministerium die Rede. Die Zeit drängte. Doch da der Schweißausbruch durch den zweiten Aderlaß – schon vor unserem Eintreten – wahrscheinlich den sichtbaren Ausbruch der Pocken bewirkt hatte, wurde nun als Beginn der Wartefrist bis zum dritten Aderlaß der Abend des 29. festgelegt, wodurch die Parteigänger der Dame Zeit gewannen.

Man kann sich vorstellen, daß die Natur dieser Krankheit die Partei der Dame in größte Besorgnis versetzte. Einer eilte zum anderen und debattierte je nach Interessenlage. Mme. du Barry war tagsüber immer wieder ins Schlafgemach gekommen. Nachdem die Pocken diagnostiziert worden waren, harrten Mesdames, die drei Töchter des Königs, heldenhaft bei ihm aus, was, da sie sie noch nicht gehabt hatten, ebenso bewundernswert wie gefährlich war. So konnte Mme. du Barry kaum mehr bei ihm weilen. Der Erzbischof von Paris wurde erwartet und vielleicht auch Madame Louise,** von der es hieß, sie besitze für solche Fälle einen schriftlichen Dispens des Papstes, ihr Kloster zu verlassen, was nicht zutraf. Alles steuerte auf eine gewaltige Veränderung zu.

Am 30. April eilte ganz Paris herbei. Der starke Ausbruch verlief nach medizinischem Dafürhalten wunschgemäß. Es zeigten sich

* Ein bedeutsamer Umstand: Vor dem dritten Aderlaß und den Sakramenten hätte der König Sünden bereuen und Madame du Barry aufgeben müssen, wodurch alle Machtverhältnisse umgestürzt wären. Somit standen die Ärzte unter enormem politischen Druck.

** Madame Dernière, die jüngste Tochter des Königs.

keine schlechten Symptome. Niemand wagte folglich, den König noch mehr zu beunruhigen. Man erklärte ihm, daß es sich um ein Frieselfieber handle. Nichts offenbarte man ihm, und nichts fragte er. Verwundert wies er auf die Pockenblasen. Beruhigend redete man auf ihn ein, und völlig niedergeschlagen wagte er nicht, nach der Wahrheit zu fragen. Da aus Furcht, ihn zu erschrecken, niemand von den christlichen Vorkehrungen sprach, tat auch er es nicht, und so blieb alles beim alten. Seine Töchter wachten tagsüber bei ihm, Mme. du Barry kam nachts. Es war spürbar, daß die Umsorgung durch seine Töchter ihm oft peinlich war. Jedermann fühlte sich verlegen, rang mit sich, doch niemand sprach die Wahrheit aus, wie es sich eben immer unter solchen Umständen gegenüber Herrschern verhält, mit denen man nie offen gesprochen hat.

So verlief auch, nach einer schweren Unwetternacht, Sonntag, der 1. Mai, an dem sich die Pocken heftig über den Körper ausbreiteten und besonders das Gesicht fast vollständig überwucherten.

Mein Sohn, der am Samstag eingetroffen war, und ich waren gezwungen, nach Paris zu einem lange schon anberaumten Mittagessen für den Marschall de Lascy und die meisten Botschafter zu fahren, bei dem mein Haus und Garten sehr bewundert wurden. Um sechs Uhr abends war ich mit meinem Sohn wieder in Versailles. Die Nachrichten ließen hoffen. Die Zugpflaster zeitigten sehr gute Wirkung, und die Ärzte erklärten, man müsse nun abwarten, doch daß sie bislang noch nie derartig zufrieden gewesen seien.

Ich erfuhr, daß der Erzbischof von Paris, der selbst an einem Harnleiden dahinsiechte, diesen Tags zu ihm gekommen war, daß viel von der Krankheit des Erzbischofs geredet worden und sonst nichts geschehen war. Erstaunlicherweise war der Erzbischof nach Paris zurückgekehrt. Die Ärzte der Damenpartei warnten dringend davor, den König zu erschrecken, das wäre ihnen zufolge, als wolle man ihn mit einem Pistolenschuß töten. Weil alle schwiegen, mochte bald das Wort vom Sündertod zutreffen. Und derjenige, der stets alles auf den letzten Moment verschob und auf ein gutes *Ich habe gesündigt* vertraute, der vor Furcht nicht aus noch ein wußte angesichts seines Zustands mit einem von Pocken geschwollenen Kopf, er selbst wagte es nicht, sich zu erkundigen, sprach kein Wort, keiner tat's, und alles blieb so, wie ich es beschrieben habe.

Man ahnt, wie jeder nach seinem Sinn argumentierte. Die einen versteiften sich darauf, daß man ihn durch den Schock töten würde, die anderen meinten, wie furchtbar es wäre, ihn ohne Sakramente sterben zu lassen, was seit Chlodwig* für einen König beispiellos gewesen wäre. Man weiß, daß bei dieser besonders für einen Vierundsechzigjährigen heimtückischen Krankheit, bei der sich schnell der Geist verwirren kann, keine Zeit zu verlieren ist. Man rätselte, ob er noch klar dachte. Die Erkrankung schien indes zwar heftig, aber nicht zwingend tödlich zu verlaufen. Um neun Uhr abends erteilte er die Tagesbefehle, wenngleich er hinter seinen Vorhängen kaum zu erkennen oder zu verstehen war.

Die Nacht von Montag, den 2., verlief ruhiger. Die Pocken breiteten sich weiterhin vorhersehbar aus. Um halb ein Uhr mittags versammelten sich alle, die ihr verbrieftes Zutrittsrecht hatten, wie üblich im Paradeschlafgemach. Sie wurden in das wirkliche Schlafzimmer am Ende des Schloßtrakts geführt, wo allerdings kein *Lever* stattfand, sondern nur empfangen wurde. Ich trat ein und betrachtete aufmerksam dieses interessante Schauspiel: Die Töchter des Königs standen bedrückt, doch tapfer am Bettende. Mit hochgeschobenem Oberkörper im Feldbett inmitten des Raums wirkte der König trotz des von der Pockenmasse rotglühenden und gewaltig angeschwollenen Kopfes ruhig. Wegen der offenen Türen und des gelegentlichen Luftzugs schien mir der Raum passabel gelüftet. Alles Erforderliche oblag dem Duc d'Aumont und den Ärzten.

Ich erkundigte mich, weshalb der Erzbischof am Vorabend nach Paris zurückgekehrt war. Ich erfuhr, daß er nicht nur Blut im Harn hatte und vor Schmerzen ohnmächtig geworden war, sondern auch

* Chlodwig I., 466–511, gilt als Begründer Frankreichs.

seinen Empfang unangemessen gefunden hatte. Zuerst war er im Wachsaal aufgehalten worden. Nur mit Mühe hatten Mesdames seinen Empfang erwirken können. Der Duc de Richelieu hatte ihm umständlich vorgehalten, daß ein offenes Wort den König töten könnte. Als der Erzbischof sich schließlich dem König näherte, war er schokkiert gewesen, auf Mme. du Barry zu treffen, die sich eben entfernen wollte und bei der Begegnung ohnmächtig geworden sein soll. Der König richtete fast keine Silbe an den Erzbischof, wandte sich im Bett um, und man bedeutete ihm, wieder zu gehen.

Mme. du Barry wurde nur durch ihre Gefolgschaft zurückgehalten und ermutigt, denn sie selbst äußerte: «Ich mißfalle seiner ganzen Familie. Man möge mich doch gehen lassen!» Doch da der König an sie gewöhnt war, und sie fühlte, daß er sie brauchte, schien sie sich durch ihr Verbleiben am Hofe zu opfern; überdies war die Beziehung gemeinhin längst etwas allzu Gewohntes geworden.

Ich muß noch hinzufügen, daß der König unverrückbar glaubte, die Pocken bereits gehabt zu haben, was die Täuschung erleichterte. Im Oktober 1728, als er achtzehn Jahre alt war, hätten sie ihn sehr heftig heimgesucht. Doch die Ältesten entsannen sich, daß die Ärzte damals nur Windpocken vermutet hatten. Damit er sich für das weitere Leben sicher fühlte, hätten sie ihm jedoch vorgegaukelt, daß es die echten Pocken gewesen wären. Daher sagte der König: «Hätte ich mit achtzehn nicht die Pocken gehabt, müßte ich glauben, ich hätte sie jetzt.»

Dienstag, der 3. Mai, verlief noch ruhiger und günstiger. Als man gegen halb ein Uhr mittags vom *Lever*, das heißt vom Empfang beim König, kam, traf der Erzbischof von Paris ein. Abermals hielt der Duc de Richelieu ihn auf und verhinderte sogar sein Eintreten. Als gegen Viertel nach eins der Duc de Bouillon neben dem König stand, musterte dieser plötzlich die Schwellungen an seiner Hand und sagte: «Aber das sind doch die Pocken!» Niemand antwortete. Er drehte sich um: «Warum? Das ist merkwürdig!» Nun schien er zu begreifen, was man ihm verheimlichte.

Als der Duc de Bouillon uns dies berichtete, hörten wir auch, daß er sofort seine Tochter zu sich habe rufen lassen. Das Eintreffen des Erzbischofs, der nun in Versailles eine Unterkunft bezog, dazu weitere Vorkehrungen ließen mutmaßen, daß er nun die ganze Wahrheit wissen und sich rüsten wollte; so rückte die politische Krise näher.

Am Vortag hatte ich mit fünfzig Gästen an drei Tafeln beim Duc d'Aiguillon gespeist. Am 3. gab M. d'Aranda, der spanische Botschafter, ein reizendes kleines Essen.

Gegen neun Uhr, als die Tagesbefehle erteilt wurden, traten wir beim König ein. Eine halbe Stunde lang blieb ich neben seinem Bett. Er wurde eher gemäß der kalten als nach der heißen Methode behandelt, denn die Seitenvorhänge waren geöffnet, und durch die Fenster strömte frische Luft, so daß man nicht mehr ersticken mußte. Er redete mit vertrauter Stimme. Wie es seine Gewohnheit war, sprach er von finsteren Vorkommnissen, vom Tod M. de Vaulgrenants, und erinnerte sich dank seines enormen Gedächtnisses an früheste Zeiten. Was zu seinem gewissen Wohlbefinden und seiner Gedankenklarheit beitrug, war, glaube ich, der gute Eiterabfluß durch Saugpflaster, ein neues und höchst wirksames Verfahren.

Mittwoch, der 4. Mai, verlief anders. Ich erblickte zuerst M. d'Escars, einen der wichtigsten Parteigänger der Dame, der mit einer Miene herauskam, die auf einiges schließen ließ. Ich erkannte den Fürsten von Ligne, der sich mit Mme. du Barry vorzüglich verstand. Ich teilte ihm meine Beobachtung mit. Er flüsterte mir zu: «Die Katastrophe naht!» Ich fand alles verändert vor. Mehrere Personen, die vom König kamen, verrieten uns durch ihre unverhüllte Trauer, daß man Anlaß zur Sorge hatte, und man erfuhr, daß die Pocken sich wieder stärker entzündeten, was bald das Schlimmste befürchten ließ. Die Niedergeschlagenheit war rundum groß, und da schlechte Neuigkeiten sich durch ihr Echo verstärken, hielt man ihn bald für verloren.

Ich sprach mit den Ärzten: Sie waren nicht allzu zufrieden mit dem Auseitern, das am Hals begonnen hatte, aber wieder versiegt war. Doch noch sei nichts lebensbedrohlich, und sie setzten auf Stärkungsmittel.

Wir durften um halb ein Uhr mittags eintreten; ich postierte mich im Hintergrund. Sein Kopf erschien mir weniger rot und aufgedunsen. Er sprach fast ein bißchen wie immer, aber die Stimme klang unruhig, als ob er sich ärgerte.

Ich wollte vor allem die Gesichter studieren und habe selten aufschlußreichere gesehen. Die zahlreichen und allbekannten der Damenpartei drückten Wut und Verzweiflung aus. Wir, die wir am König hingen, offenbarten Kummer und Schmerz. Als ich eintrat, zog sich gerade der Erzbischof von Paris zurück. Das und alles übrige wies überdeutlich auf die bevorstehende politische Katastrophe hin. Als ich mich entfernte, erfuhr ich folgendes:

Abends zuvor hatte der König sich endlich eingestanden, die Blattern zu haben. Er hatte dies so vielen Leuten gegenüber bekannt, die ihm nichts entgegnet hatten, daß er keinen Zweifel mehr hegen konnte. Mir wurde versichert, daß er um Viertel vor Mitternacht zu Mme. du Barry gesagt habe: «Jetzt weiß ich, wie es um mich steht. Der Skandal von Metz darf sich nicht wiederholen. Hätte ich gewußt, wie es um mich steht, hätte ich Sie nicht vorgelassen. Ich gehöre Gott und meinem Volk. Sie müssen sich morgen ganz zurückziehen. Richten Sie Aiguillon aus, zu mir zu kommen, morgen früh um zehn!» Ihr wurde unwohl, und sie ging.

Der König schlief die Nacht nicht. Er bedachte alles. Gegen acht Uhr früh versiegte der Eiterfluß neuerlich, und die Ärzte wurden unruhig.

Befehlsgemäß erschien um zehn Uhr der Duc d'Aiguillon. Ihm befahl er, die Dame gegen vier Uhr nachmittags ehrenvoll zu verabschieden und jede Härte – wie ehedem in Metz gegenüber der Duchesse de Châteauroux – zu vermeiden, was denn auch geschah, indem sie von der Duchesse d'Aiguillon auf das herzogliche Anwesen in Rueil begleitet wurde.

Als man zur Mittagsstunde im Gemach die Messe las, war auch der Erzbischof zugegen. Danach bat der König ihn zu sich und sagte:

«Herr Erzbischof, ich habe die Pocken!» Er wiederholte es zweimal. Der Erzbischof nickte stumm, was bedeutete: *Ja. Und Sie wissen, was zu tun ist!*

Die Dame bestieg zur hellen, ja, maßlosen Verzweiflung nicht nur ihrer Parteigänger, sondern auch sämtlicher Ungläubigen und Freigeister um Viertel vor vier mit den übrigen Damen du Barry und der Duchesse d'Aiguillon einen Zweispänner mit graulivriertem Lakaien.

Die Frömmsten und Sittenstrengsten hielten diese Abreise für verdächtig reibungslos und fügten hinzu, daß Paris diesem abgekarteten Spiel keinen Glauben schenken werde. Gegenüber der königlichen Familie und der Dauphine wagte der Duc d'Aiguillon gefährlich viel, denn die Haltung der Dauphine, falls der König stürbe, war kein Geheimnis.

Um Mitternacht begab ich mich wieder in die Gemächer und erfuhr, daß sich nichts grundlegend verändert hatte. Gegen sechs Uhr früh befahl der König: «Laborde zu mir!» Dann wie üblich: «Holen Sie Mme. du Barry!» Laborde antwortete: «Sie ist abgereist!» «Wohin?» «Nach Rueil, Sire!» «Ah, schon.»

Alles deutete darauf hin, daß er mehr an sie als an seinen Beichtvater dachte, sie vielleicht nur hatte in Sicherheit bringen wollen, um im Ernstfall ohne Makel die Sakramente empfangen zu können.

An diesem Abend wollte er aufstehen. Bordeu stimmte zu, denn er wurde nach der kalten Methode behandelt. Ihm wurden Hosen angezogen. Er wollte zu seinem Sessel gehen, doch die Pocken an den Fußsohlen und die Eiterpflaster schmerzten zu sehr. Er wurde in sein Bett zurückgetragen und kam wieder zu sich. Wir sahen, daß es womöglich nicht lebensbedrohlich um ihn stand, er aber noch viel Zeit brauchte, daß er mitunter heiter wirkte, wobei er geäußert hatte: «Das mag lange dauern!» Allen, die sich ihm näherten, schien der König vernünftig, entschieden und folgerichtig zu denken. Sein Alter minderte seine Furcht. Er wollte, so schien es, alles nach seinem Geschmack und seinen Gewohnheiten geregelt wissen. Für den Fall, daß er überlebte, wollte er seine verbleibenden Jahre nicht gelangweilt verbringen, und es war ihm unverzichtbar geworden, separate Räume und Gesellschaft zum ungezwungenen Zeitvertreib zu haben, was nach seinem bisherigen Leben allein mit seiner Familie nicht möglich zu sein schien.

Folglich meinte er, es würde genügen, erst im Sterben die Sakramente und die Absolution zu empfangen. So bestärkte er sich wohl selbst: *Handeln wir, wie im Moment nötig, und ohne Schwäche!*

Die Nacht zu Freitag, dem 6., dem siebten Tag seiner Krankheit, verlief unruhig, und er delirierte ein wenig. Der Erzbischof von Paris und der Großalmosier Kardinal de La Roche-Aymon flüsterten ihm offenbar etwas ins Ohr, was sonst niemand hörte, doch hieß es, er habe entgegnet: «Ich kann nicht, ich kann jetzt keinen klaren Gedanken fassen!» Dieser Tag ohne Beichte ließ die Freigeister und die Partei der Dame frohlocken, die in Rueil viele Besucher empfing und unbesorgt zu sein schien. Die guten Christen seufzten laut.

Samstag, der 7. Mai und achte Tag seiner Krankheit, verlief wieder anders und war in mehrfacher Hinsicht entscheidend. Ich füge den Bericht meines Sohns ein, welcher der präziseste ist:

Um Viertel nach drei Uhr morgens befahl der König dem Duc de Duras: «Holen Sie den Abbé Maudoux!» (seinen Beichtvater). Er wiederholte es. Man suchte ihn und fand ihn in der Kapelle zum Gebet ausgestreckt.

Er traf um vier Uhr ein. Er blieb sechzehn Minuten bei ihm, und der König schickte nach M. d'Aiguillon, mit dem er über Persönliches sprach. Dann ließ er seine Töchter benachrichtigen, bat sie, seine Enkel zu wecken, beschied ihnen, wie weit entfernt sie von ihm stehen sollten, und erteilte ihnen seine Anweisungen. Er sprach noch zweimal mit seinem Beichtvater, bevor ihm um sieben Uhr die Sterbesakramente gespendet wurden. Die Letzte Ölung empfing er nicht, da man hier nicht dem Ritus von Paris folgt. Die Dauphine und Mme. la Comtesse de Provence hielten sich im Ratskabinett auf, die Töchter an seiner Zimmertür. Der Dauphin und die übrigen verharrten kniend auf den unteren Treppenstufen. Im Zimmer befanden sich nur die Bedienung und um sein Bett ein Ring von Geistlichen.

Der Kardinal sprach eine Ermahnung, und der König empfing das heilige Abendmahl mit größter Andacht. Danach trat der Kardinal beiseite und sprach an der Kabinettstür einige Worte. Da die Berichte darüber, was er sagte, nicht übereinstimmen, gebe ich die gewisseste Zusammenfassung wieder:

«Messieurs, der König hat mich beauftragt, Ihnen mitzuteilen, daß er Gott für die Kränkungen, die er ihm zufügte, und das Volk für das Ärgernis, das er hervorrief, um Gnade bittet. So Gott ihn gesunden läßt, will er Buße tun, eine Stütze des Glaubens werden und das Leben seiner Völker erleichtern. Sodann erklärte der König: ‹Hätte ich doch die Kraft, dieses selbst kundzutun!›

Etwas später sagte er noch zu Mme. Adélaïde: ‹Ich habe mich nie besser befunden oder ruhiger!›

Im Augenblick ist man mit seinem Zustand sehr zufrieden, und das Auseitern scheint gute Fortschritte zu machen.»

Anders verlief der 8. Mai. Als er am neunten Tag gegen halb sechs Uhr erwachte – die Morgenfrühe ist stets die Zeit gravierender Ereignisse –, raste sein Puls, das Fieber stieg, und er delirierte zeitweilig. Von nun an konnte er kaum mehr schlucken. Sein Gesicht veränderte sich, und wer von den Getreuen um halb eins zur Wachablösung erschien, erschrak bei seinem Anblick. Abends stieg das Fieber weiter, der Eiterabfluß verringerte sich, und man hielt ihn für verloren. Die Gesichter spiegelten die Verzweiflung wider. Obwohl der offizielle Empfang ausgesetzt war, fand sich eine Unzahl von Menschen ein. Dieses Schauspiel war schrecklich. Man befürchtete die innere Vergiftung. Vergeblich wandte man viele Heilmittel an.

Gegen halb zwölf trafen die Suttons ein, die berühmten englischen Impfärzte, die in Paris weilten. Der König wurde ihnen nicht gezeigt. Sie sprachen von ihrem Pulver: Da sie dessen Zusammensetzung nicht preisgeben wollten und unsere Ärzte vereinbart hatten, kein

Mittel zu empfehlen oder anzuwenden, dessen Zusammensetzung sie nicht kannten, endete der Besuch ergebnislos. Die Suttons reisten nach Paris zurück. Über diesen Vorgang wurde viel gemunkelt.

Montag, den 9. Mai und zehnten Tag, verfärbten sich die Pockenkrusten schwarz, die innere Vergiftung nahm ihren Lauf, und in seinem Schlund wurde Narbengrind entdeckt, der ihn am Schlucken hinderte. Sein Beichtvater sprach ermahnend auf ihn ein, unter Qualen schluckte er etwas. Bei der Mittagsmesse gab er kaum noch Lebenszeichen von sich. Was er murmelte, wirkte dennoch überlegt, man bemerkte keine innere Schwäche, sondern im Gegenteil: größte Stärke, Bedachtheit und reine Ergebung.

Nach der Messe harrten wir aus, doch es wurde uns beschieden, daß keinerlei Morgenzeremonie stattfinde. Zum ersten Mal durfte man nicht eintreten, und man mutmaßte, daß es so nicht lange währen würde.

Den gesamten Tag über wurde über das Pulver der Suttons gestritten, nach dem man noch einmal geschickt hatte. Man wollte es analysieren. Dann entschlossen sich die Ärzte zu einem noch stärkeren Mittel und flößten ihm das größtmögliche Quantum davon ein. Falls es nicht wirkte, kündigten sie an, gebe es keine Hoffnung mehr. Es schien ein wenig zu wirken. Man meinte, ein Aufweichen der Kruste zu bemerken, doch bei Einbruch der Nacht verschlimmerte sein Zustand sich. Seit geraumer Zeit sah er durch seine Augenverkrustung nichts mehr. Klagte er, so nur ganz sanft. Alles verwies auf eine schöne Seele. Um Viertel vor neun ließ man uns eintreten: Ich kann unmöglich diesen schrecklichen Anblick schildern. Ich werde meinen Brief an meine Schwiegertochter hier gekürzt abschreiben.

Versailles, den 9. Mai, zehn Uhr abends

Wir kommen von einem grausamen Schauspiel: Als der König spürte, daß es hohe Zeit und er gerüstet war, bat er in bewunderungswürdiger Geistesklarheit um die Letzte Ölung. Wer die Zutrittsehren besaß, durfte um Viertel vor neun ins Gemach, und wir wohnten der Zeremonie bei. Er regte sich kaum noch, doch als sie vorbei war, vernahm mein Sohn seine Stimme, und all jene, die um sein Bett standen, versicherten, daß er, als er keine Gebete mehr vernahm, deutlich Amen sagte. Das bewies, daß er noch bei Bewußtsein war, doch nichts mehr sehen konnte.

Gegen neun Uhr verabreichten ihm die Ärzte ihr letztes Mittel. Es scheint nicht zu wirken, und es kann nur noch einen Tag dauern. Dies ist das tapferste und wahrlich christlichste Sterben, das es geben kann.

Ich vermochte anfangs nicht weiterzuschreiben. Ich füge hier wenige Worte an, damit man sich vorstellen kann, was wir sehen mußten: ein Feldbett inmitten des Zimmers, alle Vorhänge offen, alles sehr hell durch eine Unmenge Kerzen in den Händen von Priestern im Chorhemd, die um sein Bett knieten, und niemanden mutete es wohl anders an; er wie unter einer durch die Pockenkruste überlebensgroßen Bronzemaske, eine reglose Büste, offener Mund, wobei dennoch sein Antlitz ahnbar blieb, keine Unruhe darin; der Kopf eines Mohren, eines Negers, eiterkrustig, wie verkupfert und riesig.

Stehend sprach der Bischof von Senlis laut die Gebete. Ein Kaplan hob und zeigte ihm ein großes Kreuz, das er zum Küssen an seine Lippen führte; die einen standen erschüttert, andere stellten eine größere Gefaßtheit als angebracht zur Schau, sehr wenige weinten, und die Etikette überwog etwaige offene Gefühle.

Eine Stunde später schien er zu sterben: Man öffnete einige Fenster. Ein paar Leute versammelten sich unten im Marmorhof, andere harrten hinter Fenstern auf die Proklamation des neuen Königs, und so vergingen etliche Nachtstunden.

Insgesamt bin ich mit dieser Nation unzufrieden: Da schönes Wetter war, spazierten an diesen beiden letzten Tagen viele Leute sorglos im Park, die Schenken waren voll, und niemand außerhalb der Gemächer schien berührt zu sein. In Paris verhielt es sich anfangs nicht besser, bis auf die Vierzigstundenfürbitten, zu denen eine Menge Menschen in die Kirchen strömte. Ein Ausländer hätte in Versailles nicht einmal auf den Höfen, im Spiegelsaal oder in den Gärten bemerken können, daß wir gerade unseren König verloren. Als man in Paris von seiner Reue erfuhr, wurde es besser.

Dienstag, den 10. Mai und elften Tag, begaben wir uns zeitig zum Gemach: Er war weiterhin wie bereits tot, doch noch bei Bewußtsein, denn als er gefragt wurde, ob er die christlichen Ermahnungen vernehme, antwortete er: «Ja.» Als wir uns um eins zu ungefähr fünfzig im Empfangssalon aufhielten, darunter auch mein Sohn und mein Schwiegersohn, die in Versailles geblieben waren und wie ich die denkbar größte Anteilnahme gezeigt hatten, unterrichtete man uns vom Beginn seines Todeskampfes und forderte uns auf, uns betend um sein Bett niederzuknien. Kurz vor Viertel nach drei verschied er.

Die Nachricht verbreitete sich, und in den Höfen versammelten sich viele Menschen. Es hieß, Klagerufe hätten sein Zimmer erfüllt, doch gehört hat sie niemand. Die Türflügel wurden geöffnet, damit ein jeder, der es wollte, ihn sehen konnte. Eine Wache betrat den Œuil-de-Bœuf-Salon und verkündete schlicht: *Le roi est mort!* Man mußte sich entfernen, und die Gemächer wurden verschlossen. So endete ein Mann mit den vorzüglichsten Eigenschaften, so er sich denn selbst stärker vertraut, mehr selbst entschieden und sich nicht den Frauen, die ihn gängelten, ausgeliefert hätte.

Alsbald schickte M. de la Vrillière ein Blatt an den König (Ludwig XVI.) mit allen Fragen, die sofort geregelt werden mußten. Die Antworten vermerkte der König am Rande; sie betrafen die vorübergehende Beibehaltung der Ämterbesetzung und besagten, daß in neun Tagen die Minister sich bei ihm einzufinden hatten und die Provinzkommandanten nicht ohne vorherige Audienz abreisen sollten (was auch für mich galt).

Die Karossen des Königs und der königlichen Familie fuhren achtspännig auf den Vorhof, wo sich eine immense Menschenmenge angesammelt hatte. Um Viertel nach fünf nachmittags bestieg der noch erschüttert wirkende neue König seinen Wagen und brach nach

Choisy auf. Ein paar Rufe *Vive le Roi!* erschollen. Der schroffe Gegensatz zwischen den sechzehn prunkvollen achtspännigen Karossen und den zahllosen Menschen bis zum Ende der Allee, dem Beifall und dem, was man bis soeben durchlebt hatte, vereinigte sich zu einer Mischung aus Schrecken und Glanz, die auch zeigte, wie schimärenhaft das Großartige ist.

Unterschiedliche Gerüchte gerieten in Umlauf, wie er sich angesteckt haben solle. Tatsächlich aber waren einige Kinder in der Umgebung erkrankt, und ein zweijähriges Mädchen unweit des Gartens von Trianon war auf einem Dachboden verstorben und nachts in einem Laken weggeschafft worden. So scheint sich das Gift in dem Garten, wo er oft spazierte, ausgebreitet zu haben. Es war also genau bei jenen schönen Gewächshäusern und dem botanischen Garten des Trianon geschehen, die ich mir noch einmal anschaute und die von seinem Nachfolger, der eher sparsam als wißbegierig war, vielleicht abgerissen und eingeebnet werden würden.

Was die Schönheit seines Sterbens angeht, kann man ihm nichts vorwerfen: Sobald er um seinen Zustand wußte, vollbrachte er sein möglichstes. Nur durch die große und starke Partei der Dame wurde ihm sein Zustand einige Tage lang verheimlicht. Charakterlich besaß er gewiß exzellente Eigenschaften, auf jeden Fall mehr gute als schlechte. Sein Gedächtnis, seine Geistesgegenwart und sein Urteilsvermögen waren einzigartig. Er war sanftmütig, ein vorzüglicher Vater und Verwandter und zutiefst ehrenhaft. Er besaß Kenntnisse in den Wissenschaften, war recht bewandert in Astronomie, Physik, Chemie und Botanik, doch trumpfte er nie mit seinem Wissen auf. Seine Zurückhaltung nahm bei ihm das Ausmaß einer Untugend an. Obwohl er trefflicher als andere urteilte, meinte er stets im Unrecht zu sein. Ich habe ihn oft sagen hören: «Das hatte ich vermutet» (und er hatte recht gehabt), «aber da man mir das Gegenteil versichert, scheine ich mich wohl geirrt zu haben!» – «Das hängt nicht von mir ab, das entscheide ich nicht!» Er ordnete sich beinahe unter.

Nie entschlüpfte seinen Lippen etwas Böses oder Hartes, und wenn er manchmal sagte: «Bald sind Sie tot» oder dergleichen, dann war's nur eine dumme Kinderei und meinte nichts Arges. Er sprach gerne über Unheimliches. Falls er nach dem heutigen Modebegriff wenig *Esprit* besaß, so besaß er doch den gesündesten und klarsten Menschenverstand. Mehrmals war ich Zeuge seiner großen, aber allzu stillen Tapferkeit. Er wäre womöglich ein bedeutender Feldherr geworden, wenn er sich entschlossener zu sich selbst bekannt hätte. Allerdings mochte er den Krieg, diese Geißel, nicht und war für Schlachtenruhm unempfänglich. Ludwig XIV. war ehedem zu stolz. Er war es zu wenig.

Neben seiner übertriebenen Scheu waren die Frauen seine größte und einzige Schwäche. Er war der schönste Mann seines Jahrhunderts, stattlich und kraftvoll, und als sich die Königin, die überdies zu alt für ihn war, aus falsch verstandener Frömmigkeit aus seinem Bett zurückgezogen hatte, da hatte er bereits Geschmack an Mätressen und umtriebigen Freigeistern gefunden. Heiter umgaben sie ihn, brachten ihn zum Plaudern und überzeugten ihn davon, daß ein Mann diesem Laster frönen müsse und Herrscher aller Epochen es getan hätten. So schlug er alle Bedenken in den Wind und dachte, daß es unerheblich wäre, solange er im Sterben bereue und die Sakramente empfinge.

Entgegen dem Brauch wurde sein Körper wegen der Ansteckungsgefahr nicht geöffnet, und das Herz wurde nicht gesondert bestattet. Aus selbigem Grund wurde er auch nicht einbalsamiert. Er wurde in einen Bleisarg mit ungelöschtem Kalk gelegt, und man beschloß, seinen Leichnam weder in Versailles noch im Louvre aufzubahren. Ohne Zeremonie und gleichsam inkognito wurde er mit nur drei Karossen und einer Hundertschaft aus Garde und Pagen im Fackelschein nach Saint-Denis überführt.

Beim Tod Ludwigs XIV. war beinahe gejubelt worden. Bei dem Ludwigs XV. geschah zuerst fast nichts, ganz so, als wäre es kein Ereignis. Gleichwohl handelte es sich um die beiden längsten Regierungszeiten der Monarchie, wobei unter letzterer unsere Armeen sogar bis vor die Tore Wiens gelangten. Ludwig XV. erwarb friedlich Lothringen, er führte persönlich die Truppen in die Österreichischen Niederlande, doch zog er sie wieder zurück. Während seiner Herrschaft wurden die großen Straßen des Königreichs gebaut und der Postverkehr wurde perfektioniert. Frankreich erlebte drei letztendlich ruhmreiche Kriege und genoß im Inneren vollkommene Ruhe. Große Ereignisse waren die Auflösung aller Parlamente und des Jesuitenordens. Ohne jede Staatsumwälzung verbesserte sich vieles. Abgesehen von den allzu häufigen Steuererhöhungen und dem Anstieg des Getreidepreises ging es Frankreich nie besser, genoß es nie einen längeren Frieden. Während seiner Regierungszeit nahm die Bevölkerung um drei Millionen Seelen zu, und die Ernteerträge verdoppelten sich. Nun mag man urteilen.

«Vive le Roi!»

Nachdem Ludwig XVI. sich mit der königlichen Familie, darunter Mesdames, die den König während seiner Krankheit umsorgt hatten, ins nahe Choisy begeben hatte, richteten sich selbigen Tags alle dort im Kleinen Schloß ein; es hatte den Anschein, als könnte Madame Adélaïde als älteste Tochter des verstorbenen Königs einstweilen Ratschläge erteilen.

Als der König in Versailles erfahren hatte, daß sein Ahn von diesem in ein anderes Leben eingegangen war, hatte er einen Schrei ausgestoßen, der nach all seinen Genesungshoffnungen den größten Schmerz ausdrückte. Und er wirkte beinahe mißmutig, so jung und unerfahren nun König sein zu müssen. Als eine halbe Stunde darauf der Duc de la Vrillière* einen mit den wichtigsten zu entscheidenden Obliegenheiten versehenen Merkzettel überbringen ließ, schrieb er eigenhändig seine bedächtigen Antworten auf die frei gelassene Blatthälfte: Er werde sich Ludwig nennen, und dieser Entschluß solle verlautbart werden. Mit den Ministern wünschte er vorerst zu korrespondieren, um sie sodann in neun Tagen zu empfangen. Die Kommandanten und Intendanten sollten bis nach einer ersten Audienz in Versailles bleiben etc.

Tags darauf setzte er sich in Choisy allein an die Arbeit. Es hieß sogar, er habe die Königin gebeten, ihn im Kabinett nicht zu stören. Er beantwortete wohlüberlegt viele Depeschen und bewies im großen und ganzen Umsicht und Entschiedenheit.

* M. de Saint-Florentin mit herzoglichem Titel.

Wir waren Zeuge, wie Mme. du Barry von der Duchesse d'Aiguillon in deren Haus in Rueil gebracht worden war, wo sie sich auch weiterhin aufhielt, was dem Herzog nun eher schaden mochte. Zwei Tage nach dem Tod des Königs erhielt Mme. du Barry Befehl, sich in die Abtei von Pont-aux-Dames bei Meaux zu begeben, was sie auch tat. Man hatte den Eindruck, daß dieser Aufenthalt nur vorübergehend sei, da sie in manche Staatsgeheimnisse eingeweiht sein konnte, die besser niemand erfahren sollte. Die übrigen Damen du Barry trafen gleichfalls dort ein. Nach all ihrem peinlichen Gebaren war von dieser Familie bald keine Rede mehr. Ihr Oberhaupt, gemeinhin nur der Drahtzieher genannt, verbarg sich. Man müßte ihn, hieß es anfangs, verhaften, was allerdings unterblieb. So endete diese fürwahr allzu pompöse Herrschaft einer Sippe, die noch vor zwei Wochen alles gelenkt hatte.*

Abends am 17. Mai kündigten sich bei Madame Adélaïde die Pokken an, und auch Madame Sophie schwebte in Gefahr. Mesdames wurden recht heftig heimgesucht, doch überstanden wider Erwarten alle drei die Ansteckung. Der Prince de Condé gab Obacht auf Madame Adélaïde, die sich dieser Tage am lautesten in alles einmischte, worin ihre intrigante Hofdame Mme. de Narbonne ihr kaum nachstand.

Der verstorbene König hatte Glück gehabt, sein eigener Herr zu sein. Der jetzige, keine zwanzig Jahre alt, hatte es mit drei Tanten und drei Fürstinnen zu tun: mit der Königin und Madame, dazu Madame d'Artois (der Comte de Provence hatte seinerseits den Titel *Monsieur* angenommen), obendrein mit zwei Schwestern. Das machte, neben

* Marie Antoinette hatte sich deutlich gegen die Mätresse ausgesprochen: «Diese Kreatur wird ins Kloster gesteckt, und wer mit diesem Skandal zu schaffen hat, wird vom Hof verjagt.» Vielleicht nur dieses Mal zeigte sich in Wien Maria Theresia mit ihrer Tochter zufrieden, riet aber sogar zu Milde: «Ich hoffe, diesen Namen nur noch im Zusammenhang mit der Großmut zu hören, die der König walten läßt.»

den beiden Brüdern Provence und Artois,* acht Frauen, mit denen er zurechtkommen mußte. Jede von ihnen besaß ihre teils umtriebige Gefolgschaft, was insgesamt eine Hundertschaft von Frauen ausmachte. Das bedeutete für ihn keine unerhebliche Bürde, zumal man in einer Zeit lebte, in der allein die Hofaffären als wichtig galten, während sie doch völlig nachgeordnet sein sollten, denn nicht der Hof bildet den Staat, sondern er nährt sich von ihm!

Schloß La Meute war so voll wie ein Heringsfaß. Am 19. Mai empfing der König dort die Minister und weitere Würdenträger. Er arbeitete tüchtig und erfüllte alle ihm auferlegten Pflichten, bewies besten Willen, und so mochte alles vorzüglich werden. Der Generalkontrolleur legte Sparpläne vor, die akzeptiert wurden, wodurch er im Amte blieb.

Die bezaubernde und beschwingte Königin ritt oft mit der ebenso anmutigen Princesse de Lamballe im Bois de Boulogne aus. Der Anblick war betörend. Ganz Paris strömte herbei, und bei schönem Wetter verwandelte sich dieser Wald in ein Festrevier. Jeder dort war heiter, nur Rufe des Frohlockens vernahm man und bisweilen sogar Applaus. Obwohl der König erst drei Wochen tot war, war bald nicht nur die Partei der du Barry, sondern obendrein die der d'Aiguillons ausgelöscht, und alles versprach eine Regierung, die auf gute Sitten hielt.

Am 13. Juni teilte mir der Duc d'Havré in Saint-Omer eine Menge Neuigkeiten mit. Die wichtigste, die mich sehr verstörte, betraf die zeitgleiche Impfung des Königs und seiner Brüder. Sich gleichzeitig impfen zu lassen mit seinen zwei gesundheitlich schwachen Brüdern! Ohne Thronfolger alles auf einmal aufs Spiel zu setzen! Dazu war es glühend heiß, als der neue König sich dazu entschloß, der überdies seinen ganzen Lebensstil geändert hatte, derzeit nicht jagte, sondern ruhelos arbeitete, was sein Gemüt erhitzen und das Blut

* Die königlichen Brüder Comte de Provence und Comte d'Artois wurden später König Ludwig XVIII. bzw. Karl X.

in ungesunde Wallung bringen mußte! Ein recht unbekannter Arzt namens Richard nahm die Impfung vor, als sogar deren Verfechter gerade durch einige Todesfälle unsicher geworden waren! Die Impfung des Königs geriet um so aufsehenerregender, als sie anfangs besonders problemlos verlief. Viele Gedichte wurden ihm gewidmet. Die besten Verse stammten von M. Saurin. Vor allem die acht letzten gehören zum Vorzüglichsten:

Deiner jungen Herrschaft Morgenröte jetzo jeder segnet;
Ein liebreich sanftes Volk will seine Herrscher lieben,
Verehret Dich und Deine Bahn Dir ebnet.
Der Liebe Ruf erreichet Dich aus tausend Kehlen.
Schreit nun voran, beherrsche milde unsere Herzen;
Zwanzig Millionen Kinder Frankreich nährt an seiner Brust.
Welch Ruhm für Dich, wenn Du schon bald kannst jauchzen:
«Ich bin kaum zwanzig und bin all ihr Glück und ihre Lust!»

Diese Verse sollte jeder auswendig kennen, besonders er selbst.

Ich habe erwähnt, daß die Königin von La Meute aus, wo der Hof residierte, Ausflüge in den Bois de Boulogne unternahm. Sie war schön wie der Tag, liebreizend und ritt vorzüglich. Einmal traf sie dort auf den König, der inmitten seines Volks spazierenging und zu jedermanns Wohlgefallen seine Wachen fortgeschickt hatte. Die Königin sprang ab; er eilte ihr entgegen und küßte sie auf die Stirn. Die Menschen applaudierten. Dann gab ihr der König zwei richtige Küsse. Der Jubel war weithin zu hören, und sogar wer weit fort war, ahnte den Grund, denn Liebe braucht keine Worte. Die ganze Waldgegend hallte von Beifall wider. Man versicherte mir, daß dies eine der bewegendsten Szenen war, die man erleben konnte, um so mehr, als die Nation ihr zartfühlendes Herz so lange Zeit nicht hatte zeigen können.

Kornrevolte

Der Geist der Aufklärung prägte zunehmend die Lebensstimmung. In ihren Werken forderten Voltaire, Jean-Jacques Rousseau, die Enzyklopädisten Jean-Baptiste le Rond d'Alembert und Denis Diderot eine größere Selbstbestimmung des Individuums, Toleranz, Meinungsfreiheit und freiheitlichere Staatswesen. Diesem geistig-gesellschaftlichen Verlangen entsprach im Wirtschaftlichen das Bestreben, beispielsweise das beengende Zunftsystem oder die Binnenzölle, die den Handel erschwerten, abzuschaffen. Ökonomen und hohe Beamte wie Victor de Mirabeau, Daniel Charles Trudaine und vor allem Anne Robert Turgot, neuer Minister unter dem altgedienten Staatsmann Maurepas, strebten den sich selbst regulierenden Freihandel an, der die produktiven Kräfte stimulieren sollte. Freizügigkeit schien Wohlstand zu bedingen. Doch war es – wie stets allerorten – ein heikles Experiment, Althergebrachtes zu verändern.

Der 23. August verlief recht ereignisreich, denn ich machte mich über allerlei Besonderheiten dieses Regierungsauftakts kundig. Ziemlich verblüfft durchwanderte ich den Palast, um all meine Aufwartungen zu machen, was mir nicht vollständig gelang. Das Schloß war ein eigener Kosmos. Die vielen Arbeiter, die am neuen Flügel bauten, deuteten ganz und gar nicht auf die erhofften Sparmaßnahmen hin. Nur von Jagd war die Rede. So blieb alles völlig beim alten, was meine bisherigen Wahrnehmungen fragwürdig machte. Ich erfuhr, daß der Minister de Maurepas und die Königin die Zügel fest in die Hand genommen hatten und zu halten gedachten. Etatkürzungen und Einsparungen waren vom Tisch, und viele Bauvorhaben waren in Auftrag gegeben worden. Mit Ausnahme der zweihundertfünfzig Pferde, die der König im ersten Moment abgeschafft hatte, die jedoch offenbar wieder ersetzt werden sollten, sowie des Amts des Hofbankiers, das bereits Abbé Terray aufgelöst hatte, wurde und würde wohl kein Sou eingespart. Angesichts der gewaltigen Zahl von Hofchargen mochten die Ausgaben sogar steigen. Also keinerlei Erleichterung! Da nun etliche Enzyklopädisten und Freigeister den Ton angaben, war auf solide alte Grundsätze nicht mehr zu hoffen. So war man denn doch verblüfft. Man schaute einander an, wagte keinen Ton zu sagen, und die Aufbruchstimmung hatte sich verflüchtigt. Ich spürte, daß sich niemand Gehör verschaffen konnte.

Als ich gegen Mittag meine Aufwartung machte, fand ich die Königin kräftiger geworden und höchst entschieden vor. Es verblüffte mich, Mesdames (von den Pockennarben entstellt, was sie alt machte) als gleichsam einfache Hofdamen wiederzusehen. Die Botschafter traten ein. Es wurde voll, und als ich ging, flüsterte mir einer ins Ohr: «Das Schreiben ist unterwegs, der Finanzkontrolleur wird verbannt.» Abbé Terray besichtigte gerade den unterirdischen Kanal, den M. Laurent gebaut hatte, als er den Befehl erhielt, sein Amt niederzulegen. Zum Generalkontrolleur wurde M. Turgot ernannt, der einen Monat lang die Marineangelegenheiten versehen hatte.

M. de Sartine, der frühere und bekannte Generalleutnant der Pariser Polizei, wurde Marinestaatssekretär, M. Le Noir Polizeileutnant.

Um allem einen hübschen Anstrich zu verleihen, Ordnung und Sparwillen hervorzukehren, wurde zugleich eine Reform des königlichen Haushalts veröffentlicht. Es handelte sich um die Abschaffung der Kleinhundemeute, was zweihunderttausend Francs ausmachte.

Am unseligsten war, daß der König sich trotz tausend guter Ansätze, genug gesundem Menschenverstand und Urteilsvermögen gängeln ließ, weder zu herrschen noch zu arbeiten lernte und alles in vielerlei

Hinsicht wieder vollkommen auf die Zeiten des verstorbenen Königs zusteuerte. Was die Getreideausfuhr betraf, die ich stets heftig bekämpft hatte, gestand M. de Maurepas zu, daß wegen der schlechten Ernte gegenwärtig nichts exportiert werden solle. M. Turgot pflichtete ihm bei, doch er ließ mich erzittern, als er hinzufügte: «Wir müssen trotzdem wieder zum Freihandel zurück und dem Volk die Angst davor nehmen!» Solcher Gedanke war reiner Mirabeau (Verfasser von *Der Menschenfreund*) und reiner Trudaine!

Mir wurde plötzlich klar, daß der Staat in die größte Krise mit unbekanntem Ausgang glitt! Man weiß, daß nichts gefährlicher ist als komplizierte Systeme und Neuerungen. Diesen Denkern verdankten wir bereits die schreckliche Teuerung und Umwälzungen, die einen erschöpften Staat vollends zugrunde richten konnten. Man weiß ja, daß diese blindwütigen Enzyklopädisten bedingungslose Toleranz und Freiheit in allen Bereichen forderten. Durch sie wurde der König ahnungslos dazu verführt, gegen seine eigenen Prinzipien und Interessen zu handeln! Man konnte nur hoffen, daß er sich bewährtere Ratgeber wählte und man nichts übertrieb. Doch statt dessen blieben die Messieurs Maurepas, Turgot, Sartine, Miromesnil, zudem die beiden Poststaatssekretäre, der Generalbaumeister, die alle den neuen Ideen zuneigten und am einflußreichsten waren. Zu sehr hatte das Volk gelitten, und es brauchte Zeit, damit das Königreich wieder zu Kräften kam und das Volk aufatmen konnte, ehe man sich in neuartige Systeme für Landwirtschaft und Handel stürzte.

Das Vorgehen Mirabeaus und Turgots beunruhigte das Volk, denn nun konnte jeder Getreidehandel betreiben. Am 2. Mai kam es zu ersten Aufständen in Mantes, Saint-Germain, Versailles und Paris. Bäckereien und Märkte in Soissons sowie entlang der Seine, Marne und Loire wurden geplündert. Die erste Maiwoche verlief sehr hitzig. Die meisten Menschen rotteten sich in Versailles zusammen und verfuhren am ungestümsten. Man riet dem jungen König, der unerschüttert blieb, mit Gewalt vorzugehen. Entgegen ursprünglichen Plänen befahl er eilends das Parlament nach Versailles und verkündete ein Dekret, daß angesichts solcher Vorfälle Urteile und Strafen ohne Einspruchmöglichkeit zu verhängen seien. Dagegen protestierte das Parlament. Der König erließ das Gesetz trotzdem, so daß die Zeit der Milde und Gesetzesachtung sich schlagartig in Despotie verwandelte. Es war verblüffend, welch schroffe Gegensätze nach nicht einmal einem Jahr seit dem Tod des vorherigen Königs zutage traten. Um Paris wurden fünfundzwanzigtausend Mann zusammengezogen. Es war für die Stadt und Versailles ein unerhörtes und beispielloses Geschehen. Auch in der Picardie kam es zu Ausschreitungen. Ich wollte mich dorthin begeben, doch nur bei Calais hätte ich ordnungsgemäß etwas zu versehen gehabt. Ich fürchtete, daß die Unruhe wüchse, wenn ich mich überraschend woandershin begäbe. Am nächsten Tag mußte ich Medizin nehmen, brauchte sie dringend; all das wühlte mich sehr auf.

Während seines Aufenthalts in Compiègne hatte M. de Maurepas alles umgemodelt. Der Minister hatte all jenen Enzyklopädisten, die dem jungen König noch vor einem halben Jahr so zuwider gewesen waren, zu Amt und Würden verholfen. M. Turgot, ein Mann voller Elan und Geist, der jedoch ein Eiferer der neuen Sekte war, die ihm mehr bedeutete als sein Amt, brachte sein System zur Entfaltung. Obgleich vieles ohne Aufruhr vor sich ging, bedeutete dies doch den schwersten Angriff auf die Religion seit König Chlodwig. Die Voltaires, Diderots, d'Alemberts und all die übrigen Enzyklopädisten hatten alle Veränderungen gut vorbereitet. Durch die Bestallungen von Maurepas und Turgot wurden sie einflußreicher denn je und waren die einzigen, deren Meinung im Rat zählte. So entwickelten sich Umwälzungen nicht mehr langsam über die Jahrhunderte oder durch sich allmählich verändernde Ansichten. Der Jesuitenorden war kurzum verboten und das Parlament unterdrückt worden. Maurepas' Rückkehr an die Macht erzeugte mehr Lärm, weil sie mit der Begeisterung für den neuen König verbunden gewesen war. Doch nach dem revolutionären Überschwang, der zur französischen Oberflächlichkeit paßt, hatte sich diese Begeisterung innerhalb weniger Monate verflüchtigt. Gegen Ende des glanzvollsten Karnevals, den man bisher erlebt hatte, im Todesjahr des Königs, war Versailles schließlich mit einem noch nie dagewesenen Aufstand konfrontiert.

Das Brot war seit langem teuer. Es war sogar noch teurer gewesen, doch nach und nach hatten die Revolten Wirkung gezeigt. Nicht grundlos sprach man von einem Krieg der Armen gegen die Reichen. Die Reformen in der Landwirtschaft hatten bewirkt, daß die Grundbesitzer von den Bauern jetzt eine überhöhte Pacht verlangten. Also konnten die Pächter ihr Korn nicht mehr billig verkaufen. Für die Armen wurde dies zum Verhängnis. M. Turgot war dafür bekannt, Mirabeaus System absoluter Freiheit konsequent durchsetzen zu wollen. Allein das reizte ihn an seinem Amt als Herr der Finanzen. Er war ein sehr ehrenwerter Mann, der das Gute wollte, es allerdings nur in seinem Freihandelssystem sah. Er gab Schriften dafür und dagegen in Auftrag. Bis ins Volk hinab blieb man geteilter Meinung. Es hieß, das Volk glaube, daß vornehmlich den Landpächtern geholfen werden solle. Andererseits verbreitete sich auch das Gerücht – sei's um zu schaden oder aus unglücklichem Zufall –, daß der König und die Prinzen versprochen hätten, daß ein Pfund Brot in der Umgebung von Paris, ein beinahe reines Weizenbrot, anstatt drei oder fast vier Sous nicht mehr als zwei kosten dürfe.

Die Unruhen begannen am 22. April mit einem Zwischenfall auf dem Markt von Beaumont-sur-Oise. Ein Mann wollte offenbar einen Sack mit teurem Korn stehlen. Die Marktweiber hielten ihn fest und prügelten auf ihn ein. Die berittene Gendarmerie befreite den Mann, aber die Frauen riefen: «Beim nächsten Mal entkommt er nicht!»

Am 28. April plünderten die Bewohner von Méry, Mériel, l'Isle-Adam, Nogent, Auvers, Billancourt, Chevry und anderen Dörfern in der Nähe von Pontoise erstmals einen Mehlkahn auf dem Fluß. Danach drangen fünfhundert Aufrührer in La Rocheguyon in das Schloß der völlig verängstigten Duchesse de La Rochefoucauld ein und verschwanden nur, um einen Getreidekahn, auf den sie aufmerksam geworden waren, zu plündern.

Am 30. versammelten sich auf dem Lande laut Hörensagen mehr als zwölftausend Leute, um auch noch Beaumont zu plündern. Die Sturmglocke wurde geläutet, die Tore wurden verrammelt, man griff zu den Waffen und vertrieb gemeinsam mit der Gendarmerie die Plünderer. Sie verstreuten sich übers Land. Dabei riefen wohl einige der Aufrührer: «Wenn wir nach Versailles und Paris marschieren, werden wir noch mehr. Dann kuschen sie, und das Pfund Brot wird zwei Sous kosten!» Am 1. Mai plünderten sie den Markt von Saint-Germain. Am 2. marschierten sie nach Versailles und am 3. nach Paris. Aber es waren nur drei- oder vierhundert. Andere blieben gottlob unentschlossen.

Nach zwei Tagen gärender Unruhe mit kleineren Korndiebstählen entlang des Flusses marschierten am 2. Mai plötzlich drei- bis vierhundert Bauern und Frauen dem Versailler Markt entgegen, den sie plündern wollten. Der Prince de Beauvau, Hauptmann der Leibgarde, begab sich auf den Markt und sprach mit ihnen. Sie sagten, daß sie Brot für zwei Sous wollten und der König dies versprochen hätte. Nachdem die Märkte geschlossen worden waren, wurden sie wieder geöffnet. Der Prince de Beauvau ließ ihnen Brot zu zwei Sous geben, wonach sie sich friedlich zurückzogen. Der Aufruhr lockte bis zu drei- oder viertausend Schaulustige an. Und das alles unter den Augen des Königs. Das war beispiellos. Der Prince de Beauvau wurde beschuldigt, zu nachgiebig gewesen zu sein. Doch der Aufstand war bedrohlich, wenn er auch bewies, daß das Volk nur billigeres Brot wollte.

Der Glanz von Reims

Am 2. Juni hatte ich die Anprobe meiner Ordensprunkgewänder für die Krönung, eine kostspielige Anschaffung, da allein der Mantel mindestens siebentausend Livres kostete. Insgesamt schätzten wir meine Ausgaben auf zwölf- bis dreizehntausend, die Aufwendungen meiner Kinder nicht mitgerechnet. Nachdem die bedrohliche Kornrevolte überstanden war und obwohl es nicht die heiterste Zeit war, wurde beschlossen, daß an den Krönungsfeierlichkeiten nichts geändert würde. Jetzt drehte sich alles um die Vorbereitungen. Ich traf Mittwoch, den 7. Juni, um zwei Uhr in Reims ein. Die Stadteinfahrt war sehr schön mit Triumphbögen geschmückt, die majestätisch vom Ereignis kündeten. Ich begab mich gleich zur Kathedrale: Sie ist eines der herrlichsten Bauwerke, die ich je gesehen habe, und der Krönungen würdig. Nur der Chorraum ist ein wenig eng. Bei jeder Krönung sucht man sie noch prächtiger zu schmücken.

Donnerstag, der 8. Juni, war Sankt Medardus. Man wartete auf das Ende der Dürre, aber es blieb trocken, für die Ernte womöglich zu lange. Ich begab mich ins erzbischöfliche Palais, um die Unterkünfte des Königs und der Königin zu begutachten: Sie sind mittelmäßig, doch das Palais besitzt bis auf den Großen Saal, wo sich die Wachen aufhielten und das Krönungsmahl stattfinden sollte, keine großen Gemächer. Ich ging nach oben, wo der Marschall de Duras logierte; ich erfuhr, daß sich dort die Marschälle von Frankreich versammelt hatten. Man erwies mir die Ehre, mich eintreten zu lassen, und gab mir zu verstehen, daß ich alsbald zu ihnen zählen würde. Ich bestaunte Zierrat und Kostbarkeiten. Der große goldene Kelch war zu bewundern, den der neue König der Kathedrale von Reims geschenkt hatte, ein prächtiges und wundervoll gearbeitetes Werk.

Neben anderen schönen Stücken und Ehrenkronen bestaunte ich vor allem die mit herrlichsten Edelsteinen verzierte Königskrone. Da sie nur zwei Pfund wiegt, konnte ich sie mit einer Hand anheben. Ihr Wert wird auf sechzehn Millionen geschätzt.

Freitag, 9. Juni. Ich stattete etliche Besuche ab und fand die Stadt weiterhin schön. Da noch nicht viele Fremde eingetroffen waren, standen noch angenehme Unterkünfte zur Verfügung. Neben anderen Herren empfingen mich der Marschall de Soubise und die Messieurs de Vergennes und Bertin aufs freundlichste. Auch sie haderten mit dem neuen System. Mittags begab ich mich zur Königin, die gegenüber den Gemächern des Königs logierte: Sie weilte nur als Zaungast hier, doch vor aller Augen, und verstand sich gut in Szene zu setzen. Sie schien mir viel schöner geworden zu sein: die zarteste Haut, elegant, die verbindlichsten Gesten, so sie dazu geneigt war. Man dachte an ihre kaiserliche Mutter, rundum der Ausdruck höchsten Adels. Obwohl nur ihre Bedienung und die üblichen Damen zugegen waren, erdrückte man sich in den beengten und heißen Räumen schier gegenseitig. Es waren ungefähr hundert Personen. Eine glanzvolle Schar! Die Königin meisterte das Gedränge bestens, richtete an diesen oder jene ein Wort oder lächelte jemandem zu. Voller Anmut begrüßte sie etliche persönlich. Die Damen waren nach der neuesten und hocheleganten Mode gekleidet, geschmückt mit großen Federn, so daß sie mir allesamt seit anderthalb Jahren, in denen ich sie nicht gesehen hatte, um anderthalb Fuß gewachsen vorkamen.

Von dort ging ich zu einem vortrefflichen Mahl bei Kardinal de la Roche-Aymon, der trotz seines hohen Alters hoffte, die Krönung vornehmen zu dürfen. Wir waren über hundert. Die Abtei Saint-Denis, in der er untergekommen war, ist herrlich. Die für mehr als fünfzig Gäste mit Blumen bezaubernd geschmücke Tafel, an der Kardinäle, Bischöfe, Marschälle von Frankreich, Ordensritter und die Elite der

Nation Platz genommen hatten, war vielleicht die eindrucksvollste während dieser Krönungstage. Ich traf dort auf M. Turgot, der nur inkognito in Reims war. Er wirkte wie immer zerzaust, blickte fahrig, aber wißbegierig, und erschien mithin als der ungewöhnliche Mann, der er war. Er wollte ja nur Gutes bewirken. Da sich die Gelegenheit bot, setzte ich mich neben ihn, und es gelang mir, das Eis zwischen uns zu brechen. Ich spürte, daß man, wenn man es geschickt anstellte und nicht gegen sein System opponierte, das seine Marotte war, ihn vielleicht ein wenig zur Räson bringen konnte, auf daß eine maßvolle Freizügigkeit und die Bestrafung von Habgier sich ergänzen mochten.

Am 10. Juni begab ich mich um vier Uhr für die erste Krönungsvesper und die Predigt in die Kathedrale. Wir wurden auf der Bank der Heiliggeistritter plaziert, von wo aus ich alles sah. Nach der Vesper nahm der König Platz wie in Versailles, unweit befand sich für ihn eine Sänfte, was ich völlig unangebracht fand. Die Predigt, die der Bischof von Aix hielt, glich einer Unterweisung des Königs. Es war eines der eindrucksvollsten Ereignisse meines Lebens: Der König saß in der prächtig geschmückten herrlichen Kirche, die sich still bis auf den letzten Platz gefüllt hatte, die Ansprache konnte nicht grandioser und besser vorgetragen werden. Und es war der richtige Augenblick. Ihr Motto lautete: Die Pflichten und Gefährdungen eines Königs von Frankreich. Sie begann so feinsinnig und wortgewandt, daß aus lauter Ergriffenheit da und dort unvermittelt eine Art leiser Applaus ertönte. Der Hauptteil war schwieriger: Es gab Längen, allzu pompöse Worte, doch auch wundervoll erhebende Passagen. Klug ermahnte er den König, entschlossenes Selbstvertrauen zu bewahren und Müh' und Arbeit zu lieben. Daß er Furcht und innere Widersprüche überwinden müsse. Exakt dies hatte gesagt zu werden. Der Bischof malte vorzüglich das Bild einer Politik, die sich auf den Glauben stützt, und schloß an, daß man aus ihrem Geiste alle Menschen und sogar seine Feinde lieben werde. Daß Frankreich nur durch seine eigenen Fehler untergehen könne. Doch daß es, so es den rechten

Pfad beschritte, Richter und Beglücker der Welt wäre. Als ein Schiedsrichter würde Frankreich längst geschätzt. Dann widmete er sich, vielleicht zu ausführlich für eine Kanzelpredigt, der Pflicht, sich den Gesetzen unterzuordnen und nur durch sie zu regieren. Nachdrücklich mahnte er die Minderung der Steuern an und zeichnete ein schönes Bild vom Königspalast, dessen Herrlichkeit sich im Wohlergehen der Provinzen spiegeln sollte. Nichts war verblüffender als solche an seinen Souverän gerichtete Wahrheit, der am Abend beichten und nächsten Tags seinen Eid schwören sollte, allein zum Wohl seiner Völker herrschen zu wollen. Begeistert verließen wir die Kirche. Abends schrieb ich und mußte vor Tau und Tag aufstehen.

Der 11. Juni Trinitatis war der große Krönungstag. Am Vortag noch hatte uns der Prediger erklärt, daß diese Zeremonie der königlichen Bedeutung nichts hinzufüge, und hatte damit beinahe angedeutet, man sei der Ansicht, daß sie unnütz und nur ein bejahrter Brauch sei. Ich war verärgert, im nachhinein noch mehr, und dachte mir, der Bischof hätte eher betonen sollen, so wie Menin auf Seite 177,* daß Könige durch Geburt und auch ohne Salbung ihren mächtigen Thron innehaben, daß diese Zeremonie ihnen jedoch gleichwohl dienlich ist. Durch inständige Gebete, Weihehandlungen und die Salbung kann sie die Himmelsgnade sowie das Vertrauen und den Respekt der Völker erwirken. Durch die Zeremonie empfängt der König die höchsten Weihen der Kirche und gelobt heilig in die Hände Gottes und vor seinem Volke, das durch alle Stände und die Großen vertreten ist, die Nation in Weisheit und Gottesfurcht zufriedenzustellen. Unselig jene Jahrhunderte, in denen das als hohler Schabernack gelten könnte.

Die Feier begann um sechs Uhr früh. Ab vier Uhr begaben sich die Menschen zur Kathedrale. Auch ich. Um halb sechs waren meine Tochter, meine Schwiegertochter und die herausgeputzten Damen

* Nicolas Menin, 1684–1770, Verfasser einer *Geschichte der Salbung und Krönungen der Könige und Königinnen von Frankreich.*

versammelt. Ich saß ideal auf unserer Heiliggeistbank vor dem Evangeliar in einer Reihe mit den Marschällen von Frankreich und hatte nur die Prinzen von Geblüt als vornehmste Laien vor mir. Die übrigen Herzöge hatten hier keine vorgemerkten Plätze und saßen woanders. Uns gegenüber saßen die höchsten Kirchenwürdenträger, Geistlichkeit und Amtsadel.

Als um sechs fast alle ihre Plätze eingenommen hatten, wurde die Prim gebetet. Um halb sieben trafen in feierlichem Zug unsere sechs Prinzen von Geblüt ein. Mit ihren Kronen und prachtvollen Gewändern repräsentierten sie die drei alten Herzogtümer und Grafschaften des Königreichs: Das ist sehr sinnig, eindrucksvoll und zeigt auch, um wieviel prächtiger die frühere Kleidung gegenüber der unsrigen ist. Die beiden Brüder des Königs repräsentierten die beiden vornehmsten Herzogtümer, nämlich Burgund und die Normandie, vier Prinzen von Geblüt die vier übrigen Territorien. Der Comte de Provence und der Comte d'Artois sahen sehr hübsch in ihrer Gewandung aus, die selbst den massigen Duc d'Orléans vorzüglich schmückte.

Um halb acht traf der König ein: Jedermann weiß, daß er morgens genauso abgeholt wird, wie er sich am Abend zuvor im Prunkbett Ludwigs XIII. niedergelegt hat, in einem langen Gewand aus silberner Spitze. Daß die Bischöfe von Laon und Beauvais an seine Tür klopfen und man ihnen antwortet: «Der König schläft!» Erst nach dem dritten Klopfen wird geöffnet. Sie beten mit ihm, greifen stützend unter seine Arme und geleiten ihn so zur Kathedrale, wo der Erzbischof sie feierlich empfängt und unter Fanfarenklang ins Kircheninnere führt.

Dem Zug folgt als Konnetabel von Frankreich und Ältester des Königlichen Gerichtshofs der achtzigjährige Marschall de Tonnerre, der gesondert Platz nimmt. Hinter ihm schreiten im Prunkgewand und mit Kronreif in Vertretung des Kanzlers der Großsiegelbewahrer M. de Miromesnil sowie der Prince de Soubise als Großmeister des königlichen Haushalts. Sie nehmen nacheinander Platz. Der Kanzler trägt ein altertümliches goldenes Barett, was besonders würdevoll wirkt. Der Duc de Bouillon als Großkämmerer, der Marschall de

Duras als erster Kammerherr und der Duc de Liancourt, Großmeister der königlichen Garderobe, auch mit Kronreif, nehmen gleichfalls im Chor Platz.

Der Erzbischof von Reims, Nachfolger des heiligen Remigius, assistiert von den Bischöfen von Soissons und Amiens, letzterer diesmal mit einem Koadjutor, sitzen mit dem Rücken zum Altar und dem König gegenüber. Mit ihren großen Mitren und strahlenden Goldstickereien veranschaulichen sie ebenso wie die Reihe der Kardinäle und Prälaten rechts auf der Epistelseite der Kathedrale den Glanz der Kirche.

Im Altarraum unter einem großen Baldachin sitzt der König für sich in einem Sessel. Jeder harrt still auf seinem Platze.

In der Chorrundung war ein sehr steiles Amphitheater mit goldener Verschalung errichtet worden, das allerdings ein bißchen zu sehr an einen Opernsaal erinnerte. Die prächtig geschmückte Tribüne der Königin, ihr gegenüber jene der Botschafter, all der Pomp in den Seitenschiffen, zwischen den Säulen, die Tribünen voll brillantenfunkelnder Damen und prunkvoll gekleideter Herren boten den herrlichsten Anblick, gleichsam wie ein wahr gewordener Traum.

Der Erzbischof spendete Weihwasser, und das Veni Creator erklang. Nun traf das heilige Salbgefäß ein, das der Prior von Sankt Remigius auf einem Schimmel unter einem Baldachin brachte, der von den vier Grundherren der vier Baronien des heiligen Salbgefäßes getragen wurde. Der Erzbischof und seine Helfer treten auf den König zu, von dem der Schutz der Kirche erbeten wird. Laut verspricht dies der König und gelobt, die Vorrechte der Kirche zu wahren. Dann helfen ihm die Bischöfe von Laon und Beauvais beim Aufstehen, und der König nimmt majestätisch die Anwesenden in Augenschein. Beide Bischöfe fragen die ihnen assistierenden Herren und das Volk symbolisch, ob sie Ludwig XVI. als ihren König anerkennen. Die Frage wird mit ehrerbietigem Schweigen bejaht. Es fällt dabei kein Wort, und ich erkundigte mich hinterher bei den Bischöfen; sie erklärten mir, daß eine hörbare Frage nicht mehr vorgesehen sei und daß das Aufstehen des Königs vom Sessel das letzte Relikt dieses Rituals darstelle. Die legendäre Frage wird gar nicht mehr geäußert. Dann unterbreiten sie dem König die Eidesformel. Der König liest sie laut und deutlich auf Latein und hebt ehrfurchtsvoll jedes Wort hervor, als würde er immerfort betonen: «Ich will es mit aufrichtigem Herzen!» Während der ganzen Zeremonie bewies er diese Hingabe. Er schwört, den Frieden mit der Kirche zu wahren, gegen Räuberei und Sünde vorzugehen, das Recht zu achten, gewissenhaft die Ketzer zu verfolgen: «Mögen Gott», schwört er, «und diese heiligen Evangelien» (auf denen seine Hand ruht) «mir helfen!» Dann schwört er ebenso vernehmlich und fest den Eid des Ordens vom Heiligen Geist, nämlich im Glauben zu leben und zu sterben. Alsdann beschwört er das Edikt gegen Zweikämpfe, das jeden, wer auch immer er sei, einschließt, sein strenges Vorgehen gegen Duelle oder geplante Kämpfe, die ohne Gnade geahndet würden. Sodann segnet der Erzbischof mit langen und schönen Gebeten die Kroninsignien. Er legt dem König den Gürtel mit dem Schwert Karls des Großen an, das zum Schatz von Saint-Denis gehört, auf daß der König Kirche, Witwen und Waisen schütze. Der König erhebt das Schwert und bietet es Gott dar, indem er es auf den Altar legt. Der Erzbischof ergreift es erneut; kniend empfängt der König das Schwert zurück, überreicht es dem Konnetabel, der es nun aufrecht vor sich hält. Der Erzbischof stellt den goldenen Hostienteller des heiligen Remigius auf den Altar. Nachdem der Prior von Sankt Remigius das Salbgefäß geöffnet hat, überreicht er es dem Erzbischof, der mit einer Goldnadel einen Tropfen herauszieht, ihn auf den Teller träufelt und das heilige Salbgefäß wieder dem Prior reicht. Nun mischt er das duftende Salböl. Der König legt sich vor dem Altar flach auf den violetten Samtteppich, und der Erzbischof legt sich (trotz seines hohen Alters und seiner Gebrechlichkeit) neben ihm nieder. Die vier Bischöfe beten; dies ist ein berührender und gewaltiger Moment.

Der König kniet vor dem Erzbischof, der Platz genommen hat, und die Salbung erfolgt. Der Erzbischof bestreicht ihm mit dem Öl vom

Hostienteller die Stirn: «Im Namen des Vaters salbe ich dich mit diesem heiligen Öle zum König» etc. Der König trägt das Silberhemd und ein offenes Wams, so daß er bis auf die Haut entblößt wirkt. Sechsfach wird er gesalbt und empfängt, bis auf die Priesterweihe, die höchsten Segnungen der Kirche, ganz im Sinne des Alten Testaments aus den Zeiten Sauls: «Meinen Gesalbten werdet ihr nicht antasten. Wen ich gesalbt habe, den werdet ihr achten. Ihr werdet gehorchen dem Gesalbten des Herren» etc. Nicht viel anders wurden Saul, David und Salomon gesalbt. Altehrwürdig ist diese Zeremonie, und wohl auf diese Weise hatte der heilige Remigius am Weihnachtsabend des Jahres 496 in seiner Kirche den von ihm getauften Chlodwig zum König gesalbt. Es folgt die Segnung der Handschuhe und des Rings. Der Erzbischof reicht ihm das vergoldete Silberzepter Karls des Großen, sechs Fuß hoch, schwer und beinahe ein Gehstab: «Empfange dieses Zepter, das Zeichen königlicher Macht, das Zepter der Rechtschaffenheit und Tugend, die dich leiten mögen, auf daß du Kirche und Volk schützest vor dem Bösen und die Abgeirrten auf den rechten Pfad zurückrufest, etc., auf daß du alsdann aus dem zeitlichen Königreich in das ewige eingehest.» Er überreicht ihm die Gerichtshand Karls des Großen, zwei Fuß lang und mit einer kleinen Hand aus Elfenbein am Ende. Danach erfolgt die Krönung. Der Erzbischof nimmt vom Altar die Krone Karls des Großen. Er hält sie über den Kopf des Königs, ohne ihn zu berühren: «Möge Gott dich mit der Krone des Ruhmes und der Gerechtigkeit krönen, etc., auf daß du die Krone der Ewigkeit erlangest!» Danach krönt er den knienden König, wobei die vornehmsten weltlichen und geistlichen Würdenträger die Hände des Erzbischofs und die Krone stützen. Dies war der größte Augenblick. Der Erzbischof ergriff sodann den rechten Arm des Königs, der nun umgekleidet wurde: Der große blaue, von Lilien übersäte Hermelinmantel mit langer Schleppe wurde ihm umgelegt, unter dem der König Tunika und Dalmatika mit dem Stickereienschmuck eines Diakons und Sub-Diakons trägt. Der König stützt sich mit der rechten Hand auf den langen Stab, der Zepter genannt wird.

Mit der Linken umfaßt er die Gerichtshand. Mit der Krone auf dem Haupt wird er zum Lettner auf den herrlichen Lilienthron zwischen vier Säulen geleitet, wo er von überall gesehen werden kann.*

Das Kathedralenportal wird geöffnet. Das Volk strömt herein. Friedenstauben fliegen auf. Die Fanfaren schmettern, doch noch eindrucksvoller kündet das französische Herz von seinem neuen Herrn. Die Menschen schluchzten, und in einer noch nie da gewesenen Begeisterung vermischte sich tosender Beifall mit den Rufen *Vive le Roi!* Alle waren wie außer sich.

Ich selbst war noch niemals derartig ergriffen gewesen: Es verwunderte mich nicht, daß auch ich weinte. Die Königin war so freudig benommen, daß ihr die Tränen rannen. Sie mußte zum Taschentuch greifen, wodurch die allgemeine Gefühlsaufwallung sich noch verdoppelte. Der Moment war erhaben, doch ein wenig gegen das Zeremoniell. Nie zuvor war in einer Kirche applaudiert worden und derartig lang und frenetisch. Das Klatschen hub neuerlich an, als die Brüder des Königs und die Pairs ihm die Hand küßten.

Nach der Messe stieg der König vom Thron herab. Er kniete vor dem Altar nieder, man nahm ihm die Insignien ab, die den drei Marschällen von Frankreich, den Wächtern von Krone, Zepter und Gerichtshand, übergeben wurden. Er kehrte unter seinen violetten Baldachin zurück, wo sein Beichtvater ihn mit notfalls stärkenden Worten erwartete, denn gebeichtet hatte er am Abend zuvor. Nachdem der König sich einen Augenblick lang gesammelt hatte, setzte ihm sein ältester Bruder die neue Krone für sechzehn bis achtzehn Millionen auf. Die Marschälle verneigten sich vor ihm. Gegen halb zwei und nach mannigfaltigen Zeremonien, dem dreifachen Ruf «Vivat Rex in aeternum!» und sodann dem Te Deum schritt der König inmitten einer unfaßlichen Vermengung von Mitren und verschiedenster Kronen und Kronreife der Herzöge, Grafen, Großmeister, des Kanzlers und Siegel-

* Neben den Reichskleinodien Karls des Großen für die deutschen Kaiser behauptete auch Frankreich, Kroninsignien Charlemagnes zu hüten.

bewahrers zum Festsaal. Dieser ist viel unansehnlicher als jener in Frankfurt, häßlich und dunkel, und alle drängelten sich durcheinander. Er speiste mit seinen Brüdern auf einer Empore. Das Mahl wurde von der Stadt Reims gestiftet und von den Magistratsbeamten aufgetragen.

Irgendwann konnte man sich zur Ruhe begeben. Meine Schultern schmerzten zwei Tage lang. Es wäre sinnvoll, leichtere Mäntel vorzuschreiben, die auch bei anderen Zeremonien getragen werden könnten.

Krönung Ludwigs XVI. in Reims am 11. Juni 1775

Mittwoch, den 16., zeigte man mir das heilige Salbgefäß. Es wird im Vorderteil eines großen Sarkophags aufbewahrt. Das goldene Türchen voller Edelsteine ist sehr alt. Der Küster im Meßgewand und mit Stola zieht ein kleines goldenes Reliquiar mit alten kostbaren ungeschnittenen Steinen hervor. Es mißt ungefähr sechs mal sechs Zoll. Unter seinem Glas erkennt man ein etwa ein Zoll großes Fläschchen, das rötlich schimmert und zweifelsohne höchst alt ist. Es wirkte recht voll. Dahinter befindet sich im Reliquiar die Goldnadel, mit der bei einer Krönung ein Tropfen, nicht größer als ein Weizenkorn, herausgezogen wird. Der Küster erklärte uns, daß nach der Salbung die gemischte Flüssigkeit, die auf dem Hostienteller zurückbleibt, wieder hineingefüllt wird, so daß also ein Tropfen entnommen wird und zwei in das Gefäß gelangen. Daher ist es nicht verwunderlich, daß es immer voller Salböl, einer Mischung aus Seim und Fett, ist. Bekanntermaßen berichtet die Legende, daß diese Flasche oder kleine Phiole nach der Bekehrung und Taufe Chlodwigs am Weihnachtsabend des Jahres 496 vor den Augen aller Anwesenden von einer Taube auf den Altar gebracht wurde, wo der heilige Remigius des Salböls harrte, das wegen der Volksmenge in der Kirche nicht rechtzeitig zur Krönung eingetroffen war. Fest steht, daß das Reliquiar außergewöhnlich alt ist und das Fläschchen offenkundig noch älter.

Nachdem ich in Saint-Remi alles betrachtet hatte, zwängte ich mich durch die Menge, um die Heilung der Skrofulösen mit anzusehen. Auch dieser Brauch geht auf die Zeiten Chlodwigs zurück. Rechts vor der Kirche befindet sich ein alter Park mit langer Allee. Unter deren Bäumen waren auf beiden Seiten die Kranken, darunter viele junge, aufgereiht worden. Sie knieten dicht an dicht. Es waren mehr als zweitausendvierhundert, alle nachweislich und auch sichtlich skrofulös. In der Hitze verströmten sie wegen ihrer Krankheit einen üblen Geruch. Der König brauchte viel Mut und Kraft, um dieses Ritual zu bewältigen, das ich nicht für dermaßen hart und unangenehm gehalten hätte. Der Glaube dieser guten Leute war stark: Kniend hatten sie die Hände gefaltet, harrten in bewegendem Gottvertrauen, so daß es mich nicht gewundert hätte, wenn manche durch die heftige innere Erregung bei der Berührung geheilt worden wären.

Ich bat die Leibwache hinter dem König, ihm kurz folgen zu dürfen, um alles im Auge zu behalten und nah bei ihm auch die Schwere des Leidens abschätzen zu können. Tatsächlich berührte der König im leichteren seiner Ordensmäntel und mit federgeschmücktem Hut jeden Kranken mit den Fingern und der flachen Hand zuerst an den Wangen, dann am Kinn, wobei er sprach: «Gott möge dich heilen, der

König berührt dich!» Da alles recht zügig und pausenlos vonstatten ging, der Satz nicht ständig ruhig wiederholt werden konnte, murmelte er ihn schließlich und berührte jeden rasch, dennoch aufmerksam und gütig, als empfände er: *Ich bin in den Stand der Gnade versetzt worden und vollbringe, was ich vermag, von ganzem Herzen, ohne Hochmut oder Schwäche.* So, wie er es vollzog und die guten Leute ihm gläubig vertrauten, war das Handauflegen eindrucksvoll und spendete Kraft. Von hinten legte der erste Leibarzt jedem die Hand aufs Haupt, um es festzuhalten. Zu seiner Sicherheit behandschuht, umfaßte der diensthabende Gardehauptmann M. de Beauvau die gefalteten Hände. Die Marschälle von Frankreich und die Großoffiziere der Krone schritten dem König voran. So verläuft dieses legendäre Ritual.

Donnerstag, den 15., Fronleichnam, begab ich mich zum König, wo ich einige für mich wichtige Gespräche führte. Um zehn schlossen sich mein Sohn, mein Schwiegersohn und unser Freund, der Duc de Charost, der großen Prozession und dem Gefolge des Königs auf dem Weg zur Kathedrale an. Es war sehr heiß. Die Königin und ihre Damen folgten ungewöhnlicherweise unter Sonnenschirmen. Das Volk strömte in Massen herbei. Aus der ganzen Umgebung waren die Leute herbeigeeilt, um den König bei dieser Prozession zu sehen. Durch ihr Rufen und ihre Freudenbekundungen rührten mich die Leute zu Tränen, auch jene, die jammerten, ihn nicht recht erblickt zu haben, und riefen: «Ihr müßt ihn uns zeigen! Ihr verdeckt ihn!» Tatsächlich bewegte sich der Zug recht ungeordnet fort. Am Ende des Platzes war ein Altarzelt aufgeschlagen, wo wir uns versammelten. Es war dermaßen heiß, daß die Kerzen schmolzen und umsanken. Abermals hielt sich der König angesichts der Hitze besser als die übrigen und ließ sich wie stets keine Nachlässigkeit zuschulden kommen. Allerdings hätte man ihm eine vornehmere Körperhaltung gewünscht und daß er beim Reden und Gehen nicht so wankte und schwankte. Doch es ist schwierig, es Ludwig XIV. und Ludwig XV. in ihrer edlen Erscheinung gleichzutun. Aber sein huldvolles Wesen mußte gefallen.

Die Stadt Reims hat sich seit der Krönung von 1722 sehr verschönert. Sie ist hübsch, sauber und besitzt genügend Unterkünfte. Darauf war man ebenso stolz wie auf die Gäste, die beherbergt wurden. Es gibt köstliche Spazierwege, die Luft ist rein und die Teuerung mäßig. Da ich in Frankfurt eine Kaiserkrönung aufmerksam verfolgt hatte, kann ich vergleichen: In Reims könnten die Salbung und Krönung, auch der Einzug in die Kathedrale vortrefflicher wirken, wenn die königliche Familie vereint erschiene. In Frankfurt wirkt das Festmahl unendlich viel vornehmer. Da die Kurfürsten und Großwürdenträger des Kaiserreichs tatsächliche Macht innehaben, hinterlassen sie einen stärkeren Eindruck; es geht geordneter und erhabener zu. Durch die minutiöse Befolgung der Goldenen Bulle ist alles unwandelbar majestätisch, zumal die Kaiser ihren Titel ausschließlich durch diese Zeremonie erhalten, welche dadurch um so notwendiger wirkt.

Dem König flogen die Herzen zu, weil er sich öffentlich zeigte. Das erinnerte mich an den Kaiser aus Bayern, der durch zwei Grußbezeugungen zwei Millionen Seelen eroberte, was zeigt, wie wenig es braucht, um die Herzen zu gewinnen, wenn man eine Krone trägt. Die Ausschmückung der Kathedrale wurde für zu saalartig und theaterhaft befunden. Ausländische Gäste wurden nur ungefähr sechzig gezählt, was recht wenig ist. Dies rührte vornehmlich aus einer Angst vor der Kornrevolte, ein recht unglücklicher Umstand, der jedoch nicht weiter erwähnt wurde, gerade so, als hätte sie nie stattgefunden. Und hätte man gewußt, wie schön und reibungslos die Krönung verlaufen würde, so wären mehr herbeigeströmt. Das Ereignis hätte es gewißlich verlohnt!

Ludwig XVI.

Königin Marie Antoinette

Sparkurs mit Winterfreuden

Am 19. Dezember brach der König mit seinen beiden Brüdern um neun Uhr morgens bei Frost zur Jagd auf. Sie war wie beim König von Spanien seine Hauptleidenschaft, vornehmlich einmal pro Woche die Hirschjagd, doch auch unermüdlich jede sonstige, und er schoß allmählich ziemlich gut. Das Jagen war erklärtermaßen sein einziges Vergnügen und seine einzige Passion. Ich traf in den oberen Schloßräumen niemand Nennenswerten an. Ich stattete so viele Höflichkeitsbesuche wie möglich ab und versuchte dann, mich über neue Gesichter bei Hofe und Veränderungen bei der Unterbringung im Schloß kundig zu machen.

Es ist bekannt, daß im vorigen Winter jene stattlichen Bäume im Garten von Versailles, die ein bißchen alt und krumm wirkten, gefällt worden waren. Aus dem Spiegelsaal wagte ich kaum hinauszuschauen, da sie mir noch so schön vor Augen standen. Mein Herz wollte bluten. Trotzdem muß ich zugeben, daß die Maßnahme sinnvoller gewesen war, als ich vermutet hatte. Allerdings war die Parkmauer jetzt deutlich zu sehen und wirkte zu nah. Vordem war sie verborgen gewesen, denn die vorzeiten mitsamt ihrem Wurzelwerk und Erdreich herbeigeschafften Bäume waren die imposantesten und prächtigsten gewesen, die ich je gesehen hatte. Ich will zugeben, daß das Grün einigermaßen verwuchert und erstickend gewirkt hatte. Nach der Fällung waren die Anlagen nun besser zu erkennen. Man genoß weite Ausblicke, sämtliche Statuen und Figuren waren auf einen Blick zu gewahren, ein herrliches Ensemble wirkte wie freigelegt. Hätte man mich gefragt, der ich mich in Botanik auskannte, hätte ich Hafer zu säen geraten, um rasch die leuchtendsten Grünflächen zu bekommen. Und nicht überall wäre neu bepflanzt worden. Ich hätte freie Sichtschneisen und offene Flächen mit mehr Rasen gelassen. Doch es hieß, es solle alles so werden wie zuvor.

Den Abend verbrachte ich bei Mme. de Maurepas, die neben dem Bruder des Königs einige Kabinette des Appartements von Mme. du Barry bewohnte. Die vorzüglichste Gesellschaft fand sich ein, doch Monsieur hatte entzündete Beine. Ich mutmaßte, daß er insgesamt nicht weit kommen würde.

Am 20. Dezember war ich noch mit Anstandsvisiten befaßt. Ich fand mich beim Diner der Königin ein, die endlich ein paar Worte an mich richtete. Sie sah sehr hübsch aus, bewegte sich anmutig und schien ihrem Bruder, dem Kaiser, zu ähneln, dessen Porträt in ihren Gemächern prangte.

Zur Abendaudienz begab ich mich gegen elf Uhr pflichtschuldig zum Schlafgemach des Königs. Als ich allein den Œuil-de-Bœuf-Salon durchquerte, ging ein Mann an mir vorbei, wandte sich zu mir um und sprach mich namentlich an: «Haben Sie mich nicht erkannt?» Es war der König! Ich versicherte nachdrücklich, daß ich hier nicht mit ihm gerechnet hätte. Morgens hatte er eine Messe für seinen Vater besucht, sein violettes Gewand nicht gewechselt und war durch eine Nebentür aus den Räumen der Königin eingetreten. Alljährlich suchte er ganz gegen den Brauch diesen Gottesdienst auf, was ich löblich fand. Es war nicht sehr ruhmreich, als alleiniger Gast bei seinem *Coucher* die Kerze halten zu dürfen. Im persönlichen Umgang konnte niemand liebenswürdiger sein, größere Herzlichkeit und wachen Verstand zeigen. Vieles erinnerte mich an den verstorbenen König, vor allem das Fehlen jedweden Hochmuts.

Der 21. Dezember wurde legendär. An diesem Tag wurden die ersten Reformverordnungen, deren Ton nichts mehr unmöglich erscheinen ließ, verkündet und sogleich ins Werk gesetzt. Fünf Verordnungen wurden erlassen, darunter: 1. die Verringerung der Leibwachen, 2. die vollständige Auflösung der Musketiere, 3. die Auflösung der berittenen Grenadiere, 4. die Streichung sämtlicher Provinzregimenter und Königlichen Grenadiere (was 66 Regimenter mitsamt Obristen und Stabsoffizieren betraf), 5. die bedeutende Verringerung von Gendarmerie und leichter Kavallerie.

Was die Leibwachen anging, so wirkte die Verringerung nicht substantiell. Man hörte, daß einer der ihren zu Rate gezogen worden sei. Es schien sich um den wenig beliebten Major zu handeln. Die rüde und ohne ein rühmliches Wort vermeldete Auflösung der Musketiere war äußerst bitter. Man mochte sich gar nicht an die vielen Glanztaten dieser Einheit unter Ludwig XIII. und Ludwig XIV. erinnern, wozu am Ende die Erstürmung von Mons gehörte und wie sie mit blanken Degen Valenciennes genommen hatte. Das Herz blutete, wenn man merkte, wie solcher Heldenmut vergessen wurde. Als ich bei den Musketieren diente, waren sie gewiß ein undisziplinierter Haufen gewesen, doch das hatte sich geändert. Natürlich mußte man zugeben, daß sie wegen des geringen Ansehens ihrer Hauptleute und der Rivalitäten zwischen ihren Offizieren keine schlagkräftige Truppe mehr bildeten. Wenngleich die Musketiere in Paris stationiert waren, wurde ihre Abschaffung dort begrüßt.

So verhielt es sich auch mit den berittenen Grenadieren. Nachdrücklich bekundete ich, als Augenzeuge erlebt zu haben, wie sie in Fontenoy als erste die englischen Linien ins Wanken gebracht hatten. Hart war der Entschluß also, doch auch hier fanden sich Gründe.

Die markanten Einsparungen bei der berittenen Gendarmerie waren bedrückend. Ihre Verringerung minderte den Glanz des Königshauses bei öffentlichen Auftritten. Sie war nötig bei Paraden, und ihre schönen Uniformen würden fehlen. Wenn man all das abschaffte, was bliebe dann vom Glanz einer Krönung, wie wir sie gerade erlebt hatten? Es war also trotz aller Sparvorschläge des Kriegsministers M. de Saint-Germain sinnvoll, ein gewisses Kontingent beizubehalten, und hundert von jeder Einheit wären für zeremonielle Anlässe gewiß gut gewesen. Unter Ludwig XIV. hatte man den Pomp übertrieben, doch jetzt wurde untertrieben.

Schlimm sah es für die Provinzregimenter aus, denn sie besaßen fast ihre Sollstärke, und ihre fünfzigtausend Mann hätten innerhalb von zwei Wochen zusammengezogen werden können. Doch man sparte zwölfhunderttausend Francs ein und entlastete die Nation, falls der Frieden währte.

Was die Zahl von Obristen und andere Ränge betraf, so schien es, als sollte der männliche Adel geradezu vom Militärdienst abgeschreckt werden und auf seinen Schlössern versauern.

Man kann sich das Entsetzen der Bewerber um Offizierspatente und jener Männer vorstellen, die Zeugen gefeierter Heldentaten gewesen waren, welche nun mit einem Federstrich nichtig gemacht wurden. Über so etwas lachten in Paris und Versailles natürlich die meisten.

An diesem Tag sah ich den König länger in seinen Gemächern. Mit den Besuchern unterhielt er sich morgens am liebsten zwanglos in einer bestimmten Zimmerecke, lehnte sich dabei gegen einen Türflügel seines Schlafgemachs. Mit Ausnahme der Mätressen war es genau wie beim verstorbenen König: Die Ähnlichkeit verblüffte mich. Beim Souper mit der Königin, neben ihrem Schlafgemach, sprach und lachte er für gewöhnlich viel. In herzlichster Vertrautheit plauderte er mit seinem gewohnten Kreis, und er amüsierte sich gerne über diese oder jene Kleinigkeit. Es wäre wünschenswert gewesen, wenn er seinen wackeren diensttuenden Würdenträgern größere Beachtung geschenkt und mehr den Ton Ludwigs XIV. angeschlagen hätte. Der ist jedoch verklungen.

Abends suchte ich nach seiner Wachablösung den Prince de Tingry, Gardehauptmann, der gerade seinen vierteljährlichen Dienst bei Hofe beendete, auf; es wollte sich keine Heiterkeit einstellen, obwohl die Reform die Garde weitgehend verschonte. Übrigens erwies es sich viel schwieriger als vermutet, die schönen Truppenteile anzutasten. Entschädigungen wurden fällig, manche Ernennung war bereits garantiert, und wichtige Offiziersanwärter mußten untergebracht werden.

Schließlich begab ich mich mit M. Bertin in die königlichen Kabinette, wo die große Ausstellung von Sèvres-Porzellan stattfand: umfangreich und prächtig. M. Bertin erläuterte mir, er habe Mittel und Wege gefunden, noch mindestens fünfundvierzig Millionen Francs aus dem Staatsschatz zu erhalten, der die Manufaktur dann ein, zwei Jahre lang nicht subventionieren müßte. Durch das Kapital, das sie anlockte, würde sie rundum nützlich und gewinnbringend werden.

Um neun ließ ich mich erstmals für den Abendappell vormerken, und obwohl wegen des Porzellans zahlreiche Personen zugegen waren, wurde mein Name aufgerufen. In diesem Raum hatte vor dreißig Jahren der verstorbene König gespeist. Doch mich verwirrte am meisten, mich in ebenjenem Gemach und auf jenem Fleck wiederzufinden, wo ich vor anderthalb Jahren die schrecklichen Vorgänge um die Letzte Ölung beobachtet hatte. Dieser Raum, in dem der König geschlafen hatte, war bis auf die neuen Möbel und den Alkoven, in dem der neue König schlief, unverändert. Ludwig XV. war in seinem kleinen Bett inmitten des Zimmers verstorben. Ludwig XIV., glaube ich, im Prunkbett des Paradeschlafgemachs.

Der Winter verlief für mich bitter, ich war krank, hütete mein Zimmer, und so vergingen Januar und Februar trist. Um mir ein wenig die Zeit zu vertreiben, arbeitete ich an meiner *Geschichte des Condé,* wobei ich wunderbare Lesefunde über Gérard de Roussillon* und die Altertümer in Burgund machte. Dann brachte ich Ordnung in meine Forschungen über die Geschichte von Schloß Eremitage und alles, was damit zusammenhing. Währenddessen war Paris wie entfesselt und verlangte radikale Reformen. Täglich trafen andere Neuigkeiten über Einsparungen bei Kürassierregimentern und in der Gendarmerie ein. M. de Saint-Germain** wurde bejubelt, wenn es hieß, alles sei

* Girart de Roussillon, burgundischer Edler und Gestalt der Ritterepik.

** Claude Louis, Comte de Saint-Germain, 1707–1778, Kriegsminister.

reformiert, und er galt nichts mehr, sobald es hieß, er habe irgendetwas beibehalten.

Am 10. Februar nahm ich eine Medizin, die mir einige Erleichterung verschaffte, so daß ich endlich nach Versailles aufbrechen konnte, um M. de Saint-Germain aufzusuchen, mit dem mich, wiewohl ich ihn selten sah, Freundschaft verband. Am 11. fuhr ich hin und traf ein, als gerade eine Heerschar von Gästen an seiner Mittagstafel Platz nahm. Es wurde einer der merkwürdigsten Tage, der größte Aufmerksamkeit verdiente, wenn ich nur geduldig genug wäre, solche Elendiglichkeiten minutiös festzuhalten. Als M. de Saint-Germain eben neben dem Marschall de Biron am Tisch stand, gelang es mir, ihn herzlich zu umarmen. Im selben Augenblick starrten mich die vierzig Herren, die um die Tafel saßen, wegen meines Umgangs mit M. de Saint-Germain eifersüchtig an. Der Minister wollte mir einen Stuhl zwischen sich und dem Marschall de Biron anbieten, doch ich entgegnete, daß ich nur einen Happen zu mir nähme, den man im Nebenzimmer servieren könnte. Achselzuckend begab ich mich dorthin und sann über Falschheit und Heimtücke hienieden nach. Als man die Tafel aufhob, wurde es noch schlimmer: Der Hof hätte sich nicht lächerlicher und abschreckender zeigen können. Der Marquis de Paulmy, den ich gleichfalls als Kriegsminister in diesen Räumen erlebt hatte, führte sich sehr gewichtig auf. Beim Kaffee ließ ich den geschäftigsten Gästen den Vortritt (es waren sämtliche Offiziersränge zugegen), doch dann kam ich neben M. de Saint-Germain zu stehen, der sich mir gegenüber gewohnt freundschaftlich betrug. Ich spürte, daß alle beinahe vor mir zu kriechen schienen, und jeder wollte auf der Stelle mein Freund sein. Insbesondere der Comte de Broglie begrüßte mich zum ersten Mal im Leben zuvorkommend. Zusammen mit dem Marschall de Contades und einigen anderen amüsierten wir uns in unserer Ecke sehr über solch verblüffendes Gehabe.

Abends begab ich mich zum Glücksspiel der Königin, die ausschließlich mit M. de Besenval plauderte und über jeden, der ihr seine

Reverenz erwies, scherzte. Da wir mitten im Karneval waren, schien sie die Gelegenheit zum Spötteln nutzen zu wollen. In dieser Nacht fuhr sie zum Opernball, den sie ohne den König gerne aufsuchte. Als sie um sieben Uhr früh zurückkehrte, stattete sie dem König einen kurzen Besuch ab und brach neuerlich zu einem englischen Pferderennen, wie es sehr in Mode war, in der Ebene von Sablons auf.

Während der gesamten Frostperiode unternahm die königliche Familie Schlittenausflüge und sogar Schlittenjagden im Bois de Boulogne. Der heitere Mittelpunkt dieser Festivitäten war stets der Duc de Chartres,* was den Comte d'Artois sehr verdroß. Die Königin amüsierte sich und belohnte Chartres mit einem Kavalleriekommando. Insgesamt spürte man, daß der letzte Schlag gegen Glauben und Religion geführt werden sollte, gegen die der Comte d'Artois abscheulich wetterte. Man gewann den Eindruck, daß auch der älteste Bruder des Königs, wenngleich er sich zurückhaltender gab, nicht mehr gläubig war.

Abends begab ich mich zum *Coucher*: Der König sprach freundlich und recht lang mit mir, unter anderem über die Auswirkungen des Frosts. Er dachte vernünftig, war aufrichtigen kühlen Gemüts und gestand ein, nur die Jagd zu lieben. Innerhalb seiner Familie war er der Beste.

Am 12. Februar kümmerte ich mich um persönliche Angelegenheiten und bekam in Paris abermals das, was man neuerdings *Grippe* nannte. Dazu stellten sich meine sonstigen Gebrechen ein, so daß ich wieder länger das Zimmer hüten mußte.

* Louis Philippe de Bourbon, Duc de Chartres, dann Duc d'Orléans, 1747–1793. Als *Philippe-Egalité* wurde er eine der schillerndsten Gestalten der Revolution, votierte auch für die Hinrichtung des Königs und endete bald selbst unter dem Fallbeil.

Am 3. März mittags ereignete sich vor dem Kolosseum* in aller Öffentlichkeit ein böser Zwischenfall: Prinz Friedrich zu Salm, der Bruder meiner Schwiegertochter, der wegen seines Hangs zum Glücksspiel und seiner Unbesonnenheit stets in allerlei Händel verwickelt und übel beleumdet war, duellierte sich mit M. de Lanjamet, was allgemeinen Unwillen erregte. Obwohl er verwundet wurde, mutmaßte man, daß es zu einem zweiten Treffen kommen würde. Zwei Wochen mit unangenehmsten öffentlichen Debatten gingen ins Land. Wenngleich es meine Familie nicht direkt betraf, so war dies doch höchst unersprießlich. Schließlich beendigte Prinz Friedrich am 22. März seinen Zwist aufs löblichste, indem er ihn ganz nach der Regel und ehrenhaft ausfocht. Er wurde abermals und sogar ziemlich schwer verwundet, doch zumindest war diese Affäre damit ehrenhaft beigelegt.

Mir ging es weiterhin nicht gut. Dieser Winter ließ mich merklich altern. Am 16. März begab ich mich erstmals seit drei Jahren nach Ivry und fühlte mich etwas besser als befürchtet. Am 18. bei schönem Wetter nach Châtillon, und ich war's recht zufrieden. Am 19. März besuchte ich mit dem Abbé d'Arvillars den Abbé Nollet, um sein vortreffliches naturgeschichtliches Kabinett und seine seltenen Bäume in Augenschein zu nehmen. Ich sah dort, daß der überstandene harte Winter, wie auch in Flandern, alles verheert hatte. Sämtliche Sorten Wegedorn, Steinlinde und Lorbeer waren bei ihm, wie immer in solch schlimmen Wintern, ebenso erfroren wie in meinem Pariser Garten und bei Schloß Eremitage.

Als ich mich zunehmend erholte und erfuhr, daß neue Verordnungen vorbereitet wurden, nahm ich meine Kräfte zusammen und wollte nach Versailles fahren, wo M. de Saint-Germain allerdings kränkelte und die Lage angespannt zu sein schien. Am 21. März fuhr ich zeitig hin. Doch es war unmöglich, bis zum Kriegsminister vorzudringen, der offenbar sehr leidend war. Ich konnte nur mit M. de

* Ein bebautes Amüsierareal an den Champs-Elysées.

Fumeron sprechen, der mir nichts Gutes vermeldete. Aber ich besaß das Versprechen des verstorbenen Königs, daß mein Sohn im Falle meines Ablebens und bevor er Feldmarschall würde, meine Nachfolge als Gouverneur von Condé antreten dürfe. Mir wurde mitgeteilt, daß die neue Verordnung diese Hoffnung zunichte machte, es sei denn, solche Nachfolgeregelung wäre bereits schriftlich festgelegt. Mir wurde schwarz vor Augen.

Am 30. März begab ich mich frühzeitig zum ersten Sekretär M. de Saint-Germains, wo ich glücklicherweise M. de Fumeron antraf. In dieser Nachfolgesache trafen glückhaft ein paar Umstände zusammen, die fast an Vorsehung glauben ließen.

Es würde mich seltsam berühren, noch einmal nachzulesen, was ich selbst in dieser Frage durchmachte, ehe ich vorzeiten durch den Prince de Soubise und Mme. de Pompadour die Nachfolge des Comte de Danois in diesem Gouvernementsamt zu dessen Lebzeiten letztendlich bewilligt bekommen hatte. An dem, was damals mich und was nun meinen Sohn betraf, wird man erkennen, wieviel Mühe und glückliche Zufälle es für ein kleines Resultat braucht.

Zu dieser Zeit wurden noch weitere Erlasse M. Turgots verkündet, die für großes Aufsehen sorgten, insbesondere der zum Frondienst, dann der über die Aufhebung des Zunftzwangs, der zur Abschaffung von Hafenzöllen und zur völligen Freigabe des Getreidehandels zwecks der besseren Versorgung von Paris. Das Fronedikt mochte das Volk von einer harten Pflicht befreien, doch hatte es den Nachteil, daß Bauernland nunmehr stärker besteuert wurde, wodurch wiederum der Brotpreis anstieg, was für das Volk aber ein begreiflicheres Ärgernis ist, als es zuvor die Fronplackerei war. Was die Abschaffung der Zünfte anging, so stand zu befürchten, daß sie die Pariser Stadtverwaltung in Schwierigkeiten brachte. Doch es hieß abwarten, ob diese wirtschaftliche Lockerung nicht auch ihr Gutes zeitigte.

Der Winter war hinsichtlich der Kälte und der Erkältungsepidemie in ganz Europa einer der schlimmsten und auch traurigsten, denn man sprach nur über Einsparungen, Reformen und befand beides gemeinhin, allerdings oft kenntnislos, als gefährlich. Doch hatte alles gewiß seine gute und seine üble Seite. Die Erfahrung würde es lehren. Der König verzichtete auf Einnahmen, ohne sie hinlänglich auszugleichen. Man mutmaßte, daß die Reformen nicht weit genug gingen und sich das Finanzloch sogar noch vergrößern würde.

Am 25. April konsultierte ich wegen eines feurigen Flackerns in meinem rechten Auge den gerühmten Baron von Wintzel. Wegen der unterschiedlichen Einschätzungen der anderen Augenärzte war ich ziemlich beunruhigt. Wintzel versicherte mir, daß ich mich nur erholen und nichts weiter unternehmen solle, daß Heilmittel eher schadeten als keine. Ich beließ es also bei Spülen, Warmwasserdampf und wartete ab, obwohl diese neue Unpäßlichkeit mich sehr verdroß.

Amerika brennt

Seit drei Jahren eskalierte ein Konflikt in Übersee. Ziemlich botmäßig hatten die englischen Kolonisten in Nordamerika zu ihrem Mutterland gestanden. Die Kolonien lieferten Getreide, Wolle, Tabak und Holz für den Schiffbau nach England und hatten im Gegenzug die Produkte von der Insel abzunehmen. Die Verwaltung wurde von England aus bestimmt. Nach dem langen Krieg gegen Frankreich war nun auch England annähernd bankrott. Die Regierung in London erhöhte die Steuern und Zölle in den amerikanischen Kolonien. Zum ersten deutlichen Widerstand gegen diese Abschöpfung und Bevormundung, die ohne Vertreter aus der Neuen Welt im englischen Parlament ins Werk gesetzt wurden, kam es am 16. Dezember 1773. Aufgebrachte Kolonisten, verkleidet als Indianer, enterten britische Handelsschiffe und schleuderten bei der Boston Tea Party hochbesteuerten Tee ins Hafenwasser.

Die Rebellion eskalierte – trotz aller räumlichen Entfernungen – schnell zum blutigen Kampf um die völlige Loslösung der dreizehn Kolonien. Dabei schwankte das Kriegsglück erheblich, und die Fronten waren keineswegs klar. Eine Vielzahl von Kolonisten empfand weiterhin königstreu. Eine neue und unabsehbare Dimension erreichte die Auseinandersetzung 1776 mit der Erklärung der Menschenrechte und der Unabhängigkeitserklärung der Vereinigten Staaten von Amerika. Im selben Jahr wurde einer ihrer Gründerväter, der Schriftsteller und Naturwissenschaftler Benjamin Franklin, als Botschafter der jungen Republik, die um ihre Existenz kämpfte, ins selbst höchst bewegte Paris entsandt. Die transatlantische Rebellenunion brauchte Verbündete.

Am 15. erhielt ich in Condé den verwirrenden, erstaunlichen, doch auch so wichtigen Brief meiner Tochter, den ich hier wiedergebe:

Paris, den 12. Mai 1776

Hier nun, mein lieber Papa, viele Neuigkeiten! M. Turgot ist heute morgen entlassen worden. Im Auftrag des Königs hat M. Bertin ihn ersucht, sein Amt niederzulegen. M. de Clugny, der in den Kolonien gearbeitet hat und von den Messieurs de Praslin und d'Aiguillon sehr gefördert worden war, wird das Finanzressort übernehmen. M. de Malesherbes hat seinerseits den Rücktritt eingereicht.

Die Amerikaner haben die Eroberung von Quebec aufgegeben, jedoch Boston eingenommen, dessen Besatzung von 7.000 Mann sich mit 2.000 Einwohnern nach Halifax zurückgezogen hat. M. de Saint-Germain ist am 12. Mai auch zum Ratsmitglied ernannt worden.

Man ersieht hieraus, daß man in fortwährender Unsicherheit lebt.

In den amerikanischen Angelegenheiten, die England schwer beutelten, blieb alles ein Auf und Ab. Obwohl die Amerikaner in Quebec in die Defensive geraten waren, gewannen sie durch die Rückeroberung Bostons doch viel und konnten nun ihre Belagerungsarmee andernorts einsetzen. Die Engländer schickten weiterhin Verstärkung und behaupteten, dort 45.000 Mann im Feld zu haben. Falls die Amerikaner allerdings ungeachtet einer Niederlage durchhielten, so mochten die königstreuen Amerikaner am Ende unterliegen. Dann könnte der rebellische Teil Nordamerikas zu etwas wie den Vereinigten Provinzen der Niederlande werden, ja, am Ende sogar zum Verbündeten Englands, statt dessen Kolonie. Ihr Aufstieg zu einer herausragenden Weltmacht wäre denkbar.

Was M. Turgot betraf, so hatte er sich in der Tat allzusehr in sein Freihandelssystem verrannt, und es war klar, daß er dafür nicht genug finanzielle Rücklagen geschaffen hatte. Aber er war ein Mann des Volkes und verließ sein Amt, wie er es übernommen hatte, ohne einen Sou für sich selbst, was ungewöhnlich genug ist.

Fünf Tage hintereinander dinierte ich bei meiner Tochter und leistete ihr Gesellschaft. Den Rest der Zeit fuhr ich mit einer Mietkutsche genußvoll durch Paris. Es stimmt ganz und gar nicht, daß Paris im Sommer entvölkert wäre. Ich habe noch nie ein solches Gewimmel von Wagen und Menschen erblickt. Von dem neuen Grand Cours und den Champs-Elysées war ich begeistert, sie waren bis zu den Gittern der Tuilerien gepflastert, und das Rondell war fast fertig. Wenn die Straße erst einmal vollständig gepflastert und mit der Brücke von Neuilly verbunden ist, wird sie die schönste Stadteinfahrt der Welt sein. Ich wurde nicht müde, die neuen Vororte zu durchqueren und die zahllosen reizenden Palais zu bewundern, die gebaut wurden. Denn da man nicht wußte, wo man sein Geld sicher anlegen konnte, wurde in Stadtresidenzen investiert. Die Stadt verschönerte sich zusehends. Bezaubernd war das Treiben des Sankt-Ovid-Markts auf der Place Louis XV., besonders bei Nacht. Ausnehmend angenehm ist es dort. Vorzügliches Obst und Früchte und überhaupt alle Dinge, die man in Paris erleben kann, entzückten mich. Schade nur, daß das bornierte Gehabe der sogenannten feinen Gesellschaft vielen Freuden so sehr im Wege steht, wenn man statt dessen von den vielen Vorzügen der Künste und Wissenschaften profitieren könnte.

Abends am 6. Oktober reiste ich für zwei Nächte nach Ivry, um Mme. de Leyde zu besuchen und die wichtige Pflasterung unserer Straße zu überwachen, die uns schon seit zwanzig Jahren beschäftigt. Die Anwohner hatten sich verpflichtet, vier Fuß Erde abzutragen, was harte Arbeit war. Wir drei, die wir dort Häuser besaßen, kümmerten uns um den Rest. Ich allein mußte zweitausend Francs beisteuern, und es war nicht leicht, zu verhindern, daß von beiden Seiten Schlamm nachrutschte. Man ging meiner Ansicht nach ungeschickt vor, also widmete ich mich der Sache ausführlich.

Am Versailler Hof hatte sich nichts geändert. Der junge König, der weder durch Körperhaltung noch Tonfall glänzte, wirkte weiterhin herzensgut, zeigte Klarsicht und gesunden Menschenverstand, doch scheute er Entscheidungen, was immer heikel ist und auch bewirkte, daß er ungern Dinge ergründete und mit anderen erörterte, außer ein wenig mit dem Minister de Maurepas, dessen geselliges Wesen gleichfalls nicht zu tieferen Erörterungen neigte. Der König hielt sich pflichtschuldig und sorgfältig an seinen Zeitplan für Arbeit und Ratssitzungen, aber damit hatte es dann sein Bewenden. Er war von viel Jugend mit lockeren moralischen Grundsätzen umgeben, und durch das ständige Vertagen von Problemen war wenig zu gewinnen. So konnten sich seine guten und anfänglichen Absichten nur verflüchtigen. Im übrigen war er grundehrlich und gerecht. Die Königin war fortwährend auf Zerstreuung erpicht, vergnügte sich in Versailles, eilte rastlos nach Paris, ins Theater, zum Opernball, hielt es kaum irgendwo lange aus und floh vor der Langeweile. Zudem hatte sie das Glücksspiel mit hohem Einsatz in Mode gebracht und wurde ausschließlich von glanzvollster Jugend umschwärmt, was sie in Verruf brachte, obwohl sie im Grunde gut und liebenswürdig war.

Glücklicherweise war das Zeitalter der Mätressen vorbei, und es gab bei Hof weder spektakuläre Aufstiege noch Liebesintrigen. Der König wirkte verschlossen, liebte nur die Jagd, und alles war ruhig und beinahe fade. Bloß zu Bällen, Festivitäten und an Sonntagen, an denen diese kleinen Ausflüge in Mode gekommen waren, reisten Leute nach Versailles. Viel öfter hingegen fuhr man nach Paris, mit Ausnahme des Königs, der die dortigen Vergnügungen nicht schätzte und lieber so oft wie möglich auf die Jagd ging, ohne indes seine Arbeit zu vernachlässigen.

Nach meiner Rückkehr aus Versailles war ich neugierig darauf, den berühmten Dr. Franklin, der gerade in Paris weilte, kennenzulernen. Ich hörte, es wäre nicht leicht, zu ihm vorzudringen. Doch das Einfachste ist oft das beste. Da ich wußte, in welchem Gasthaus er abgestiegen war, machte ich mich am 23. Januar dorthin auf. Ich wurde umstandslos vorgelassen. Ich fand ihn allein mit seinem Enkel vor, und er empfing mich höchst freundlich. Man weiß, daß dieser berühmte Doktor aus Philadelphia uns als erster mit der Elektrizität, ihren schönsten Phänomenen und ihrer Verquickung mit den Gewitterkräften vertraut gemacht hat. Es ist sehr bemerkenswert, daß diese vortrefflichste Entdeckung des Jahrhunderts in Amerika gemacht wurde, und aufschlußreich war es, mit ihrem Entdecker selbst darüber zu fachsimpeln. Dr. Franklin hatte gerade noch aus Philadelphia fliehen können, wo er zu einem der federführenden Abgeordneten des neuen freien Volks von Amerika gewählt worden war. In England war ein Kopfgeld auf ihn ausgesetzt. Gleichwohl verdächtigte ihn sein Land, das ihn ansonsten sehr verehrte, mit den Engländern zu konspirieren. In Wahrheit wollte er sich auf seine alten Tage ein wenig von allem Ungemach in seiner Heimat erholen und hatte sich in eine Stadt geflüchtet, deren Gelehrte ihn bewunderten. Darüber hinaus wurde gemutmaßt, daß er hier Geheimverhandlungen für sein Land führte.

Was ihn neben allem übrigen interessant machte, waren seine Rüstigkeit, seine Gestalt und sein Gespräch. Er war sehr groß und stattlich, hatte wallendes weißes Haar, trug außer Haus immer eine Lederkappe und wirkte ein wenig wie ein Quäker. Da er alle möglichen Zwicker besaß, war er nie ohne Augengläser gesehen worden. Es bleibt erstaunlich, wie viele Gelehrte mit schwachen Augen so vieles erkannt haben! Sein getreues Abbild läßt sich auf dem schönen Stich bewundern, welcher der Übersetzung seiner Schriften in Quart über die Elektrizität vorangestellt ist.

Ich erwähnte mit keinem Wort die Rebellen oder die Zeitfährnisse, sondern ließ mich über die Elektrizität aufklären. Er meinte, es handele sich bei ihr keineswegs um ein Feuer. Ich legte ihm gleichwohl meine Klassifizierungen und unterschiedlichen Erscheinungen von Feuer je nach dessen Ursprung dar. Ich erkundigte mich, ob es in Philadelphia kälter sei als in Paris, obgleich ersteres auf der Höhe Afrikas liegt. Er versicherte mir, daß es in Philadelphia sowohl kälter als auch heißer würde, und gab in ziemlich gutem Französisch ein eindrückliches Beispiel: «Unser Fluß Delaware, doppelt so breit wie die Seine, friert im Winter völlig zu, und zwar innerhalb einer Nacht.»

Am 15. Februar 1777 las ich in der *Gazette d'Utrecht* den ausführlich abgedruckten Unionsvertrag, durch den die amerikanischen Rebellen ihre freien Staaten ausriefen. Nach genauerer Prüfung der Gegebenheiten schien es mir fraglich, ob ein Gebiet mit sechs- bis siebentausend Küstenmeilen auf die Dauer ohne innere Konflikte zusammenhalten würde. Studierte man den Unionsvertrag, so spürte man, daß die bisherigen Händler und Kaufleute zur mittlerweile vorzüglichen Gemeinschaft gereift waren und vornehmlich wegen ihrer Vertrautheit mit dem Meer dermaleinst ganz Europa beunruhigen könnten.

Am 19. Februar fuhr ich nach Versailles. Ich hatte vieles im schönen Gebäude des Kriegsministeriums zu erledigen, dann speiste ich mit etlichen alten Freunden sehr angenehm bei dem mir gewogenen M. de Saint-Germain. Ich paßte einen günstigen Moment ab, um ihn auf eine kleine Denkschrift anzusprechen, mit der ich ihn an eine Belohnung für M. de Bienassise für dessen tatkräftigen Einsatz gegen die Viehseuche erinnern wollte. Der Minister reagierte ärgerlich: «Immer Belohnungen für das, wofür man sowieso bezahlt wird! Es war seine Pflicht und Schuldigkeit! Man muß dieser Nation abgewöhnen, fürs Pflichtgemäße auch noch Geschenke zu erwarten! Immer Geld, aber es gibt keins!»

Durch solche harten und ungeschickten Grundsätze machte er sich verhaßt und arbeitete nur M. de Montbarrey* in die Hände.

Andererseits hatte ich auch im Schatzamt erfahren, daß die Kassen leer waren: Bei den wichtigen Pensionen war man um sechs Monate im Zahlungsrückstand und bei Geldern für die Gouvernements um zwei Jahre. Weil niemand mehr befördert oder belohnt wurde, ahnte ich einen weiteren Sommer voller Geschrei voraus. Man nahm alles Mögliche in Angriff: Alles sollte zu barer Münze gemacht werden. Offiziersposten für Nichtadlige sollten geschaffen

* Alexandre de Montbarrey, 1732–1796, war der Nachfolgekandidat Marie Antoinettes für das Amt des Kriegsministers.

werden, damit durch den Verkauf der Patente sieben- oder achthunderttausend Francs in die Kassen flössen. Doch sämtliche Reformen, wiewohl zum Sparen ersonnen, erzeugten weitere Kosten.

Seit längerem merkte ich, daß ich schlecht hörte, und fürchtete, daß es sich verschlimmern würde. Nachdem ich mich kundig gemacht hatte, suchte ich am Ende der Rue du Temple den Ohrenarzt M. Juilliot auf. Ich hatte gezögert, aber nachdem ich von einigen Heilungen erfahren hatte, wandte ich ab dem 15. März seine Mittel an, die aus Baumwolle bestanden, die man in eine eigens gemischte Essenz tunkte, die zwar rasch verdampft, jedoch ein sehr seltenes seifiges Salz enthält, das belebt und duftet. Nach einer Woche hörte ich erheblich besser. Das Mittel befreite meinen Kopf und wirkte vorzüglich, falls es denn ungefährlich war und keine Verschlechterung einträte.

Am 24. März fuhr ich nach Versailles, wo ich innerhalb eines Tags allerlei Wichtiges erledigen konnte. Da ich nicht schlafen konnte und das Wetter seit Tagen wunderbar war, stand ich am 25. um sechs Uhr auf, ging zur Frühmesse und promenierte voller Genuß im Park. Gegen acht brach ich in Richtung Paris auf. Ich machte einen Umweg über die Porzellanmanufaktur von Sèvres, die ich noch nie betreten hatte. Da man mir dort zuerst kaum Aufmerksamkeit schenkte, deutete ich ihnen meine doch beachtlichen Kenntnisse an, und tatsächlich gibt es nur wenige Menschen, die so viel über die Substanzen von Porzellan und Böden geschrieben haben wie ich. Einige fachliche Anmerkungen machten Eindruck. Nachdem ich ihre Manufakturgebäude gelobt hatte, ließ ich gleichwohl einfließen, daß hier offenbar recht kostenträchtig gearbeitet würde und sich manches verbessern ließe. Immerhin wurden die Erzeugnisse allmählich erschwinglicher. Ich kaufte einen soeben nach einem Original hergestellten Kaiser von China und bat, ihn auch mit der Jahreszahl zu signieren. An diesem Stück sah man, daß die Chinesen wahrlich keine Pfuscher sind. Um das noch besser beurteilen zu können, wählte ich aus einem reichhaltigen Vorrat vier schlichte weiße, doch vollendete Teller aus zwei Sorten Hartporzellan, dazu vier aus dem alten Material, deren Milchweiß noch feiner schimmert. Diese acht kostbaren Stücke wollte ich für den Salon von Schloß Vieux-Condé und den Gartenpavillon von Condé als Obstteller haben.

Ich sah, daß die Manufakturarbeiter vollauf damit beschäftigt waren, die Schautische für den Verkauf an den Kaiser herzurichten, dessen herrliches Service mir gezeigt wurde. Dies bestätigte mir abermals sein Kommen, das für den 12. April vermutet wurde, weshalb ich länger in Paris bleiben wollte.

Kaiserlicher Besuch

Als erster Sohn aus der kinderreichen Ehe des Kaiserpaars Maria Theresia und Franz von Lothringen war 1741 Erzherzog Joseph zur Welt gekommen. Der habsburgische Erbe war 1764 in Frankfurt als Joseph II. zum deutschen König gewählt und gekrönt worden. Schon ein Jahr darauf, nach dem Tod seines Vaters und auf Wunsch seiner Mutter – der nunmehr in Witwenschwarz gekleideten Maria Theresia –, trat Joseph II., jetzt als Kaiser, die Mitregentschaft in den habsburgischen Kronländern an. Von vornherein galt Joseph als Neuerer und tatendurstiger Aufklärer. Bisweilen nach preußischem Vorbild, wollte er die Staatsverwaltung effizienter gestalten, die Macht des Klerus beschneiden und seine Völker in eine Epoche der Toleranz und des Wohlstands führen. Nicht selten kollidierte dieser Reformeifer mit dem absolutistisch frommen Beharren der berühmten Mutter. Doch 1777 trieb das Haus Habsburg eine weitere Sorge um: Maria Theresias fünfzehntes Kind, Marie Antoinette, verspielte als Königin von Frankreich offenbar geradezu ihr Leben. Obendrein war ihre Ehe mit Ludwig XVI. seit sieben Jahren kinderlos.

Im Familienauftrag und als entdeckungshungriger Monarch machte sich Joseph II. nach Frankreich auf.

Ich komme nun zu einem höchst außergewöhnlichen Ereignis. Seit einigen Tagen schon waren wir zum Souper beim Grafen von Mercy, dem Botschafter des Kaisers, geladen. Wir begaben uns am 16. April zu ihm. Es hieß, der Kaiser würde dann dort eintreffen. Statt dessen erkrankte der Botschafter ernstlich, und niemand kam. Doch ich erfuhr so manches.

Am 1. April war der Kaiser in Begleitung der Grafen von Cobenzl und Colloredo mit – nach Auskunft des Generalpostmeisters von Paar – nur zweiunddreißig Pferden aus Wien aufgebrochen. Am 3. April hatte er umstandslos und wie immer kurz entschlossen in München genächtigt. Im Reisen nach Art eines Privatmanns war er geübt, wie seine Italienfahrt bewies, über die farbigste Geschichten kursierten. Er war über Augsburg, Ulm, Stuttgart und Rastatt gekommen. Am 9. April war er in Straßburg eingetroffen, wo er wie allerorten in einer schlichten Herberge logieren wollte. Sein Inkognito verhinderte indes nicht die ihm gebührenden Ehrbezeugungen, und kurzerhand wollte er in Augenschein nehmen, was ihn interessierte. So inspizierte er vornehmlich alles Militärische. Diese Materie schien ihn am meisten zu locken.

Ohne sich sonderlich zu verbergen, reiste er unter dem Namen eines Grafen von Falkenstein und ließ sich mit *Herr Graf* anreden. Den 11. nächtigte er schon in Lothringen, wo er die Grabstatt seiner Ahnen besichtigte und die Anhänglichkeit der ihnen noch immer zugetanen früheren Untertanen erlebte. Da er solchen Gefühlssturm nicht verstärken wollte, machte er sich bald wieder auf den Weg. Keiner wußte, wohin. Er tat es nie kund. Doch sobald die Lothringer erfuhren, wer er war, vergossen sie Freudentränen, ihre Gemüter erhitzten sich, und aus den Häusern wurden Teppiche geschleppt, die man auf seinem Weg ausbreitete. Er war gewißlich davon gerührt, doch als sie ihm immer inständiger huldigten, wollte er den politischen Affront abwenden und erklärte: «Wohin soll das noch führen, man besorge mir Postgäule!»

In Metz besichtigte er alles. Da man über seine Reise und seinen Weg mittlerweile schon besser informiert war, strömten solche Menschenscharen auf die Straßen, daß seine Pferde im Schritt gehen mußten. «Da haben wir's, Graf zum Teufel!» sagte er und meinte die Nutzlosigkeit seines Inkognitos. Er richtete sich in seiner Kutsche auf, grüßte, und die Menschen waren begeistert. Er schien sich in allem auszukennen, und es ließe sich ein Buch darüber füllen, was er in Windeseile besichtigte und kommentierte. Die Artillerieschule beeindruckte ihn über die Maßen. Von seinen Kenntnissen zeigte man sich dort sehr beeindruckt. Er äußerte sich sofort als Kenner und vielleicht ein wenig zu akribisch. Hospitäler waren seine Lieblingsziele. In Metz vergnügte er sich damit, wie es hieß, durch seine anatomischen Kenntnisse den Oberchirurgen mehrmals sprachlos zu machen. Als er in Straßburg das Regiment Schonberg inspizierte, sagte er: «War das nicht das Regiment des Marschalls von Sachsen? Warum heißt es denn nicht mehr nach ihm? Mich würde es sehr verdrießen, wenn das Regiment Prinz Eugen umbenannt würde!» Als er in Metz die Artillerieschule besichtigt hatte, erklärte er beim Abschied: «Sie ist vorzüglich und verdiente einen wichtigeren Besuch als den meinigen!» Das zielte auf den König.

Allerorten schien er Ratschläge zu erteilen und offenherzig seine Meinung kundzutun, ohne jeden Haß auf uns, wie er ihm unterstellt worden war. Neidlos schien er oft von der Kraft und den Schönheiten des Königreichs angetan zu sein. Allerdings gilt er auch als undurchschaubar. Vom Äußeren her wirkt er menschlich und verständig. Des öfteren spielte er mit seinem Inkognito oder wollte in einer Menschenmenge ganz und gar unerkannt bleiben. Nachdem er als erster in einer schlechten Herberge eingetroffen war, bat er um ein bißchen Seife und begann sich zu rasieren. Als die Magd, die ihm die Rasierschüssel hielt, ihn mit Fragen löcherte, ob er zum Gefolge des Kaisers gehöre und welchen Dienst er dort verrichte, antwortete er: «Ich bin sein Barbier!» Von allen Stationen seiner raschen Reise nach Paris waren bald Geschichten im Schwange.

Als ich am Freitag, dem 18. April, nach dem Essen zum Kupferstecher fuhr, ließ ich den Kutscher die Rue de Vaugirard nehmen und kam am schönen Palais du Petit Luxembourg vorbei, in dem der weiterhin sehr unpäßliche Botschafter Graf von Mercy residierte. Es goß in Strömen, und weder auf der Straße noch auf dem Vorplatz war

Kaiser Joseph II.

irgendwer zu sehen. Ich passierte das Palais de Tréville, wo vier Wohnungen für den Kaiser reserviert waren, aber bisher nur sein Koch Quartier bezogen hatte. Seit zwei Tagen war kein weiterer Wagen eingetroffen. Ich musterte das Gebäude. Als ich zwei Postpferde entdeckte, befahl ich meinem Kutscher, ein Stück zurückzusetzen. Mein Lakai Condé sprang ab und sollte sich erkundigen. Ein wohlgekleideter Herr mit Regenschirm trat an meinen Wagenschlag und sagte: «Er ist noch nicht da. Ich bin neugierig. Ein Wagen aus seinem Gefolge ist angekommen!»

Condé mischte sich ein und meinte: «Bestimmt ist er noch nicht da. Da warten ja noch die Stadttrommler!» In der Tat, unfern harrten drei durchnäßte Trommler und sechs Burschen aus. Mehr war auf der Straße nicht zu erblicken. In diesem Moment rannten sechs Männer auf Mercys Residenz zu. Ich spähte noch genauer und sah, daß eine schäbige deutsche Kutsche mit Postgäulen im Eiltempo die andere Seite der Rue de Tournon herunterrasselte, abbog und sodann vor dem Petit Luxembourg vorfuhr. Ich blickte nach rechts. Zwei Personen in regennassen Mänteln saßen auf dem Rücksitz der Landkarre, zwei durchnäßte Bedienstete standen auf dem Tritt. Nur ein Reitknecht auf einem der Pferde und kein weiterer Wagen. So reisen sie immer in Deutschland, egal bei welchem Wetter und zu welcher Jahreszeit, in offenen leichten und sehr häßlichen Wagen.

Condé und der Herr mit Schirm waren hingerannt und hatten mehr erkennen können. Condé hechelte: «Das ist er, genau wie er beschrieben wurde!» Der Herr teilte mir aufgeregt mit: «Ja, er ist es! Ich habe ihn erkannt, der rechts!» Ich blickte auf meine Uhr, die gerade repariert worden war: Der Kaiser betrat das Petit Luxembourg, wo er logieren sollte, um fünf Uhr zwanzig nachmittags.

Nachdem ich mit meinem Kupferstecher wegen einiger Drucke alles Nötige besprochen hatte, fuhr ich noch einmal vorbei und erkannte seine Landkarre auf dem Wirtschaftshof. Nachdem die Trommler weggeschickt worden waren, hatten sich auch einige Schaulustige davongemacht. Im Regen war keine Menschenseele auf dem Vorplatz oder der Straße zu gewahren, und wäre ich nicht Augenzeuge geworden, so hätte ich nicht glauben können, daß der Römische Kaiser eingetroffen war.

Den Abend verbrachte er mit dem Grafen von Mercy, empfing sonst niemanden, und niemand schien von seiner Ankunft zu wissen: Ganz nach seinem Wunsch verlief sie unauffällig. Er ruhte sich aus und richtete sich in seinen Palaisgemächern ein, die zu den schönsten Europas gehören und nicht weit vom Palais Tréville entfernt sind, wo sein kleines Gefolge untergebracht war.

Samstag, den 19. April, brach er in einem Wagen des Grafen von Mercy um halb acht Uhr früh auf und hatte nur vier Postpferde vorspannen lassen, denn er fuhr allein mit seinem Botschafter in England, Signor di Belgioioso, der das nämliche Amt in Spanien antreten sollte. Belgioioso war ein feiner und liebenswürdiger Italiener, der momentan die Pflichten des erkrankten Mercy erfüllte. Sie fuhren mit nur einem Bereiter.

Um Viertel nach zehn suchte er in Versailles die Königin auf. Nach einem herzlichen Wiedersehen und einer Weile unter vier Augen führte sie ihn in den Œuil-de-Bœuf-Salon, wo sich vor der Morgenaudienz noch niemand aufhielt. Die Geschwister gingen ins Privatkabinett des Königs, wo sie eine Viertelstunde zu dritt blieben. Die Königin führte ihn über die kleine Treppe in ihre Gemächer zurück, dann zu Madame, wo auch Monsieur unbedingt zugegen sein wollte. Sie blieben ungestört unter sich. Dann führte die Königin ihn zur Comtesse d'Artois, wo auch der Comte d'Artois sich einfand. Danach schien der Kaiser Plaudereien mit den Brüdern des Königs aus dem Wege gehen zu wollen. Alsdann führte die Königin ihn zu den königlichen Tanten und zu Madame Elisabeth,* die kürzlich ins heiratsfähige Alter gekommen war und sehr errötete. Darüber scherzte die Königin, und der Kaiser mochte sich seinen Teil denken. Er erwies

* Elisabeth von Bourbon, 1764–1794, die jüngere Schwester des Königs und letzte Weggefährtin Marie Antoinettes.

sich überall als ausgesprochen zuvorkommend und wirkte wie ein respektvoller Ausländer, der gefallen will. Er wollte dann noch den kleinen Duc d'Angoulême* sehen. So hatte er geschwind seine ganze Familie kennengelernt.

Ich begab mich an diesem Vormittag nach Versailles. Ich ging sofort zur Königin hinauf und gewahrte einen Haufen Menschen vor ihrem Schlafgemach. Man ließ mich durch, und durch die eigens offen gelassene Tür konnte ich das Mittagsmahl im Inneren hervorragend beobachten. Ein Umstand dieses Mahls war, scheint mir, beispiellos: Bei diesem annähernd offiziellen Essen blieb die Tür sowohl für die Dienerschaft wie für Zuschauer halb geöffnet. Eine Königin von Frankreich hatte nämlich noch nie bei offiziellem Anlaß mit anderen Herren als den Mitgliedern des Königshauses gespeist.

Die kleine Tafel war prächtig gedeckt. Sie stand vor dem Bett. Alle drei, sogar die Königin in ihrem Privatgemach, saßen unbequem auf gleichen Klappstühlen, die zum Mobiliar gehörten. Der König und die Königin nebeneinander mit dem Rücken zum Bett und ihnen gegenüber der Kaiser. Da der Hof wegen des Todes des Königs von Portugal trauerte, trug auch der Kaiser nur einen schlichten Tuchrock und keinen Orden. Der König war in seine violette Trauerfarbe gekleidet und die Königin zwar gemäß der Kleinen Hoftrauer, doch nur in einem Hauskleid, da sie für die große Toilette und das entsprechende Frisieren nicht genug Zeit gefunden hatte, was ihr nicht zum Vorteil gereichte.

Durch das Sitzarrangement vermied man die Schwierigkeiten des Sesselprivilegs: Denn hätte es sich um eine hochzeremonielle Zusammenkunft gehandelt, beispielsweise ein Konzil, so beanspruchten dort die Kaiser einen Sessel, während die Könige nur Stühle beka-

* Sohn des jüngsten Bruders Ludwigs XVI. Durch das Protokoll des Thronverzichts der Bourbonen während der Juli-Revolution 1830 wurde der Herzog von Angoulême für wenige Minuten Ludwig XIX. von Frankreich. Ihm folgte nicht minder glücklos sein Neffe als Heinrich V., gleichfalls ohne Land.

men. Dadurch, daß der verstorbene König dem König von Dänemark, der halb inkognito gereist war, das Sesselrecht eingeräumt hatte, war die Sitzfrage noch heikler geworden. Nun umging man das Problem und die Rangfrage einfach. Alles in allem war dieses absolute und dennoch vollkommen durchsichtige Inkognito um so diffiziler zu handhaben, als der Kaiser, der ganz unvergleichlich den Privatmann zu spielen wußte, gleichwohl empfindlich und sehr bestimmend blieb.

Eine halbe Stunde lang beobachtete ich alles genau und erfreut, und der König wollte mir am meisten von den dreien gefallen: Er lächelte, war ungezwungen und schien hochzufrieden zu sein. Die Königin wirkte reserviert und der Kaiser auf seinem Klappstuhl wie ein ehrerbietiger Gast, der sich ein bißchen unwohl fühlt. Wir bemerkten, daß er nur Wasser trank, aber viel. Er war von der Reise sehr gebräunt. Mir schien der König am meisten zu sprechen; gutgelaunt lächelte er zu uns, die wir an der Tür standen, herüber. Das Mahl währte nicht lange: Sie erhoben sich gleichzeitig von der Tafel. Die Damen der Königin hatten serviert. Ich sah, daß der Kaiser zum König am Kamin ging, wo beide zwanglos zu plaudern schienen. Der König ist gut und gerne zwei Zoll größer als er und ebenso stattlich.

Sonntag, den 20., fuhr er in einer schlechten Mietkutsche mit nur einem ortskundigen grauen Lakaien Mercys zur Messe bei den Karmeliten und besichtigte dann dies und jenes. Er fuhr zum Invalidendom und war von ihm angemessen beeindruckt. Im Hôtel-Dieu unterhielt er sich über die makabersten Einzelheiten. Aus Vorliebe oder Kalkül zeigte er sich allerorten vorrangig an Spitälern, Kollegien und allem, was einer Humanität dient, interessiert. Zum Diner ging er zu Fuß ins Palais de Tréville. Den Abend verbrachte er in einer geschlossenen Loge in der Oper. Sein Französisch ist makellos, er spricht es geschmeidig und geistvoll, wenn auch bisweilen mit deutschen Satzkonstruktionen.

Ich fand mich diesen Abend beim *Coucher* des Königs ein. Obwohl es voll war und viele vom Heiliggeistorden gekommen waren, reichte der König mir die Kerze, die ich lange halten mußte, da er endlos von der Jagd erzählte.

Da der Kaiser in aller Herrgottsfrühe aufsteht, hatte er auch Dienstag, den 22., Zeit für seine Erkundungsgänge, wobei er ohnehin vieles allein unternimmt. Gegen halb zwei begab er sich zur Königin ins Trianon, wo sie unter vier Augen zu Mittag speisten, da der König um acht Uhr früh auf die Jagd gegangen war und danach abermals. Wie ihr Bruder ergeht sich die Königin gerne und zwanglos in frischer Luft, denn die Kaiserin Maria Theresia hatte sie ohne die frühere Steifheit des Hauses Österreich erzogen, ja fast das gegenteilige Extrem bevorzugt, nämlich ihre Kinder in der größten Ungezwungenheit aufwachsen zu lassen. Der König übertraf beide noch an körperlicher Ausdauer, und es ist erstaunlich, was sie ohne Schlafbedürfnis bewältigen. Für alles findet der Kaiser, der unermüdlich alles erkundet, keinen Wein anrührt, seine Zeit nicht mit Frauen verliert, weder spät zu Abend speist noch spielt, zeitig aufsteht und zu Bett geht und sich immer nützlich beschäftigt, genug Zeit.

Als der König recht spät von der Jagd zurückkehrte, hörte ich ihn vor aller Welt beim Stiefelausziehen laut sagen: «Wissen Sie schon, daß der Kaiser heute früh um acht meine Menagerie besichtigt hat?» Wir waren verblüfft, ihn so betitelt zu hören, doch das geschah nun immer wieder. Die *Gazette de France* berichtete sehr dezent und knapp, in den übrigen Zeitungen und Blättern aber hieß es unverblümt: «Der Kaiser.» Eigentlich wurde er ausschließlich so genannt, und kein Inkognito war je fadenscheiniger geraten.

Als ich um halb neun mit vielen anderen im Œuil-de-Bœuf-Salon wartete, war ich überrascht, den Kaiser eintreten zu sehen, der dort niemanden kannte. Um die Gelegenheit zu nutzen, bat ich Signor di Belgioioso, mich vorzustellen. Er kam wieder und sagte: «Darf ich die Ehre haben, dem Duc de Croÿ den Grafen von Falkenstein vorzustellen?» Das war die vorgesehene Formel.

Der Kaiser, der erleichtert wirkte, sich hier mit jemandem unterhalten zu können, überhäufte mich länger als eine Viertelstunde mit

Komplimenten und widmete sich ausschließlich mir mit einem Wohlwollen und dermaßen schmeichelhaften Worten, daß es trotz der großen Zuschauermenge vortrefflich verlief. Ein wenig spielte er den zudringlich Beäugten und meinte: «Es ist nicht leicht, sich zwischen Menschen zurechtzufinden, die man leider nicht kennt!» Um etwas zu sagen, brachte ich das Gespräch auf die Menagerie, die er morgens besichtigt hatte. Er lobte sie sehr und sagte: «Am Wiener Hof haben wir einen männlichen Elefanten. Der hier ist weiblich; es ließe sich eine Ehe stiften!» Darüber scherzten wir eine Weile, und ich war versucht zu sagen, daß man sich ein noch bedeutsameres Heiratsprojekt vorstellen könnte!

Er fragte, was hier vonstatten gehe, und sagte, er sei auf all unsere Gebräuche höchst neugierig. Ich erklärte ihm, daß gleich der Appell stattfände. Er bat mich, ihm zu erklären, was es damit auf sich habe, und bestand darauf, aus dem Hintergrund zuzuschauen. Ich erläuterte ihm, wie der königliche Appell verlief. Das erschien ihm wissenswert. Da mittlerweile mein Sohn eingetroffen war und sich bis zu uns durchgezwängt hatte, stellte M. de Belgioioso auch ihn vor, wonach ich die Gelegenheit ergriff, unsere Besitzungen in den Landen der Königin zu erwähnen und wie schmeichelhaft es für meine Familie wäre, eines Tages dort deren Kaiser begrüßen zu dürfen.* Rasch entgegnete er: «Oh, das wäre eine ganz andere Sache! Dies ist jetzt eine höchst interessante Reise, aber dort warteten Pflichten und ich müßte mich genauer umschauen!» Als ich merkte, daß das Warten sich hinzog, und sah, wie anstrengend es trotz ebenso glanzvoller wie ehrerbietiger Anwesenden für ihn wurde, schlug ich ihm vor, den Gardeoffizieren ins Schlafgemach zu folgen und zuzuschauen, wie sie sich für den Appell postierten. Er tat es. Ich hoffte, ihn nun besser über die Eintretenden aufklären zu können.

* Wahrscheinlich in den Österreichischen Niederlanden, ungefähr dem heutigen Belgien.

Es wurde alsbald übervoll: Der König benannte nur acht oder neun junge Leute oder Jäger zu seiner engeren Tagesbegleitung, und ich zählte nicht dazu, was mich tief kränkte. Allerdings hatte ich mich seit dem Winter nicht zum Appell eingefunden. Der Andrang war immens, mehr als ein Dutzend Damen, die gesamte königliche Familie mit Gefolge, obendrein etliche Herren mit den großen Zutrittsehren und hohe Würdenträger.

Nach dem abendlichen Souper suchte der Kaiser die Königin bei ihrem Billardspiel auf, dann den König bei seinem, und so wanderte er zwischen beiden Tischen hin und her, wobei er stets freundliche Worte wechselte, so daß er ganz wunschgemäß größtes Gefallen erregte.

Als sich der Salon leerte, fragte er, was nun geschähe. Man teilte ihm mit, daß jetzt das königliche *Coucher* stattfinde. Er bat, zuschauen zu dürfen, folgte und reihte sich zwischen den Höflingen ein. Ich glaube, die Zeremonie wurde ein wenig verkürzt. Er beobachtete genau, wie der König einem Auserwählten die Kerze reichte und wie alles weitere vonstatten ging. Nachdem dem König die Pantoffeln gereicht worden waren und der Diener wie immer rief: «Man ziehe sich zurück!», sagte er: «Jetzt muß ich wohl gehen!» Der Duc de Fronsac erklärte ihm, daß er selbstverständlich bleiben dürfe, falls er wolle. Er entfernte sich mit den letzten.

Im Vorzimmer sprach er allein einen Diener an, der ihm den Weg zeigen sollte, und zu Fuß ging er gegen eins zum Haus des Bademeisters Touchet, um sich schlafen zu legen. Man hatte ihm ein gutes kleines Bett hergerichtet. Doch er schlief wie immer auf dem Fußboden, genauer gesagt: vor dem Bett, wo alles bereitlag, ein Strohsack, sein Bärenfell als Matratze, ein Laken und sein geliebter unvermeidlicher Mantel, den er auch als Decke und als Morgenrock benutzte. In Straßburg hatte er sich mit M. de Voguë darüber unterhalten und freiweg erklärt, daß er sich wegen seiner vielen Reisen daran gewöhnt habe, immer dasselbe bei sich zu haben, so daß ihm nirgendwo etwas fehle, und daß jeder Mensch sich wohler fühle, wenn er aufs Überflüssige verzichten könne. Das ist alles höchst bemerkenswert.

Da er unaufhörlich an Manövern teilnimmt und ihm mitsamt seinem Gefolge das nächstbeste Zelt genügt, läßt sich erahnen, wie gut er in Kriegszeiten zurechtkäme. Und man merkte, daß er in vielerlei Hinsicht Karl XII. von Schweden und dem König von Preußen nacheifert. Letztlich bleibt es eigentümlich, daß jemand, den der König sogar öffentlich Kaiser und Bruder der Königin nennt, in einer Versailler Herberge auf dem Fußboden nächtigt.

Der Kaiser schien mir einhellig zu gefallen, und die sonst so überheblichen Franzosen waren begeistert. Alles wirkte vorzüglich an ihm und ganz natürlich, denn er hatte weder Zeit noch Lust, sich beraten zu lassen. Die Damen, denen er begegnete, das heißt jene mit Würden in Versailles, vernarrten sich in ihn. Bei aller Zuvorkommenheit und freundlichstem Ton blieb er doch stets der Kaiser, der sich wie der liebenswürdigste Privatmann zu geben verstand. Er gereichte der Erziehung seiner erhabenen Mutter zur Ehre und zog Gewinn daraus.

Er war sechsunddreißig Jahre alt, und obwohl er stets bescheiden gelebt hatte, merkte man, was er sich durch Aufmerksamkeit und Geschmack angeeignet hatte. Trotz seiner Anspruchslosigkeit wollte er sich in allem auskennen.

Ich selbst schaute mir mit großem Vergnügen den Elefanten an, der, wiewohl eine Elefantenkuh, mit gut sieben Fuß eines der stattlichsten Exemplare ist. Er trottete allmorgendlich frei durch den Park und gehorchte, was selten ist, seinem Wärter aufs Wort. Unser in Europa einzigartiges Rhinozeros schien mir gewachsen zu sein und war bestaunenswert. Die Kamele, Dromedare, Löwen, Tiger etc. bildeten eine vorzügliche Menagerie, und ich notierte mir, was darin noch fehlte.

Nachdem ich mich umgekleidet hatte, stellte ich mich beim Diner des Königs ein, wo ich erstaunt vernahm: «Der Kaiser hat dies gemacht, der Kaiser hat das gemacht» etc. Ein gewisser Unterschied zwischen beiden Monarchen war unleugbar. Da der Kaiser keinerlei Sonderregelungen wünschte, verlief bei Hofe alles weiter so, als wäre er nicht da.

Er besichtigte Notre-Dame und bemängelte zu Recht die Gemälde, die wie für eine Versteigerung frei im Kirchenschiff hingen. Anderentags besuchte er den Justizpalast, wo sich gerade die Pairs versammelten, die ihm allerdings vor Sitzungsbeginn das Gebäude zeigten. Er schien sich über die Länge der Gerichtsverfahren und das Ausmaß an Formalitäten zu wundern. Doch lobte er auch sachkundig. Von allen Seiten wurden einem seine bedenkenswerten Bemerkungen zugetragen, die ich gerne genauer überprüft hätte.

Er besichtigte weitere Hospitäler.

Da er allmählich bekannt geworden war, begegnete man ihm allerorten und die Menschen umringten ihn. Er schien daran gewöhnt zu sein, sich unters Volk zu mischen. Er war in Wien erzogen worden, wo er fast täglich allein spazierenging. Ebendeshalb spielte er seine Rolle so gut. Paris war ganz hingerissen von ihm, das Volk beklagte allerdings, daß er immer so flink entwich. Es war annähernd unmöglich zu erahnen, was er wann besichtigte. Doch waren es stets lohnende Ziele, die ihn zu bilden versprachen. Von den Geschichten über ihn könnte erwähnenswert sein: Eines Tages saß er in der Oper, jedoch verborgen hinter der Königin. Das Parkett nutzte den Besuch und stimmte «Feiern wir unsere Königin!» an, um ihr sodann auch durch donnernden Applaus zu huldigen. Dieses Lärmen wurde so heftig, daß die Königin sich erhob und mit edelster Anmut dankte und grüßte. Logen und Parkett sprangen auf und wetteiferten im Jubel, der wegen des anwesenden Kaisers noch frenetischer wurde und sogar den Unempfindsamsten zu Tränen rühren konnte. Er durfte sich nicht länger verbergen, zeigte sich kurz und rief von Herzen und überaus schmeichelhaft für uns aus: «Was für eine bezaubernde Nation!» Der Comte d'Artois umschlang ihn beinahe und rief: «Da erleben Sie, wie sehr wir unsere Gebieter lieben!» Und jeder rundum brach in Freudentränen aus.

Sonntag, den 27. April, beobachtete ich ihn abends aus nächster Nähe und war verblüfft. Eine Stunde verharrte er am Spieltisch der Königin, wodurch er ihr und den anderen Damen seine Aufmerksamkeit bezeigte, sich dabei weltgewandt gab und gleichwohl majestätisch blieb. Wenn er redet, ist seine Mimik sehr einnehmend, wie er auch insgesamt freundlich, höflich und äußerst würdevoll wirkt. Er hält sich meistens sehr gerade. Stets ist erkennbar, daß er so exzellent erzogen wurde, wie man es jedem wünschen kann. Ich beobachtete ihn vorrangig wegen seiner Bemerkung zum Glücksspiel, als er bekundet hatte, daß Herrscher nicht mit hohem Einsatz spielen sollten, denn es handele sich um das Geld ihrer Untertanen – ein Wink für die Königin. Deshalb war nichts von den üblichen Goldmünzenhaufen und überhaupt kein Geld zu sehen, sondern man spielte das maßvolle Pharao an dem Tisch, an dem ich weilte. Ich glaube, daß er die Königin sehr störte. Doch da beide die Kaiserin fürchteten, ihre allmächtige und beherrschende Mutter, bangte die Königin, daß er in Wien allerlei berichten könnte, so daß sie sich unfreier fühlte als der König, der gut gelaunt blieb und insgesamt höchst unbefangen mit ihm umging. Beide Herrscher spielten ihre unterschiedlichen Rollen perfekt. Nachdem der König sich kurz gezeigt hatte, begab er sich zur Abendtafel, wohin der Kaiser ihm, was noch nie geschehen war, auf dem Fuße folgte und wo er auch sogleich hofhielt, während der König vor den Zuschauern Platz nahm und speiste. Ich gestehe, daß mich dieser Anblick sehr beeindruckte. Eine Unmenge Menschen war zugegen. Das hohe Halbrund des Saals mit seinen Sitztribünen und den Musikern auf der Empore wirkte prächtig, wiewohl der Raum für solche Anlässe noch üppiger geschmückt sein könnte. Der Kaiser, von Blicken verschlungen, blieb während der gesamten Zeremonie zwischen den Höflingen stehen, die sich bemühten, einen Hauch Abstand zu wahren und ihn nicht zu drücken. Der Duc de Chartres leistete ihm Gesellschaft und wandte alles ein wenig ins Heitere. Der König richtete von seiner Tafel recht oft das Wort an ihn. Er trat jedes Mal vor und antwortete ebenso wohlgesetzt und beinahe ehrerbietig. So schmeichelhaft solche Unterhaltung für den König sein mochte, so schwierig war es zu entscheiden, wer den vorteilhafteren Part spielte. Manches Bedenkenswerte ließe sich anmerken, wenn man sich an den Hochmut des alten Hauses Österreich erinnert.

In diesem Zusammenhang bleibt auffällig, daß bisher nur zweimal Kaiser nach Frankreich gekommen waren: das erste Mal 1360, und dann war es die legendäre Durchreise Karls V. gewesen. Beide Ereignisse waren von großem Pomp begleitet gewesen. Aber in diesem Jahrhundert scheinen die Herrscher sich privater zu geben, und es ist gut erinnerlich, daß vor wenigen Jahren der regierende König von Dänemark in Paris war und der König von Schweden, der erst hier erfuhr, daß er König geworden war, wie nun der Kaiser, der in Paris weilte. Der König von Preußen hatte einst vollständig inkognito einen Ausflug nach Straßburg unternommen. Ein König von Frankreich hatte hingegen noch nie ausländischen Boden betreten, es sei denn an der Spitze seiner Armeen.

Dabei ist eine weitere große Sittenveränderung zu beobachten. Ehedem wagten Herrscher niemals, ihrer Macht dermaßen entblößt zu reisen, und unsererseits gibt es dafür kein Beispiel. Wenn man bedenkt, daß dieser so berühmte Mann, trotz des oft einfachen Volks um ihn herum, der Erbe des so erhabenen Hauses Österreich ist und als unser geborener Widersacher schon viel Franzosenblut hatte fließen lassen, dann darf man schon sehr erstaunt sein, zumal er, im Gegensatz zu uns, mehr als zweihunderttausend Mann marschbereit hält, deren Zahl er noch kräftig erhöht und im Feldlager höchstselbst befehligt. Bei der Parade lobte er die Französischen Garden nicht so, wie sie es als das allerschönste Korps verdienten. Vielleicht passierte dies wegen eines Zwists bei Hofe, den der Comte d'Artois angezettelt hatte, um die Schweizergarde in den Vordergrund zu spielen. Wir staunten, als die Königin den Kaiser drängte, in ihre Karosse zu steigen und sie nach Versailles zu begleiten. Nie zuvor hatte ein Mann bei einer Königin von Frankreich mitfahren dürfen, nicht einmal die Brüder des Königs.

Der 7. Mai wurde für uns durch die Geburt des siebten Sohns meiner Schwiegertochter bedeutsam. Neben dem bei der Geburt getöteten Sohn hatte sie nun sechs Söhne und ihre Schwester fünf und kein einziges Mädchen, was ungewöhnlich ist. Um sieben Uhr abends fuhren wir in drei Berlinen zur Taufe nach Saint-Sulpice.

Nachdem mich der Marschall de Biron diskret und zuvorkommendst informiert hatte, brachte ich am 10. Mai um zehn Uhr morgens meine vier Enkel (nur Gustave und den Neugeborenen ließen wir zu Hause) zum Arsenal der Französischen Garden an der Ecke des Boulevards und der Chaussée-d'Antin, wo der Marschall seine Kadettenanstalt eingerichtet hatte. Sonst waren nur der Marschall de Broglie, seine Gattin und seine vielköpfige Familie zugegen, so daß wir alles recht gut beobachten konnten. Seit einer Stunde schon ließ sich der hochinteressierte Kaiser kennerhaft alles zeigen. Nachdem ich meine vier Enkel entlang der Mauer der Größe nach aufgestellt hatte, sprach der Marschall de Biron den Kaiser an: «Hier sind die kleinen Croÿs!» Der Kaiser näherte sich freundlich und betrachtete die vier genau: «Wie hübsch sie sind!» Ich sagte: «Zu Hause gibt es noch zwei. Ich hoffe, daß sie eine Zierde der Niederlande werden!» Er lächelte und ging zum Speisesaal hinüber, wo die Zöglinge mit Hut auf dem Kopf bei der Suppe saßen. Im Hof dann bildeten wir einen Kreis um ihn, so daß meine Enkel ihn genau sehen und hören konnten, damit sie sich zeitlebens an diesen Moment erinnerten. Er berichtete von seinen Erziehungsmethoden und daß er jedem Kadetten monatlich eine kleine frei verfügbare Summe zuteile, damit sie sich an Ordnung gewöhnten. Alsdann bestieg er mit einigen Herren und dem genesenen Mercy seine Berline und kehrte nach Versailles zurück, von wo er morgens eigens gekommen war.

Als er die Gemäldegalerie des Palais du Luxembourg besichtigte, hielt er vor einem schönen Porträt Heinrichs IV. inne, und man hörte ihn flüstern: «Das war ein Mann! Der kannte die Menschen und wußte, was sie taugen!»

Er suchte auch das hübsche Häuschen der Operntänzerin Mademoiselle Guimard auf, die anwesend war, und erklärte später in Versailles, neugierig gewesen zu sein, in welchem Luxus solche Mädchen in Frankreich leben. Vergebens machte man ihn mit entzückenden Personen bekannt. Er schien sich allzeit allein dem Bedeutsamen verschrieben zu haben.

Am 19. Mai unterbreitete ich dem König bei der Morgenaudienz meine verbesserte Antarktiskarte. Gerade hatte er mit Vergnügen die Reisen von Mr. Cook gelesen, und er kannte sich vorzüglich in der Geographie aus. Als Kenner nahm er sich viel Zeit für die Karte. Mit dem Finger zeigte er sogar auf alle markanten Punkte, und er unterhielt sich lange mit mir aufs Schmeichelhafteste, so daß ich für meine Mühe reichlich belohnt war. Ich nutzte die Gelegenheit, auch ihm mein Lob auszusprechen, was an sich vollkommen ungehörig war. Doch ich spürte, daß er dafür empfänglich war. So war es eine gute Idee gewesen.

Zweifellos ist der König sehr gebildet und weiß mehr, als man meint oder er zeigt. Der Unterschied ist sehr augenfällig: Der Kaiser offfenbarte stolz sein Wissen, während der König viel wußte, doch aus Scheu und Bescheidenheit sich fürchtete, es hervorzukehren.

Abends kehrte der Kaiser nach Paris zurück. Tags darauf erkundete er die Gegend, die Moulin Joli heißt. Abends besuchte er die Komödie, wo ihm zugejubelt wurde und er sich zeigte. Nächsten Tags fuhr er nach Versailles, begab sich abends aber mit der Königin wieder ins Theater. Er schätzte ausschließlich unsere guten französischen Komödien. Seine Abreise schien bevorzustehen. Er sagte, daß er unsere Opern weniger schätze als die italienische Musik, daß ihm italienische Komödien zu albern seien und er unsere moralischen Komödien vorziehe, in denen man die Schauspielkunst bewundern und sich in jede einzelne Person hineindenken und mit ihr nachsinnen könne. Niemals äußerte er sich zur Politik, und er wirkte undurchschaubar. Als eine Dame ihn fragte, was er von den amerikanischen Aufständischen halte, antwortete er: «Bei meinem Beruf muß ich Royalist sein und darf keine Rebellen preisen!» So verhüllte er seine Ansichten.

Was ihn am meisten zum großen Mann bestimmte, der er durchaus auch sein wollte, war, daß er sich niemals von dem, was man den feinen Ton oder pariserischen Geist nennt, blenden ließ, sondern darüberzustehen schien. Auf einer Gesellschaft mit den berühmtesten Schöngeistern wie d'Alembert, Diderot etc. sprach man ihn direkt darauf an. Mit seiner Antwort erteilte er allem bloß Schillernden eine Abfuhr. Nachdem er bekundet hatte, sich nur mit tatsächlich nützlichen Dingen befassen zu mögen, fügte er an: «Ich gestehe, daß ich den Luxus ungreifbarer Kenntnisse immer gefürchtet habe!»

Nachdem er bei Louveciennes die Pumpwerke von Marly* besichtigt hatte, nahm er unter dem Vorwand, sich ihr hübsches Gartenhaus, wo sich die Künste wechselseitig überboten, anzuschauen, die Gelegenheit wahr, Madame du Barry aufzusuchen. Man merkte, daß er erpicht darauf war, alles halbwegs Nennenswerte und Berühmte kennenzulernen, und an der Wahl seiner Wege ließ sich ablesen, wie sehr man sich in Wien für Paris interessiert. So verhält es sich überall, und an den anderen Höfen schätzt man uns im gleichen Maße, in dem wir selbst uns herabzusetzen suchen. In diesem Jahrhundert, in dem jeder bekrittelt wird, war er indes der einzige, über den nur Gutes zu hören war.

Den 29. Mai brach er um zehn Uhr morgens mit kleinem Wagen und seinem graulivrierten Lakaien, den er als seinen Vertrauten bezeichnete, von seinem Botschafter aus auf (wo er in den herrlichen Gemächern gewohnheitsgemäß auf dem Boden geschlafen hatte). Es waren nur wenige Schaulustige zugegen. Er nickte seinem Botschafter und den übrigen Herren knapp zu. In gewohnter Einfachheit fuhr er nach Versailles. Die verbleibenden Stunden widmete er fast ausschließlich Versailles und seiner Schwester. Am 29. verließ er sie und den König fast gar nicht, und der König führte ihn ausgiebig durch die Gärten und bewies damit ebenbürtige Ausdauer. Wenngleich sie lange unter vier Augen waren, weiß man, daß kein Wort

* Die gewaltige Pumpmaschinerie an der Seine zur Versorgung der Wasserspiele von Versailles wurde durch mehrere tausend Pferde angetrieben und galt als mechanisches Wunderwerk.

über Politik fiel. Sie schienen völlig ungezwungen und freundschaftlich miteinander umzugehen. Es heißt, daß sie sich brüderlich umarmt hätten, und alles schien vortrefflich verlaufen zu sein.* Sie speisten mittags und abends zu dritt. Dem Abschied wohnte niemand bei, doch mehrmals sah man die Königin weinen. Gegen Mitternacht zog sich der Kaiser wie immer in seine Herberge zurück.

In der Morgendämmerung des 30. brach er in demselben Wagen auf, in dem ich ihn hatte eintreffen sehen. Der Befehl war erteilt worden, auf seiner Route sechsundzwanzig Pferde zum Wechseln bereitzuhalten.

Angesichts seines Ehrgeizes, der Neigung zum Militärischen und seines Eifers, überall zu reüssieren, mochte er auch bedrohliche Absichten hegen. Doch widmete er sich dermaßen vielen Dingen, daß zu hoffen blieb, er werde durch die Weltläufigkeit, die er an den Tag legte, und überdies durch die verfließenden Jahre gelassener sein, wenn er dermaleinst nach dem Ableben seiner Mutter der eigentliche Herr und Meister wäre. Vom Königreich nahm er gewiß einen guten Eindruck mit, Paris und die Franzosen, die ihn bewundert hatten, mußte er lieben. Alles in allem war dieser ein wenig gefürchtete Besuch ein voller Erfolg geworden. Daneben konnte er unserem Hof als Beispiel dienen und ihm eine Vorstellung von wahrer Größe vermitteln.

* Vielleicht bestärkte Joseph II. auf diesem Spaziergang seinen Schwager darin, dessen zeugungshemmende Phimose operativ beseitigen zu lassen.

Voltaire und das Doppelwesen d'Eon

Neujahr (1778) fand der Konvent des Heiliggeistordens erstmals in reichbestickter grüner Tracht statt, was nicht sonderlich zur Kapellenausstattung paßte. Rot wäre geeigneter gewesen. Das Ordensgewand kostete jeden hundert Louisdor. Ich brachte in Erfahrung, daß vor mir vier Anwärter auf die beiden Kommandeursränge des Ordens rangierten. Um Eifersüchteleien zu vermeiden, schlug der König niemanden zum Ritter. Vier hätten es werden können. Die Herren de Voguë, de Montbarrey, d'Escars und de Guines waren im Gespräch gewesen. Kein Jahresauftakt verlief je glanzloser und stiller. Es gab keine Neuigkeiten, keine Nachrichten aus England oder von anderswo. Tags darauf kamen wir beim König unseren Ordenspflichten nach, doch wurden wir gleichsam im Galopp abgefertigt, da Jagdtag war. Abends war ich wieder in Paris, und ein ruhiger Jahresbeginn kündigte sich an: Doch war es die Ruhe vor dem Sturm.

Ich erfuhr, daß M. de Saint-Germain sich nach seiner Entlassung als Kriegsminister in allen Ehren in seine Wohnung im Arsenal zurückgezogen hatte und am bösen Fieber dahinsiechte (woran er, von niemandem betrauert, am 15. verstarb). Er war ein guter General gewesen und hätte größere Wertschätzung genossen, wenn er nicht Minister geworden wäre.

Am 2. speiste ich bei M. de Vergennes.* Wir freuten uns über die Genesung des Kurfürsten von Bayern, aber M. de Vergennes ließ uns wissen, daß die Ärzte mit dem Krankheitsverlauf nicht zufrieden seien

* Charles Gravier Comte de Vergennes, 1717 – 1787, Minister des Äußeren.

und man den Ausgang abwarten müsse. Wir debattierten über dieses Ereignis, dessen Bedeutung jedem offenbar war.

Am 5. des neuen Jahres traf die schreckliche Nachricht von seinem Tod am 30. Dezember ein, dem siebenundzwanzigsten Tag seiner Erkrankung.*

Da ich keine Gelegenheit ungenutzt verstreichen lassen wollte und alles vorbereitet hatte, überreichte ich am 10. Januar M. de Vergennes meine große und wichtige Denkschrift über *Die idealen Grenzen Frankreichs*, die ich in Anbetracht dieses Todesfalles über die Vorteile, die Frankreich, wäre es stark genug gewesen, daraus hätte ziehen können, verfasst hatte. Er schien die Bedeutung der Schrift zu ersehen und versprach, sie im Hinterkopf zu behalten.

Zur Abwechslung und um die Szene ein wenig zu beleben, muß ich auf zwei Menschen zu sprechen kommen, die zu jener Zeit in Paris großes Aufsehen erregten: der berühmte Voltaire und der erstaunliche Eon.

M. de Voltaire, der so lange schon bei Genf auf seinem Gut Ferney lebte, das er offenkundig nicht mehr zu verlassen gedachte – zum einen wegen seines hohen Alters, zum anderen wegen seiner Ausweisung aus Frankreich –, schloß eine junge Verwandte ins Herz, die er vergnügt einem Kloster entriß, wo sie aus Armut das Gelübde ablegen wollte. Der Freigeist verheiratete sie mit M. de Villette, Sohn eines Schatzmeisters, der das Vermögen seines Vaters im Handumdrehen verschleuderte, doch ansonsten gewitzt und geistreich war. Und vielleicht langweilte sich Madame Denis, Voltaires betagte Nichte, in Ferney. Kurzum, nach jener Hochzeit, die den Greis belebte, wurde er überredet, nach Paris zurückzukehren, ohne eigentlich die Erlaubnis dafür zu haben.** In seinem Alter durfte er keine Zeit

* Nach dem Tod Maximilians III. Joseph von Bayern, 1727–1777, drohte ein neuer Erbfolgekrieg.

** Voltaire, *das Licht des Jahrhunderts*, hatte durch seine freigeistigen Schriften die bestehenden Autoritäten, Klerus und Staatsmacht, dermaßen gegen sich aufgebracht, daß auch in Frankreich (wie in Rom) seine verlieren. Als der Beschluß gefaßt war, wurde er hurtig herbeikutschiert. M. de Villette brachte die Reisegesellschaft in seinem schönen Pariser Haus am Theatinerufer, Ecke Rue de Beaune, unter. Es war der 10. Februar 1778, als der berühmte Mann im Alter von dreiundachtzig Jahren und drei Monaten in seine Geburtsstadt zurückkehrte, die er vor zig Jahren verlassen hatte, beziehungsweise aus der er vertrieben worden war ... (sic). Als er bei M. de Villette eintraf, strömten die Menschen zusammen. Ich habe gesehen, daß die breite Uferstraße gar nicht sämtliche Karossen fassen konnte. Die Académie Française, mit einem Prinzen an der Spitze, dazu die Comédie Française erschienen vollzählig. Das erste Unglück, das Voltaire bei seinem Eintreffen in Paris zustieß, war die Kunde von Krankheit und Tod Le Kains, des gefeierten und von ihm ausgebildeten Schauspielers, der trotz seines übellaunigen und grobschlächtigen Wesens so wunderbar fein spielte, daß man nach seinem Ableben, wie es hieß, die Hauptwerke Voltaires nicht mehr aufführen konnte. Doch gerade das Theater war eines der Ziele dieser Reise, denn der berühmte Patriarch der Freigeistersekte war nur allzusehr Dichter und träumte Tag und Nacht von Bühnenstücken: Er war auch Patriarch des Theaters.

Es bleibt höchst bedauerlich, daß Voltaire zeitlebens weder ehrenhaftes Betragen noch irgendwelche Prinzipien kannte, ist er doch eines der schönsten und reichsten Genies, die je existierten. Sein System, alles zu verneinen, keinem vorgegebenen Pfad zu folgen, alles mit Skeptizismus und Pyrrhonismus zu überziehen, bewirkte, daß er – ganz wie die Advokaten – aus jedem X ein U machen konnte: Ebendeshalb hat er so viel geschrieben, und wenige Schriftsteller haben sich glänzender über alles Mögliche ausgelassen. Doch seine Vorliebe blieb das Tragödiendichten. Noch mit dreiundachtzig Jahren war er

Bücher öffentlich verbrannt wurden, was für die begierig gelesenen Nachdrucke um so förderlicher war. In Paris hatte er lange sogar mit seiner Verhaftung rechnen müssen, doch über die Jahrzehnte war der *Patriarch von Ferney* zum vermutlich unantastbaren Monument geworden.

vollauf damit beschäftigt. Es ist beispiellos, wie er wenige Tage nach seiner Ankunft und den ersten Proben eines neuen Trauerspiels beinahe in nur einer Nacht einen ganzen Akt in schöne Verse umgoß.

Als ich ihn vor dreißig Jahren gesehen und gekannt hatte, war er schon ein Skelett, Hypochonder gewesen. Wie sah er mittlerweile aus? Er lebte nur von Kaffee und Verseschmieden: Arbeit und Kaffee töten folglich nicht durchwegs! Man bedenke, daß er schon als Fünfjähriger die *Henriade* oder zumindest mit achtzehn seine erste Tragödie gedichtet hatte. Das Hauptanliegen seiner Reise nach Paris war die Aufführung von *Irène*, einem Drama, an dem er noch feilte. Da man mit dem Werk unzufrieden war und er um seinen Ruhm bangte, schrieb er in zwei Nächten einen Akt in glühende Verse um. Dazu braucht es mit dreiundachtzigeinhalb wahrlich Feuer! Er wollte alles anders deklamiert haben und ließ die Schauspieler endlos proben. Dabei ereiferte er sich so heftig, daß er Blut spuckte. Tronchin behandelte ihn. Nach weiteren Anfällen und besessen von seiner Tragödie war ihm so elend, daß er alsbald in den Frühling von Ferney, auf sein Landgut bei Genf, zurückkehren wollte.

Im Laufe dieser Erkrankung ließ er einen Priester an sein Bett rufen und spielte mit allerlei Mätzchen den reuigen Sünder. Geradezu eine Verhöhnung des Glaubens schien er im Schilde zu führen, so daß seine angebliche Rückkehr in den Schoß der Kirche, als er in Lebensgefahr schwebte, höchst fragwürdig bleibt. Er sagte, daß man nach altem Brauche zu sterben hätte, und dachte doch nur an sein Stück.

Schließlich kam es am 16. März auf die Bühne, doch wurde die Aufführung, wie es hieß, durch ein Duell am selbigen Tag überschattet. *Irène* wurde mehrmals gespielt. Voltaires Nichte empfing im Theater recht pompös die Huldigungen. Die beiden ersten Akte waren schön, der Rest war kalt, und es scheint, als hätte er mit einem geeigneteren Sujet und besserer Durchführung noch einmal triumphieren können. Die Begeisterung schwand, steigerte sich aber dann wieder.

Der Bluthusten durch sein Toben bei den Proben und danach zu Hause brachte ihn in Lebensgefahr. Einem Abbé Gaultier, Beichtiger im Siechenspital, gelang es, zu diesem furiosen Greis vorgelassen zu werden. Gaultier teilte dem Pfarrer von Saint-Sulpice mit, er habe ihm die Beichte abgenommen. Man forderte von M. de Voltaire jedoch eine schriftliche Reuebekundung. Er schrieb sie eigenhändig:

Im Alter von vierundachtzig Jahren und von schwerem Bluthusten heimgesucht, habe ich, nachdem der Pfarrer von Saint-Sulpice seine guten Werke um die Entsendung des Abbé Gaultier vermehrt hat, gebeichtet und erklärt, daß ich in der katholischen Religion meiner Väter sterbe, und so ich die Kirche erzürnt haben sollte, erbitte ich ihre Vergebung. Falls kundgetan wird, daß ich im voraus für nichtig erklärt hätte, was ich im Falle meines Sterbens bekennen würde, so erkläre ich hiermit, daß solcherlei unrichtig und ein übler Scherz geistreicherer Menschen ist, als ich es bin.

Der Pfarrer von Saint-Sulpice, der uns all das erzählte, war mit diesem Bekenntnis unzufrieden und suchte Voltaire zweimal auf. Beide ergingen sich in Höflichkeiten. Der Pfarrer versicherte, daß er sich in der Todesangst tatsächlich bekehrt habe. Die Freigeister hingegen behaupteten, daß es sich nur um einen raffinierten Schachzug handele, damit man ihm nicht eine schöne Beisetzung verweigerte. Inmitten dieses Wirrwarrs erholte er sich und besuchte am 30. März die vierte oder fünfte Vorstellung seines Stücks. Der Schauspieler Brizard krönte ihn in seiner Loge mit dem Lorbeerkranz, und das Publikum brach in frenetischen Jubel aus. Voltaires Büste wurde aus dem Foyer auf die Bühne geholt, und er wurde wie in der Akademie mit Ehren überhäuft.

Die Geschichte des falschen Chevalier d'Eon

Er wurde – denn bis zum Schluß muß man *er* sagen – vermutlich zu Clermont in Burgund geboren. Sein Vater war Verwaltungsbeamter und hatte dort einen Posten bei der Provinzintendanz inne. Es hieß, daß er aus familiären Gründen unbedingt einen Sohn wollte und seine Frau gar bedroht haben soll, falls sie ihm eine Tochter gebären sollte. So kam sie mit ihrer Hebamme überein, auf alle Fälle die Geburt eines Jungen zu vermelden. Nachdem sie von einem Mädchen entbunden worden war, wurde der Amme mitgeteilt, es wäre ein Sohn, und die Amme, die schnell eingeweiht war, das Geschlecht zu verheimlichen, zog das Kind als Jungen auf. Dann umsorgte es die Mutter allein und ließ es bei Wind und Wetter draußen spielen, damit es sich abhärtete.

Schon früh besuchte der kleine d'Eon das Kolleg von Clermont und erwies sich als gelehriger Schüler. Ein Herr, der mit ihm die Schulbank gedrückt hatte, bestätigte mir, daß niemand je Verdacht geschöpft habe und er sich bloß daran erinnere, daß die Mutter ihn immer abholte und bei der Hand nahm, damit er nicht stolpere oder falle, wie sie meinte. Wohl mit zehn Jahren wurde er über sein Geschlecht aufgeklärt und vor die Wahl gestellt. Sei's aus Vernunftgründen oder aus Neigung: Sie wollte männlich bleiben. Man schickte ihn nach Paris zu seinem Onkel M. d'Eon, einem angesehenen Polizeioberen. Um ihn in seiner Rolle zu bestärken, wurde beschlossen, daß er besonders energisch und männlich auftreten müsse. Folglich verbrachte er seine jungen Jahre mit viel Leibesertüchtigung und vornehmlich mit der Ausbildung zum perfekten Fechter. Stete Übung hatte sein Handgelenk gekräftigt, und eine ihm angeborene feine Gelenkigkeit ließ ihn in der Fechtkunst glänzen. Dazu gesellten sich der geschmeidige und leichte Körper und Anmut, so daß er als *hübscher kleiner Eon* bestaunt wurde. Er vervollkommnete sich im Waffenhandwerk dermaßen, daß er alsbald als einer der besten Degen von Paris galt. Da er seinen Gegner zumindest in Schach zu halten, wenn nicht gar zu töten vermochte und auch zotig vom Leder ziehen konnte, wirkte seine Rolle immer überzeugender. Das Glück schien ihm günstig, wiewohl er in übelbeleumdeten Kreisen verkehrte. Doch auch die feinere Gesellschaft suchte seinen Umgang. Er las viel, vertiefte sich in alles Erdenkliche, war gebildet und willensstark. Er machte sich gehörig in der Außenpolitik kundig, und da sich dort viel bewegte, wurde er mit Geheimaufträgen bedacht. Das ermöglichte ihm zwei oder drei Reisen nach Rußland, wovon aber kaum jemand erfuhr, gab er sich dort doch als junge Frau aus, die sogar mit der Zarin musizierte. Ein weiteres Mal reiste er als Mann und fungierte als eine Art Botschaftssekretär, der dem jungen Zaren Fechtunterricht erteilte. Dann wurde in Sankt Petersburg sein Geschlecht ruchbar, und Zweifel erhoben sich. Er antwortete darauf mit dem Degen in der Faust, forderte Zweifler zum Duell, worin er stets männlich triumphierte. Das überzeugte und ließ die Gerüchte verstummen, die nicht bis nach Frankreich drangen.

Dann meldete er sich zu den Fahnen, wurde Dragoner und war während einem oder zwei Feldzügen Adjutant des Comte de Broglie. Er zeichnete sich im Kampf aus, wurde offenbar verwundet und avancierte dank einer Heldentat sowie guter Freunde zum Dragonerhauptmann mit dem Sankt-Ludwigs-Kreuz. Seither war er nur unter dem Namen eines Chevalier d'Eon, Dragonerhauptmann und Sankt-Ludwigs-Ritter, bekannt. 1763 wurde er zum Botschaftssekretär des Duc de Nivernois ernannt, der zu den Friedensverhandlungen nach England reiste. Als solchen lernte ich ihn auf seiner Durchreise in Calais kennen. Als mein Sohn die Blattern bekam, war ihm der Chevalier d'Eon sehr hilfreich, und ich pflegte einigen Kontakt mit ihm. Mein Sohn sah ihn häufig, und beide politisierten tüchtig. Als ich damals in Calais an einer Kaminecke mit ihm sprach, also ihm recht nahe kam, schoß mir durch den Kopf: Das ist kein Mann. Die weiche Haut und seine sanfte Stimme, kein Bartwuchs, bestenfalls ein feiner Flaum – wiewohl er sich täglich auch vor Zeugen rasierte, die, so erklärte er, auf seine zarte Haut neidisch seien –, all das brachte mich auf meinen Gedanken. Da ich mir keinen Reim darauf machen konnte und er mit seinen Männerscherzen aufwartete, entschlüpfte mir kein Wort.

Nachdem M. de Nivernois durch seinen Schwager, den Comte de Guerchy, als Gesandter ersetzt worden war, wurde der Chevalier d'Eon dessen Sekretär und im Falle seiner Abwesenheit Generalbevollmächtigter. Durch seinen Eigensinn gab es von Anfang an Scherereien.

Das führte zu den bekannten Zerwürfnissen, brachte den Chevalier zu Fall, wobei er M. de Guerchy ergrimmt beinahe den Garaus machte.

Er blieb in England, wo es ihm passabel erging, doch schrieb er aller Welt Briefe voller Undank. Da er im Besitz von Geheimpapieren war, suchte der Comte de Broglie mit Ludwig XV. nach einer Lösung, so daß d'Eon alle zwei Wochen der Gegenstand von Geheimunterredungen wurde, die sogar das Kabinett beunruhigten. Man versuchte ihn daran zu hindern, Schriften gegen die Mätressen zu veröffentlichen. Damals, heißt es, ließ der verstorbene König ihm mitteilen, daß er einen Haftbefehl erlassen werde, zumal er Briefe an Mme. du Barry besaß, die man einforderte. Das führte letztlich zu den Verhandlungen, die Beaumarchais führte, den ich seinerzeit mehrmals in Calais sah.

Als dem Chevalier d'Eon in England, wo hohe Wetten über sein Geschlecht abgeschlossen wurden, die er mit dem Degen und seinen unflätigen Witzen gerade noch parieren konnte, der Boden zu heiß wurde, ging ihm überdies das Geld aus. Er war nun (1777) neunundvierzig Jahre alt. Beaumarchais stellte ihm die königliche Gnade in Aussicht, falls er wieder Frauenkleider tragen würde; obendrein würde ihm eine Pension von zehntausend Livres bewilligt und er dürfte sein Ludwigskreuz behalten. Daraufhin kleidete er sich wieder als Frau, erstaunte jedermann mit seinem Orden und wurde wegen seiner Undankbarkeit, die Beaumarchais ans Licht brachte, schließlich allgemein verachtet.

Mein Sohn erinnerte sich, daß d'Eon einmal ganz offen von seiner Zurückhaltung gegenüber einer hübschen Dame gesprochen hatte, die ihn anhimmelte, wobei ihm entschlüpfte: «Die Natur weiß schon, was sie will!» Dann schien sie sich zu besinnen und wechselte das Thema.

Der Comte de Broglie hat mir mittlerweile gestanden, niemals etwas vermutet zu haben, weder während jenes Jahres, als sie sein Adjutant gewesen war, noch als d'Eon ihre Spitzeldienste für den König leistete, der eines Tages den Comte gefragt hatte: «Wissen Sie, daß mein Botschafter behauptet, Ihr Adjutant (damals bereits mit sämtlichen Vollmachten versehen) wäre ein Mädchen?»

M. de Sartine hat mir versichert, beizeiten Bescheid gewußt zu haben.

Verblüffend bleibt, daß sie nach Sankt Petersburg als junge Frau reiste. Ich habe unterdessen in Erfahrung gebracht, daß unser Hof, wo sie als Mann mit mädchenhaften Zügen galt, in Sankt Petersburg dringend einen unerkannten Vertrauensmann brauchte und das Augenmerk auf d'Eon fiel, die damals zum ersten Mal in Frauenkleider gesteckt wurde. Ich finde es hochvergnüglich, daß man allen Ernstes eine Frau als Frau verkleidete.

Nun denn, Mlle. d'Eon erging sich in Verunglimpfungen Beaumarchais' und blieb in Paris mitsamt ihrem Ludwigskreuz, ihrem Rock und ihren Dragonerzoten, die man sich anhörte, bis sie zu langweilen begann.

Charles Geneviève d'Eon de Beaumont

Hausball und
Kampf um die Neue Welt

Ich kehre nun zu meinem persönlichen Bericht zurück: Wir erfuhren, daß meine Wohnung in Versailles, die ich zweimal mit gnädiger Einwilligung des Königs umgebaut hatte, beseitigt und abgerissen werden sollte. Meinem Sohn und mir wurde eine bessere in einem neuen Gebäude versprochen, aber solcher Umzug war sehr lästig.

M. de Maurepas litt sehr unter seiner Gicht. Der König beriet sich mit dem Minister in dessen Räumen, anschließend wurde er mit der Sänfte in den Rat getragen. Das Palais Royal wurde zum immer beliebteren allgemeinen Treffpunkt. Der Hof hingegen war ruhig. Die Königin und ihre Damen wurden wegen ihres Charmes und ihrer Anmut bewundert. M. de Maurepas war als Premierminister mächtiger als je einer zuvor, plante stets ins Große, doch verlor sich allzusehr in Hofgeplänkel.

Am Faschingsdienstag, der auf den 3. März fiel, gaben wir bei mir von vier bis neun Uhr einen zauberhaften Ball, den meine Schwiegertochter vortrefflich einrichtete. Eine Schar Kinder vergnügte sich in der Gemäldegalerie, während die Erwachsenen sich im Salon aufhielten. Es ging sehr lebhaft zu. Das Haus erstrahlte, meine Enkel strahlten gleichfalls und machten der Familie Ehre. Gegen neun brach alles auf, während gleichzeitig neue Gäste eintrafen. Nach einem Festessen veranstalteten wir einen sogenannten Altenball, auf dem sich aber auch junge Mütter prächtig amüsierten. Wir hatten die besten Tänzer eingeladen. Ball und froher Tanz währten ohne Unterlaß von elf bis halb acht Uhr früh, als wir in der Dämmerung zur Aschermittwochsmesse aufbrachen. Weil schließlich jeder tanzte und es unausweichlich wurde, meisterte auch ich trotz meiner fast sechzig Jahre vier Kontertänze, ohne erschöpft zu sein.

Am 17. März 1778 war ich Gast beim Festbankett des kaiserlichen Botschafters. Dort wurde die große Neuigkeit bekannt, daß am Abend zuvor der englische Botschafter von seinem Hof den Befehl erhalten hatte, ohne förmlichen Abschied aus Paris abzureisen, was mehr oder weniger den Kriegszustand mit England bedeutete.

Am 19. erfuhren wir überdies, daß in Konstantinopel am 20. Januar Rußland der Krieg erklärt worden sei. Als ich mich abends wie gewöhnlich zu Mme. de Maurepas begab, wo reger Besucherandrang herrschte, hörte ich, daß am nächsten Tag, dem Tag der Abreise des englischen Botschafters, sozusagen als dessen Ersatz, Franklin und amerikanische Abgesandte vom König offiziell empfangen werden würden. Ich konnte mich nicht genug verwundern.

Freitag, den 20., fand tatsächlich dieser erstaunliche Empfang statt, der das Zusammenwirken von Frankreich und Amerika publik machte. Beim *Lever* sah ich den berühmten Franklin und zwei weitere Abgesandte Amerikas inmitten des staunenden Hofs im Œuil-de-Bœuf-Salon. Die seltsame Erscheinung des schönen Greises mit seinem Nasenzwicker, kleinem Glatzenrund, der Ausstrahlung eines Erzvaters und Nationengründers, dazu sein Ruhm als Entdecker der Elektrizität und Wissenschaftler und Gesetzgeber der dreizehn vereinigten Provinzen machten den Anblick noch reizvoller.

Nachdem mittags hinter M. de Vergennes die Mitglieder der Kammer eingetreten waren, wurde die amerikanische Abordnung ins Gemach vorgelassen. Nach seiner Andacht nahm der König auf dem Thronsessel Platz. M. de Vergennes stellte ihm Mr. Franklin, Mr. Deane, Mr. Lee und zwei weitere Amerikaner vor. Der König richtete so huldvoll wie nie sorgfältig gewählte Worte an sie. Er erklärte: «Versichern Sie den Kongreß meiner Freundschaft. Ich hoffe, sie dient dem Gedeihen beider Nationen!»

Mr. Franklin antwortete sehr vornehm im Namen Amerikas und sagte: «Eure Majestät können auf den Dank des Kongresses und seine unverbrüchliche Treue zählen!» Dann fügte M. de Vergennes hinzu: «Es ist gewiß, Sire, daß niemand klüger und bedachter sein und handeln könnte als diese Herren!» Sodann führte der Erste Sekretär des Auswärtigen sie in die Räume von M. de Vergennes zurück. Man verhandelte also von Nation zu Nation, und sowohl der Kongreß als auch die Unabhängigkeit wurden hiermit von Frankreich zuerst anerkannt. Über solch gewaltiges Ereignis konnte man lange nachsinnen! Zuvörderst bedeutete es einen furchtbaren Schlag für England, was sich für unseren Handel, wenn alles gelänge, als vorzüglich erweisen würde. Sodann verhieß es unausweichlich bitteren Krieg und vielleicht die Geburt eines Staates, der größer als unserer wäre und eines Tages sogar Europa unterjochen könnte. Jedermann rundum war irritiert, aufgeregt und bewegt. Als ich im Œuil-de-Bœuf auf Franklin stieß, den ich ja kannte, trat ich auf ihn zu und meinte: «Nur dem Entdecker der Elektrizität gebührt es, die beiden Enden der Welt zu elektrisieren!» Meine Bemerkung gefiel, doch wurde sie nicht ganz richtig verstanden, denn ich hatte gesagt: «zu elektrisieren» und keineswegs: «anzuzünden». Tatsächlich mochte dies nur ein Funke von geringer Wirkung sein, und wie viele dachte auch ich, daß nach dem außergewöhnlichen Schritt für dessen Erfolg noch viel zu leisten wäre.

Unleugbar hatte der Vorgang auch seine häßliche Seite: den Botschafter des englischen Königs am Tag seiner Abreise durch den Rebellen Franklin zu ersetzen, noch längst nicht freie Aufständische als erste anzuerkennen – ein gefährliches Exempel! Sich obendrein gegen eine Nation zu stellen, mit der man sich noch gar nicht im Krieg befand, ihr nur deswegen den Krieg zu erklären, weil sie sich in großen Schwierigkeiten befand, und darüber hinaus eine Macht zu stärken, die eines fernen Tages übermächtig werden konnte! Falls wir nach solchem Vorgehen nicht die Herren der Meere würden und blieben, wäre die Schande kaum auszumalen! Und ebenso, wenn wir die Engländer durch unser Beispiel ermutigten, im Gegenzug unsere Zuckerinseln, wie schon länger befürchtet, zur Revolte anzustacheln. Dann hätten wir unsere gerechte Strafe und hätten noch nicht einmal ein Abkommen mit den Amerikanern. Die berühmten Hauptstädte Philadelphia, New York etc. waren noch von der weiterhin starken englischen Armee besetzt. Von Spanien wollen wir gar nicht erst reden, das wir durch unsere Anerkennung von Kolonialrebellen womöglich sehr erbosten. Andererseits ließ sich voraussehen, daß wir im Falle des Erfolgs im Amerikahandel die Trumpfkarten hätten und die Sahne abschöpfen würden.

Nachdem ich diesem bedeutsamen und überraschenden Empfang beigewohnt hatte, ging ich ins geschäftige Kriegsministerium und erfuhr so manches. Danach dinierte ich bei M. de Vergennes mit Amerika!

Am 3. April speiste ich wie jeden Freitag bei M. de Sartine in Versailles. Er überraschte und erzürnte mich sehr, als er mir mitteilte, soeben den Befehl abgeschickt zu haben, in Calais alle Kanalschiffe und Passagiere festzuhalten. Man mag meinen Kummer ermessen: Nur aus Freundlichkeit gegenüber meiner Schwiegertochter und wegen des schönen und großen Banketts bei Marschall de Biron waren die ehrenwerte Mylady Dullmore und ihre reizende Familie, allerdings gegen meinen Rat, zwei Tage länger geblieben. Ich hatte nach Calais, wo sie Donnerstag eintreffen sollten, geschrieben, daß man sie zuvorkommendst behandeln solle. Nun trafen sie dort erst am Samstag ein und hatten an Ort und Stelle zu bleiben, gerade so, als hätten wir sie in eine Falle locken wollen! Als Grund nannte mir M. de Sartine, erfahren zu haben, daß die Engländer dem Duc de Lauzun und anderen Passagieren in Dover die Ausreise verboten hätten. Überdies hatten die Engländer den *Courrier de l'Europe* vom 27. beschlagnahmt, so daß ich als einziger in den Besitz dieser interessanten Ausgabe gekommen war. Nach dem Essen machten wir unseren gewohnten Spaziergang um das Bassin der Schweizergarde.

Der Marineminister stellte mir viele Fragen und ließ mich über das gegenwärtige Gesamtbild nachdenken. Ich sprach offen und vorbehaltlos. Er versicherte mir, daß er des öfteren meine Denkschrift lese, und ich spürte, daß unsere Lage ihm Sorgen bereitete. Er wiederholte: «Wenn ein erster kraftvoller Schlag scheitert, was dann?» Ich entgegnete: «Einen zweiten Schlag anvisieren! Wenn er undurchführbar ist, bleibt nur der Abnutzungskrieg! – Die Flotte muß mit allen Mitteln verstärkt werden, die spanische gleichfalls. Also Zeit gewinnen, wenn möglich, anstatt sofort die Entscheidung zu erzwingen, und unsere Verbündeten geschickt bei der Stange halten, was unsere Politik bisher kaum schafft!» Ich wies ihn darauf hin, daß Deutschland uns wenig Ruhe lassen würde und unsere Lage brisant bliebe. Er widersprach nicht. M. de Sartine versicherte mir, daß er bald über fünfzig Linienschiffe und fünfzig Fregatten verfügen würde, die er auch bemannen und bewaffnen könne, was ich nicht glaubte. So fügte ich an: «Auf alle Fälle müßte Spanien helfen, mindestens mit zwanzig Linienschiffen!» Doch dort dümpelte alles nur vor sich hin. Wir hatten England durch unser Verhalten allzusehr gereizt. Man meinte, es beugen zu können: Aber es ist eine Nation, die vielleicht zerbricht, sich aber nicht beugt.

Zu dieser Zeit wurde als großes Ereignis die Schwangerschaft der Königin bekannt. Jemand, der auf dem laufenden war, berichtete mir, daß sie nun den König, der höchst beglückt wirkte, noch inständiger drängte, ihrem kaiserlichen Bruder zu helfen und ihm die im Vertrag von Versailles zugebilligten vierundzwanzigtausend Mann zu entsenden.* Der König hätte ihr empfohlen: «Erörtern Sie das mit den Ministern!» Daraufhin hätte sie jeden einzelnen derartig ins Gebet genommen, daß allen recht unbehaglich wurde. Aus ebendiesem

* Es handelte sich um Truppen, die auf österreichischer Seite gegen Preußen in den bis dahin unblutigen bayerischen Erbfolgestreit eingreifen sollten.

Grunde befürchtete man, daß der Geheime Rat mit den Messieurs de Maurepas, de Vergennes und de Montbarrey, wiewohl letzterer kein ordentliches Mitglied desselben war, nur wegen dieser Angelegenheit beim König tagte. Bald ging ein Kurier nach Wien ab, vier Tage später der nächste. Dies erweckte den Eindruck, daß wir in die deutschen Zwiste hineingezogen würden, was unseren Vorhaben zur See schaden mußte. Ich empfand fortwährend, daß wir von der Hand in den Mund lebten, alles angespannt war, doch an keinem Hof verhielt es sich anders. Versailles war überlaufen und das Gedränge enorm. Bei M. de Montbarrey speisten sechzig Gäste. Ich war mit vierzig Personen bei M. de Vergennes geladen. Nach allerlei politischen Gesprächen, aus denen ich nur eine bedrohliche Ungewißheit erspürte, kehrte ich abends nach Paris zurück.

Die Schwangerschaft der Königin nahm ihren Lauf. Die offizielle Bekanntgabe wurde für den 7. Mai erwartet. Sie wurde zusehends rundlich: Der König schien sich frisch in sie zu verlieben. Nunmehr mochte sich das gesamte innere System verändern, M. de Choiseul konnte wieder auf den Plan treten und Deutschland unsere Hauptbeschäftigung werden. Dort rückten gerade starke Armeen gegeneinander vor, und bald mochte man von entscheidenden Schlachten erfahren. Falls der Kaiser den König von Preußen besiegen würde, wäre er unumstrittener König von Deutschland und alles wäre verwandelt. Bisherige Politik würde gestrig.

Am 9. dinierte ich bei M. de Montbarrey, hernach arbeitete ich mit ihm. Unterdessen waren die kriegerischen Bewegungen sowohl in Deutschland als auch in der Türkei ins Stocken geraten: Es hieß, es würde verhandelt. Ein bemerkenswerter Augenblick. Ganz Europa glich einer bedrohlichen Mine mit langer, verwickelter Zündschnur, an der das Feuer züngelte. Erreichte es das Pulver, wäre die Explosion fürchterlich. Durchschnitte man die Schnur, so herrschte neuerlich eitel Sonnenschein.

Die Dinge waren in der Schwebe, als der spanische Gesandte Señor d'Aranda am 30. Mai um drei Uhr mit der normalen Post seine

Schreiben empfing. Die Ankunft unserer Galeonen in Cadiz war darin nicht erwähnt, doch sein Minister teilte aus Madrid mit: «*Wir wissen, daß die Flotte von Toulon ohne Zwischenfall Gibraltar passiert hat.*» Diese Nachricht erfreute M. de Sartine und jedermann. Aber man rätselte, weshalb kein Geheimkurier geschickt worden war. Nach Berechnung der Dauer des Postwegs mußte unsere Flotte um den 12. Mai die Meerenge passiert haben. Zudem zeigte M. de Sartine uns ein Schreiben eines unserer Kommandanten auf den Spionagebooten vor der englischen Küste. Er meldete, daß die Flotte von Admiral Byron noch am 23. Mai wegen ungünstigen Winds in der Reede von Plymouth vor Anker gelegen habe. Also mochte M. d'Estaing nun mindestens zehn Tage Vorsprung haben. Dies bedeutete zudem, daß wir von Brest aus Admiral Byron verfolgen würden und daß auf den Meeren Amerikas bald der heiße Tanz begänne. Man kann sich vorstellen, daß dies die Neuigkeit des Tages war, von der nur ein hübsches Stück mit allerlei Possen und Gesang ablenkte, zu dem ganz Paris strömte.

Weil es an einem dieser Abende sehr mild war, lud ich M. de la Morlière zu einer Wagenpartie ein, und er zeigte mir sein schönes Haus in Louveciennes. Von dort führte er mich zum wundervollen Gartenhaus Madame du Barrys, unweit des Pumpwerks von Marly. Da man diesen Garten nicht statthaft besichtigen konnte, ohne bei der Schloßherrin vorgesprochen zu haben, machte ich Madame du Barry, mit der ich niemals ein Wort gewechselt und die ich selten gesehen hatte, meine Aufwartung. Sie sah noch hervorragend aus und befleißigte sich eines Tons, wie man ihn so fein bei ihr kaum erwartet hätte. Ans üppige Geldausgeben war sie gewöhnt, und es schien ihr auch weiterhin keine Probleme zu bereiten. Durch die Pensionen, die ihr der König aus sämtlichen Fonds, sogar dem Kriegsbudget, zugebilligt hatte, war sie reich. Wenngleich sie nicht weit vom Hof bei Marly lebte, dachte dort niemand an sie. Nach einer kurzen Begrüßung zeigte sie mir ihr Gartenhaus. Ich glaube, es gibt kein schöneres, und der Ausblick ist einmalig. Während ich ihn vom Balkon aus genoß, plauderte ich mit ihr ausführlich über den verstorbenen König und wunderte mich, hier zu sein, mit ihr, von der ich während ihrer Glanzzeit nichts hatte wissen wollen. Sie äußerte sich sehr vornehm, und nie hätte man vermutet, aus welchem Milieu sie stammte. Ich begleitete sie ins Schloß zurück, das ich noch rasch besichtigte. Nachdem ich anschließend einen Blick auf die Pumpstation neben ihrem Hof geworfen hatte, wo ich dreizehn Rohre von je sechs Zoll zählte, durch welche die Wassermassen von der Seine nach Versailles gepumpt werden, war ich bei Sonnenuntergang wieder zu Hause.

Sonntag, den 31. Mai, ging ich zur Frühmesse in der Schloßkapelle von Marly und begab mich dann zum gutbesuchten *Lever*. Ich dinierte beim spanischen Botschafter, wo wir auch den Kaffee einnahmen. In einem Hain waren Teppiche ausgebreitet. Es wurde gespielt und Eis gereicht. Die Königin erschien, und trotz des kleinen Kreises war alles exquisit. Die Nachricht der Gibraltarpassage M. d'Estaings wurde eifrig debattiert. Ich suchte M. de Sartine auf. Auch gemäß meiner Berechnung, erklärte ich, habe Admiral d'Estaing ungefähr am 12. die Meerenge passiert und habe nun mindestens zehn Tage Vorsprung vor den Briten. Und daß ich mir wünschte, daß er Boston anlaufe, um sich dort zu verproviantieren und den Hinweisen der Amerikaner zu folgen, die ihm die fähigsten ihrer gefürchteten Freibeuter zur Seite stellen sollten, wodurch eine schlagkräftige Flotte einsatzbereit wäre. Er gratulierte mir zu meinem Luftschloß, das ihm gleichwohl zuzusagen schien.

Zwischen den Fontänen und Kaskaden der Gärten von Marly wimmelte es von Spaziergängern, denn kein Ort konnte köstlicher sein. Um sieben brach ich aus diesem Märchenland auf, wo ich mich wider Erwarten sehr wohl gefühlt hatte, und erreichte über die neue Prachtstraße nachts Paris.

Voltaires letztes Gefecht

Bei den Tuilerien, am Pont Royal und auf der Uferstraße waren viele Menschen auf den Beinen. Da ich schon in Marly vom Tod Voltaires gehört hatte und das Haus von M. de Villette an der Ecke Rue de Beaune, wo er gewohnt hatte und wo sich die Leute versammelten, passieren mußte, ließ ich vor dem Nebengebäude halten. Ich erfuhr, daß er tatsächlich tot war, daß man seinen Leichnam verstecke und das Volk nun sehen wolle, ob ihm ein ordentliches Begräbnis zugebilligt würde. Ich schickte einen meiner Leute, um Genaueres zu erkunden. Da ich noch ins Marais mußte, um der Duchesse de la Trémoille, die nächsten Tags abreisen wollte, Lebewohl zu sagen, ließ ich meine Kutsche gegen Mitternacht abermals an diesem Haus vorbeifahren. Etliche Fenster standen offen. Im Haus herrschte ein hektisches Hin und Her. An der Tür war niemand zu erblicken. Mein Bediensteter berichtete mir, daß gegen Viertel nach elf eine große Berline vorgefahren war. Wie für eine kleine Besuchsreise war zuerst ein Lakai hinten aufgestiegen, dann ein Paket in den Wagen gehievt worden. Darin befand sich Voltaire, der am Vormittag einbalsamiert worden war. So reiste er der ersten Poststation entgegen, von wo aus er ohne sonderliches Aufsehen in Richtung Ferney bei Genf geschafft werden sollte. Er hatte vor der Grenze in französischer Erde beigesetzt werden wollen. So verließ Voltaire Paris ein letztes Mal recht glanzlos.

Alsbald gelang es mir, von dem Arzt, der sich um ihn gekümmert und der Einbalsamierung beigewohnt hatte, dazu von einem Mann, der im Hause ein und aus ging, Genaueres über die Vorgänge zu erfahren, die man möglichst geheimzuhalten versuchte.

Offenbar war es ihm vor ungefähr zehn Tagen durch seine Koliken zunehmend schlechter gegangen. Da er voller Feuereifer weiterhin arbeitete und Tragödien dichtete, wozu er stets viel Kaffee brauchte, hatte er an die zwanzig Tassen in sich hineingeschüttet und einen Rückfall erlitten. Am 21. Mai war er endgültig bettlägrig geworden und litt grausame Qualen. Fiebrig und unruhig konnte er sie kaum ertragen. Er ließ Opium besorgen und nahm so viel, bis er ruhig, wenn nicht gar völlig benommen war. So wurde denn schnell von einer Art Giftanschlag auf ihn gemunkelt. Es hieß, seine Familie habe ihn für unzurechnungsfähig erklärt, wenngleich er zwischenzeitlich bei klarem Verstand war. Manchmal phantasierte er, doch selbst das beeindruckend intensiv, voller Geist und bisweilen wutentbrannt. Er führte lästerliche Reden und endete schlimm. Tronchin sprach vom Ende eines Verzweifelten und hatte ihm sogar fromm ins Gewissen geredet, um ihn zu besänftigen. Aber Voltaire entgegnete ihm: «Auf eine Religion bauen, die ich sechzig Jahre lang zerstören wollte?»

Als der Pfarrer von Saint-Sulpice erfuhr, daß es Spitz auf Knopf stand, eilte er hin. Er mußte sich gedulden. Er drängte, und sobald er eintrat und Voltaire in den letzten Zügen erblickte, rief er aus: «Monsieur de Voltaire, glauben Sie an Jesus Christus?» Voltaire starrte ihn glühenden Auges an und sagte, indem er sich umdrehte: «Man lasse mich in Frieden!» Daraufhin zog sich der Pfarrer zurück und ließ verlauten, daß er in seinen Schriften Gott öffentlich geleugnet habe und nicht christlich beigesetzt werden könne. Als kurz danach M. de Villette weinend vor seinem Bett stand, fragte Voltaire noch immer bühnenreif: «Sie vergießen Tränen?» In der Nacht von Samstag auf Sonntag, den 30. verabschiedete er sich um elf Uhr von seinem Diener, der ihn hielt, und verstarb.

Zuvor hatten sich der Erste Präsident M. d'Amelot, ein Polizeileutnant, der Pfarrer von Saint-Sulpice sowie ein Parlamentsrat und Verwandter Voltaires namens Mignot zu einer Beratung getroffen. Da auch im Sinne des Königs gehandelt werden mußte, blieb vornehmlich der Pfarrer unerbittlich. Es wurde beschlossen, Voltaires Tod zu verheimlichen und ihn unter dem Vorwand fortzuschaffen, er wäre irre und kindisch geworden und sollte sich in Ferney erholen. Dementsprechend wurde am Sonntag, den 31. Mai, sein Leib geöffnet, einbalsamiert und das Herz M. de Villette und seiner Familie übergeben. Sein Hirn schien eines der größten und gedächtnisstärksten zu sein. Als Todesursache wurde ein Blasenabszeß, der die Eingeweide entzündet hatte, diagnostiziert. Bei seinem Temperament und trotz seiner Magerkeit und des hohen Alters wären ihm sonst noch viele Jahre geblieben. Er wurde gleichsam zu einer Mumie hergerichtet, indem alles Fäulniserregende entfernt und in ein Gefäß gefüllt wurde, das ein Totengräber von Saint-Roch einzugraben versprach. Der Leichnam wurde mit Duftkräutern gefüllt, dann setzte man ihm eine Nachtmütze auf und zog ihm einen Hausmantel an. Er wurde in seine große Berline gelegt und festgebunden. So sah offenbar nur mein Diener ihn am 31. Mai nachts um Viertel nach elf mit einem Bediensteten hinten auf dem Kutschbrett durch die Rue de Beaune entschwinden.

Die Polizei untersagte sämtlichen Druckern und Zeitungsschreibern, über seinen Tod zu berichten, so daß trotz seiner enormen Berühmtheit erstaunlicherweise kein Wort darüber verlautete! Da selbigen Tags die Liste der Armee des Marschalls de Broglie bekanntgegeben wurde, war man abgelenkt. Obwohl jedem etwas schwante, war nie ein Todesfall raffinierter vertuscht worden. Erst eine Woche später vermeldete die *Gazette de France* weisungsgemäß in winzigen Lettern am Ende der Pariser Neuigkeiten mit dürren Worten:

Im Alter von vierundachtzig Jahren und einigen Monaten verstarb am 30. Mai (ohne zu sagen, wo) *François-Marie Arouet de Voltaire, Kammerherr des Königs und einer der Vierzig der Académie Française.*

Während seiner Erkrankung hatte er mehrmals bekundet, er sterbe in der Religion seiner Väter. Doch da man wähnte, daß derlei Bekenntnisse nur eine ordentliche Bestattung ermöglichen sollten und er ansonsten über alles spottete, blieb der Pfarrer von Saint-Sulpice, ein gescheiter und entschlossener Mann, sogar gegenüber M. Amelot, dem nach Paris geeilten Minister, standhaft, und die Angelegenheit nahm den beschriebenen Verlauf.

In der Kutsche wurde er, wie gesagt, eilends zur kleinen Abtei von Scellières, dreißig Meilen vor Paris bei Troyes, geschafft. Dort lebten nur zwei oder drei Mönche, als deren Abt der Parlamentsrat und Neffe Voltaires Mignot fungierte. Ohne Zeit zu verlieren, bestattete man ihn nach geschwindem Gottesdienst provisorisch, bevor er nach Ferney überführt werden sollte. Tags darauf untersagte der Diözesanbischof jedwede Bestattung. Doch es war zu spät, und so hatte man sozusagen die Quadratur des Kreises erreicht, indem die Familie ihn gegen den Willen der Kirche bestattet hatte. Die schiere Menge seiner begeisterten Bewunderer in Paris hatte einen Aufruhr befürchten und zu den erwähnten Sicherheitsmaßnahmen greifen lassen, dank deren es ruhig blieb.

Voltaire

Eine Prinzessin, das Königspaar in Paris und Unglück in der Karibik

In der Nacht von Freitag auf Samstag, den 19. Dezember 1778, setzten bei der Königin die Wehen ein. Man weckte den König, der die ganze Zeit über die größte Fürsorge und Zärtlichkeit bewiesen hatte. In Windeseile war alles auf den Beinen, und die Kuriere hatten schon den Fuß im Steigbügel. Der ganze Palast geriet in Bewegung. Die Prinzen und Prinzessinnen von Geblüt sowie jeder mit Zugangsrecht zum König fanden sich im Nebenraum ein, andere Damen und Herren des Hofs im Herkulessalon, wo sonst gespielt wird, der Rest harrte in Spiegelsaal und Œuil-de-Bœuf aus. Die Spannung wuchs.

Gegen elf Uhr morgens kam die Königin nieder. Die Türflügel wurden weit geöffnet, und alle im Spielsalon fluteten wie eine Woge bis vors Bett. Das Neugeborene schrie nicht, und Angst griff um sich. Plötzlich brüllte es, und man begann, zumal die Königin diesen Brauch ein wenig eingeführt hatte, zu klatschen, was für sie auf einen Jungen hindeutete. In ebendiesem Moment fing die Königin an, nach Luft zu schnappen, und ihr schwanden die Sinne. Das kräftige Kind wurde in den Nebenraum getragen, wohin der König folgte und beim Waschen und Säubern zusah. Es war ein Mädchen, und jeder wich beinahe erschrocken einen Schritt zurück. Die Königin, die noch nichts wissen konnte, litt weitaus schlimmer, denn nach heftigen Wehen, kaum entbunden und fast bewußtlos, murmelte sie: «Rasch, ich sterbe!» Ein Kälteschauer durchfuhr sie, sie lag wie tot, Blut trat der Keuchenden auf die Lippen, die Kontraktionen hatten aufgehört, man wußte nicht, wie ihr Erleichterung verschaffen. Der Geburtshelfer Vermond behielt kühlen Kopf. Er rief: «Heißes Wasser, sofort!» Gaffer gab es in dieser glanzvollen Welt zuhauf, aber heißes Wasser nicht. Vermond rief: «Einen Chirurgen!» Der stand ganz in seiner Nähe. Er befahl: «Aderlaß am Fuß, rasch! Stramm abbinden!»

Mit großem Geschick zapfte der Chirurg ihr so viel Blut wie möglich ab, andernfalls wäre sie drei Minuten später gestorben. Fünf große Schalen füllten sich, sie kam wieder zu Sinnen, war gerettet und die Gefahr ebenso kurz wie bedrohlich gewesen.

Der König, der der Waschung seiner Tochter beigewohnt und sich zur Messe begeben hatte – denn die Etikette durfte nicht verletzt werden –, wußte von alledem nichts. Bis auf das innere Bluten waren Geburt und Schwangerschaft ohne Zwischenfall verlaufen, doch die Königin weinte laut, nachdem man ihr gestanden hatte, daß es ein Mädchen war.

Am Neujahrstag wirkte Versailles ziemlich verwaist. An der Ordensfeier nahmen gleichwohl zahlreiche Ritter teil, zumal nur ein Platz vakant war. Zur selben Zeit zerstörte ein Orkan die Windmühlen von Calais. Dieses Jahr kündigte sich in mancher Hinsicht recht stürmisch an. Ich und meine eigentlichen Zeitgenossen hatten nun die Sechzig überschritten. Ich bemerkte, wie sie alle sichtlich alterten und eine neue Generation unsere Stelle einnahm. Solcher Befund stimmte nachdenklich. Im Tierreich ist es wie bei den Pflanzen: Junger Trieb grünt aus altem Stamm.

Am 17. Januar (Sonntag) empfing die Königin zum erstenmal nach der Niederkunft ihre Hofdamen. Aus Neugierde begab ich mich zu diesem ungewöhnlichen Ereignis. Ihre Gemächer sind für derlei Zeremonien nicht geräumig genug. Mehr als zweihundert Damen fanden sich ein, das heißt ihre drei Fuß hohen Frisuren, deren aufwendige Musselindraperien wie Flottensegel am schwankenden Mast ein verdrießliches Hindernis waren. Man wurde geradezu erdrückt, defilierte an der Königin vorüber, die an der Tür auf einer Chaiselongue ruhte, begab sich in den Spielsalon, wo eine Bühne aufgeschlagen worden war, da Theater unverzichtbar blieb. So ging sie vor ihrer völligen Genesung von ihrer Kaminecke zur Komödie hinüber. Wir hingegen strömten in den Spiegelsaal, wo man endlich freier atmen konnte.

Paris war in diesem Winter seltsam still, was dem Hof zur Ehre gereichte. Geht es in Versailles umsichtig und ruhig zu, verhält es sich in der Stadt meist ebenso. Dergestalt verging der Januar. M. de Maurepas litt weiterhin heftig unter seiner Gicht. Obendrein die Last eines Staats zu schultern, mochte fast zuviel sein.

Am 8. Februar sah ich vielleicht das Schönste meines Lebens: An diesem Tag kam der König mit der Königin zum Dankgottesdienst für die Geburt nach Notre-Dame und Sainte-Geneviève und nutzte die Gelegenheit für seinen ersten feierlichen Einzug in Paris. Seitdem Ludwig XVI. den Thron bestiegen hatte, war er nur einmal ohne sonderlichen Pomp zu einer Parlamentssitzung angereist. Dieses Mal wurde alles in Bewegung gesetzt, um den Besuch glanzvoll zu gestalten, obwohl er dann abends in Le Meute speiste und der Krönungswagen nicht benutzt wurde.

Sein Troß zählte sechzehn Prunkkarosssen und einige sonstige; der Zug sah wundervoll aus, doch hätten es ruhig noch mehr Wagen sein können. Am schönsten sah es von meinem Aussichtspunkt aus. Jeder wollte ganz nahe sein, doch ich war klug genug, den Einzug von jener Terrasse aus zu beobachten, die auf meinen Rat hin auf dem Dach des Palais Croÿ-d'Havré tadellos angelegt worden war. Der weite, vielfältige, herrliche und wohltuende Blick läßt sich nicht beschreiben. Ab der Zollschranke bei Bonshommes sah ich die Prunkkarossen bis zum Cours-la-Reine fahren, dann die Place Louis XV. umrunden, anhalten, damit dort und direkt vor meinen Augen die Begrüßung seitens der Stadt vollzogen werden konnte. Der Troß passierte die Tuilerienterrasse, wo sich die elegante Welt versammelt hatte, überquerte den Pont Royal, wo ich einen Teil der Wagen auf dem Ufer vor dem Palais des Quatre Nations wahrnahm, und kehrte alsdann über den Pont-Neuf zurück. Man vergegenwärtige sich nur solche Ansammlung von Schönheit und die ungeheuren, meistens fein herausgeputzten Menschenmassen, die Alleebäume des Cours-la-Reine, die hinreißende Place Louis XV., das Salutschießen, dazu die frisch grünenden Rasen und Hecken. Die Kanonen am Invalidendom und am Beginn des Grand Cours feuerten Salut, was die Szene adelte. Trotz ein paar Wolken war das Wetter mild und angenehm. Ich hatte an mein gutes Fernrohr gedacht. Bequem im Sitzen sah ich den König eintreffen und am Ende des Cours-la-Reine in seine schwere Prunkkarosse umsteigen. Ich erkannte ihn, die Königin und Monsieur bestens hinter ihrem Wagenschlag. Der Marschall de Soubise ritt eindrucksvoll neben dem Kutscher. Ich erkannte alle. Der König trug ein goldsilbernes Gewand, seinen Heiliggeistorden, blickte zufrieden und offen und schien sich ausnehmend wohl zu fühlen. Die Königin kam mir abgemagert, doch glücklich vor. Die prunkvoll uniformierten Truppen präsentierten die Fahnen. Ganz in meiner Nähe, wo die Tuilerienterrassen beginnen, war ein Zelt aufgeschlagen, wo schon zuvor der Gouverneur von Paris mit stattlichem Gefolge eingetroffen war. Die Karosse des Königs hielt, der Wagenschlag wurde geöffnet. Im Wagen stand hinter ihm sein Bruder. Der König beugte sich vor und vernahm aufmerksam die Begrüßung durch den Pariser Stadtvogt, den ihm der Gouverneur, der Duc de Cossé, vorstellte. Dann setzte sich der Troß wieder in Bewegung. Zwei ausgewählte Gardisten der Leibwache schritten neben den großen Hinterrädern (der Gardehauptmann saß in der vordersten Karosse) und warfen Silbermünzen aus, alle dreißig Schritt, fortwährend eine Handvoll.

Die Volksmenge erschien mir ehrfurchtsvoll und mit dem Schauspiel zufrieden, wenn auch nicht allzu hingerissen.

Am 19. Februar fuhr ich nach Versailles. In einem meiner besten und kühnsten Vorstöße sprach ich mich in den Ministerien energisch gegen den tyrannischen Befehl aus, junge Männer auslosen zu lassen, um sie als Matrosen einzuteilen und auf die Schiffe zu schikken. Man wähnte fälschlicherweise, sie wären besonders seetauglich. Aber eine Meile vom Meer entfernt, auf festem Boden, sind sie Bauern und Landarbeiter, die das Meer nur als bedrohliches Element kennen und das Wort *einteilen* wie den Teufel fürchten. Mit diesem Verfahren richtete man die Küstenstriche zugrunde. Ich wurde so entschlossen vorstellig, daß mir zugesagt wurde, darüber im Rat zu sprechen und nach Abmilderungen der Rekrutierung zu suchen. Doch nichts wird die Angst, die sich ausgebreitet hat, so schnell besänftigen.

Am 21. Februar sprach sich herum, daß im Morgengrauen ein Kurier bei M. de Sartine eingetroffen war, der sich zum König begeben hatte, worauf Beratungen gefolgt waren. Da Admiral d'Estaing niemals schrieb, waren wir lange ohne Nachrichten geblieben. Man wußte allerdings, daß am 18. Februar in Brest ein Schiff aus Santo Domingo eingelaufen war, eine Kontaktsperre verhängt worden war und nur der Sekretär M. d'Estaings von Bord durfte, um an den Hof zu eilen. Die Bombe mußte hochgehen und tat es nur allzu heftig. Die schlechte Nachricht bewahrheitete sich. Aus Furcht, Gerüchte könnten sie noch verschlimmern, ließen unsere Minister in den Hofnachrichten die Meldung ungeschminkt veröffentlichen. Damit erhielten auch die Engländer ihre Bestätigung. Auf einmal bekam alles ein anderes Gesicht, und unsere schütteren Hoffnungen, die allein auf ein Geschwader von zwölf Schiffen gegründet gewesen waren, mit denen M. d'Estaing alles entscheiden sollte, waren zunichte. Die übertriebenen Hoffnungen, mit denen man erwartet hatte, M. d'Estaings Geschwader werde zuerst das Schicksal Amerikas entscheiden und sodann die Engländer von den Inseln im Golf vertreiben, lösten sich in Luft auf, genau wie unsere Träume vom Besitz dieser Inseln.

Im einzelnen erfuhr ich, daß Mr. Hotham mit fünf Linienschiffen einen Konvoi ins englisch besetzte New York begleitet hatte und sodann in Richtung Barbados gesegelt war. Dort hatte Hotham sich mit der Flotte von Mr. Barrington, den man eher gefürchtet hatte, vereinigt. Daraufhin hatten beide Kurs auf Santa Lucia genommen und waren in der weiten Bucht zwischen dem Werfthafen und Roseau vor Anker gegangen. Barrington fand Zeit, einen Teil seiner Kanonen an Land und als Küstenbatterien in Stellung zu bringen. Bei flauem Wind näherte sich d'Estaing nur langsam zum Entsatz unserer Insel. Mit den durch das Gebirge geschützten Engländern kam es nur zu einem Fernfeuer. M. d'Estaing beharrte auf einem Angriff, steuerte die Küste an und ließ seine wenigen Truppen im heimtückischen Gelände zu nah an der englischen Artillerie landen. Sie konnten dem Feuer nicht standhalten. Als unsere Männer sich sammelten, verschlimmerten sich die Verluste und das Gemetzel noch. Die Tapfersten wurden zerschmettert; die Abteilungen waren dezimiert und wurden geschlagen. Geschlagen durch giftige Bemerkungen seiner vielen Neider war nun auch M. d'Estaing. Versailles war fassungslos. Bei einem Erfolg wäre er als Triumphator gefeiert worden. Unsere Einnahme des Senegal war nur eine mäßige Entschädigung.

Am 4. Februar, um von etwas anderem zu sprechen, hatte ich bei M. de Vergennes diniert. Dort hieß es, daß in Deutschland die Friedensverhandlungen vor ihrem Abschluß stünden. Er sagte: «Noch ist nichts unterzeichnet, doch ich rechne damit!» Bald darauf traf die Nachricht von der Unterzeichnung des Präliminarfriedens ein. Das war ein großes Ereignis, bei dem wir ausgesprochen billig davongekommen waren.*

* Durch den Frieden von Teschen von 1779 wurde der bayerische Erbfolgestreit endgültig beigelegt. Österreich erhielt das Innviertel und erkannte preußische Besitzansprüche in Franken an.

James Cook und Benjamin Franklin

Zu dieser Zeit las ich mit großem Genuß die zweite Reise des bewunderungswürdigen Kapitän Cook. Im vergangenen Sommer hatte ich mich dafür eingesetzt, daß unsere Schiffe angewiesen würden, Cook in jeder Beziehung zuvorkommend zu behandeln, was uns zur Ehre gereichte. Als mir Zweifel kamen, ob die Anweisung überhaupt bis zu den Reedern und Werften gedrungen war, hatte ich im Januar M. de Sartine eine Denkschrift überreicht. Er dankte mir für meine Umsicht und handelte dementsprechend. Ich erfuhr, daß tatsächlich Rundschreiben mit der entsprechenden Order abgingen. Ich bat auch darum, unseren Konsul am Kap der Guten Hoffnung davon in Kenntnis zu setzen. Um mein gutes Werk zu vollenden, mußte der Befehl nur noch an die Freibeuter der amerikanischen Rebellen weitergeleitet werden. Deswegen suchte ich Mr. Franklin auf.

Ich begab mich am 1. März zu ihm nach Chaillot, wo er in einem etwas versteckten Haus wohnte, das früher dem Fürsten von Monaco gehört hatte und wo ich in meiner Jugend oft gewesen war. Das große und hübsche Haus bewohnte M. de Chaumont. Das zurückgelegene kleinere wirkte recht bescheiden, aber komfortabel. Es besaß einen Zugang zum Garten, lag zudem nicht weit vom Bois de Boulogne und war an Mr. Franklin vermietet oder ihm überlassen worden. Er war noch nicht heimgekehrt. Ich spazierte durch die schönen und weitläufigen Anlagen M. de Chaumonts. Dann wurde ich gebeten einzutreten. Im Arbeitszimmer fand ich zwei geschäftige junge Leute vor, von denen einer, wie ich erfuhr, Franklins Enkel war. Ich holte meine Denkschrift in Sachen Cook hervor, und wir plauderten angeregt.

Die Wände hingen voller Karten. Ich bemerkte, daß ich die gleichen besaß, und fühlte mich zwischen den jungen Amerikanern in ihrer europäischen Zentrale recht wohl, denn eine solche war dieses Arbeitszimmer. Um zwei Uhr traf Mr. Franklin ein. Er ließ mich zu sich bitten und schüttelte mir, da wir uns gut verstanden, wieder freundschaftlich die Hand.* Ich bat ihn, meine Notiz zu Cook und für die amerikanischen Freibeuter, die ihn ungeschoren lassen sollten, zu lesen. Das tat er aufmerksam und versicherte mir dann mit seiner wundervollen Lakonie: «Geht in Ordnung!» Als ich eben auf Mr. Walker, den Kongreßabgeordneten, der sich in Calais aufhielt und den er als verdienstvollen Mann auch gut kannte, zu sprechen kam, wurde gemeldet, das Essen sei angerichtet. «Wenn Sie mit mir speisen wollen», lud er mich ein, «können wir danach weiterreden.» Aufgrund seiner schlichten, gleichwohl eindrucksvollen Zuvorkommenheit glaube ich wirklich, daß er Quäker ist. Ich zögerte nicht und nahm ohne weitere Formalitäten ein sehr einfaches, doch vollkommen hinreichendes Mahl ein. Es gab nur einen Gang, alle Schüsseln wurden gleichzeitig aufgetischt, auf Suppe wurde verzichtet. Glücklicherweise entdeckte ich zwei Fischgerichte, einen vorzüglichen Pudding und Gebäck und war damit reichlich versorgt. Sie nehmen allerdings nur eine solche Mahlzeit am Tag ein. Natürlich war ich nicht erwartet worden. Außer ihm und mir saßen nur die beiden Bürogehilfen am Tisch, dazu ein Knabe, der hier in Pension war, und ein schweigsamer Engländer. Ich plauderte vornehmlich mit seinem reizenden Enkel.

Mr. Franklin hatte gerade einen schweren Gichtanfall überstanden und am Morgen ein Heilbad genommen. Er wirkte verändert und gebrechlich und mochte es womöglich nicht mehr lange machen. Er aß eine Menge kaltes Fleisch, trank rasch hintereinander drei, vier Gläser guten Weins und sagte wenig. Alles atmete Einfachheit und Sparsamkeit. Drei Leute bildeten das gesamte Personal. Wenn er

* Unübliche Begrüßungsform für einen europäischen Aristokraten.

ausfahren mußte, wurde ihm eine Kutsche zur Verfügung gestellt, und gewiß konnte niemand dem Kongreß weniger Kosten verursachen. Dennoch war er nun als amerikanischer Geschäftsträger an unserem Hof akkreditiert und sollte in wenigen Tagen mit dem gesamten diplomatischen Korps bei der Dienstagsaudienz des Königs erscheinen. Einige versuchten ihn davon abzubringen, indem sie meinten, die übrigen Botschafter und Gesandten würden ihn nicht anerkennen. Aber er wollte, sofern seine Beine mitmachten, daran teilnehmen.

Nach dieser bemerkenswerten Mahlzeit ging jeder seiner Wege, und ich fand mich abermals allein mit ihm in seinem kleinen Kabinett, wo ich ohne Umschweife das Gespräch wieder aufnehmen konnte. Er sagte mir, daß ich Mr. Walker voll und ganz vertrauen könne. Als ich spürte, wie schwierig es war, ihm klarzumachen, was ich alles für die Amerikaner unternommen hatte, kam mir der Gedanke, ihm die umfangreichere Denkschrift, die ich M. de Maurepas überreicht hatte und in der Tasche hatte, zu unterbreiten. Bedächtig las er sie, händigte sie mir dann wieder aus und meinte: «Das sind keine Worte, das sind Taten. Daran erkenne ich Sie. Sie formulieren und denken gut!» Man könnte sich ein überschwenglicheres, doch kein ehrenvolleres Kompliment vorstellen. In der Hoffnung, ihn etwas aufgemuntert zu haben, ging ich in medias res: «Frankreich zählt auf Spanien!» Er entgegnete: «Sonst würde uns Ihr bourbonischer Familienpakt auch einigermaßen enttäuschen!»* Er fügte hinzu: «Spanien sollte bedenken, daß wir nützliche Nachbarn sein könnten, denn derzeit ist bei uns jeder Mann Soldat.» Genau das, dachte ich mir, könnte Spanien eher fürchten als schätzen.

Da ich ihn ein wenig drängte und er an meiner Denkschrift gesehen hatte, daß ich gut informiert war, gab er unerschüttert, doch finster preis: «Wir haben kein Geld mehr!» Damit hörte ich, was ich

* Seit 1761 bestand ein Beistandspakt zwischen den französischen und den spanischen Bourbonen.

Benjamin Franklin

wußte. Die Amerikaner waren am Ende, und Unzufriedenheit machte sich breit. Er behauptete, daß in ihren Divisionen jeder auf sich gestellt sei und nicht besoldet würde. Ganz gegen sein sonstiges Naturell rief er plötzlich aus: «Diese Welt ist grausam!» Ich sagte: «Ich glaube, es wird beim Status quo bleiben. Die Engländer behalten, was sie jetzt besetzt halten, und Sie den Rest. Doch werden die Engländer die Häfen blockieren.» Er entgegnete: «Die Engländer sollten besser bald nach Hause segeln. Wie Sie schon sagten, es bedarf noch großer Anstrengungen!»

Da ich merkte, daß nicht mehr aus ihm herauszubekommen war, verabschiedete ich mich und meinte zu spüren, daß die Waage sich nicht günstig für sie zu senken schien. Doch war all das für mich um so fesselnder, als er nicht nur der Entdecker der Elektrizität und der geistige Schöpfer einer großen Nation, sondern obendrein der Beweger und das Oberhaupt des Aufstands war. Als ich ihn verließ, drang ich in ihn, nicht nachzugeben. Er sagte: «Ich werde versuchen, mit M. de Maurepas zu verhandeln, aber ich fürchte seine Treppe!» Zwei Gichtbrüchige, denen die Glieder nicht gehorchten.

Von dort begab ich mich zu Mr. Janssen und schaute mir seinen Wundergarten an. Auch er war über alles auf dem laufenden. Er bestätigte mir die verzweifelte Lage der Rebellen und lobte mich sehr für mein Eintreten für Mr. Cook. Mit englischen Forschern verstand ich mich weiterhin sehr gut. Mr. Janssen versicherte mir, wie auch M. Mouron, daß ein Großteil der Amerikaner keineswegs für die Unabhängigkeit plädiere, die sie überaus teuer zu stehen komme und mitnichten gewiß sei.

Britannia in die Knie

Dieser Monat März setzte meiner Gesundheit schlimm zu. Mir ging es so elend, daß ich des Lebens überdrüssig wurde, an nichts mehr Gefallen fand und kaum mehr klar denken konnte. Mit den ersten Märztagen suchte mich mein Rheumatismus heim wie schon lange nicht mehr. Ich nahm ein Mittel, das mir eine so schlimme Nierenkolik verursachte, daß ich schier verging. Da es mit mir zu Ende zu gehen schien, schickte ich nach meinem Beichtvater. Es waren zwei grausame Wochen. In den letzten Märztagen erlitt ich einen Rückfall. Mein Arzt empfahl mir einen M. Le Roy aus Montpellier, der durch Abtasten ein entzündliches Übel in meinen Eingeweiden diagnostizierte. Gründonnerstag vermochte ich mich nur mit Mühe und warm eingepackt auf eine Tribüne zu schleppen, um die Prozession zu verfolgen. Als mein Zustand sich leicht besserte, konnte ich Ostersamstag sogar packen, und allmählich genas ich. Roher Rhabarber half mir sehr. Mir wurde viel Bewegung verordnet. Das Wetter war schon sehr warm und trocken. Ich erging mich oft im botanischen Garten, so daß ich den Frühling mehr genoß als erwartet. Gleich nach Ostern ließ ich in den Weinbergen von Ivry eine Bank mit schöner Aussicht aufstellen und suchte meinen Pavillon in Chantillon auf, der beinahe vollständig renoviert werden mußte. Mehrere Fahrten bei schönem Wetter vergnügten mich. Der Comte de Priego ließ im Erdgeschoß mit viel Geld und Geschmack seine Zimmer herrichten, und mit seinem Garten wurde das Hôtel de Croÿ-d'Havré das schönste und behaglichste, und ich genoß es oft in seiner Vollendung.

In den ersten Junitagen war ich sehr mit eigenen Angelegenheiten beschäftigt. Ich erfuhr indes von dem Gerücht, daß wir unter dem Befehl des Prince de Condé und M. de Vaux' eine Invasion Irlands planten und daß wir England durch schwerste Schläge zum Frieden zwingen wollten. Im übrigen waren weder unsere Flotte noch die englische, soweit man wußte, ausgelaufen, und wir meinten weiterhin, daß die spanische die Order hatte, mit uns gemeinsam zu operieren.

Das zielte genau in die Richtung meines Plans, den ich zu Beginn dieses Krieges wie auch des vorherigen verfochten hatte. So sah er aus:

Plymouth beschießen und erobern, sich zum Herrn der Meere aufschwingen und über den Landweg Bristol einnehmen. Damit wären unumstößliche Fakten geschaffen, wozu wir allerdings ein einziges Mal die Überlegenheit auf See benötigten, die wir niemals besessen hatten. Diesmal jedoch würden wir sie durch Spaniens Kriegserklärung an England und die Vereinigung der zweiunddreißig Kriegsschiffe von M. d'Orvilliers mit den fünfundzwanzig spanischen am Kap Finistère zu einer Flotte von achtundfünfzig Linienschiffen erlangen. Diese Flotte konnte Admiral Hawke mit seinen dreißig Großschiffen, die uns stellen sollten, herausfordern. Angesichts der vereinten Macht blieben Hawke nur die Flucht oder die Niederlage. Wir mußten seiner Flotte nachsetzen, sie bis nach Spithead bedrängen, auf der Insel Wight achttausend Mann landen und mit den übrigen ungefähr zehntausend Mann die Belagerung von Portsmouth beginnen. Nie schien dergleichen leichter zu verwirklichen.

Falls es an Mitteln zu solcher Landung fehlte, könnte unsere Flotte am Zugang des Ärmelkanals bleiben und sich mit Verstärkung aus Lorient gegen Bristol wenden, feindliche Geschwader zerpflücken, England blockieren und aushungern, während wir unterdessen auch die Antilleninseln erobern könnten.

Gegen dieses Vorhaben sprachen die Sturmgefahr, das noch unerprobte Zusammenwirken der französisch-spanischen Kräfte, der drohende Winter, der das Kreuzen verhinderte. Der Plan war großartig, sogar durchführbar, aber riskant.

Klug war es, daß sowohl die französischen wie die spanischen Kommandeure Anweisung hatten, ihre Schiffe keineswegs zu schonen, sondern viele beim Eindringen in feindliche Hafengewässer sogar zu opfern, denn dadurch würde man den Engländern am meisten schaden. Für die Eroberung der Küste durch eine Landung war dies das geeignete Mittel, und so wählte man dafür die ältesten Schiffe aus. Das geschah sehr bedacht, denn ein Jahr später wären sie ohnehin seeuntauglich geworden. Wenn man sie nun preisgab und genügend Boote und Mittel vorhanden waren, um Männer notfalls zu retten, konnte die vereinte Flotte gefährlich werden, insbesondere unsere, die unter dem Vorwand, ein Schiff zu retten, oft nicht zubiß. M. de Sartine, der tatendurstig war und nur an seinen Ruhm dachte, schien durch nichts aufzuhalten zu sein.

Am 16. Januar fuhr ich nach Versailles und weilte fast drei Tage dort. Von den Ministern und Militärs wurde ich herzlich willkommen geheißen. In einem längeren Gespräch stimmte M. de Maurepas, den ich wohlauf und geistig weiterhin hellwach vorfand, all meinen Bedenken zu. Ich merkte, daß der Minister sich nur widerwillig auf den großen Invasionsplan eingelassen hatte und ihm nicht traute.

Auf meinen Vorwurf, daß wegen Gibraltar, wohin das Gesamthaus Bourbon unsinnigerweise die Überzahl unserer Linienschiffe geschickt hatte, alles scheitern würde, entgegnete er: «Glauben Sie, damit sagen Sie uns etwas Neues? Bringen Sie Spanien zur Vernunft, wenn Sie das Unmögliche reizt!» So erkannte ich, wie ich wohl schon früher in diesen Erinnerungen erwähnte, daß die Kriegserklärung jener Nation und der famose bourbonische Familienpakt zu nichts taugten und uns diesen Krieg verlieren lassen würden.

M. de Maurepas teilte mir zudem mit, er sei überzeugt, daß es England gelänge, Gibraltar mit Nachschub zu versorgen. Die zwanzig Linienschiffe, welche die Spanier uns in Brest zurückgelassen hatten, waren mit vier der unsrigen am 13. Januar in See gestochen, nach diesem elenden Gibraltar und Cadiz, wo sie für den großen Plan völlig zwecklos vor Anker liegen würden.

Gemäß der Flottenauflistung, die ich bei M. de Sartine einsehen konnte, besaß England 110 Linienschiffe, Frankreich 90, Spanien 65: letztere zusammen 155. Doch eine gut geführte Macht vermag mehr als zwei, die sich am Ende zerstreiten und nur auf den jeweils eigenen Vorteil erpicht sind. Ich erfuhr überdies, daß wir etliche Schiffe nach Amerika entsandten, doch zu spät, und Brest war jetzt entblößt. Falls der Wind die Flotte in Cadiz festhielte, würde sie dort verschlissen. Doch nach der Eroberung Gibraltars, so hoffte man, würden vierzig spanische und zwanzig französische Linienschiffe beizeiten wieder im Ärmelkanal sein.

Darüber hinaus hatte sich bei Hofe seit zwei, drei Jahren nicht das geringste verändert: Die Königin bestimmte weiterhin über die Gunstbeweise, und die hübsche Comtesse Jules bewahrte den größten Einfluß auf sie. Da Karneval war, hieß es, daß Ausflüge inkognito zu Bällen und in die Oper in Mode geblieben waren; und so verlief alles wie bisher.

Am 20. Februar kehrte ich aus Versailles nach Paris zu einem großen Festbankett zurück, das der kaiserliche Botschafter Graf von Mercy gab und bei dem sich einfand, was in Deutschland Rang und Namen hat. Obwohl die deutschen Fürsten zu Hause souveräne Herrscher sind, amüsieren sie sich privat doch lieber in Paris.

Am 1. April speiste ich bei Marschall de Biron, der trotz seiner achtzig Jahre allmorgendlich ausritt, noch ein großes Haus führte und ein Vorbild sein sollte. Marschall von Frankreich zu sein schien das Patent für ein langes Leben zu sein: Wir hatten den Marschall de Tonnerre, geboren 1688, den Marschall de Richelieu, geboren 1696, den Marschall de Brissac, Jahrgang 1698, den Marschall d'Harcourt, Jahrgang 1701, und den Marschall de Contades, Jahrgang 1704. Besonders beachtlich war der Marschall de Richelieu, der nach seiner ersten Heirat unter Ludwig XIV. und der zweiten unter Ludwig XV. mit seinen sechsundachtzig Jahren nun unter Ludwig XVI. soeben wieder geheiratet hatte. Großen Dank schuldete man dem Marschall de Biron sowohl für seine Disziplinierung des ehedem recht wüsten Garderegiments als auch für sein dezentes Mitwirken bei der Verbesserung der Pariser Polizei. Die Stadt war nun vollkommen ruhig. Nichts war mehr, wie zu meiner Jugendzeit, von gefährlichen Zwischenfällen in den Gassen zu hören. Solche Polizei und Sicherheit, dazu die Verbesserungen der Reisewege, der Stationen und der öffentlichen Transportmittel, das ziviler gewordene Militär und die Förderung der Landwirtschaft bedeuteten Fortschritte, die gar nicht genug gewürdigt werden können.

Europabündnis, der Parkberg und die Dampfpumpe

Am 20. April fuhr ich nach Versailles. Alles drehte sich, wie ich vorausgeahnt hatte, um Amerika. Die Verteidigung unserer Küsten war nicht mehr wichtig, England hatte andernorts genug zu tun. Ich überreichte M. de Vergennes meine Denkschrift über ein Friedensabkommen. Sie betonte die Notwendigkeit, ganz Europa dazu zu bringen, die Amerikaner zu verpflichten, auf jede weitere kriegerische Auseinandersetzung zu verzichten und keine Kriegsmarine zu unterhalten. Unter der Voraussetzung, daß die Amerikaner fürderhin, wie es am Kap der Guten Hoffnung der Fall war, Einwanderer willkommen hießen, sollte Europa ihnen im Gegenzug die Freiheit und Unabhängigkeit garantieren. Jede Macht sollte zum Schutz der Seefahrt nicht mehr als zwei Kriegsschiffe vor Amerika kreuzen lassen dürfen. Da die Meere frei sind, mochte ein jeder von dem neuen Kontinent profitieren. England zu dieser Übereinkunft zu nötigen, so daß Amerika Europa stets nützen und nie schaden und keine Unruhestifter in Europa unterstützen würde, das war ein schönes Hirngespinst, aber viel mehr wohl nicht.

Danach besuchte ich meinen Freund Richard* im Kleinen Trianon, das nunmehr die Königin bezogen hatte. Seit dem Tod des Königs war ich nicht mehr dort gewesen; damals hatte ich traurig Abschied genommen. Richard und sein Sohn führten mich umher, und ich glaubte, irre zu sein oder zu träumen. Anstelle des großen Gewächs-

* Antoine Richard, 1734–1807, aus der Gärtnerdynastie der Richards und Parkgestalter Marie Antoinettes.

hauses (seinerzeit das interessanteste und kostspieligste Europas) fand ich ziemlich hohe Berge, einen schroffen Felsen und einen Fluß vor. Noch nie hatten zwei Tagwerk Land derartig ihr Aussehen verändert und dermaßen viel Geld verschlungen. Die Königin gestaltete hier einen großen englischen Garten, der trotz mancher Herrlichkeiten auch mit einer recht ärgerlichen Mischung aus griechischen und chinesischen Elementen angereichert war. Der beachtliche Berg, die Fontänen, der runde feine griechische Liebestempel, die Rasenflächen sind wunderschön. Die Brücken, der Fels und anderes schien mir hingegen einigermaßen mißlungen zu sein. Vieles zeugte von einem Stilgemisch, das die Liebhaber englischer Gärten verblüffen dürfte. M. Richards Fähigkeiten erwiesen sich als beeindruckend. Er pflanzte hier seltene Bäume aller Art an. Damals las ich auch gerade das schöne Buch von M. Besson über die Alpen, die er als Naturforscher erklärt. M. Richard hatte eigens eine Reise in die Alpen unternommen und zeigte mir nun die Sträucher und Bäume, wie sie dort in den unterschiedlichen Zonen bis hinauf zur Baumgrenze wachsen. Es beginnt mit Kiefern, herrlichen Lärchen, höher kommen mächtige Tannen, Föhren mit kleinen Nadeln, noch weiter hinauf etwas, was man im allgemeinen und gemäß M. Besson Erlen nennt, was aber eine ganz andere Art ist. Noch weiter den Parkberg hinauf folgten niedriges Rosengestrüpp und kletternder Zwergwacholder. Es war aufschlußreich, als begeisterter Naturliebhaber eifrig Gelesenes hier in natura zu bestaunen. M. Richard legte gerade eine gewundene Allee mit möglichst vielen Baumarten an. Mit einigen Spezies hatte er kein Glück, aber sollten die bereits gepflanzten gedeihen, würden dermaleinst die Gärten der Königinnen von Frankreich und von England den herrlichsten Baumbestand aufweisen, denn bislang gilt Kew Gardens als der schönste und größte derartige Park.

Zu dieser Zeit konnten wir die Engländer daran hindern, Grenada zurückzuerobern. Aber sie sammelten dafür Kräfte auf unserer Insel Santa Lucia. Es sprach sich herum, daß die Spanier bei den Antillen nichts zuwege brachten. Wir mußten Spanien helfen, damit es uns helfen konnte.

Als ich am 26. Mai von Versailles nach Paris heimkehrte, stieg ich am Stadtrand aus und schaute mir das neue Gebäude an, das für die große Dampfmaschine errichtet wurde, die ganz Paris mit Wasser versorgen sollte. Ihr Zylinder maß fast vier Fuß, das Eisenrohr zwei. Durch diese Leitung sollte das Wasser über eine Entfernung von dreihundert Klaftern bis hinter das Kloster Sainte-Geneviève auf die Anhöhe von Chaillot in die beiden Becken gepumpt werden, aus denen die Stadt versorgt werden würde. Das Rohr von zwei Fuß Durchmesser mit einer Leistung von ungefähr drei Kubikfuß bildete die einzige Zuleitung. Die Dampfdruckpumpe sollte das Wasser durch die schräg verlaufende Leitung pumpen. Ich begutachtete die imposanten Eisengestänge und Röhren, doch vermutete ich, daß die Leitung noch mancherlei Verdruß bereiten würde. Zudem hatte ich meine Zweifel, ob Paris der Unternehmung der Dampfmaschinengesellschaft genug Aufmerksamkeit zollte. Es war ein schönes Projekt, das ausführlicher zu bedenken wäre!

In Wien geht eine Epoche zu Ende. In Frankreich dreht sich das Karussell der Minister immer schneller. Doch ein Amtsträger wird Geschichte schreiben. Der Genfer Bankier Jacques Necker, Vater der späteren Schriftstellerin Madame de Staël, greift als neuer Finanzminister zu beispiellosen Maßnahmen, um den Staatsbankrott abzuwenden und die Monarchie für die Zukunft zu rüsten.

Am 29. November 1780 starb in Wien die berühmte Maria Theresia, Kaiserin, Königin von Ungarn etc. Gerne hätte man sie noch am Leben gewußt. Ihr Tod war lange befürchtet worden, denn man war überzeugt davon, daß sie und ihr Erster Minister Kaunitz es gewesen waren, die zum Bündnis mit Frankreich gestanden und den Kaiser zu einer friedfertigen Haltung bestimmt hatten. Alles hallte wider von ihrem Lob, und es hat wohl nie eine große Herrscherin gegeben, die aus gutem Grund allerorten inniger betrauert wurde. Die Stärke, die sie zu Beginn ihrer Herrschaft bewiesen hatte, später ihre Milde und Weisheit galten als außerordentlich. Mit Ausnahme der Teilung Polens, die nur schwer mit ihrem Glauben zu vereinbaren war – wenngleich dieser bei Herrschern stets seine Eigentümlichkeiten hat –, konnte man sie nur bewundern. Die Königin, ihre Tochter, schien tief getroffen zu sein. Es wurde halbjährige Große Hoftrauer angeordnet, wir kleideten uns alle in Schwarz, was kurz vor den Neujahrsfesten und dem Karneval den Pariser Händlern einen immensen Schaden zufügte. Bei Hofe bestimmte zu dieser Zeit die Königin über alles. M. Necker hatte M. de Sartine entlassen, obwohl dieser die Flotte neu erschaffen hatte, und M. de Castries war zum Marineminister ernannt worden. Doch im Grunde war es die Königin, die über M. de Maurepas triumphierte, indem anstelle von M. de Puységur am 23. Dezember 1780 M. de Ségur zum Kriegsminister berufen wurde. Es bestand also keinerlei Zweifel, daß sie den größten Einfluß auf die Wahl von Ministern und die Besetzung der wichtigsten Ämter ausübte. Jeder suchte ihre Gesellschaft, die jedoch weiterhin vornehmlich aus Mme. la Duchesse de Polignac etc. bestand. Ihr engerer Kreis galt als angenehm und freundlich, und man hörte nichts Schlechtes. Der König schien verliebter denn je zu sein. Da sie wohl neuerlich schwanger war, genossen sie und ihr Zirkel den größten Einfluß.

Am 19. Februar wurde der erste Teil des gedruckten Berichts veröffentlicht, den M. Necker dem König über die Finanzlage und den Etat des königlichen Schatzes vorgetragen hatte.* Als zweiter Teil folgte der Bericht über Ausgabensteigerungen und Verwaltungsangelegenheiten in den vergangenen vier Jahren. Drittens schließlich M. Neckers Empfehlungen und Pläne nicht etwa zur Einnahmenstei-

* Diese erstmalige und sensationelle Veröffentlichung eines Staatshaushalts in der Geschichte untermauerte das fundamentale Budgetrecht aller späteren Volksvertretungen.

gerung, sondern vielmehr zu dem Zwecke, dem Volk Erleichterungen zu verschaffen und die Besteuerung sinnvoller zu gestalten. Dieses Büchlein im Quartformat kostete bei der königlichen Druckerei oder bei Panckoucke einen Ecu. Der Verkaufserlös sollte den Armen, die Mme. Necker unterstützte, zugute kommen. Ich habe noch nie einen größeren Menschenzulauf erlebt. Die ersten dreitausend gedruckten Exemplare waren im Handumdrehen vergriffen, und bald waren mehr als zwanzigtausend verkauft. Berechtigterweise riß man sich darum: Niemals zuvor hatte man Einblick in die gesamten Finanzen des Königreichs nehmen können. Der König legte nun sozusagen vor seinen Völkern Rechenschaft, und sogar höchst getreuliche Rechenschaft ab. Da Necker im Begriff war, eine Anleihe von sechzig Millionen aufzunehmen, war die Offenlegung teils sogar recht erfreulicher Zahlen ein hervorragender Schachzug. Er verschaffte dem Minister höchstes Ansehen und machte ihn unersetzlich, wobei er sich selbst so beredt lobte, daß es rasch hieß, er habe seinen eigenen Nachruf veröffentlicht. Im übrigen schlug er keine Einschränkungen für den königlichen Haushalt vor, was sein eigentliches Verdienst war.

Weil dieser höchst bedeutende Bericht für die gesamte Welt wegweisend werden konnte, nahm ich ihn dank meiner Kenntnisse aus früherer Finanzarbeit genauer unter die Lupe und stellte umfassende Vergleiche an. Trotz aller öffentlichen Begeisterung wog ich Vor- und Nachteile von M. Neckers Werk sehr genau ab. Ich registrierte, daß er radikal sparen wollte und damit allzusehr den königlichen Wünschen willfuhr, so daß wir aus Sparsamkeit am Ende noch diesen Krieg und damit die anvisierten Handelsvorteile verlieren würden. Unsere Knauserigkeit bedeutete den Untergang der Amerikaner, denen meines Erachtens von Anfang an mehr Geld hätte zufließen müssen. Ja, trotz unserer bisherigen Anstrengungen sogar erheblich mehr, wofür uns der Sieg dann reichlich entschädigt hätte.

Ich wies nach, daß übertriebenes Sparen ein allseitiges Schrumpfen nach sich zieht und sämtliche Größe und Kampfkraft mindert;

dies erinnerte an Neckers Genfer Heimat.* Um seinem Werk Gerechtigkeit widerfahren zu lassen, mußte ich auch seine Mängel verdeutlichen. Nach der Lektüre von Neckers Bericht sollte man meine umfassende Abhandlung lesen, die beide zusammen eine wertvolle Hilfe für eine Finanzplanung bilden könnten. Meiner Meinung nach neigte Necker allzusehr zum Kleinlichen, ich dagegen zum Großen. Alles läßt sich ins rechte Lot bringen, und kaum eine Materie ist fesselnder. Vom 19. Februar bis zum 4. März widmete ich mich ausschließlich dieser schönen Arbeit, beendete sie und ließ sie ins reine schreiben. Aus ihr ersieht man auch, daß beim Amtsantritt Colberts im Jahr 1662 sämtliche Einkünfte und Ausgaben Frankreichs keine zweiunddreißig Millionen betrugen und das Volk inzwischen insgesamt fünfhundert Millionen bezahlt. Bei einem eifrigen Liebhaber vieler Dinge, wie ich es bin, kann jeder sich vorstellen, welche angenehmen Nächte mir diese Arbeit bereitete, und dank manch klugen Winks meines Sohns wußten wir schließlich um den Kern aller gesunden Geldwirtschaft.

* Eine bemerkenswerte Vorwegnahme von John Maynard Keynes' Theorie über Investition als entscheidende Wirtschaftsstimulanz.

Stille vor dem Sturm

Fast auf den gleichen Tag wie im vorigen Jahr traf ich am 25. Januar 1782 zum Diner in Paris ein. Durch Gottes Gnade fand ich meine ganze Familie wohlauf vor. Am nächsten Morgen begab ich mich zum Grève-Platz und zum Rathaus, da es die letzte Gelegenheit war, die Reste der Dekorationen des großen Fests vom 22. Januar zu besichtigen, das bei schönem Wetter stattgefunden hatte und bis auf das Feuerwerk sehr gelungen gewesen sein soll. An nichts war gespart worden, ja man hatte sich geradezu verschwenderisch gebärdet. Trotz des Kriegs hatte die Geburt eines Dauphins* helle Begeisterung ausgelöst. Die Umgebung war ausnehmend scheußlich, und man hatte sie nach Kräften verschönert. Für die häßliche Rückseite des Grève-Platzes war eine riesige und prächtig geschmückte Galerie gezimmert worden. Gegenüber der neuen Uferbrüstung, von wo das Feuerwerk abgefeuert wurde, war die Tribüne für den König errichtet worden. Überdies war wie schon früher ein schöner Saal auf dem Platz improvisiert worden. Hier hatte ich einst gesehen, wie Ludwig XV. die schönen Pariserinnen in Augenschein genommen hatte, worauf bald jene Szene gefolgt war, bei der Mme. d'Etiolles auf einem Ball in Versailles ihr Schnupftuch hatte fallen lassen. Der König hatte es aufgehoben und sie bald als Mme. de Pompadour Karriere gemacht. Über die Galerie gelangte man in den alten Rathaussaal. In der Galerie hatten der König und die Königin an einer großen Tafel öffentlich gespeist, was großen Beifall gefunden hatte. Ich traf hier

* Louis Charles de Bourbon, Ludwig XVII., 1785–1795; nach der Hinrichtung seines Vaters Ludwig XVI. elend verstorbener Zwangszögling des Schusters Simon.

auf M. Moreau, den Stadtbaumeister, und lobte seine Arbeit. Allerdings bemängelte ich auch, daß die Außenwände nicht komplett ausgestaltet worden waren, und tadelte die gefährliche Nähe des Holzbaus zum Feuerwerk. Die Feuerwerker hatten kaum Platz genug gehabt und nicht gewagt, die Raketen zu zünden. Ihr Feuerwerk war ausgefallen.

Die Königin schien mit ihrem Einzug in Paris und dem Beifall nicht recht zufrieden gewesen zu sein und hatte sehr ernst gewirkt. Davon abgesehen und trotz des verpatzten Feuerwerks war alles hervorragend und ohne Zwischenfall verlaufen. Der König war bester Laune gewesen, und alle hatten gefeiert. Das Wetter hatte gepaßt, die Illuminationen in der Stadt waren vorzüglich gewesen. Das Volk hatte ausgelassen getanzt und gefeiert. Mit diesem Fest und hernach dem Ball der Leibgarden im Theater von Versailles am 30. Januar, als der König auch dem Te Deum beiwohnte, sowie einem Fest im Schloß selbst waren die Feierlichkeiten zur Geburt des Dauphins beendet, doch werden sie noch lange in aller Munde bleiben.

Der Rest der Karnevalszeit war kurz und angenehm. In der Stadt und am Hof lebte man zufrieden und erstaunlich unaufgeregt. Nie habe ich größere Ruhe erlebt. Das war gut für Paris, und die Geschäfte florierten. Man amüsierte sich im privaten Kreis, aber fand nichts, um sich zu ereifern. Um die geradezu bedrückende Stille in Versailles zu verdeutlichen, muß man sich erinnern, daß es für Höflinge lebensnotwendig ist, alles in Erfahrung zu bringen und Kontakte zu pflegen: sei's mit dem Premierminister, mit dessen Beichtvater, Kammerdiener, Freunden oder Geliebter oder auch mit den Mätressen des Königs, so er denn welche hat, sowie deren niederstem Anhang. Man muß immer irgendwo anklopfen. Man mag nun ihr Erstaunen ermessen: Die Höflinge wußten nicht mehr, wo sie anklopfen sollten! Ich fand das geradezu spaßig und sage ebendeshalb: Versailles war noch nie so gediegen und so leblos gewesen. Jeder Minister war achtsam und erledigte zügig seine Arbeit. Besondere Gnadenbeweise gab es nicht mehr, statt dessen striktere Ordnung. Außer bei den

Intriganten wurde dies sehr begrüßt. Ich blieb von solcher Stille indes völlig verblüfft. Auch das Volk blieb ruhig, als es merkte, daß es trotz eines harten Kriegs nicht ärger belastet wurde. Die Feste hatten den Handel belebt. Parlamente und Kirche – nichts, nur Ruhe. Da man also nichts zum Beklagen fand, verstummten die Menschen schier, denn beim Volk und in der Stadt macht man nur den Mund auf, um zu protestieren und zu jammern.

Um Paris für den schönen Empfang zu danken, verzichtete der König für ein Jahr auf alle Kopfsteuern von weniger als neun Livres, eine schöne, nicht vorher angekündigte Geste. Nach dieser wahren Belohnung, wiewohl auch schon zuvor, wurde der König aus gutem Grunde geliebt und geschätzt. Des Krieges war man derartig müde, daß man sich über ihn ausschwieg, wie es bemerkenswerterweise auch in London geschah. In beiden Hauptstädten lebten die Menschen allmählich wieder unbekümmerter. Die moderne Philosophie des Tolerantismus und Weltbürgertums, die den Patriotismus schwächt oder zerstört, gewann zunehmend an Boden und beförderte eine stumpfe Trägheit. Abermals wurde mit größtem Erfolg die Tragödie *Manco*[*] gespielt, in der Autorität verhöhnt, Freiheit gefeiert und der wilde Naturmensch über den regierten und in die Gesellschaft eingebundenen Menschen gestellt wird. Man konnte spielen und schreiben, was man wollte, niemand wurde schikaniert, man glaubte sich freier und blieb ruhig.

Am 19. Mai, Pfingsten, fand die Feier des Heiliggeistordens mit zahlreicher Zuschauerschaft statt. Man rechnete damit, daß der Comte du Nord[**] sich inkognito einstellen würde, doch rücksichtsvollerweise wollte er zuerst den König aufsuchen und erschien nicht.

* *Manco-Capac, Inka von Peru*, Tragödie von Antoine Blanc, voller Angriffe auf Despotie.

** Der Zarewitsch und spätere Zar Paul I., 1754–1801, Sohn Zar Peters III. und Katharina der Großen, die nach einem Staatsstreich 1762 den russischen Thron bestiegen hatte.

Der Comte du Nord, von Rechts wegen Zar der Moskowiter, so seine Mutter sich die Krone nicht angemaßt hätte, war achtundzwanzig Jahre alt und reiste, wie bei Herrschern nunmehr gang und gäbe, durch Europa. Es hieß, daß seine berühmte Mutter, in vielerlei Hinsicht eine wahre Semiramis, ihn auf Reisen geschickt habe, um ihn von einigen Hofpersonen fernzuhalten, die sie unterdessen in die Verbannung schickte, und daß dieser arme Prinz in beständiger Furcht lebte. Einzelnes klang schockierend, war jedoch womöglich übertrieben. Er war in Wien empfangen worden, hatte Italien bereist, von wo er nun gekommen war. Am Abend vor Pfingsten traf er mit seiner Gemahlin inkognito ein und getraute sich aus besagten Gründen nicht, der Ordenszeremonie beizuwohnen.

Am 20. Mai erschien er um halb ein Uhr mittag in Versailles. Wir sahen ihn sich sofort zur königlichen Audienz begeben. Sein Inkognito war öffentlich gelüftet und nur vorgeblich, wie es damals üblich war, so daß er zwanglos und ohne größeres Zeremoniell in den Genuß der Ehrbezeugungen kam. Er wurde als höchst bedeutender Privatmann von Adel vorgestellt. Nicht beide, sondern nur ein Türflügel wurde für ihn geöffnet. Der Prince de Poix war beauftragt, ihn zu begleiten, dazu der Hofbeamte, der Botschafter zum König führte, sowie der Fürst Bariatinsky, Generalbevollmächtigter Rußlands. Der König empfing ihn wie die meisten Besucher im Ratskabinett. Er unterhielt sich mit dem König äußerst verbindlich und freundschaftlich und in sehr gutem Französisch. Ebenso verlief es bei der Königin und allerorten: Er traf stets den richtigen Ton, zeigte sich sehr höflich, beinahe ehrerbietig zurückhaltend, ganz so, wie ich auch den Kaiser und die Könige von Schweden und Dänemark in Versailles erlebt hatte.

Er ist sehr kleinwüchsig und hat alles andere als ein einnehmendes Gesicht, was er aber durch sein Gespräch wettmacht. Als er durch den Spiegelsaal schritt, wisperte unsere allzu mundflinke Nation über seine Züge, was besser unterblieben wäre. Diesbezüglich wird erzählt, daß in Lyon jemand aus der Menschenmenge, durch die er sich mit dem Vorsteher der Kaufmannschaft den Weg bahnte, überlaut ausgerufen haben soll: «Oh, ist der häßlich!» Daraufhin wandte sich der Prinz freundlich zu seinem Begleiter und sagte: «Menschen wie wir werden oftmals zu sehr verwöhnt! Ich sehe, daß man es hier anders hält, und ich schätzte mich glücklich, hierzubleiben!»

Vor allem die Königin bemühte sich, ihm zuvorkommend zu begegnen, was er mit schönster Aufmerksamkeit erwiderte. Die Fürsten aus dem Norden sind in der Regel exzellent erzogen.

Da ich die erste Mahlzeit mit dem Kaiser beobachtet hatte, wollte ich nun auch wissen, wie dieses Diner verlief. Es fand ebenfalls in den Räumen der Königin und vor dem Schlafgemach statt. Um jedwede Vorrangigkeit zu vermeiden, war ein runder Tisch aufgestellt worden. Es war sehr schön für elf Personen gedeckt, und nur Personal der Königlichen Küche durfte eintreten und servieren. Ich hielt mich vor der Tür auf, und die Wache gewährte uns Einblick. Hinten saß die Comtesse du Nord, neben ihr der König und der Comte du Nord neben der Königin; darüber hinaus erblickte man den engsten Familienkreis, die Tante des Königs, seine Brüder und Schwestern mit ihren Gemahlinnen und Gemahlen. Es hieß, das Essen sei angenehm und freundschaftlich verlaufen. Alle saßen auf gleichen Stühlen, was sich als sinnvoller erwies als vordem beim Kaiserbesuch, bei dem sich jeder auf seinem hohen Hocker äußerst unwohl gefühlt hatte. Unter gewisser Wahrung des Inkognitos konnte man nicht besser und in größerer Gleichheit empfangen werden.

Die dreiundzwanzigjährige Gemahlin* des Comte du Nord hatte ihm bereits zwei Söhne geschenkt. Sie entstammt dem Hause Württemberg, ist groß, beleibt und kräftig, nicht unschön, wenngleich etwas steif. Man möchte wetten, daß die Zarin sie wegen mangelnder Begabung zur Intrige als Gattin ausgewählt hat. Indes machte sie einen guten Eindruck und sprach gewandt: Mme. de Vergennes hatte die Ehre, ihr Gesellschaft zu leisten.

* Sophie Dorothee von Württemberg, 1759–1828.

Abends gab es ein Konzert, und sie kehrten nach Paris zurück, wo ihnen zu Ehren mehrere Feste veranstaltet werden sollten.

So verlief der Empfang, auf den ich nach so vielen anderen neugierig gewesen war. Uns fehlte nur noch der Papst, der immerhin bis Augsburg gekommen war, den man jedoch nicht weiter drängte, obwohl er vielleicht gekommen wäre, nachdem er in Deutschland so vortrefflich empfangen worden war. Was den Titel eines *Comte du Nord* anging, konnte ich mich nicht zurückhalten, mich bei Fürst Bariatinsky ein wenig boshaft zu erkundigen, ob es dort oben ein Ländlein mit dem Namen Grafschaft des Nordens gebe. Nein, entgegnete mir der Fürst sichtlich verlegen. Solche Titel halte ich im Grunde für reichlich anmaßend, denn die Könige von Schweden und von Dänemark sind wahrlich keine Nullitäten. Mir schien er beinahe darauf hinzudeuten, daß die Russen sich angesichts des raschen Aufstiegs ihres Landes eines Tages gar als *Grafen von Europa* titulieren lassen würden.

Die Niederlage der britischen Streitkräfte in Yorktown 1781 leitete das Ende des Kriegs in Amerika ein. Im Frieden von Paris erkannte Großbritannien 1783 die Unabhängigkeit der Vereinigten Staaten von Amerika an.

Da ich am 20. März 1778 Zeuge des ersten öffentlichen Auftretens des berühmten Franklin gewesen war, wollte ich keinen Augenblick verstreichen lassen, ihn nun auch zu beglückwünschen, und ritt am 10. Februar 1784 zu ihm hinaus ans Ende von Chaillot. Er bewohnte nicht mehr das kleine Haus, sondern das große mit dem schönen Ausblick, wo ich als Kind vor so vielen Jahren mit dem Prinzen von Monaco gespielt hatte. Ich traf den berühmten Mann auf dem Gipfel seines Ruhmes an. Dem respekteinflößenden, imposanten Achtzigjährigen ging es ausgezeichnet. Wir umarmten einander herzlich, und er gestand freimütig, nie hätte er geglaubt, daß alles so gut und zügig enden würde. Aber das Verhandlungsgeschick von Mme. de Vergennes und die Opposition in London hatten den König von England, der auch Ruhe in seiner Familie wünschte, so sehr in Bedrängnis gebracht, daß die Amerikaner und ihr Anführer Franklin all ihre Ziele erreicht hatten.

Am 21. Februar ritt ich abermals zu ihm und nahm meinen ältesten Enkel Mœrs mit. Die Begegnung mit diesem bedeutenden Mann würde er stets in Erinnerung behalten. Ich überreichte Mr. Franklin eine Denkschrift zur Verbreitung der französischen Sprache in den Vereinigten Staaten, worüber er vor dem Kongreß zu sprechen zusagte. Er spielte auf seiner Harmonika, die er noch weiter perfektioniert hatte. Er, der Vater der Elektrizität, setzte vor unseren Augen einen starken elektrischen Apparat in Gang. Von Boston zeigte er uns schöne Ansichten auf feinem Papier, und er erzählte uns, daß er die erste Papiermühle seines Landes konstruiert und daß es bei seiner Abreise bereits acht davon gegeben habe. Er ist in Boston geboren, und daran sieht man, daß man dort vor vierundachtzig Jahren weder Papier herzustellen noch gar zu drucken verstand. Das war alles sehr interessant. Sein Land ist wie ein Traum!

Am 23. nachmittags begab ich mich zum ersten Mal zur öffentlichen Audienz (immer sonntags um fünf) der Duchesse de Polignac, ehedem Comtesse Jules, die nach der ungnädigen Entlassung und dem Rückzug von Mme. de Guéménée zur Gouvernante der Kinder der Königsfamilie ernannt worden war. Mme. de Polignac war, wie man weiß, die engste Vertraute der Königin und Oberhaupt und Zentrum jenes kleinen Zirkels, den man «die Gesellschaft» nannte und der größten Einfluß ausübte. Es war überraschend voll; vor allem die elegante Jugend gab sich hier ihr Stelldichein. Ich fühlte mich wie um zweihundert Jahre in die Nachwelt versetzt. Ich kannte in den völlig veränderten Räumen, die ehedem Mme. de Marsan bewohnt hatte, niemanden! Darüber ließe sich leicht länger nachgrübeln. Mme. de Polignac ist sehr hübsch, sehr zuvorkommend, und sie empfing formvollendet.

Am 11. April fuhr ich nach Versailles. Der König sprach wie üblich nicht mit mir, doch die Minister und das Kriegsministerium zeigten sich überaus freundlich. Einige behaupteten sogar, daß ich bei den nächsten Ernennungen unfehlbar Marschall von Frankreich werden würde. Allerdings schien der König keine zu beabsichtigen und ließ sich nicht in die Karten schauen.

Als ich am Samstag, dem 14. Juni, um halb elf Uhr abends angenehm mit M. Vigier, M. Paravicini und unseren lieben Schweizern beisammensaß und von einer Schlacht erzählte, wurde plötzlich ein Kammerdiener und Kurier M. de Ségurs gemeldet, der auch schon eintrat. Ich ging mit ihm in ein Nebenzimmer und glaubte, daß es sich um eine Kriegsratssitzung in Calais handelte. Hier ist die Abschrift des mir überreichten Briefs:

Versailles, den 13. Juni 1783, abends

Ich habe die Ehre, Monsieur, mich freudig beeilen zu dürfen, Ihnen mitzuteilen, daß der König Sie zum Marschall von Frankreich ernannt hat. Im Wissen um Ihre ehrenvolle Freundschaft vertraue ich darauf, daß Sie gewiß voller Genugtuung auch meine Glückwünsche zu dieser vom König mir huldvoll aufgetragenen Nachricht empfangen werden.

Ich habe die Ehre etc.
Ségur

P.S. – Der König wünscht, Sie zur Vereidigung hier zu empfangen.

Ich las meinen Freunden das Schreiben vor und sprach mit ihnen darüber. Ich dankte Gott, und wenngleich ich tief beglückt war, spürte ich doch, wie manche Empfindung im Alter schwächer wird. Die Beförderung bereitete mir weniger Freude als vorzeiten mein Eintritt bei den Musketieren. Ich war von meinem Gleichmut sogar überrascht.

Am 18. Juni wachte ich endgültig als Marschall von Frankreich auf, was nicht viele Pflichten mit sich brachte und mich meines Kommandos über das Calaisis nicht beraubte. Ich war nun fünfundsechzig Jahre alt und würde am 23. des Monats in mein sechsundsechzigstes Lebensjahr eintreten. Mit meiner Gesundheit stand es nicht zum besten, und ich war sehr oft müde.

Meinem neuen Rang gemäß mußte ich meine Porträts ändern lassen: Ich kleidete mich für die Sitzungen um, bei denen eines meiner Konterfeis meinem Alter angepaßt und wegen der neuen Uniform retuschiert werden mußte. Das meiste blieb unverändert, der Maler änderte nur das Nötigste.

Zeremonialmantel des Ordens vom Heiligen Geist

Himmelwärts

Am Abend des 30. September füllten wir mehrere Flaschen mit brennbarem Sumpfgas und nahmen sie mit. Zu solchen Experimenten hatte mich die Entdeckung der Messieurs de Montgolfier veranlaßt, die schönste des Jahrhunderts, über die ich viel nachdachte und derentwegen ich mich wieder mit der Physik befaßte. Das muß ich erklären.

Am 30. August erfuhr ich aus dem *Journal de Paris* vom 27. erstmals von diesen bedeutenden Entdeckungen und Versuchen. Die Messieurs de Montgolfier, zwei hochgebildete Brüder, die der berühmten Papierfabrik von Annonay bei Lyon vorstanden, vertieften sich in Boyles Experimente mit unterschiedlich schweren Gasen. Sie folgerten, daß in größeren Dimensionen diese Unterschiede deutlicher würden, daß ein leichteres Gas ein schwereres verdrängen und übersteigen müsse, und machten sich kühn an die Probe aufs Exempel. Sie suchten nach leichten und gut verfügbaren Gasen und experimentierten mit Dämpfen und Rauch von feuchtem Heu und brennenden Fellen.

Sie opferten einen Taftballen, der eigentlich zum Rockfutter bestimmt war, machten sich ans Nähen und füllten das Stoffgebilde mit ihrem Gas oder Qualm. Als sie am denkwürdigen 5. Juni 1783 gerade experimentierten und ihr Stoffbehältnis halbwegs gefüllt war, entglitt es ihnen und stieg bis unter die Decke. Man kann sich ihren Jubel vorstellen! Er läßt sich wohl nur mit dem des Christoph Kolumbus vergleichen, der am Abend vor seinem sicheren Scheitern als erster ein winziges Licht erblickte, das die Entdeckung Amerikas bedeutete; oder mit Kopernikus, als dessen System durch das damals entdeckte Fernrohr bestätigt wurde.*

Sie wagten sich sofort ins Freie: der gleiche Erfolg. Eifrig vernähten sie nun mehr Stoff und verstärkten ihn durch Papier. Vor Zuschauern ließen sie schließlich zwei Ballons aufsteigen, sandten ihren Bericht an die Akademie der Wissenschaften, die sie zur Wiederholung des Experiments auf Kosten der Akademie nach Paris einlud. Kaum hatten die Zeitungen die Neuigkeiten bekanntgemacht, wurden die Physiker fleißig, sprachen bereits von Luftfahrten, die leichter und bequemer wären als Seereisen, und experimentierten ihrerseits. Die Physiker Charles und Robert unternahmen Versuche und wurden von der großen Spenderrunde des Cafés Le Caveau im Palais Royal unterstützt. Man zerstritt sich. Jeder wollte den Ruhm für sich verbuchen. Schließlich vertrug man sich wieder und konstruierte unter enormem Aufwand aus Taft und elastischem Kautschuk einen Ballon von zwölf Fuß Durchmesser, der mit einem unbrennbaren Gas – gewonnen aus Gärungs- und Säuredämpfen und sechs- bis siebenmal leichter als Luft – gefüllt wurde. Das war vorerst das praktikabelste Verfahren. Trotz des Gewitterwetters ließ man vor den Augen von ganz Paris am 27. August 1783 auf dem Marsfeld den Ballon aufsteigen, der pfeilgleich mindestens fünfhundert Klafter hoch aufstieg, die Wolken durchstieß, dahinter noch erkennbar war, sich dann in der Ferne verlor und fünf Meilen entfernt auf die Erde sank. Der trotz Wetter und Schwierigkeiten vollständige Erfolg begeisterte die Zuschauer. Die Euphorie nahm zu. Jeder experimentierte. Ballons und Gas kamen auf den Markt, und überall wurden Erfolge verzeichnet. Unterdessen arbeitete M. de Montgolfier für die Akademie an seinem Apparat. Da der König und die Königin dem einzigartigen Versuch beizuwohnen wünschten, wurde alles Nötige nach Versailles transportiert. Auf dem Schloßhof bereitete M. de Montgolfier vor

* Das erste Fernrohr wurde erst 1608 vom deutsch-niederländischen Brillenmacher Hans Lipperhey konstruiert.

zahllosen Schaulustigen den Aufstieg vor. Das Wetter war gut; sein Apparat aus 600 Ellen Stoff, der durch das aufgeklebte Papier wie ein herrliches Türkenzelt aussah, 60 mal 40 Fuß maß, war binnen zehn Minuten mit Strohqualmgas gefüllt. Ein Käfig mit einem Schaf, einer Ente und einem Hahn wurde am Ballon befestigt, die Seile wurden gekappt, und der gewaltige Apparat erhob sich majestätisch, schwebte über die Kapelle, der Wind trieb ihn noch eine halbe Meile weiter, bis er sanft aufsetzte und die Tiere wohlbehalten landeten: Der König ließ das Schaf als erstes Lebewesen, das eine Luftfahrt gemacht hatte, in der Menagerie unterbringen.

Von da an tüftelte jedermann an Verbesserungen und unternahm weitere Versuche. Vor allem Ballons von sechs Fuß Durchmesser erwiesen sich als tauglich. Einer aus Papier blieb beim Fest des Duc de Crillon elf Stunden lang in der Luft, ein anderer kam sechs Meilen weit. Doch das entscheidende Experiment nicht nur zur Erprobung seiner bewunderungswürdigen Erfindung, sondern auch des unabsehbar folgenreichen Einsatzes eines brauchbaren und billigen Gases unternahm M. de Montgolfier auf eigene Kosten in den Gärten des Faubourg Saint-Antoine. Es war der 15. Oktober, von dem ich spreche, als sich vor einer immensen Zuschauermenge erstmals ein Mensch in die Lüfte erhob. Es handelte sich um den Physiker Monsieur Pilâtre de Rozier, der wegen seiner Rührigkeit solchen Ruhms würdig war. Am 17. stieg M. de Rozier mit einem gaserzeugenden Ofen bis in Wipfelhöhe auf. Am 19. November schließlich erhob sich M. de Rozier bei ruhigem Wetter vor zweitausend Seelen gleich mehrmals, die letzten beiden Male mit Begleitung. Zwei, drei Menschen erreichten im vertäuten Apparat bis zu 300 Fuß Höhe. Der Apparat wog 1.000 Pfund, der Korb 500, das Ganze maß insgesamt 70 mal 45 Fuß und war binnen fünf Minuten mit Gas gefüllt. Zweimal streifte er den Boden und stieg beide Male durch Gaszufuhr wieder auf. So bestand keine Absturzgefahr. Zum ersten Mal erhoben sich zwei, drei Menschen nach Belieben in die Lüfte, was bis dahin völlig undenkbar gewesen war!

Zu meinen Lebzeiten hatte sich die Physik Newtons durchgesetzt, hatte Franklin den Blitz bezwungen, waren die Längengrade entdeckt, die Gesetze von Ebbe und Flut erkannt worden, hatte Mr. Cook die bisher kaum bekannte andere Hälfte der Welt erkundet, waren künstliche Gase entdeckt und die Luft analysiert worden. Die Chemie und andere Wissenschaften hatten sich entwickelt und Beweise geliefert etc. Und nun erhoben sich Menschen in die Lüfte. Vor Jahresfrist unvorstellbar. Und es bedeutete erst den Anfang!

Als ich am 2. November in Calais den Artilleriemarschall M. de Thibaut zum Diner eingeladen hatte, führte ich allen vor, wie man einen kleinen Ballon von einem Fuß Höhe, den ich aus Paris hatte kommen lassen, mit Gärungs- und Säuredämpfen füllt. Um fünf Uhr nachmittags ließen wir ihn aufsteigen. Wir verloren ihn gen England aus den Augen. Die *Affiches de Picardie* berichteten wahrheitsgetreu:

Gestern gegen fünf Uhr nachmittags ließ der Marschall de Croÿ vor zahlreicher Zuschauerschaft, die dem Experiment beizuwohnen wünschte, einen kleinen aerostatischen Ballon in Richtung England aufsteigen, wo er, nach Flughöhe und Geschwindigkeit zu urteilen, mit der er aus dem Blick geriet, alsbald zu Boden gegangen sein muß.

Der Versuch wurde von einem seltsamen Schauspiel begleitet: Die ganze Stadt kam herbeigerannt. Die Menschen stolperten und rempelten einander, als sie mit emporgereckten Köpfen verfolgten, wie der Ballon bei mäßigem Wind in zweihundert Fuß Höhe hinter der Düne gen Dover entschwebte, das er innerhalb einer halben Stunde erreichen mochte. Falls der Wind ihm günstig geblieben ist, wäre er das erste Objekt, das diese Strecke nicht auf dem Wasser zurückgelegt hat.

Hier nun der Brief, den ich M. de Montgolfier schrieb, sowie dessen bemerkenswerte Antwort:

Zu Calais, den 28. Oktober 1783

Erlauben Sie mir, Monsieur, Ihnen als Liebhaber der Physik zu Ihrer wunderbaren Entdeckung und zu Ihrem vollständigen Erfolg aufrichtig zu gratulieren.

Bereits die Entdeckung selbst ist bewunderungswürdig, doch nicht minder ist es Ihr Mut, sie sogleich ins Große umgesetzt zu haben. Es ist das einzige Verfahren, um die wahren Effekte zu erproben, zumal es bei einer derartig leichten Materie die Prüfung in großer Dimension braucht, wofür Sie rasch das brauchbare und billige Gas gefunden haben, das schnell ein beträchtliches Volumen füllen kann. Mit großer Freude habe ich über Ihre Versuche am 15. und 17., vor allem jedoch am 19. Oktober gelesen. Nunmehr haben sich zwei bis drei Menschen ganz nach Belieben gefahrlos und bequem in die Lüfte erhoben. Nie hätte man das für möglich gehalten!

Ich habe mir kleine Ballons kommen lassen, die ich mit Gärungs- und Säuredämpfen aufsteigen ließ. Sumpfgas und ähnliches Unbrennbare war zwar auch wirkungsvoll, doch ist es zu teuer und zu schwierig zu beschaffen: Der Erfolg verdankt sich Ihrem und vergleichbaren Gasen.

Da noch das Problem bleibt, für einen längeren Flug weiteres Gas zuzuführen – worin Sie am 19. bereits sehr erfolgreich waren –, bitte ich Sie, sich alsbald einige Blechöfen anzuschauen, die ich bei Pariser Händlern entdeckte und mit denen schnell und ohne große Kosten Hitze erzeugt werden kann. Ich habe gesehen, daß sie mit billigen Kernen oder Körnern befeuert werden, die eine gute Flamme erzeugen. Zur Ergänzung bräuchte es, denke ich, ein gebogenes, nach oben führendes Rohr, durch welches das Gas die normale Luft aus dem Ballon verdrängen kann. Dazu eine spezielle Ofenhaube, gleichsam spiralförmig, damit die Flamme nicht allzuhoch emporschlägt und die Brandgefahr gemindert wird. Ich bin überzeugt, daß Sie besser als jeder andere solchen Ofen mindestens eine Stunde lang problemlos unter Feuer halten und mit ihm hinreichend neues Gas erzeugen können. Wenn eine Methode für das sichere Landen gefunden sein wird, ist bei genug Gas das Reisen sicher. Da vornehmlich Windstrudel gefährlich sind, sollte der Versuch bei gutem Wetter und bei nur mäßigem Wind durchgeführt werden. Andernfalls könnte er scheitern.

Falls mir die Freude zuteil würde, Sie im Januar oder Februar kennenzulernen, könnte ich Sie vermutlich auf weiteres Nützliche hinweisen. Einiges mag Ihnen bereits geläufig sein. Doch ich denke an ein Verfahren, den Apparat bei günstigem Wind mittels Seil und Seilwinde dazu zu nutzen, Lebensmittel und anderes in sonst unerreichte Höhen zu transportieren. Er könnte Baukräne ersetzen, bei Arbeiten an Türmen und Löscharbeiten dienlich sein. Noch viele Ergebnisse werden zu Ihrer Bewunderung beitragen, und mit ebendiesem Gefühl habe ich die Ehre, etc.

Marschall Duc de Croÿ,
Kommandant der Picardie, zu Calais

P.S. – Die Akademie und der Hof sollten solchen Dingen größere Aufmerksamkeit schenken, anstatt Lappalien drucken zu lassen, die uns im Ausland in Verruf bringen. Sie können mein Schreiben dem Minister und M. le Noir vorlegen.

Paris, im Erzbischöflichen Palais, den 9. November 1783

Monsieur le Maréchal,
voller Dankbarkeit habe ich die neuen Möglichkeiten, die Sie mir mitzuteilen geruhten, zur Kenntnis genommen. Ich konnte mich damit noch nicht eingehender befassen, aber bei nächster Gelegenheit werde ich mir die von Ihnen vorgeschlagenen Öfen anschauen. Ich zweifle nicht, daß sich damit etwas konstruieren läßt, was die Gaserzeugung sowie die Anreicherung und Verdrängung der Luft im Ballon erleichtert.

Die Wahl des richtigen Brennstoffs bleibt ebenfalls noch genauer zu untersuchen. In einer kleinen Denkschrift hat mein Bruder in Lyon sich damit beschäftigt: Beim Verbrennen hat ein Pfund Papier, getränkt mit einem Pfund Öl, einen kubischen Apparat von ungefähr sechs mal sechs Fuß zwanzig Minuten lang in der Luft gehalten. Er entschwand dem Blick, und wir wissen weder, wo er landete, noch wie lange er sich in der Luft befand. Sie sehen, welche Nachteile ein so kleiner Apparat hat und auch, was mit größeren möglich wäre. Sie haben völlig recht, daß allein unter diesem Gesichtspunkt die Entdeckung nützlich sein kann. Doch die damit verbundenen kostspieligeren Versuche übersteigen die Möglichkeiten von Privatpersonen. Sollte Ihr Interesse die Regierung überzeugen und zum Handeln bewegen, zweifele ich nicht an raschen Fortschritten. Das betrifft sowohl die Vervollkommnung des Apparats als auch dessen sinnvollen Einsatz, über den Sie bereits nachdachten.

Ich habe der Akademie der Wissenschaften ein Memorandum über aerostatische Maschinen überreicht, das sie vielleicht veröffentlichen wird. Ich glaube, man sollte all die kleinen Satiren und Scherze, die das müßige Paris amüsieren, unbekümmert kursieren lassen: Sie entsprechen einer Neigung der Nation, und Spötteleien unterdrücken zu wollen, bedeutete nur deren Vervielfachung.

Ich habe die Ehre und bleibe, Monsieur le Maréchal, mit tiefster Hochachtung etc., Ihr

Montgolfier

Aus dem ersten Brief ersieht man, daß ich die größeren Zusammenhänge der Entdeckung recht gut erfaßt hatte, daß sie nämlich nur im Großen überprüfbar und sinnvoll wird – und daß ich auf ein einfaches und reichlich vorhandenes Material hingewiesen hatte, mit dem man den Ballon füllen kann. Aus dem zweiten wird deutlich, daß M. de Montgolfier ein wahrer und in jeder Hinsicht schätzenswerter Wissenschaftler ist, was sich in der schlichten Herzlichkeit seines Briefs äußert, der mich sehr freute. Grausam aber zeigt sich darin nur allzu Vorhersehbares, insbesondere das Desinteresse von König und Akademie, das bei allem, was Geld kostet, offenkundig wird. Und weil M. de Montgolfier nicht geholfen wird, wie herauszulesen ist, zieht er sich womöglich verbittert und durch seine schöne Entdeckung annähernd ruiniert zurück! Dergleichen habe ich oft kummervoll erlebt. Er schien vielleicht nur noch auf meinen Einfluß zu bauen. Doch ich würde gewiß zum Gespött, falls ich mich einmischte! Wie etwas Gutes zuwege bringen in Frankreich?

Am 27. November suchte mich in Calais meine Krankheit mit aller Kraft heim, ich mußte mich erbrechen, bekam Fieber und Magenkrämpfe, die Gicht ließ meine Füße anschwellen und verursachte am ganzen Körper unerträgliche Schmerzen. Es kann einem nicht elender und hoffnungsloser gehen.

Nachdem das Fieber ein wenig gesunken war, brach ich am 17. Dezember aus Calais auf und erreichte noch recht schwach am 19. Condé. Bewegung, Spaziergänge, zu denen ich mich trotz strengsten Winterwetters aufraffte, die Fürsorge, die mir mein Arzt Petit angedeihen ließ, verschafften mir für einige Zeit Linderung. Dann verschlimmerten sich die Schmerzen wieder und wurden vollends unerträglich. Ich versank in Hoffnungslosigkeit, und es wurde ungewiß, ob ich rechtzeitig zur Lichtmeßfeier aufbrechen könnte, der ich gerne wenigstens ein Mal als Marschall von Frankreich beigewohnt hätte. Auf dem Gipfel des Ruhms konnte ich meine Schmerzen nicht länger ertragen und wollte sterben!

Der 20. Januar war als Reisetag vorgesehen, doch die Nacht verlief so grauenvoll, daß ich M. de Gheugnies wecken ließ, um die Reise abzusagen. Ich wollte bis zum Ende in Condé bleiben. Vergebens versuchte M. de Gheugnies, mich davon zu überzeugen, daß ich bei solchem Entschluß Paris vielleicht nie wiedersehen würde. Womöglich würde ich mich dort erholen und dann verärgert sein, die Feier versäumt zu haben. Man würde mich freudigst empfangen, zumal ein Gerücht von meinem Tod sich schon verbreitet hatte. Die Trauerbekundungen des Königs und der Königin, der Minister und des gesamten Militärs klangen so schmeichelhaft, daß es keinen schöneren Nachruf geben konnte.

Der Moment war kritisch und voller Ungewißheit. Die Pferde standen bereit, aber auch die Kanonen waren geladen, um mein Ableben zu vermelden, derweil ich mit M. de Gheugnies debattierte. Das Gespräch hatte mich belebt, ich fühlte mich etwas wohler, und da jeder mich aufmunterte, wurde beschlossen, daß ich Petit, meinen wahren Nothelfer, mitnähme. Um acht Uhr früh kleidete man mich an. Durch einen meiner Willensschübe war ich schließlich auch innerlich zum Aufbruch bereit und kam durch einige Anordnungen für die Fahrt trotz Schnee und starkem Frost wieder zu Kräften. Ich ließ für meine Leute das große Kabriolett reisefertig machen und nahm Petit in meinem englischen Wagen mit. Als ich elend in Paris eintraf, genoß ich zumindest den Trost, meine zahlreiche Familie bei guter Gesundheit vorzufinden; insbesondere meinem Sohn und seinen sechs liebenswerten Jungen ging es bestens. Die zwei ältesten dienten bereits seit drei Jahren.

Mir ging es dermaßen elend, daß ich auf mein gewohntes Leben und auf das Verlassen meiner Gemächer verzichten mußte. Ich richtete mich dort ein, trug nur noch Hauskleidung und führte das Leben eines Kranken. Meine Nächte waren schrecklich, und besonders zwischen drei Uhr nachts und drei Uhr nachmittags litt ich unvorstellbar, so daß ich fortwährend den Tod herbeiwünschte, wenngleich ich doch mit allen irdischen Gütern und Gaben gesegnet war.

Gehen wir nun zu den interessanten Tagesereignissen über: Um den 25. Januar herum ernannte der König vier Herzöge, darunter die Messieurs de Beuvron und de Cossé, sodann auch die Messieurs de Charlus und de Maillé, die nicht den Erbtitel, sondern den auf Lebenszeit erhielten.

Am 7. Februar brachte M. de Montgolfier M. Pilâtre mit zu mir, und ich genoß es sehr, zwei Stunden lang mit dem Erfinder der Luftfahrt und mit ihrem ersten Reisenden zu arbeiten. Ich traf Vorkehrungen, um sie zu unterstützen. Meine Leiden waren dergestalt, daß niemand und auch ich nicht glaubte, ich könne der Feier beiwohnen.

Doch an Willensakte gewöhnt, wollte ich keinesfalls fehlen und fuhr bei scharfem Frost und viel Schnee am letzten Januartag nach Versailles. Ich nahm Petit mit, der nunmehr in meinem Zimmer nächtigte und völlig erschöpft war. Meine Wohnung war gut vorbereitet. Noch am selben Abend begab ich mich nach dem Souper zu Marschall de Castries und setzte mich für M. de Montgolfier ein, für den der Kriegsminister sich durchaus interessierte, obwohl er zu wenig nachfragte.

Sonntag, den 1. Februar, sammelte ich Kraft und Mut, so daß ich mich mühselig zur Messe in die Kapelle begeben konnte und anschließend dem König und der Königin meine Aufwartung machte. Sonst niemandem. Dieser harte Tag wurde einer der ehrenvollsten. Meine seltsame Auferstehung war wirkungsvoll. Jeder schien tatsächlich froh zu sein, mich wiederzusehen. Als ich im Kabinett vor den König gebeten wurde, kam er mir mit offenen Armen entgegen und sagte mit erdenklicher Freundlichkeit: «Sie sind sehr krank gewesen, und wir waren beunruhigt!» Von dort schleppte ich mich, so schnell ich vermochte, zur Königin, die mir gleichfalls entgegenkam und liebenswürdig sagte: «Sie haben uns sehr in Angst versetzt!» Und da ich tief bewegt zu sein schien, fügte sie an: «Und Sie haben unsere Sorge verdient!»

Meine Erkrankung verschlimmerte sich indes, und ich litt, wie ein Mensch nur leiden kann. Seit August waren die Rückenschmerzen immer unerträglicher geworden. Meine Füße waren geschwollen und schmerzten. Ich mußte mich immer wieder erbrechen, und alles war mir verleidet.

Am 11. Februar hatte ich eine lange Unterredung mit dem Fürsten von Ligne, um Gelder für M. de Montgolfier und seine Unternehmungen zu beschaffen.

Am 12. überließ ich meine Vorarbeiten für eine *Geschichte der großen Familien des Nordens* M. de Condorcet, der sie nach dem Lesen bei mir sehr aufschlußreich fand. Selbigen Tags ging es mir so schlecht, daß mein Sohn mich drängte, mich von M. Heherard, einem deutschen Arzt, behandeln zu lassen. Meine Magerkeit und meine Gelbsucht waren erschreckend.

Am 24. Februar besuchte mich der Fürst von Arenberg und Graf zur Mark und berichtete mir Interessantes von seiner Rückkehr und seinem Feldzug in Indien.

Der 26. Februar 1784 wird in Erinnerung bleiben. Durch die Sonnentage seit dem 23. blühte die Natur auf, und meine Rabatten mit Helleborus waren eine Augenweide.

Ich war weiterhin sterbenskrank, doch ermannte ich mich, in der Rue Taranne Blanchards Flugmaschine anzuschauen, die nach einem Verfahren von M. Charles ohne Feuer aufsteigen sollte.

Nachdem ich in einer Zeitung die Subskriptionsausschreibung gelesen hatte, begab ich mich in die Rue d'Horloge zu Abbé Miolan, einem jungen Physiklehrer, der auf den Feuerantrieb setzte, um ihn finanziell zu unterstützen. So hatten wir denn, ohne daß der Hof mitwirkte, zwei unterschiedliche Flugapparate, die Menschen befördern konnten. Ich konnte mich kaum auf den Beinen halten und durfte die Mütze, die dicken gefütterten Stiefel und alle leidige Krankenkleidung nicht ablegen, obwohl die beste und zahlreichste Gesellschaft anwesend war. Jeder wollte mir helfen.

Am 28. Februar ließ M. Blanchard seinen teils mit normaler Luft gefüllten Ballon besichtigen, und es regnete für ihn bare Münze. Allmählich mußte er den Flug wagen.

Am 29. wähnte ich anfangs, daß es mir ein bißchen besser gehe, und ich unternahm einen bezaubernden Spaziergang. Ich spazierte unterhalb des Invalidendoms, wo die Menschen zusammenströmten, um sich das Hochwasser der Seine anzuschauen und dann möglichst trockenen Fußes um das Marsfeld zu bummeln. Dort war man mit den Vorbereitungen beschäftigt. Die hohen Haltemaste waren errichtet und die Barrieren aufgebaut. Die Sonne vergoldete die weiten Wasserfluten und den so schön bebauten Hügel am gegenüberliegenden Ufer. Der ganze Anblick war berückend. Der Fluß schwoll allmählich ab. Auch in meinem Garten war das Frühlingsbeet eine Pracht.

Für mich waren dieser Tag und das herrliche Schauspiel außergewöhnlich. Drei Tage zuvor hatte ich den Gouverneur des Invalidendoms herzlich gebeten, auf dem Dachboden für mich Kranken einen Ausblickswinkel zu reservieren. Er tat, was er konnte. Ich traf zeitig ein. Ich wurde in die kleine Unterkunft eines Hauskaplans hinaufgeführt, wo ich ein gutes Kaminfeuer und einen Nachtstuhl vorfand, den ein Siecher dringend braucht. Als ich mich zwischen zehn und zwei Uhr dort oben aufhielt, erlitt ich einen Rückfall mit mörderischen Koliken und äußerst schmerzhaftem Erbrechen. Ein grauenhafter Zustand beim Anblick so schöner Dinge!

Einen Monat später schließt das Tagebuch nach kaum mehr entzifferbaren Anmerkungen über die Leiden mit der Bleistifteintragung von unbekannter Hand: Er diktierte dies und war schon nicht mehr bei Sinnen.

Emmanuel Duc de Croÿ, Fürst des Heiligen Römischen Reichs, Prince de Solre-le-Château und Fürst zu Moers, Graf von Büren etc., Baron de Condé, de Maldeghem, de Beaufort etc., Marschall von Frankreich, Erbgroßjägermeister von Hennegau, Grande von Spanien Erster Klasse, Ritter des Ordens vom Heiligen Geist, Gouverneur von Condé, Kommandant Seiner Majestät in der Picardie, im Calaisis und im Boulonnais, verstarb am 30. März 1784.

Nachwort

Der Herzog von Croÿ hinterließ ein grandioses Tagebuch. Zu den einzigartigen Passagen dieses Werkes, das nur eine private Chronik sein sollte, gehört zweifellos der Bericht über eine deutsche Kaiserkrönung, die uns den Glanz und die Ehrwürdigkeit des Alten Reiches vor Augen führt. Eine der beschwingtesten Sequenzen des Journals ist die Schilderung eines Landaufenthalts im Schloß Chantilly, wo der Leser nicht nur die Süße und Eleganz des hochadligen Lebens vor der Revolution gezeigt bekommt – «Nichts hat mich je mehr beglückt» –, sondern überdies erahnen kann, in welchem Ambiente sich die todbringenden Spiele einer späten Adelsgesellschaft, wie sie Choderlos de Laclos in seinen *Gefährlichen Liebschaften* beschrieb, zutragen konnten.

Andere Eintragungen des wohl lange insgeheim geführten Tagebuchs des Herzogs von Croÿ bleiben auf ihre Weise unvergeßlich. Der schonungslose Bericht über die Hinrichtung des Königsattentäters Robert Damiens kann und darf im nachhinein Alpträume über Folter und Qualen eines Menschen auslösen.

Besonders anschaulich sind die Aufzeichnungen auch deshalb, weil Monarchen, Mätressen, Weltveränderer wie Jean-Jacques Rousseau und Benjamin Franklin uns nicht nur in ihrer äußeren Erscheinung entgegentreten, sondern selbst zu Wort kommen.

Zu solchen Glanzlichtern des Berichts, der eine verflossene Welt, viele ihrer Nachwirkungen, doch vor allem zeitlose Charaktere mit ihrem Temperament und ihren Eigentümlichkeiten wachruft, gesellt sich eine Fülle von Alltagsbeobachtungen, die kein anderer Autor überliefert hat. Dazu zählt manche Beschreibung deutscher Städte ebenso wie der Verdruß über einen Kutschenstau auf der Expreßstrecke zwischen Paris und Versailles wie auch die Bulletins über Krankheiten und Heilverfahren.

Emmanuel de Croÿ erfaßt mit seinem Leben viele andere Leben. Sein Interesse an der Welt kennt keinen Anfang und kein Ende. Ohne dichterischen Ehrgeiz, hinterließ er dennoch ein literarisches Werk, das durch seinen authentischen Stoff, seinen Reichtum und die präzise Darbietung kaum seinesgleichen hat. Allein der Wahrhaftigkeit verpflichtet, entstand auf diese Weise einer der erschütterndsten Abschnitte des Erinnerungswerks, die Schilderung des Sterbens Ludwigs XV., des Königs des Schönen, der bei lebendigem Leib sein grausames Verfaulen wahrnehmen mußte. Dieses Sterben steht für sich und ist von übergeordneter Symbolkraft zugleich. Das Geschehen, das die Flüchtigkeit von irdischer Größe mit Schmerz, Eiter, Verzagen, doch auch mit letzter menschlicher Hoheit des Vergehenden vor Augen führt, wühlt den Zeugen dermaßen auf, daß er bekennt: «Ich vermochte anfangs nicht weiterzuschreiben.» Die baldigen Heroldsrufe *Le Roi est mort! Vive le Roi!* zwingen die Menschen alsdann wieder in den Fluß der Zeit mit ihren wechselnden Gestalten und Akteuren zurück.

All seine Eindrücke, Erlebnisse, Begegnungen unterjocht der Herzog von Croÿ keinem starren Denkschema. Seine Empfindungen sind weit gefächert und können sich auf Unterschiedlichstes einlassen. Der Herzog glaubte an Gott, er pflegte sein Familienleben, und er baute auf eine sorgsam waltende Regierung. Diese bewahrende Grundhaltung verband er mit einer Wißbegier, die vor nichts Fremdem haltmachte. Jede Zeit, so schien er zu beherzigen, brachte Neues, Verwirrendes, das jedoch Erlebnis schuf und bereichern konnte. Die revolutionäre Republik der Amerikaner erachtete der Aristokrat als ein stimmiges Novum der Weltgeschichte. Voltaire unterminierte mit seinen Werken die absolute Monarchie und die Macht der Kirche, doch der Herzog von Croÿ kann und will sich dem Esprit Voltaires und den haarsträubenden Vorgängen bei dessen Tod nicht entziehen. Als Unmensch erscheint hierbei der Bischof, der Voltaires Beisetzung verbietet, und als einbalsamierter Held der Aufrührer vom Genfer See.

Aburteilungen von Menschen finden wir in den Tagebüchern Emmanuel de Croÿs selten. Urteile begegnen uns hingegen unablässig, denn ohne sie ist keinerlei Verhalten in der Gesellschaft möglich. Vorurteile wiederum kennt der Chronist kaum. Dazu ist er viel zu sehr, manchmal aus dezentem Abstand, an seinen Zeitgenossen interessiert und will sie für seinen Wissenszuwachs und seine Entwicklung nutzen. So steht der Grandseigneur den mächtigen Mätressen Ludwigs XV., Madame de Pompadour, sodann Madame du Barry, anfangs reserviert, wenn nicht verbittert gegenüber. Wieder gaben andere, womöglich Unwürdige, den Ton an und bestimmten! Nach Gesprächen mit den Damen verwandelt sich die vorgefaßte Meinung jedoch zu Verständnis, zu Respekt, ja zur Wertschätzung. Solche Wandlung zeigt sich anläßlich der späten Begegnung mit Madame du Barry: «Während ich vom Balkon den Ausblick genoß, plauderte ich mit ihr ausführlich über den verstorbenen König und wunderte mich, hier zu sein, mit ihr, von der ich während ihrer Glanzzeit nichts hatte wissen wollen.»

Auf den ersten Blick weniger spektakulär als die Berichte über Krönungen, die Hochzeit Marie Antoinettes oder den Aufenthalt Kaiser Josephs II. in Frankreich wirken jene Schilderungen, in denen Emmanuel de Croÿ offenherzig seine Jagd nach Ämtern und Würden dokumentiert. Diese Jagd währte ein Leben lang. Oft erniedrigte sie den Hochadligen, wiegte ihn in falschen Hoffnungen, ließ ihn hin und wieder jubeln. Das Trachten nach Titeln und Rangerhöhung führt auch den Leser zum Kern des damaligen oder jedweden Machtsystems; das Welttheater kennt keine Epochen, nur wechselnde Kulissen. Croÿs Wunsch, in den Heiliggeistorden gewählt zu werden, sodann die vertrackten Zutrittsehren zu den Gemächern des Königs zu erlangen, nährte sich keineswegs nur aus Eitelkeit, die er sich des öfteren vorwirft. Eine höhere Position in Armee und Staat bedeutete nicht zuletzt eine Aufwertung der Familie, die ihre Nachkommen nobler und einträglicher verheiraten konnte. In einer Welt fast ohne soziale Netze glichen Adelshäuser wie Bürgerfamilien Firmen, die expandieren und sich absichern wollten. Die Börse dafür war der Hof. Hier wurde über Aufstieg, Stagnation oder gar den Abstieg entschieden. Croÿs Antichambrieren, sein mühsames Spinnen von Intrigen, das Abwägen vieler Interessen schleust den Leser in ein hochmodernes Labyrinth der Macht, wo, einschließlich aller Zufälligkeiten, über Wohl und Wehe eines Menschen befunden wird. Bezaubernd wirkt die Szene, in welcher der Herzog mit seinem Sohn, der in die Gesellschaft eingeführt wird, von Empfang zu Empfang eilt. Vater und Sohn hasten jedoch gleichsam schon wie von einer Behörde zur nächsten, vor denen der Antragsteller perfekt funktionieren muß.

Bei diesem Schaulauf lernen wir ein Versailles kennen, das den Klischees eines Orts des Müßiggangs und der Dekadenz widerspricht. Beamte und Offiziere denken und agieren auf der Höhe ihrer Zeit. Madame de Pompadour ist eine überlastete Schönheit, die sich dennoch mit allem erdenklichen Charme einer Unzahl von Pflichten stellt. Wir erleben eine Regierungszentrale an der Grenze ihrer Kapazität, einen immer volkreicheren und komplexeren Staat sorgfältig und gerecht zu lenken. Es erwies sich allmählich als unmöglich, daß sich Millionen zunehmend individuell empfindende Seelen in einem Herrscher und dessen Willen wiederfanden.

Es wäre heute voreilig zu schmunzeln, wenn der Finanzminister Abbé de Terray dem Herzog kundtut, daß er am Hof von Versailles keine Einsparungsmöglichkeit entdecke. Im akuten Moment war dem Minister klar, daß er kein Rädchen entfernen konnte, ohne daß der Schwung erlahmte, das Prestige sank und Bedienstete zu Menschen ohne Lohn und Brot würden. Im Versailles, das der Herzog von Croÿ schildert, erkennt man mustergültig ein System, das sich nicht selbst reformieren kann, ohne seinen Untergang zu riskieren.

Verblüffend wirken in dieser Hinsicht die Beobachtungen wenige Jahre vor der Revolution. Zwar berichtet Croÿ von bedrohlichen Aufständen wegen gestiegener Brotpreise, doch darüber hinaus herrscht eine im nachhinein gespenstisch wirkende Ruhe vor dem Sturm, der noch unvorstellbar ist: «In der Stadt und am Hof lebte man zufrieden und erstaunlich unaufgeregt. Nie habe ich größere Ruhe erlebt. Das war gut für Paris, und die Geschäfte florierten. Man amüsierte sich im privaten Kreis, aber fand nichts, um sich zu ereifern.» Die Revolution, läßt sich erkennen, brach keineswegs allein wegen wirtschaftlicher Not oder einer untätigen Administration aus, sondern weil das paternalistische Königtum, das alles zu regeln gedachte, sich überlebt hatte. Die nachfolgenden Volksherrschaften sollten das Leben ihrer Bürger dann allerdings oft in noch massiverer und anonymerer Weise reglementieren.

Der Herzog von Croÿ scheint für einen Moment selbst den Stab über die althergebrachte Ordnung und ihre Vertreter zu brechen, wenn er angesichts des Feuerwerks zu Ehren Marie Antoinettes festhält: «Es funkelte, blitzte und krachte wundervoll. Schrecklich war allein – als ich mich zum Schloß umwandte –, daß die Fenster des Spiegelsaals geschlossen blieben. Weder der König noch seine Familie würdigten das Schauspiel eines Blicks. Unselig die Menschen, die schon durch Geburt und Rang der schönen Dinge müde sind.»

Bald danach faszinierte Kaiser Joseph II. die Franzosen, indem er unzeremoniell, aber mit natürlicher Majestät alle Bereiche des menschlichen Lebens erkundete. Anläßlich seines Besuchs klingt, gleichfalls entgegen üblichen Vorstellungen, nichts von linksrheinischer Überheblichkeit gegenüber den rechtsrheinischen Nachbarn an. Im Detail das Gegenteil, die Kaiserwürde bedeutete den allerhöchsten Rang.

Emmanuel de Croÿ lebte, wie jeder Mensch, zwischen Zeiten und ihren Schattierungen.

Der Herzog war standesbewußter Aristokrat und genoß privilegierte Freuden; gleichzeitig trieb ihn die Sorge um seine Schutzbefohlenen um, für die er auf seinen Gütern eine Schule ins Leben rief und in seinem Testament eine beachtliche Geldzuwendung bestimmte: *Ich ordne an, daß zwei Jahre nach meinem Todestag sechstausend*

Francs an die Armen, seien sie Franzosen oder Österreicher, auf meinen Ländereien im Hennegau verteilt werden.

Als Offizier erachtete er Krieg bisweilen als notwendig, ja schmiedete selbst kühne Angriffsprojekte; doch ebenso stark wirken seine Abscheu vor Schlächtereien und sein Wunsch nach Frieden und Wohlfahrt.

Als Aristokrat mit vielfältigen familiären Verbindungen fühlte er sich als Patriot und Weltbürger zugleich. Im Krieg ergriff er Partei gegen England. Doch er intervenierte energisch gegen jegliches Bedrängen des bewunderten James Cook. Zu solchem Ehrgefühl und grundlegender Menschenachtung gehört zweifelsohne auch sein Eintreten gegen die Zwangsrekrutierung französischer Küstenbewohner zum Marinedienst.

Nicht zuletzt – und jenseits eines Lebens zwischen christlich feudaler Weltordnung und modern-humaner Bürgerlichkeit – erlebt der Leser einen Menschen im individuellen Zwiespalt zwischen Ruhebedürfnis und mondäner Geschäftigkeit, einen Menschen, der Gärten und Spazierfahrten liebt, aber auf das Getümmel der Gesellschaft nicht verzichten kann. Bisweilen wirkt der Herzog, der gerne Straßen plant, spröde. Dann wieder begeistert er sich für Maskeraden und wagt spontan einen Tanz. Der Chronist nimmt einen für sich ein, wenn er sogar inmitten körperlicher Leiden kundtut: «Alles bezauberte mich, und nie war es herrlicher zu leben.»

Das Tagebuch des Herzogs von Croÿ, dessen Original einundvierzig handschriftliche Bände umfaßt, ragt nicht nur wegen seiner Fülle und Themenvielfalt aus der Diarien- und Memoirenliteratur heraus. Einige Jahrzehnte vor ihm hatte der Herzog von Saint-Simon imposante Erinnerungen verfaßt, in denen das Leben am Hof des Sonnenkönigs ausgebreitet wurde. In London hatte Samuel Pepys mit unsterblicher Launigkeit einige seiner Lebensjahre eingefangen. Ungefähr zeitgleich mit Emmanuel de Croÿ schrieben, um nur wenige zu nennen, Gabriel de Mirabeau, Giacomo Casanova und in Deutschland der vielgelesene Baron von Pöllnitz ihre Erinnerungen. Im Vergleich zu letzteren

Werken, die für eine Öffentlichkeit verfaßt wurden, besticht der Lebensbericht des Herzogs von Croÿ, der allein in Familienbesitz bleiben sollte, durch seine Ehrlichkeit. Nichts wirkt geschmückt und auf Beifall ausgerichtet. Im Krieg notierte der Herzog seine Eindrücke eilig auf jedwedes greifbare Papier, sogar auf Spielkarten, und seine Bemerkungen fallen knapp aus. In ruhigeren Zeitläuften kreiste der Autor mit Ketten von Nebensätzen die Geschehnisse und deren Urheber ein. Die Erinnerungen lassen sich natürlich auch als üppiger Roman lesen; die Gestalten sprechen für sich, die Schauplätze sind farbig, und der Besuch im Kloster von La Trappe, einem Meditationszentrum für Mächtige der Zeit, ist ein Abenteuer.

Der vielbeschäftigte und allinteressierte Verfasser hat sein Werk, das ihm lehrreich und zur Erbauung sein Leben vor Augen führen sollte, wahrscheinlich nie studieren können. Bewegend wirkt es, daß Emmanuel de Croÿ fast zeitgleich mit dem Aufstieg der Montgolfieren in eine andere Welt entrückt wurde.

Hans Pleschinski

Editorische Notiz

In seinem Testament hatte Emmanuel de Croÿ verfügt: «Ich wünsche, daß meine wichtigen Schriftstücke und die Frucht großer, bedachter Arbeit, die sich in meinen Zimmern in Paris, in Condé und in L'Ermitage befinden, zusammen aufbewahrt werden und daß sie meinem Erben erhalten bleiben, daß man sie hüte und nutze.» Die Zeitläufte wollten es anders. Während der Schreckensherrschaft der Revolution wurden die Besitztümer der Familie enteignet, und sie entkam nach Deutschland. Im Rahmen eines Entschädigungsabkommens erhielt das Haus Croÿ im Jahr 1803 die westfälische Herrschaft Dülmen zugesprochen. Die autorisierten Abschriften des Tagebuchs Emmanuel de Croÿs befinden sich im dortigen Familienarchiv.

Das Originalmanuskript verblieb in Paris und gelangte in die Handschriftensammlung der Bibliothek der Académie Française. In den Jahren 1906 und 1907 gaben der Vicomte de Grouchy und Paul Cottin eine vierbändige Auswahl der Tagebücher heraus. Diese verdienstvolle Publikation sparte die für uns reizvolle Reise des Herzogs durch Deutschland aus.

Die hier vorgelegte Auswahl umfaßt schätzungsweise ein Viertel der Handschriften. Verzichtet wurde vornehmlich auf die Wiedergabe von Schilderungen militärischer Operationen, allzu dunkel gewordener Intrigen und von Verwaltungstätigkeiten des Herzogs von Croÿ. Die vorliegende Ausgabe basiert auf den Archivbeständen in Dülmen und in Paris.

Dank

Aufgrund umfangreicher Recherchen, geschichtswissenschaftlicher wie bisweilen auch sprachhistorischer Herausforderungen kann und darf ich einigen Helfern und Ratgebern meinen Dank abstatten. Im Herzoglich Croÿschen Hausarchiv in Dülmen, das ich freundlicherweise nutzen durfte, erwies sich Herr Rudolf Knoke als hilfreicher Hüter der dort verwahrten Schätze. Nicht minder entgegenkommend zeigten sich in Paris der Generalsekretär der Académie des sciences morales et politiques M. Michel Albert sowie Mme. Mireille Pastoureau, Generalkonservatorin der Bibliothèque de l'Institut, welche die Benutzung der Originalhandschriften in den heiligen Hallen der Académie Française ermöglichten. Ebenfalls in Paris erhellten als Fachkundige und geradezu freundschaftlich Mme. Maryvonne de Saint-Pulgent, M. Henry-Melchior de Langle und M. Frédéric d'Agay Besonderheiten der französischen Adelskultur. Bei einigen Widerspenstigkeiten alter Sprache wußten Mlle. Anne-Claire Magniez und Christine Wunnicke Rat. Von geistlicher Seite klärte Pater Niccolo Steiner S. J. über theologische Feinheiten auf. Stets anregender Gesprächspartner während der Übertragungsarbeit war Thomas Held in Hamburg. Für Dr. Inge Leipold, die redaktionelle Begleiterin meiner bisherigen Bücher aus dem Französischen, die unvermutet und viel zu früh verstarb, sprang kollegial Melanie Walz mit ihrer bewunderungswürdigen Professionalität ein. Allen, die guten Mutes den Herzog von Croÿ zu erwecken halfen, gebührt mein aufrichtiger Dank.

Literaturverzeichnis

Michel Antoine, *Louis XV*, Paris 1986

François Bluche, *Louis XV*, Paris 2000

René Duc de Castries, *La Pompadour*, Paris 1983

Jean-François Chiappe, *Louis XV*, Paris 1996

Emmanuel de Croÿ, *Erinnerungen meines Lebens. Eine Reise durch den Westen des Heiligen Römischen Reichs*, Elisabeth Hergeth (Hrsg.), Münster 1999

Emmanuel de Croÿ, *Journal inédit*, Vicomte de Grouchy et Paul Cottin (Hrsg.), Paris, 4 Bde., 1906/1907

Mathieu Da Vinha, *Le Versailles de Louis XIV*, Paris 2009

André Delcourt, *Un Grand Seigneur au Siècle des Lumières. Le Duc de Croÿ, Maréchal de France*, (1718 – 1784), Bibliothèque d'histoire du Droit des pays Flamands, Picards et Wallons, Lille/Raoust 1984

Marie-Pierre Dion, *Emmanuel de Croÿ* (1718 – 1784). *Itinéraire intellectuel et réussite nobiliaire au Siècle des Lumières*, Brüssel 1987

Friedrich der Große – Voltaire, *Briefwechsel. Wo es um Freundschaft geht, bin ich nicht zu überbieten*. Hans Pleschinski (Hrsg.), Zürich 1992

Pierre Gaxotte, *Ludwig XV. und sein Jahrhundert*, Georg Goyert (Hrsg.), München 1954

Edmond u. Jules de Goncourt, *Madame de Pompadour. Ein Lebensbild nach Briefen und Dokumenten*, M. Janssen und B. Rhein (Hrsg.), Wiesbaden o. J. (um 1960)

Peter Claus Hartmann, *Karl Albrecht – Karl VII. Glücklicher Kurfürst. Unglücklicher Kaiser*, Regensburg 1985

Otto Krabs, *Wir, von Gottes Gnaden. Glanz und Elend der höfischen Welt*, München 1996

Jacques Levron, *A La Cour de Versailles aux XVIIième – XVIIIième Siècles*, Paris 1965

Edmund S. Morgan, *Benjamin Franklin. Eine Biographie*, München 2006

Jean Orieux, *Voltaire*, Frankfurt a. M. 1968

Jeanne-Antoinette de Pompadour, *Ich werde niemals vergessen, Sie zärtlich zu lieben. Madame de Pompadour. Briefe.* Hans Pleschinski (Hrsg.), München 1999

William Ritchey Newton, *Hinter den Fassaden von Versailles*, Berlin 2008

Jacques de Saint-Victor, *Madame du Barry. Un nom de scandale*, Paris 2002

Jürgen Schneider, Oskar Schwarzer u. Friedrich Zellfelder (Hrsg.), *Geld und Währungen in Europa im 18. Jahrhundert*, Wiesbaden 1992

Paul Verlet, *Le Château de Versailles*, Paris 1985

Abbildungsverzeichnis

Personenregister

Kursive Seitenzahlen verweisen auf Bildunterschriften

C

N

O